GRUNDLAGEN DER ROMANISTIK

Herausgegeben von Titus Heydenreich, Eberhard Leube †
und Ludwig Schrader

18

Einführung in die französische Sprachwissenschaft

Ein Lehr- und Arbeitsbuch

von

Horst Geckeler und Wolf Dietrich

ERICH SCHMIDT VERLAG

Die Deutsche Bibliothek – CIP-Einheitsaufnahme

Geckeler, Horst:
Einführung in die französische Sprachwissenschaft : ein Lehr- und Arbeitsbuch / von Horst Geckeler und Wolf Dietrich. - Berlin : Erich Schmidt, 1995
(Grundlagen der Romanistik ; Bd. 18)
ISBN 3-503-03095-6
NE: Dietrich, Wolf; GT

ISBN 3 503 03095 6

Alle Rechte vorbehalten
© Erich Schmidt Verlag GmbH & Co., Berlin 1995
Druck: Regensberg, Münster

Dieses Buch ist auf säurefreiem Papier gedruckt
und entspricht den Frankfurter Forderungen zur Verwendung
alterungsbeständiger Papiere für die Buchherstellung.

Vorwort

Das Verfassen einer für den akademischen Unterricht geeigneten Einführung in die Sprachwissenschaft, auf welche Einzelsprache auch immer bezogen, verlangt von den Autoren eine Auswahl von begrenzten Bereichen aus den nahezu unüberschaubaren Dimensionen des Faches, denn eine solche Einführung kann und darf sich nicht zu einem Handbuch der Disziplin auswachsen. Die Versuchung im Falle einer Einführung in die französische Sprachwissenschaft ist besonders groß, da gerade das Französische die bestuntersuchte unter den romanischen Sprachen ist.

Die Gliederung und die Themenauswahl, die wir getroffen haben, orientiert sich weitgehend an dem inzwischen bewährten Muster aus unseren Einführungen in die spanische[1] und in die italienische[2] Sprachwissenschaft. Wir haben die vorliegende Einführung in vier Hauptteile gegliedert: In Teil I werden Grundinformationen zur Stellung des Französischen innerhalb der romanischen Sprachfamilie, zu seiner Verbreitung in der Welt und zu der Sprachsituation in Frankreich gegeben. Teil II bildet die allgemein-sprachwissenschaftliche Komponente dieses Einführungswerkes. Gemäß unserer Überzeugung, daß sowohl das Studium der Synchronie als auch das der Diachronie unabdingbar zu einer sprachwissenschaftlichen Ausbildung gehören, betrifft Teil III die Synchronie und die Diachronie der verschiedenen Gestaltungsebenen der französischen Sprache in exemplarischer Behandlung, und in Teil IV werden wichtige Epochen der Geschichte der französischen Sprache in chronologischer Folge besprochen.

Zu allen angesprochenen Themen werden bibliographische Hinweise für eine weitergehende Beschäftigung angeboten. Im Sinne der Konzeption als "Lehr- und Arbeitsbuch" haben wir der Einführung einerseits Aufgaben für eine selbständige Bearbeitung durch die Studierenden und andererseits solche für eine mit dem Seminarleiter gemeinsame Behandlung beigegeben.

Wir sind uns im klaren, daß unsere Einführung in die französische Sprachwissenschaft nicht die einzige auf dem deutschsprachigen Markte ist. Sie wird in Konkurrenz treten zu der bereits in 7. Auflage erschienenen von PÖTTERS, Wilhelm/ALSDORF-BOLLÉE, Annegret (1995), *Sprachwissenschaftlicher Grundkurs Französisch*, Tübingen. Obwohl sie selbstverständlich zahlreiche Gemeinsamkeiten aufweisen, unterscheiden sich die beiden einführenden Werke konzeptionell doch in manchen Punkten, so daß es sich nicht um Paralleldarstellungen handelt.

---

1 DIETRICH, Wolf/GECKELER, Horst (^{2}1993), *Einführung in die spanische Sprachwissenschaft*, Berlin.
2 GECKELER, Horst/KATTENBUSCH, Dieter (^{2}1992), *Einführung in die italienische Sprachwissenschaft*, Tübingen.

Vorwort

Die Aufteilung der Kapitel auf die beiden Verfasser sieht wie folgt aus: die Kapitel I.; III.2., 6., 7.; IV.3., 4., 6.- 8., 11.1, 11.3.- 4. verfaßte H. Geckeler, während die Kapitel II., III.1., 3.- 5.; IV.1., 2., 5., 9., 10. und 11.2. von Wolf Dietrich geschrieben wurden.

Am Ende gilt unser Dank all denen, die zur Verwirklichung dieser Einführung in irgendeiner Form beigetragen haben: verschiedenen Kollegen und Mitarbeitern, vor allem Herrn AOR Dr. Heinrich Störing, sowie den studentischen Hilfskräften Birgitta Sundermann und Elmar Eggert, mit denen wir größere und kleinere inhaltliche und formale Probleme besprechen konnten, und nicht wenige ihrer Anregungen wurden in dieses Buch aufgenommen. Auch Rückmeldungen von Studierenden, die die entsprechenden Einführungskurse besuchten, haben wir in unserer Konzeption des Werkes berücksichtigt. Den Herausgebern der Reihe "Grundlagen der Romanistik" und den Verantwortlichen im Erich Schmidt Verlag Berlin sind wir zu Dank verbunden.

Wir hoffen und wünschen, daß dieser Band zum einen als Grundlage für Einführungskurse in die französische Sprachwissenschaft den Unterricht erleichtern und bereichern und zum andern auch den Examenskandidaten gute Dienste bei der Wiederholung des Prüfungsstoffes leisten kann.

Münster, im Sommer 1995   Horst Geckeler und Wolf Dietrich

Inhalt

	Seite
Vorwort	5
Inhalt	7
Bibliographische Grundinformation	12

I. Realia zur französischen Sprache 15

I.1. Das Französische in seiner Stellung unter den romanischen Sprachen . 15
    1.1. Die romanischen Sprachen 15
    1.2. Die Verbreitung der romanischen Sprachen 22

I.2. Die geographische Verbreitung der französischen Sprache 24
    2.1. In Europa 25
    2.2. Außerhalb Europas 27
        2.2.1. Nordamerika 27
        2.2.2. Karibischer Raum und Südamerika 28
        2.2.3. Inseln im Indischen Ozean 28
        2.2.4. Ozeanien 29
        2.2.5. Afrika 30

I.3. Die Sprachen auf dem Territorium des heutigen Frankreich 32
    3.1. Indogermanische Sprachen 34
        3.1.1. Romanische Sprachen 34
            3.1.1.1. Okzitanisch 34
            3.1.1.2. Frankoprovenzalisch 34
            3.1.1.3. Katalanisch 34
            3.1.1.4. Korsisch 35
            3.1.1.5. Italienisch 35
        3.1.2. Germanische Sprachvarietäten 35
            3.1.2.1. Elsässisch 35
            3.1.2.2. Rheinfränkischer Dialekt 35
            3.1.2.3. Flämisch 35
        3.1.3. Keltisch: Bretonisch 36
    3.2. Nichtindogermanische Sprache: Baskisch 36

Inhalt

	Seite
II. Grundbegriffe der allgemeinen Sprachwissenschaft	38
II.1. Sprachwissenschaft und Sprachphilosophie	38
II.2. Vorüberlegungen	39
II.3. Funktionen der Sprache	40
II.4. Das sprachliche Zeichen (*le signe linguistique*)	41
II.5. System, Norm und Rede	45
II.6. Synchronie und Diachronie	49
II.7. Syntagmatik und Paradigmatik	52
II.8. Zur Geschichte der Sprachwissenschaft	53
III. Synchronie und Diachronie der französischen Sprache (anhand ausgewählter Beispiele)	61
III.1. Phonetik und Phonologie	61
1.1. Zwei Betrachtungsebenen: Phonetik und Phonologie	61
1.2. Grundlagen und Begriffe der Phonetik	62
1.2.1. Grundbegriffe der artikulatorischen Phonetik	62
1.2.2. Phonetik der Silbe	66
1.2.3. Suprasegmentale Elemente: Dauer, Akzent, Tonhöhe, Intonation	68
1.3. Grundlagen und Begriffe der Phonologie	69
1.4. Synchrone französische Phonologie	72
1.5. Diachrone französische Phonetik und Phonologie	76
III.2. Graphie und Orthographie	78
III.3. Morphologie	82
III.4. Grammatik und Syntax	87
4.1. Grammatik	87
4.1.1. Begriff der Grammatik	87
4.1.2. Exemplarische Beschreibung des französischen Tempussystems	88
4.1.2.1. Methodologie	88
4.1.2.2. Die deiktisch bestimmten Zeiträume	89
4.1.2.3. Aktuelle und inaktuelle Zeitebene	90
4.1.2.4. Sekundäre Perspektiven	91
4.1.3. Diachrone Bemerkungen zur Entstehung dieses Tempussystems	91
4.2. Syntax	92

Inhalt

Seite

III.5. Wortbildungslehre 96
    5.1. Allgemeines 96
    5.2. Verfahren der Wortbildung 97
    5.3. Methodische Vorbemerkungen 99
    5.4. Französische Wortbildung 102
        5.4.1. Die wichtigsten heutigen Wortbildungsfunktionen 103
        5.4.2. Zur diachronen französischen Wortbildungslehre 108

III.6. Lexikologie und Semantik, Lexikographie 108
    6.1. Lexikologie und Semantik 108
        6.1.1. Lexikologie und Semantik – synchron 108
        6.1.2. Lexikologie und Semantik – diachron 118
    6.2. Lexikographie 125
        6.2.1. Lexikographie – synchron 125
        6.2.2. Lexikographie – diachron 131

III.7. Zur Typologie des Französischen 132

IV Etappen der Geschichte der französischen Sprache 139

IV.1. Die Eroberung und Romanisierung Galliens 139
    1.1. Die Provincia Gallia Narbonensis 140
    1.2. Die Romanisierung des übrigen Gallien (der "tres Galliae") 142

IV.2. Die vulgärlateinische Grundlage 145
    2.1. Zum Begriff "Vulgärlatein" 146
    2.2. Die Notwendigkeit der Annahme des Vulgärlateins 148
    2.3. Die zeitliche Abgrenzung des Vulgärlateins 150
    2.4. Die wichtigsten Neuerungen des Vulgärlateins 152
    2.5. Die Quellen des Vulgärlateins 158

IV.3. Substrateinflüsse 160
    3.1. Zur Begriffsbestimmung 161
    3.2. Einfluß des Substrats auf das Latein in Gallien 163
        3.2.1. Wortschatzelemente keltischer Herkunft im Französischen 165
        3.2.2. Französische Ortsnamen keltischen Ursprungs 166
        3.2.3. Phonische Fakten,
            die dem keltischen Substrat zugeschrieben werden 166

Inhalt

Seite

IV.4. Superstrateinflüsse 167
    4.1. Begriffsklärung 167
    4.2. Einfluß des germanischen Superstrats
        auf die französische Sprache 168
        4.2.1. Historischer Hintergrund 168
        4.2.2. Der sprachliche Einfluß 170
            4.2.2.1. Fränkische Lehnwörter 171
            4.2.2.2. Personennamen 172
            4.2.2.3. Ortsnamen 172
            4.2.2.4. Phonische Fakten 173
            4.2.2.5. Wortbildungselemente 173
            4.2.2.6. Grammatisch-syntaktische Erscheinungen 173

IV.5. Verschriftung und früheste Sprachdenkmäler des Französischen 174
    5.1. Das Problem der Verschriftung 175
    5.2. Die Glossen 177
    5.3. Die Straßburger Eide 179
    5.4. Die Eulaliasequenz 180

IV.6. Die Epoche des Altfranzösischen 182
    Textprobe mit Kommentar 188

IV.7. Die Epoche des Mittelfranzösischen 195
    Textprobe mit Kommentar 201

IV.8. Das Französische des 16. Jahrhunderts 202
    8.1. Historischer Hintergrund 203
    8.2. Äußere Einwirkungen auf die Sprachentwicklung 205
        8.2.1. Auswirkungen des Humanismus 205
        8.2.2. Italienischer Einfluß 206
        8.2.3. Auswirkungen der Reformation 207
        8.2.4. Staatliche Einflußnahme (Sprachpolitik) 208
        8.2.5. Einwirkung von literarischer Seite auf die Sprache 209
        8.2.6. Erweiterung der Domänen des Gebrauchs
            des Französischen 209
    8.3. Beginn der wissenschaftlichen Beschäftigung
        mit der französischen Sprache 210

IV.9. Das Französische im 17. und 18. Jahrhundert 211

Inhalt

9.1. Historischer und gesellschaftlicher Hintergrund 212
9.2. Die Bedeutung von François de Malherbe 214
9.3. Die Académie française, Vaugelas und andere Sprachbeobachter 217
9.4. Die französische Sprache im 18. Jahrhundert 218

IV.10. Die Auswirkungen der Französischen Revolution
auf das Französische 220

IV.11. Zum heutigen Französisch 223
    11.1. Allgemeine Aspekte 224
    11.2. Phonischer Bereich 227
    11.3. Grammatischer Bereich 229
    11.4. Lexikalischer Bereich 233

Register 239

Bibliographische Grundinformation

A. Bibliographische Hilfsmittel

1. Laufende Bibliographien

Bibliographie linguistique (BL). Bibliographie linguistique des années 1939-1947 ff. Utrecht/Bruxelles 1949 ff.

Romanische Bibliographie 1961 ff., (RB), Tübingen 1965ff. [davor: Supplementhefte Bibliographie zur Zeitschrift für Romanische Philologie, ab 1875].

Bibliographie linguistischer Literatur 1978 ff., (BLL)[Bd. 1-3 unter dem Titel Bibliographie unselbständiger Literatur– Linguistik 1971-1977, (BUL-L)], Frankfurt 1979 ff.

Bulletin analytique de linguistique française 1969 ff., (BALF), Paris 1969 ff.

2. Thematische Bibliographien

BAL, Willy / GERMAIN, Jean / KLEIN, Jean-René / SWIGGERS, Pierre (1991), *Bibliographie sélective de linguistique romane et française*, Paris/Louvain-la-Neuve.

HAUSMANN, Franz Josef (^{2}1977), *Linguistik und Fremdsprachenunterricht 1964-1977. Ausführlich kommentierte Bibliographie für Schule und Hochschule (mit besonderer Berücksichtigung des Französischen)*, Tübingen.

HILLEN, Wolfgang / RHEINBACH, Ludwig (^{2}1989), *Einführung in die bibliographischen Hilfsmittel für das Studium der Romanistik. Praktische Anleitung für die Literaturrecherche. 1. Französische Sprach- und Literaturwissenschaft*, Bonn.

INEICHEN, Gustav (1974), *Bibliographische Einführung in die französische Sprachwissenschaft*, Berlin.

MARTIN, Robert / MARTIN, Eveline (1973), *Guide bibliographique de linguistique française*, Paris.

OSBURN, Charles B. (^{2}1984), *Research and Reference Guide to French Studies*, Metuchen, N. J.

ROHLFS, Gerhard (^{2}1966), *Einführung in das Studium der romanischen Philologie, Teil 1: Allgemeine Romanistik, französische und provenzalische Philologie*, Heidelberg.

RONGE, Peter (1971), *Studienbibliographie Französisch. Beiträge zur bibliographischen Erschließung der französischen Philologie*, 2 Bde, Frankfurt/Main.

WAGNER, Robert-Léon (^{3}1965), *Introduction à la linguistique française*, Genève (+ Supplément bibliographique 1947-1953).

B. Terminologische Wörterbücher zur allgemeinen Sprachwissenschaft

BUSSMANN, Hadumod (^{2}1990), *Lexikon der Sprachwissenschaft*, Stuttgart.

DUBOIS, Jean (1973), *Dictionnaire de linguistique*, Paris.

Bibliographische Grundinformation

KNOBLOCH, Johann (1961 ff.), *Sprachwissenschaftliches Wörterbuch*, Heidelberg.
LEWANDOWSKI, Theodor (⁶1994), *Linguistisches Wörterbuch*, 3 Bände, Heidelberg.
MARTINET, André (1969), *La linguistique. Guide alphabétique*, Paris.
STAMMERJOHANN, Harro (1975), *Handbuch der Linguistik. Allgemeine und angewandte Sprachwissenschaft*, München.

C. Handbücher der romanischen und französischen Sprachwissenschaft

BEC, Pierre (1970-71), *Manuel pratique de philologie romane*, 2 Bde, Paris.
BOURCIEZ, Édouard (⁵1967), *Éléments de linguistique romane*, Paris.
ELCOCK, William D. (²1975), *The Romance Languages*, London.
GAUGER, Hans-Martin / OESTERREICHER, Wulf / WINDISCH, Rudolf (1981), *Einführung in die romanische Sprachwissenschaft*, Darmstadt.
HALL Jr., Robert A. (1974), *External History of the Romance Languages*, New York-London-Amsterdam.
HARRIS, Martin / VINCENT, Nigel (Hrsg.) (1988), *The Romance Languages*, London-Sydney.
HOLTUS, Günter / METZELTIN, Michael / SCHMITT, Christian (Hrsg.) (1990), *Lexikon der romanistischen Linguistik (=LRL)*, Bd. V, 1: Französisch / Le français, Tübingen.
IORDAN, Iorgu (1962), *Einführung in die Geschichte und Methoden der romanischen Sprachwissenschaft*. Ins Deutsche übertragen, ergänzt und teilweise neu bearbeitet von Werner Bahner, Berlin.
KLINKENBERG, Jean-Marie (1994), *Des langues romanes. Introduction aux études de linguistique romane*, Louvain-la-Neuve.
LAUSBERG, Heinrich (1956-62), *Romanische Sprachwissenschaft*, 3 Bände, Berlin; (2. und 3. Auflage 1967-1972).
LINDENBAUER, Petrea / METZELTIN, Michael / THIR, Margit (1994), *Die romanischen Sprachen. Eine einführende Übersicht*, Wilhelmsfeld.
MEYER-LÜBKE, Wilhelm (1890-1902), *Grammatik der romanischen Sprachen*, 4 Bände, Leipzig; Nachdruck Darmstadt 1972.
PÖCKL, Wolfgang/RAINER, Franz (1990), *Einführung in die romanische Sprachwissenschaft*, Tübingen.
RENZI, Lorenzo (1980), *Einführung in die romanische Sprachwissenschaft*, Tübingen.
TAGLIAVINI, Carlo (1973), *Einführung in die romanische Philologie*, München.
VIDOS, Benedek Elemer (1968), *Handbuch der romanischen Sprachwissenschaft*, München.
WARTBURG, Walther von (1950), *Die Ausgliederung der romanischen Sprachräume*, Bern.
WARTBURG, Walther von (1951), *Die Entstehung der romanischen Völker*, Tübingen.

D. Wichtige Fachzeitschriften

(Abkürzungen nach der *Bibliographie linguistique...*)

ASNS	Archiv für das Studium der neueren Sprachen und Literaturen. Braunschweig (seit 1979 Berlin).
Clex	Cahiers de Lexicologie. Paris.
FM	Le Français moderne. Paris.
–	Journal of French Language Studies. Cambridge.
Langages	Langages. Paris.

Bibliographische Grundinformation

LFr	Langue française. Paris.
Linguistique	La Linguistique. Paris.
RF	Romanische Forschungen. Frankfurt a.M.
RJb	Romanistisches Jahrbuch. Hamburg.
RLaR	Revue des langues romanes. Montpellier.
RLiR	Revue de linguistique romane. Strasbourg.
Romania	Romania. Paris.
RomPh	Romance Philology. Berkeley.
RRom	Revue Romane. Copenhague.
TraLiPhi	Travaux de linguistique et de philologie. Paris. (olim *TraLiLi* = Travaux de linguistique et de littérature)
VRom	Vox Romanica. Bern.
ZFSL	Zeitschrift für französische Sprache und Literatur. Wiesbaden.
ZrP (ZRPh)	Zeitschrift für romanische Philologie. Tübingen.

I. Realia zur französischen Sprache

I.1. Das Französische in seiner Stellung unter den romanischen Sprachen

1.1. Die romanischen Sprachen

Das Französische gehört bekanntlich zur Gruppe der romanischen Sprachen (frz. *les langues romanes*), und diese gehören ihrerseits in historisch-genealogischer Sicht zur großen indogermanischen oder indoeuropäischen Sprachfamilie (rund die Hälfte der Bevölkerung der Erde spricht eine indogermanische Sprache als Muttersprache[1]).

Die folgende konventionelle Skizze soll einen schematischen Überblick über die bekanntesten und verbreitetsten Sprachgruppen und gegebenenfalls Sprachen des Indogermanischen vermitteln (wobei allerdings nur der Zweig, der die Filiation bis zu den romanischen Sprachen darstellt, weitergeführt wird)[2]:

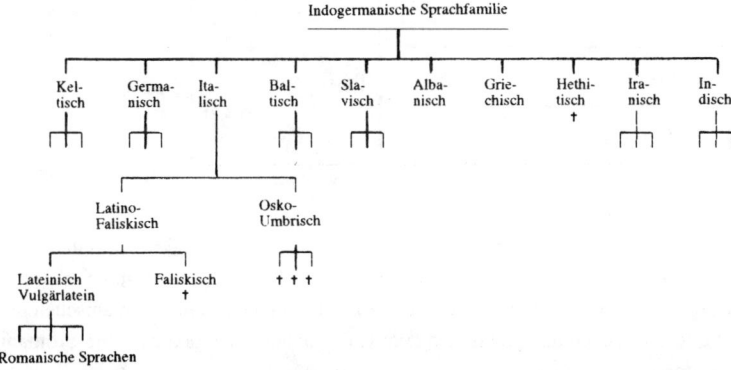

Welches sind die romanischen Sprachen und wie lassen sie sich einteilen?
In den Handbüchern der romanischen Philologie werden heute meistens zumindest 11 romanische Sprachen unterschieden, die oft aufgrund vorwiegend geographisch-arealer, aber auch historischer Kriterien wie folgt klassifiziert werden, so z.B. von TAGLIAVINI (1973: 279):

---

1 Vgl. z.B. COLLINGE, Neville Edgar (Hrsg.) (1989), *An Encyclopaedia of Language*, London/ New York: 961.
2 Genauere Information findet man z.B. in KRAHE, Hans (1966), *Indogermanische Sprachwissenschaft*, I, Berlin.

Realia zur französischen Sprache

Klassifikation der romanischen Sprachen

a.	Rumänisch	Balkanromanisch	
b.	Dalmatisch		
	Italienisch		Italoromanisch
	Sardisch		
	Rätoromanisch		
c.	Französisch		
	Frankoprovenzalisch		Galloromanisch
	Okzitanisch (und Gaskognisch)		
	Katalanisch		
d.	Spanisch	Iberoromanisch	
	Portugiesisch		

Bemerkungen zu diesem Schema:
1. Durch die doppelte Zugehörigkeit im Falle des Dalmatischen und des Katalanischen soll angedeutet werden, daß diese Sprachen eine Art Brücke ("lengua-puente", so A. Badía Margarit in bezug auf das Katalanische) zwischen dem Balkanromanischen und dem Italoromanischen bzw. zwischen dem Galloromanischen und dem Iberoromanischen bilden.
2. Wir ziehen, um Verwechslungen zu vermeiden, die inzwischen üblich gewordene Bezeichnung "Okzitanisch" (vgl. Dantes "lingua oc", frz. "la langue d'oc") dem in der Tradition der romanischen Philologie für die Benennung der betreffenden Sprache bzw. Dialektgruppe verwurzelten Terminus "Provenzalisch" (so auch bei Tagliavini) vor, da "Provenzalisch", stricto sensu, ausschließlich den Dialekt der Provence bezeichnet. Manchmal wird "(Alt-)Provenzalisch" für die mittelalterliche Sprachstufe und Literatur gebraucht, "Okzitanisch" dagegen für die der neueren Zeit.
3. In historischer Sicht wird üblicherweise das Galicische (Galegisch) mit dem Portugiesischen zu einer Einheit zusammengefaßt, zum *galego-português*; politisch gehört Galicien allerdings zu Spanien.

4. Schließlich dürften auch die Kreolsprachen mit romanischer lexikalischer Basis nicht unerwähnt bleiben.

Eine Reihe von Überblickswerken zur romanischen Sprachwissenschaft, wie z.b. die von L. Renzi[3] und von P. G. B. Mancarella[4], geben dieselbe Einteilung wie Tagliavini. Andere Autoren weichen in der Aufgliederung der romanischen Sprachen leicht ab: Durch die Herausnahme des Dalmatischen als einer toten Sprache, so z.B. bei M. Pei[5], oder des kaum noch vitalen Frankoprovenzalischen, etwa bei G. Ineichen[6], gelangen sie zu nur 10 romanischen Sprachen. Durch eine weitere Differenzierung gegenüber Tagliavini kommen andere zu 12, so etwa A. Monteverdi[7], der zusätzlich zwischen Italienisch und Oberitalienisch unterscheidet, oder P. Bec[8], der das Gaskognische aus dem Okzitanischen als eigene romanische Sprache herausnimmt. Noch stärker untergliedert z.b. K. Togeby[9], indem er 15 romanische Sprachen unterscheidet; so teilt er drei der 11 bei Tagliavini aufgeführten romanischen Sprachen weiter auf:
Sardisch;
die Ostromania mit Rumänisch, Dalmatisch, Süditalienisch, Toskanisch;
die Westromania mit Norditalienisch, Friaulisch, Rätoromanisch, Französisch, Frankoprovenzalisch, Provenzalisch; Gaskognisch, Katalanisch, Spanisch, Portugiesisch.

Wenn man zudem das Rätoromanische in das Bündnerromanische und in das Zentralladinische aufspaltet und das Galicische vom Portugiesischen abtrennt, dann gelangt man zu 17 romanischen Sprachen. Außerdem wurde in der sowjetischen Romanistik aus politischen Gründen das Moldauische als eigene romanische Sprache vom Rumänischen getrennt.

---

3 RENZI, Lorenzo (1980), *Einführung in die romanische Sprachwissenschaft*. Herausgegeben von Gustav Ineichen, Tübingen: 90; RENZI, Lorenzo ([2]1987), *Nuova introduzione alla filologia romanza*, Bologna: Tav. I.

4 MANCARELLA, P. Giovan Battista (1978), *Linguistica romanza*, Bologna: 14-15.

5 PEI, Mario (1976), *The Story of Latin and the Romance Languages*, New York/Hagerstown/San Francisco/London: 160-161.

6 INEICHEN, Gustav ([2]1991), *Allgemeine Sprachtypologie: Ansätze und Methoden*, Darmstadt: 138. Eigenartigerweise fehlt bei ihm das Rätoromanische in der Liste der romanischen Sprachen, hingegen führt er das Ladino – "spanische Verkehrssprache der sephardischen Juden auf dem Balkan" – als eine solche auf.

7 MONTEVERDI, Angelo (1952), *Manuale di avviamento agli studi romanzi*, Milano: 80.

8 BEC, Pierre (1970-1971), *Manuel pratique de philologie romane*, 2 tomes, Paris.

9 TOGEBY, Knud (1962), "Comment écrire une grammaire historique des langues romanes?", *SNPh* 34: 315-320, 318.

Auch im *Lexikon der Romanistischen Linguistik* (Tübingen 1988 ff.) werden 17 romanische Sprachen unterschieden:
Rumänisch; Dalmatisch/Istroromanisch; Friaulisch; Ladinisch; Bündnerromanisch; Italienisch; Korsisch; Sardisch; Französisch; Okzitanisch; Katalanisch; Aragonesisch/Navarresisch; Spanisch; Asturianisch/Leonesisch; Galegisch; Portugiesisch.

Hier ist wohl die Obergrenze der Differenzierung dessen erreicht, was man noch sinnvollerweise als romanische "Sprachen" ansprechen kann. Die Schwierigkeit bei der Festlegung der Zahl der romanischen Sprachen hängt mit dem Problem der Abgrenzung zwischen "Sprache" und "Dialekt" zusammen, vgl. IV.11.1.

Die zunächst rein geographisch begründete Einteilung der romanischen Sprachen in eine Ost- und eine Westromania, etwa bei J. Jud (so im Grunde schon bei F. Diez [1794-1876], einem der Begründer der romanischen Philologie als Wissenschaft), wurde, wie man z.B. in der Gruppierung von Tagliavini (s. oben) und auch von MONTEVERDI (1952: 80) sieht, um eine Zentralromania, die der Italoromania entspricht, erweitert, wobei die Westromania dann die Gallo- und die Iberoromania einschließt und die Ostromania die Balkan- oder Dakoromania umfaßt.

Unter Zugrundelegung sprachlicher, hier: phonischer Kriterien, nämlich 1. der Erhaltung bzw. Nichterhaltung des auslautenden [s][10] und 2. der Erhaltung bzw. Sonorisierung (und weiteren Abschwächung) der Verschlußlaute [p], [t] und [k] in intervokalischer Stellung in den verschiedenen romanischen Sprachen, stellte Walther von Wartburg bereits 1936 in einem Aufsatz und dann in seiner Monographie *Die Ausgliederung der romanischen Sprachräume* (Bern 1950) die zuvor rein geographisch begründete Unterscheidung in Ost- und Westromania auf eine sprachlich fundierte Basis. Ost- und Westromania werden nach Wartburg durch eine Linie, die vom Ligurischen Meer bei La Spezia quer über die Apenninenhalbinsel zum Adriatischen Meer bei Rimini (nach H. Lausberg: bei Pesaro) verläuft, abgegrenzt. Danach gehören "der ganze romanische Balkan, sowie Mittel- und Süditalien" zur Ostromania, "Gallien, die Alpenländer, Oberitalien bis zur Linie Spezia-Rimini, Iberien" (WARTBURG 1950: 32) zur Westromania; Sardinien nimmt eine Sonderstellung ein.

Beispiele zur Illustration der verwendeten Differenzierungskriterien:

---

10 Besonders relevant für die Morphologie der Numerusmarkierung am Nomen und für die Morphologie der Personenmarkierung am Verb.

	OSTROMANIA	WESTROMANIA
lat. -[s]	rum. capre, membri ital. (d.h. standard- ital.) capre, membri	span. cabras, miembros frz. (graph. Code) chèvres, membres (altfrz. chievres)
lat. -[p]-:	rum. săpun ital. sapone	span. jabón [ß] frz. savon
lat. -[t]-:	rum. roată ital. ruota	span. rueda [δ] frz. roue, d.h. -[t]- > Ø
lat. -[k]- (nicht vor [e] oder [i]):	rum. ficat südital. ficatu rum. foc(ul) ital. fuoco	span. hígado [γ] frz. foie, -[k]^a- > [j] (verschmilzt mit dem zweiten Element des Diphthongs) span. fuego [γ] frz. feu, hier -[k]- > Ø

Bemerkung:
Das Wartburgsche Kriterium der Erhaltung des auslautenden [s] trifft im Französischen, was den phonischen Code angeht, allerdings voll nur für das Altfranzösische und höchstens ganz eingeschränkt für das Neufranzösische (nur im Falle der sog. Liaison) zu[11]. So muß aufgrund sprachlicher Fakten im Französischen – sowie übrigens auch im spanischsprachigen Raum (z.T. Südspanien und z.T. Hispanoamerika) und in der Toskana (vgl. die sog. "gorgia toscana") – präzisierend betont werden, daß die Wartburgsche Einteilung Westromania/Ostromania zwar auf die mittelalterlichen Entwicklungsphasen der romanischen Sprachen weitgehend zutrifft, nicht mehr jedoch dem Sprachzustand aller romanischen Sprachen in der Neuzeit entspricht (Wartburg hat dies übrigens selbst bereits 1953 explizit anerkannt)[12].

---

11 Vgl. dazu GECKELER, Horst (1976), "Sigmaphobie in der Romania? Versuch einer funktionellen Bestimmung", *ZRPh 92: 265-291* und ders. (1978), "'Phonischer Code' und 'skripturaler Code' auch für die Beschreibung des Spanischen?", *Iberoromania* 8: 11-29; SEKLAOUI, Diana R. (1989), *Change and Compensation. Parallel Weakening of [s] in Italian, French and Spanish*, New York/Bern/Frankfurt/Paris.

12 Zur Kritik an Wartburgs These: vgl. beispielsweise MALKIEL, Yakov (1991), "'Western Romance' versus 'Eastern Romance'. The Terms, the Images, and the Underlying Concepts", *RF* 103: 141-156.

In Anlehnung an die Wartbursche Gliederung der Romania schlägt H. Lausberg[13] "auf Grund des Verwandtschafts-Grades" folgende Dreiereinteilung der Romania vor:

I. W e s t r o m a n i a mit folgenden Teilräumen:
   A) Galloromania (Provenzalisch, Frankoprovenzalisch, Französisch)
   B) Raetoromania
   C) Norditalien
   D) Iberoromania (Katalanisch, Spanisch, Portugiesisch)

II. O s t r o m a n i a mit folgenden Teilräumen:
   A) Mittel- und Süditalien
   B) Dalmatien
   C) Rumänien

III. S a r d i n i e n

Schließlich weisen wir noch auf die verschiedenartigen Konstellationen hin, die sich ergeben, wenn man eine Klassifizierung der romanischen Sprachen ausschließlich auf der Grundlage der Verteilung von Wortschatzelementen versucht. – Nach M. Bartoli mit seiner "linguistica spaziale" hat vor allem G. Rohlfs diesen Ansatz auf besonders anschauliche Weise (mit viel Kartenmaterial) in folgenden Werken vertreten: ROHLFS, Gerhard (1954), *Die lexikalische Differenzierung der romanischen Sprachen. Versuch einer romanischen Wortgeographie*, München, und in erweiterter Form in: *Romanische Sprachgeographie. Geschichte und Grundlagen, Aspekte und Probleme mit dem Versuch eines Sprachatlas der romanischen Sprachen*, München 1971; vgl. auch sein *Panorama delle lingue neolatine. Piccolo atlante linguistico pan-romanzo*, Tübingen 1986. So kann Rohlfs z.B. unter anderen möglichen immer wieder eine bestimmte Konstellation von vier Sprachräumen, in der sich nämlich eine "innere Romania" (Gallia, Italia) gegenüber einer "Randromania" (Iberia, Dacia) abhebt (entsprechend einer "Arealnorm" von Bartoli), nachweisen. Es muß jedoch angemerkt werden, daß verschiedene der im folgenden Schema angeführten sprachlichen Fakten zur Illustration etwas vereinfacht dargestellt sind:

---

13 LAUSBERG (^{3}1969: I, 39).

Das Französische in seiner Stellung unter den romanischen Sprachen

IBERIA	GALLIA	ITALIA	DACIA
lat. *rogare* sp./port. *rogar*	*precare* frz. *prier*	*precare* it. *pregare*	*rogare* rum. *a ruga*
lat. *afflare* sp. *hallar* port. *achar*	*tropare* frz. *trouver*	*tropare* it. *trovare*	*afflare* rum. *a afla*
lat. *fervere* sp. *hervir* port. *ferver*	*bullire* frz. *bouillir*	*bullire* it. *bollire*	*fervere* rum. *a fierbe*
lat. *humerus* sp. *hombro* port. *ombro*	*spat(h)ula* frz. *épaule*	*spat(h)ula* it. *spalla*	*humerus* rum. *umăr*
lat. *magis* sp. *más* port. *mais*	*plus* frz. *plus*	*plus* it. *più*	*magis* rum. *mai*
lat. *formosus* sp. *hermoso* port. *formoso*	*bellus* frz. *beau*	*bellus* it. *bello*	*formosus* rum. *frumos*
lat. *mensa* sp./port. *mesa*	*tabula* frz. *table*	*tabula* it. *tavola*	*mensa* rum. *masă*
lat. *dies* sp./port. *día*	*diurnum* frz. *jour*	*diurnum* it. *giorno*	*dies* rum. *zi*
RAND-ROMANIA	INNERE ROMANIA		RAND-ROMANIA

Das einfachste, dafür aber aussageschwächste Verfahren, um Sprachen zu ordnen, ist die *geographische* (oder *areale*) Klassifikation: hier werden Sprachen ausschließlich nach dem Kriterium ihrer räumlichen Kontiguität zusammengefaßt, z.B. australische Sprachen, Sudansprachen (auch die ältere Einteilung Westromania/Ostromania – nicht diejenige auf der Grundlage der Wartburgschen Kriterien, vgl. oben – gehört dazu). Die *historisch-genealogische* Klassifikation beruht auf der genetischen Verwandtschaft zwischen Sprachen, d.h. aufgrund unserer historischen Kenntnis, daß sich aus einer (Ausgangs-)Sprache im Laufe der Zeit verschiedene Sprachen entwickelt haben, gruppieren wir diese zu einer Sprachfamilie zusammen – so bilden die romanischen Sprachen, die sich bekanntlich aus dem Latein entwickelt haben, eine Sprachfamilie. Klassifikationen, die auf *sprachstrukturellen* Fakten basieren, wird man schon als zur *Sprachtypologie* gehörig einstufen dürfen. Innerhalb der Sprachtypologie gibt es die *partielle* Typologie (d.h. Typologie "sprachlicher Teilsysteme", z.B. die phonische oder die morphologische Ebene betreffend) und die *integrale* Typologie (d.h. Typologie "sprachlicher Ganzsysteme") (Erklärung nach Haarmann[14])[15], vgl. auch III.7.

Die Hauptschwierigkeit bei der Klassifizierung bzw. Typologisierung von Sprachen, sofern diese weder auf geographischer noch auf historisch-genealogischer Grundlage durchgeführt werden soll oder kann, liegt in der Wahl von adäquaten Kriterien, sowohl was ihre Qualität (Hierarchisierung der Fakten) als auch ihre Quantität betrifft.

Aufgabe

In einer Seminarsitzung sollte der Seminarleiter mit den Teilnehmern eine Auswahl der charakteristischen Merkmale der romanischen Sprachen, die RENZI (1980: 109-124) anführt, durcharbeiten.

1.2. Die Verbreitung der romanischen Sprachen

Als Übersichtsinformation führen wir die – wie oben gesehen – üblicherweise unterschiedenen 11 romanischen Sprachen in der Reihenfolge ihrer numerischen Wichtigkeit, nach der Zahl ihrer **muttersprachlichen** Sprecher an (wobei aus der Literatur häufig nicht klar hervorgeht, ob bei zweisprachigen Gebieten Muttersprache und Zweitsprache zusammengerechnet oder getrennt geführt werden) – in Klammern geben wir bei den "großen" romanischen Sprachen auch ihren Rang unter den meistgesprochenen Sprachen der Erde in römischen Ziffern an – und unterrichten gleichzeitig summarisch über die Hauptverbreitungsgebiete der einzelnen romanischen Sprachen. Wir müssen jedoch darauf hinweisen, daß die Angaben über die Zahl der Sprecher in den konsultierten einschlägigen Werken – wie übrigens nicht anders zu erwarten war – z.T. beträchtlich divergieren.

---

14 HAARMANN, Harald (1976), *Grundzüge der Sprachtypologie*, Stuttgart/Berlin/Köln/Mainz: 7.

15 Orientierend zur Sprachtypologie: INEICHEN ([2]1991); COSERIU, Eugenio (1980), "Der Sinn der Sprachtypologie", *TCLC* 20: 157-170.
   Einen wissenschaftsgeschichtlichen Überblick über die Versuche zur Klassifizierung der romanischen Sprachen gibt MALKIEL, Yakov (1978), "The Classification of Romance Languages", *Romance Philology* 31: 467-500.

Das Französische in seiner Stellung unter den romanischen Sprachen

Sprache	Ungefähre Zahl der Sprecher	Wichtigste Verbreitungsgebiete
1. Spanisch (III.)	370 Mio.	Spanien, Kanarische Inseln, SW der USA (+ Florida), Mexiko, Mittelamerika (außer Belize), Südamerika (außer Brasilien, Guyana, Surinam und Frz.-Guayana), z.T. im Karibischen Raum (Cuba, Dominikanische Republik, Puerto Rico)
2. Portugiesisch (VI./VII.)	170-190 Mio.	Portugal, Azoren, Madeira, Brasilien, Angola, Mozambique
3. Französisch (XI./XII.)	70-80 Mio. (die 'Frankophonie' umfaßt mehr als 100 Mio.)	siehe I.2
4. Italienisch	63 Mio.	Italien, z.T. in der Schweiz (vor allem im Kanton Tessin)
5. Rumänisch	25 Mio.	Rumänien, Moldaurepublik
6. Katalanisch	7-10 Mio.	Katalonien, Comunidad Valenciana, Balearen; Andorra; Roussillon (Frankreich), siehe I.3
7. Okzitanisch	aktive Sprecher: 2 Mio. (?) potentielle Sprecher: 8 Mio.	siehe I.3
8. Sardisch	1-1,4 Mio.	Sardinien

9. Rätoromanisch[16]		
a. Bündnerromanisch	50.000	v.a. Kanton Graubünden (Schweiz)
b. Zentralladinisch	30.000-38.000	verschiedene Dolomitentäler, Comelico und Teile des Cadore (Italien)
c. Friaulisch	700.000-900.000	Region Friuli – Venezia Giulia (Italien)
10. Frankoprovenzalisch	60.000 - 200.000	siehe I.3
11. Dalmatisch	Ausgestorben im Jahre 1898	Teile der dalmatinischen Küste und bestimmte vorgelagerte Inseln (z.B. Veglia – Krk)

Literaturhinweise

Un milliard de Latins en l'an 2000 (1983), Paris. MALHERBE, Michel (1983), *Les langages de l'humanité*, Paris. *Lexikon der Romanistischen Linguistik* (1988ff.), Tübingen. SALA, Marius (Hrsg.) (1989), *Enciclopedia limbilor romanice*, București. *Der Fischer Weltalmanach 1995* (1994), Frankfurt a.M. FRÉMY, Dominique et Michèle (1994), *Quid 1995*, Paris.

Aufgabe

Informieren Sie sich anhand von TAGLIAVINI (1973: 129-157) in großen Zügen über die "verlorene Romania" (oder "Romania submersa") und die "neue Romania" (oder "Romania nova").

I.2. Die geographische Verbreitung der französischen Sprache

Obwohl das Französische keine der numerisch ganz großen muttersprachlich gesprochenen Sprachen der Erde ist, weist es doch eine beträchtliche Verbreitung über die Kontinente und Ozeane hinweg auf, einerseits als Muttersprache, andererseits als offizielle Sprache, als Verkehrs- und/oder Kultursprache neben anderen jeweils einheimischen Sprachen. Diese Tatsache ist als eines der fortdauernden Ergebnisse der früheren Kolonialherrschaft Frankreichs außerhalb Europas zu sehen.

---

16 Das Rätoromanische als Einheit wird neuerdings immer öfter in Frage gestellt.

Eine weitere Konsequenz ist die Entstehung der Kreolsprachen[17] auf französischer lexikalischer Grundlage einerseits im karibischen Raum, andererseits in der Inselwelt des Indischen Ozeans.
Nachfolgend geben wir einen geographisch geordneten Überblick über die Frankophonie, d.h. die Territorien der Erde, in denen Französisch als Muttersprache oder als Zweitsprache oder als eine weitere Sprache in zwei- oder mehrsprachigen Ländern gesprochen wird – mit Angabe der Sprecherzahlen (in denen sehr unterschiedliche Stufen der Sprachkompetenz zusammengefaßt sein können), die in der Literatur häufig stark schwanken und die deshalb gerundet angeführt werden.

Überblicksliteratur
VIATTE, Auguste (1969), *La francophonie*, Paris. VALDMAN, Albert (Hrsg.) (1979), *Le français hors de France*, Paris. DENIAU, Xavier (1983), *La francophonie*, Paris. MÜLLER, Bodo (1985), *Le français d'aujourd'hui*, Paris. TÉTU, Michel (1987), *La francophonie. Histoire, problématique et perspectives*, Montréal. WALTER, Henriette (1988), *Le français dans tous les sens*, Paris. PICOCHE, Jacqueline/MARCHELLO-NIZIA, Christiane (1989), *Histoire de la langue française*, Paris. Lexikon der Romanistischen Linguistik Band V,1 (1990), Tübingen (mit weiterführender Literatur). Haut Conseil de la Francophonie (1990), *Etat de la francophonie dans le monde. Rapport 1990*, Paris. *Atlas de la Francophonie. Le monde francophone*, Les Publications du Québec (o.J.). CHAUDENSON, Robert (Hrsg.) (1991), *La francophonie: représentations, réalités, perspectives*, Paris. *Der Fischer Weltalmanach 1995* (1994), Frankfurt a.M. FRÉMY, Dominique et Michèle (1994), *Quid 1995*, Paris.

2.1. In Europa

Frankreich: Das Französische ist die Nationalsprache der Französischen Republik. Auf die Tatsache, daß Frankreich ein Vielsprachenstaat ist, wird in I.3. eingegangen werden.

Belgien: Auch Nichtromanisten ist dieses Land u.a. durch den heftigen Sprachenstreit zwischen den im Norden lebenden Flamen, die das germanische Flämisch als Muttersprache sprechen, und den im Süden wohnenden Wallonen, deren Muttersprache das Französische (mit belgischen Besonderheiten) ist, bekannt – daneben gibt es noch im Osten eine kleinere deutschsprachige Region, etwa zwischen Eupen und Saint Vith. Die Hauptstadt Brüssel (*Bruxelles*) liegt im flämischsprachigen Gebiet; sie ist zwar offiziell zweisprachig, de facto aber überwiegend frankophon. Die wichtigsten Städte im französischsprachigen Teil Belgiens sind von West nach Ost: Tournai, Mons, Charleroi, Namur, Liège (Brügge, Gent, Antwerpen, Löwen

---

17 Vgl. z.B. CHAUDENSON, Robert (1995), *Les créoles*, Paris.

liegen dagegen in den flämischsprachigen Provinzen).
Französischsprachig: ca. 4,2 Mio. (entspricht ca. 42 % der Bevölkerung).

Großherzogtum Luxemburg: Komplexe dreisprachige Situation: Der einheimische Dialekt, das Lëtzeburgische (gehört zum Moselfränkischen), wird mehrheitlich als Muttersprache betrachtet, ist Nationalsprache und eine der drei Amtssprachen. Das Französische genießt als Amtssprache, insbesondere als Gesetzessprache, eine Vorrangstellung; das Deutsche hat "eine eher untergeordnete ko-offizielle Stellung"[18] neben den beiden anderen Sprachen (als Pressesprache ist Deutsch jedoch dominant).
Einwohnerzahl: ca. 400.000 (davon sekundär frankophon: 80 %).

Schweiz: Es existieren drei Amtssprachen des Bundes: Deutsch, Französisch und Italienisch, Rätoromanisch ist regionale Amtssprache in Graubünden; alle vier Sprachen sind gemäß der Verfassung zugleich Nationalsprachen der Schweiz.
Der frankophone Teil der Schweiz umfaßt den Kanton Jura und die *Suisse Romande*: die Kantone Genf (*Genève*), Waadt (*Vaud*), Neuenburg (*Neuchâtel*); die Kantone Wallis (*Valais*), Freiburg (*Fribourg*) und Bern sind nur zum Teil frankophon.
Französischsprachige Schweizer: ca. 1,5 Mio. (entspricht ca. 19 % der Bevölkerung).

Italien: Aostatal (*Val d'Aoste*): Gehört ursprünglich, wie der größte Teil der Suisse Romande, zum frankoprovenzalischen Sprachraum. Das Frankoprovenzalische wurde jedoch hier wie dort weitgehend durch das Französische abgelöst, das zwar nach dem Autonomiestatut für die Region neben dem Italienischen offiziell auch Amtssprache ist, faktisch aber vom Italienischen klar dominiert wird.
Zahl der Französischsprecher: zwischen ca. 10.000 (nach LRL V,1: 735) und ca. 65.000 (nach DENIAU: 31).

Fürstentum Monaco: Ist neben Frankreich der einzige Staat, in dem das Französische die alleinige offizielle Sprache ist.
Sprecherzahl: ca. 30.000.

Fürstentum Andorra: Dreisprachige Situation: Katalanisch (35%) ist Amtssprache, Spanisch (58%) und Französisch (7 %) sind Verkehrssprachen.
Einwohnerzahl: ca. 60.000.

Großbritannien: die Kanalinseln oder Normannischen Inseln (*les Iles Anglo-Normandes*): Die Präsenz des Französischen bzw. von Varietäten des normannischen

---

18 AMMON, Ulrich (1991), *Die internationale Stellung der deutschen Sprache*, Berlin/New York: 60.

Die geographische Verbreitung der französischen Sprache

Dialekts erklärt sich durch die frühere Zugehörigkeit der Inseln Jersey, Guernsey (frz. *Guernesey*), Sark (frz. *Sercq*) und Alderney (frz. *Aurigny*) zum Herzogtum Normandie, das von 1066 bis 1204 im Besitz der englischen Krone war. Die Inseln verblieben bis heute unmittelbar unter der Hoheit der britischen Krone. Die Kenntnis des normannischen Dialekts, aber auch des Französischen ist im 20. Jh. zugunsten des Englischen drastisch zurückgegangen.
Einwohnerzahl: ca. 140.000.

2.2. Außerhalb Europas

2.2.1. Nordamerika

Kanada: Die größte frankophone Sprachgemeinschaft nach Frankreich selbst lebt in der Provinz Québec (ca. 5,6 Mio.), der französischsten der kanadischen Provinzen. Provinzhauptstadt ist Québec; Montréal dagegen ist die zweitgrößte frankophone Stadt der Erde (mit Peripherie mehr als 3 Mio. Einwohner). In allen anderen Provinzen Kanadas sind die frankophonen gegenüber den anglophonen Sprechern deutlich in der Minderzahl. Relativ hohe französischsprachige Bevölkerungsanteile weisen die Provinzen Nouveau-Brunswick (ca. 245.000) und Ontario (ca. 475.000) auf. Englisch und Französisch sind offiziell die kanadischen Amtssprachen.
Die Präsenz der französischen Sprache als Muttersprache in Kanada geht auf die Entdeckung des Landes durch französische Seefahrer im 16. und 17. Jh. und auf die Kolonialherrschaft Frankreichs bis 1763 zurück.
Gesamtzahl der französischsprachigen Kanadier: ca. 6,5 Mio. (entspricht ca. 23 % der Bevölkerung).

Die Inseln *Saint-Pierre* und *Miquelon*: zwei kleine Inseln südlich von Neufundland, gehören politisch zu Frankreich.
Sprecherzahl: ca. 6.500.

USA:
a) Neuengland-Staaten: In den sechs nördlichen Staaten Maine, Vermont, New Hampshire, Massachusetts, Connecticut und Rhode Island leben – meist aus dem frankophonen Kanada eingewandert – ca. 900.000 Frankoamerikaner mit Französisch als Muttersprache (Stand 1970). Heute sind die Frankoamerikaner durchweg zweisprachig, jedoch mit wachsender Tendenz zur Aufgabe des Französischen.

b) Louisiana: Ab dem 17. Jh. von Kanada her durch Franzosen kolonisiert (Name zu Ehren von Ludwig XIV.); wechselnde Besitzverhältnisse (Spanien, England); 1803 von Napoleon an die USA verkauft. Komplexe Sprachsituation: Neben dem

unbestreitbar dominierenden Englisch kann man drei Varietäten des Französischen unterscheiden: das Kolonialfranzösisch (heute kaum noch gesprochen); das ursprünglich von den aus Kanada vertriebenen Akadiern eingeführte *cajun* oder *cadjin* (< *acadien*): die gesprochene Varietät des Französischen, die heute in Louisiana am verbreitetsten ist; ein Frankokreol (*gombo*), das zu Beginn des 19. Jhs. von Negersklaven aus den Antillen importiert wurde.
1968 wurde das Französische als offizielle Sprache neben dem Englischen anerkannt.
Zahl der Frankophonen (aller drei Varietäten): 300.000-500.000, mit rückläufiger Tendenz.

N.B.: In den bisher behandelten, geographisch angeordneten Gebieten ist das Französische weitgehend Muttersprache; in den nachfolgend besprochenen Regionen hat das Französische die Funktion einer bzw. der Amtssprache oder einer bzw. der Verkehrssprache (*langue véhiculaire*) u.a.

2.2.2. Karibischer Raum und Südamerika

Haiti: Seit 1804 von Frankreich unabhängige Republik (den östlichen und größeren Teil der Insel bildet die spanischsprachige Dominikanische Republik). Muttersprache: ein Frankokreol; Amtssprachen: Französisch und Kreol; das Englische ist zu einer starken Konkurrenz für das Französische geworden.
Bevölkerung: ca. 6,8 Mio.

Martinique und *Guadeloupe*: Jede der beiden Inseln der Kleinen Antillen hat den politischen Status eines *département d'outre-mer* (*D.O.M.*). Ein Frankokreol ist Muttersprache, Französisch dagegen Amtssprache.
Sprecherzahl: ca. 370.000 und ca. 410.000.

Französisch-Gu(a)yana (frz. *Guyane*): Zwischen Surinam und Nordbrasilien gelegenes D.O.M. Muttersprache: ein Frankokreol; Amtssprache: Französisch.
Bewohner: ca. 130.000.

2.2.3. Inseln im Indischen Ozean

(La) Réunion: Die östlich von Madagaskar gelegene Insel hat den Status eines D.O.M. mit einem Frankokreol als Muttersprache und Französisch als Amtssprache.
Bevölkerung. ca. 630.000.

Mauritius (frz. *Ile Maurice*): Im nordöstlich von Réunion gelegenen, seit 1968 unabhängigen Inselstaat ist Englisch Amtssprache. Aus der Zeit der französischen Kolonialherrschaft stammt ein von der Mehrheit der Bewohner gesprochenes Frankokreolisch; das Französische gilt als Bildungssprache.
Bewohner: ca. 1,4 Mio.

Seychellen: Inselgruppe nördlich von Madagaskar, seit 1976 unabhängige Republik. Drei offizielle Sprachen in folgender gesetzlich festgelegten Reihung: 1. (Franko-)Kreolisch, 2. Englisch, 3. Französisch.
Einwohner: ca. 72.000 (Kreolisch ist für ca. 94% der Bevölkerung Muttersprache).

Komoren: Inselgruppe nordwestlich von Madagaskar, seit 1975 von Frankreich unabhängig als Islamische Bundesrepublik der Komoren. Offizielle Sprachen: Arabisch und Französisch; hauptsächliche Muttersprache ist das Komorische (eine Bantusprache).
Bewohner: ca. 500.000.

Mayotte: Eine geographisch zum Archipel der Komoren gehörende Insel, die sich 1976 für die "collectivité territoriale" mit Frankreich entschieden hat. Sprachen: Französisch (Amtssprache) und Komorisch.
Einwohner: ca. 94.000 (davon ca. ein Drittel frankophon).

Madagaskar: Große, der SO-Küste Afrikas vorgelagerte Insel. Republik, seit 1960 von Frankreich unabhängig.
Amtssprachen: Madagassisch (zur malaiisch-polynesischen Sprachengruppe gehörig; frz. *malgache*) und Französisch.
Bevölkerung: ca. 12 Mio. (davon ca. 10% frankophon).

2.2.4. Ozeanien

Im pazifischen Raum stellt sich die heutige französische Präsenz wie folgt dar:
Drei *territoires d'outre-mer (T.O.M.)*:
Neukaledonien (frz. *la Nouvelle-Calédonie*): Östlich von Australien gelegene Inselgruppe (Hauptstadt: Nouméa).
Amtssprache: Französisch; melanesische und polynesische Sprachen.
Einwohner: ca. 165.000 (davon ca. 80 % frankophon).

Wallis und *Futuna*: Zwischen den Fidschi-Inseln und Samoa gelegene Inseln. Offizielle Sprache: Französisch; polynesische Sprachen.
Bewohner: ca. 16.000 (davon ca. 70% frankophon).

Französisch-Polynesien: Auf etwa halber Strecke zwischen Australien und Südamerika gelegene, großräumig im Südpazifik verteilte Inselgruppen (z.B. Gesellschafts-Inseln, Iles Marquises); Hauptinsel: Tahiti (Hauptstadt: Papeete). Amtssprachen: Französisch und Tahitisch; polynesische Sprachen. Einwohner: ca. 200.000 (davon ca. 80% frankophon).

– Zu diesen drei T.O.M. kommt noch hinzu die seit 1980 unabhängige Republik *Vanuatu*: Ein aus zahlreichen Inseln bestehender Staat, zwischen Neukaledonien und den Fidschi-Inseln gelegen; vormals britisch-französisches Kondominium "Neue Hebriden". Nationalsprachen: Bislama (Kreolsprache, entstanden aus dem Pidgin Beach-la-mar), Englisch, Französisch; daneben zahlreiche melanesische Sprachen.
Bewohner: ca. 160.000 (davon ca. 30% frankophon).

2.2.5. Afrika

"L'Afrique d'expression française" muß, aufgrund der unterschiedlichen Rolle, die das Französische dort spielt, in zwei Großräume aufgeteilt werden:

a) Maghrebstaaten: In den drei Staaten *Algerien* (unter frz. Herrschaft von 1830-1962), *Tunesien* (frz. von 1881-1956) und *Marokko* (frz. von 1912-1956), in denen eine bedeutende Kultursprache, das Arabische, Amtssprache ist, hat das Französische – etwas unterschiedlich nach den Ländern – als Bildungs- und internationale Verkehrssprache eine wichtige Funktion inne. Muttersprache sind arabische Dialekte und z.T. Berberdialekte.
Bewohnerzahl insgesamt: ca. 62 Mio. (zwischen 18% (Marokko) und 30% frankophon).

b) Schwarzafrika (frz. *L'Afrique noire*, *L'Afrique subsaharienne*):
Die Präsenz der französischen Sprache in großen Teilen West- und Zentralafrikas geht auf das während des 19. Jhs. und bis nach dem Ersten Weltkrieg errichtete Kolonialimperium Frankreichs und Belgiens zurück (im Senegal bereits früher). In allen 17 zwischen 1958 und 1962 aus den ehemaligen französischen und belgischen Kolonien entstandenen unabhängigen Staaten mit z.T. sehr komplexen sprachlichen Verhältnissen fungiert das Französische als eine der Amtssprachen – häufig sogar als einzige Amtssprache, aber kaum als Muttersprache. Wichtig ist seine Rolle als Unterrichtssprache, als supraregionale und nationale Verkehrssprache (in den Ländern mit großer Sprachenvielfalt) sowie als internationale Verkehrssprache. Zu den Faktoren, die den Grad der Kenntnis des Französischen in Schwarzafrika beeinflussen, vgl. S. LAFAGE in *LRL* V,1: 769 ff.

Die geographische Verbreitung der französischen Sprache

Verschiedene Autoren räumen dem Französischen in Schwarzafrika vielversprechende Zukunftsperspektiven hinsichtlich einer beträchtlichen Ausweitung der Frankophonie ein.

Auflistung der zur Frankophonie zählenden schwarzafrikanischen Staaten ("L'Afrique noire d'expression française") von Nord nach Süd (mit Angabe der jeweiligen Einwohnerzahl und der Hauptstadt):

Mauretanien: ca. 2,1 Mio.; Nouakchott
Mali: ca. 9 Mio.; Bamako
Niger: ca. 8 Mio.; Niamey
Tschad: ca. 5,9 Mio.; N'Djamena (früher Fort-Lamy)
Senegal: ca. 7,5 Mio.; Dakar
Burkina Faso (ehemals Obervolta): ca. 9,6 Mio.; Ouagadougou
Guinea (*La Guinée*): ca. 7 Mio.; Conakry
Elfenbeinküste (*Côte d'Ivoire*): ca. 13 Mio.; Yamoussoukro
    (wichtigste Stadt: Abidjan)
Togo: ca. 3,8 Mio.; Lomé
Benin (*le Bénin*, ehemals *Dahomey*): ca. 5 Mio.; Porto Novo
Kamerun: ca. 12,2 Mio.; Yaoundé
Zentralafrikanische Republik: ca. 3 Mio.; Bangui
Gabun (*le Gabon*): ca. 1 Mio.; Libreville
Volksrepublik Kongo: ca. 2,4 Mio.; Brazzaville.

Aus dem ehemaligen Belgisch-Kongo sind hervorgegangen:
Zaïre: ca. 38 Mio.; Kinshasa (früher Léopoldville)
Ruanda: ca. 7,3 Mio. (heutige Zahl unbekannt); Kigali
Burundi: ca. 6 Mio.; Bujumbura.

In Ostafrika kommt noch die am Golf von Aden gelegene, erst 1977 unabhängig gewordene Republik *Dschibuti* (frz. *Djibouti*) hinzu; ca. 550.000 Einwohner; Hauptstadt: Djibouti.

Über weitere Länder, in denen die französische Sprache traditionellerweise eine starke Position innehat oder innehatte, wie z.B. Türkei, Libanon, Syrien, Israel, Ägypten, Indien (offizielle Sprache in Pondichéry), Vietnam, Kambodscha, Laos, informiert die o.a. Literatur.

Nach zwei Jahrhunderten, in denen das Französische als "langue universelle" angesehen wurde, ist es im 20. Jh. durch das Englische aus dieser Rolle verdrängt worden. Trotzdem genießt es auch heute noch ein hohes internationales Prestige: es ist eine der offiziellen Sprachen und Arbeitssprachen der großen internationalen

Realia zur französischen Sprache

Organisationen wie der UNO, der NATO, der OECD, der EU, des Europarats; Französisch ist die einzige offizielle Sprache des Weltpostvereins und die Sprache der Diplomatie des Vatikans.

Aufgabe

Vertiefen Sie die historischen und kulturellen Informationen zu einem der frankophonen Gebiete nach PICOCHE/MARCHELLO-NIZIA, 1989: 41 ff.

I.3. Die Sprachen auf dem Territorium des heutigen Frankreich

Neben dem Französischen als Nationalsprache und, bis zu einem gewissen Grad, bestimmten seiner Dialekte und Varietäten des Regionalfranzösisch werden auf dem Gebiet des heutigen metropolitanen Frankreich eine beachtliche Anzahl an Idiomen aus z.T. sehr unterschiedlichen Sprachfamilien gesprochen. Frankreich ist – ähnlich wie Italien – ein Vielsprachenland. Es handelt sich, mit einer Ausnahme, um indogermanische Sprachen, nämlich um fünf romanische Sprachen zusätzlich zum Französischen, um drei Varietäten der germanischen Sprachfamilie und um eine keltische Sprache; hinzu kommt eine nichtindogermanische Sprache (siehe auch Karte S. 33). Die Sprecher dieser sogenannten Minderheitensprachen (frz. *langues minoritaires*) sind heute in der Regel nicht mehr einsprachig, sie sind in den allermeisten Fällen gleichzeitig Sprecher des Französischen (Diglossiesituation). Die angeführten Sprecherzahlen (in denen sehr unterschiedliche Stufen der Sprachkompetenz zusammengefaßt sein können) sind approximativ, da die Angaben in der Literatur häufig stark schwanken.

Literaturhinweise
Z.T. dieselben Titel wie für I.2.; desweiteren:
KREMNITZ, Georg (1975), *Die ethnischen Minderheiten Frankreichs*, Tübingen. VERMES, Geneviève (Hrsg.) (1988), *Vingt-cinq communautés linguistiques de la France*. Tome I: *Langues régionales et langues non territorialisées*, Paris. BOCHMANN, Klaus (1989), *Regional- und Nationalitätensprachen in Frankreich, Italien und Spanien*. Leipzig. HERRERAS, José Carlos (Hrsg.) (1992), *1992. Situations linguistiques dans les pays de la Communauté Européenne*, Valenciennes. HAARMANN, Harald (1993), *Die Sprachenwelt Europas. Geschichte und Zukunft der Sprachnationen zwischen Atlantik und Ural*, Frankfurt/New York.

Die Sprachen auf dem Territorium des heutigen Frankreich

Sprachen und Dialekte Frankreichs
(adaptiert nach WALTER, Henriette (1988), *Le français dans tous les sens*, Paris: 128, 142, 149)

3.1. Indogermanische Sprachen

3.1.1. Romanische Sprachen

3.1.1.1. Okzitanisch (frz. *l'occitan, la langue d'oc*):
Das Okzitanische ist nach seiner geographischen Ausdehnung (umfaßt etwa ein Drittel Frankreichs), nach seiner Sprecherzahl (ca. 2 Mio. (?) aktive, ca. 8 Mio. potentielle Sprecher) und auch aus kulturgeschichtlichen Gründen (vgl. etwa die reiche Troubadourlyrik des 12. und 13. Jhs.) die bedeutendste Minderheitensprache Frankreichs.
Sprachgebiet: Südfrankreich, und zwar südlich einer Linie (ungefährer Verlauf), die von der Gironde einen Bogen nördlich um das Massif Central macht, die Rhône zwischen Vienne und Valence überquert und dann in östlicher Richtung weiter verläuft, bis sie die Alpen südöstlich von Grenoble erreicht.
Dialektale Gliederung des Okzitanischen:
Nordokzitanisch: Limousinisch, Auvergnatisch, Alpenprovenzalisch (*provençal alpin*);
Südokzitanisch: Languedokisch (wird heute als "l'occitan de référence" betrachtet), Provenzalisch;
Gaskognisch (wird zuweilen als eigene romanische Sprache klassifiziert).

3.1.1.2. Frankoprovenzalisch (frz. *le francoprovençal*)
(die Bezeichnung wurde 1878 von G. I. Ascoli eingeführt):
Das Frankoprovenzalische ist keine einheitliche Sprache, auch keine Literatursprache, sondern wird von einer Gruppe von Dialekten gebildet, die sehr stark vom Französischen verdrängt wurden und werden, insbesondere in den städtischen Regionen.
Sprachgebiet: Südostfrankreich (mit dem Lyonnais, Savoyen, dem nördlichen Dauphiné mit Grenoble). [Über Frankreich hinausreichend: Suisse Romande (ohne den Berner Jura) und Val d'Aosta.]
Sprecherzahl: ca. 60.000 (nach VERMES 1988: I, 204) - ca. 200.000 (nach *LRL* V,1: 679).

3.1.1.3. Katalanisch (frz. *le catalan*):
Sprachgebiet: Departement Pyrénées–Orientales (entspricht dem Roussillon und einem Teil der Cerdagne, Gebiete, die von Spanien 1659 im Pyrenäenfrieden an Frankreich abgetreten werden mußten), das direkt an Nordkatalonien anschließt.
Zentrum: Perpignan.
Sprecherzahl: ca. 230.000.

Die Sprachen auf dem Territorium des heutigen Frankreich

3.1.1.4. Korsisch (frz. *le corse*):
Sprachgebiet: die Insel Korsika, die seit 1768 zu Frankreich gehört. Korsika stand 1077-1284 unter pisanischer, 1284-1768 unter genuesischer Herrschaft. Dialektologisch gesehen sind die nördlichen Mundarten des Korsischen toskanisch geprägt bzw. toskanisiert, die südlichen zeigen Gemeinsamkeiten mit dem Sardischen. Die Einstufung des Korsischen als eigene (romanische) Sprache beruht auf dem starken Willensakt der Selbstidentifizierung seiner Sprecher, dieser Varietät einen eigenen Namen als Sprache zu geben und sie damit anderen anerkannten Sprachen – etwa dem Italienischen – gegenüber für autonom zu erklären. Ausbau des Korsischen zur Schriftsprache seit Ende des 19. Jhs.
Genauere Information in *LRL* IV: 799-835.
Sprecherzahl: 200.000 - 240.000.

3.1.1.5. Italienisch (frz. *l'italien*):
Wenn das Korsische nicht mehr zu den Varietäten des Italienischen gerechnet wird, bleibt für dieses fast kein Sprachraum mehr in Frankreich übrig, bestenfalls zwischen Menton und Nizza, was erst 1860 Frankreich angegliedert wurde.

3.1.2. Germanische Sprachvarietäten

3.1.2.1. Elsässisch (frz. *l'alsacien*):
Sprachgebiet: das Elsaß (d.h. die Departements Haut-Rhin und Bas-Rhin) und einige Gemeinden um Sarrebourg.
Das Elsaß, das bis in die Neuzeit zum Deutschen Reich gehörte, wurde im 17. Jh. (ab 1648) von Frankreich nach und nach annektiert (Straßburg im Jahre 1681). Das Elsässische gehört innerhalb des Oberdeutschen zu den alemannischen Dialekten. Komplexe sprachliche Situation: z.T. Triglossie (Elsässisch/Französisch/Hochdeutsch).
Sprecherzahl: ca. 1,2 - 1,8 Mio. (einschließlich der Germanophonen in Lothringen, s. unten).

3.1.2.2. Rheinfränkischer Dialekt (frz. *le lorrain germanique*):
Sprachgebiet: Ostlothringen (*Lorraine thioise*) (mit Zentrum Diedenhofen, frz. *Thionville*), entspricht dem N und NO des Departements Moselle; desweiteren im NW des Departements Bas-Rhin. Die hier gesprochene Mundart gehört zu den rheinfränkischen Dialekten; stärkerer Rückgang als im Falle des Elsässischen.

3.1.2.3. Flämisch (frz. *le flamand*):
Verbreitung: eine kleine Enklave im Norden des Departements Nord um Dunkerque und Hazebrouck (wird fast nur noch auf dem Lande gesprochen), die ein Rückzugsgebiet des im 13. Jh. im Westen bis Boulogne gesprochenen Flämisch darstellt.

Realia zur französischen Sprache

Flandern wurde 1678 endgültig von Frankreich annektiert.
Das Flämische ist ein westniederdeutscher Dialekt; das Niederländische wird im allgemeinen als Dachsprache des Flämischen betrachtet.
Sprecherzahl: 40.000 - 100.000 (nach HAARMANN 1993: 64 sogar 200.000).

3.1.3. Keltisch

Bretonisch (frz. *le breton*):
Sprachgebiet: Westliche Bretagne (*Basse-Bretagne*) (d.h. westlich einer Linie, die heute etwa von Paimpol im N nach Vannes im S verläuft); umfaßt also das Departement Finistère und die Westhälften der Departements Côtes-d'Armor und Morbihan. Die "Bretons bretonnants" findet man heute fast nur noch in ländlichen Regionen.
Nach traditioneller Auffassung gehört das Bretonische zum Inselkeltischen, das in der Völkerwanderungszeit von 'Großbritannien' in die völlig romanisierte Bretagne eingeführt wurde (Diskontinuitätsthese). Eine neuere Auffassung (Kontinuitätsthese) schließt das Fortleben des Festlandkeltischen aus vorrömischer Zeit in der Bretagne, welches sich der Romanisierung entziehen konnte, bis zu seinem Verschmelzen mit dem importierten Inselkeltisch nicht aus.
Sprecherzahl: 500.000 - 850.000.

3.2. Nichtindogermanische Sprache

Baskisch (frz. *le basque*, bask. *euskera*)
Sprachgebiet: Westlicher Teil des Departement Pyrénées-Atlantiques, von den Basken auch *Euskadi-Nord* genannt (wichtigste Städte: Bayonne, Biarritz). Der weitaus größere Teil des Baskenlandes liegt im angrenzenden Nordspanien (Zentrum: San Sebastián, bask. *Donostia*).
In sprachgenealogischer Hinsicht ist das Baskische eine im europäischen Sprachenpanorama völlig isoliert dastehende, sehr alte Sprache, deren Herkunft bisher nicht mit Sicherheit erhellt werden konnte (iberische Herkunft ist heute nicht mehr haltbar; kaukasischer oder nordafrikanisch-hamitischer Ursprung werden diskutiert).
Das Baskische, dessen Sprachtypus von dem der romanischen, ja der indogermanischen Sprachen extrem verschieden ist, konnte sich einer tiefgreifenden Romanisierung erfolgreich entziehen.
Sprecherzahl (in Frankreich): ca. 70.000 - 120.000.

Über die vielen anderen Sprachen, die von Immigranten im heutigen Frankreich gesprochen werden (z.B. Arabisch, Vietnamesisch, Portugiesisch), die aber keine zusammenhängenden Sprachräume in Frankreich bilden, informiert VERMES, Geneviève (Hrsg.) (1988): *Vingt-cinq communautés linguistiques de la France*, II: *Les langues immigrées*, Paris: 7-338 unter der Überschrift:"Les langues déterritorialisées des communautés en immigration".

Aufgabe

Vertiefen Sie Ihre Information über die historischen und kulturellen Bedingungen und die aktuelle Situation einer der Minderheitensprachen nach VERMES (Hrsg.) 1988: I,7-260.

II. Grundbegriffe der allgemeinen Sprachwissenschaft

Literaturhinweise

ALBRECHT, Jörn (1988), *Europäischer Strukturalismus. Ein forschungsgeschichtlicher Überblick.* Tübingen (UTB 1487). BÜHLER, Karl (1934), *Sprachtheorie*, Jena; 2. Aufl. Stuttgart 1965; 3. Aufl. Jena/Stuttgart 1982 (UTB 1159). COSERIU, Eugenio (1975), "System, Norm und Rede", in: E. COSERIU, *Sprachtheorie und allgemeine Sprachwissenschaft, 5 Studien*, München, 11-101. Span. Original Montevideo 1952. COSERIU, Eugenio (1974), *Synchronie, Diachronie und Geschichte. Das Problem des Sprachwandels.* München. Span. Original Montevideo 1958. COSERIU, Eugenio, (1988), *Einführung in die Allgemeine Sprachwissenschaft*, Tübingen (UTB 1322). HELBIG, Gerhard (1970), *Geschichte der neueren Sprachwissenschaft*, Leipzig; 2. Aufl. Reinbeck 1974. HELBIG, Gerhard (1988), *Entwicklung der Sprachwissenschaft seit 1970*, Leipzig. MARTINET, André (^{2}1980), *Eléments de linguistique générale*, Paris. MOUNIN, Georges (^{3}1974), *Histoire de la linguistique des origines au XXe siècle*, Paris. MOUNIN, Georges (^{2}1975), *La linguistique du XXe siècle*, Paris. PORZIG, Walter (1957), *Das Wunder der Sprache. Probleme, Methoden und Ergebnisse der modernen Sprachwissenschaft*. Bern. Nachdruck Tübingen ^{8}1986 (UTB 32). POTTIER, Bernard (1974), *Linguistique générale. Théorie et description*. Paris. DE SAUSSURE, Ferdinand (1916), *Cours de linguistique générale*, Lausanne/Paris; édition critique préparée par Tullio de Mauro, Paris 1972. SZEMERÉNYI, Oswald (1971), *Richtungen der modernen Sprachwissenschaft*, I, *Von Saussure bis Bloomfield*, 1916-1950, Heidelberg. VENDRYES, Joseph (1921), *Le langage. Introduction linguistique à l'histoire.* Paris.

II.1. Sprachwissenschaft und Sprachphilosophie

Seit der uns aus der Antike überlieferten Beschäftigung des Menschen mit Problemen der Sprache hat es Beobachtungen nicht nur zu bestimmten historischen Einzelsprachen (Griechisch, Lateinisch, Französisch, Englisch, Arabisch usw.) gegeben, sondern auch die menschliche Sprache im allgemeinen betreffende Fragestellungen und Erkenntnisse. Wenn diese ganz grundsätzlicher Natur sind, z.B. nach dem Wesen der Sprache, dem Ursprung der Sprache, dem Verhältnis von Sprache und Erkenntnis, von Sprache und Denken usw. fragen, so handelt es sich um eine philosophische Haltung zum Gegenstand Sprache, und wir sprechen von Sprachphilosophie[1]. Setzen die Fragestellungen jedoch die Existenz der Sprache beim Menschen schon voraus und beziehen sie sich nicht mehr auf das Was, sondern das Wie

---

1 Vgl. E. COSERIU, *Die Geschichte der Sprachphilosophie von der Antike bis zur Gegenwart. Eine Übersicht.* Tübingen, I, ^{2}1975; II, 1972.

Vorüberlegungen

der Sprache (Wie sind die Sprachen im allgemeinen strukturiert und wie kann man sie beschreiben?), so sprechen wir von sprachwissenschaftlichen Fragestellungen und weisen sie dem Bereich der allgemeinen Sprachwissenschaft (oder allgemeinen Linguistik) zu. Hier geht es u. a. um die Erarbeitung einer Theorie der Sprache und der methodischen Mittel, die eine möglichst adäquate Beschreibung aller Sprachen erlauben. Adäquat ist eine Beschreibung des Funktionierens oder Werdens einer Sprache, wenn sie weitestgehend den Fakten, d.h. dem tatsächlichen Sprachgebrauch der Sprecher und der ihnen intuitiv bewußten Regelhaftigkeit, entspricht. Da eine Sprache niemals als solche und im ganzen beobachtet werden kann, sondern immer nur aus dem sprachlichen Verhalten der Sprecher auf die gemeinsame Grundlage aller Sprecher einer Sprachgemeinschaft rückgeschlossen werden kann, sind immer nur Annäherungen an das Sprachwissen der Sprecher möglich. Aufgabe der Sprachtheorie ist es nun, diese Annäherungen optimal zu gestalten. Aus den vielfältigen Möglichkeiten, dieser Aufgabe gerecht zu werden, erklären sich die unterschiedlichen linguistischen Ansätze, Richtungen und Schulen, die jeweils andere theoretische Prämissen haben.

II.2. Vorüberlegungen

2.1. Da es im Rahmen einer Einführung in die Sprachwissenschaft des Französischen – und einer ersten Einführung in die Sprachwissenschaft überhaupt – nicht möglich ist und auch nicht sinnvoll sein kann, einen Überblick über die wichtigsten, d.h. vielfältigen sprachwissenschaftlichen Richtungen zu geben, sollen hier exemplarisch die Grundbegriffe des europäischen sprachwissenschaftlichen Strukturalismus und ihre Weiterentwicklung durch Eugenio Coseriu dargestellt werden. Gerade die Einarbeitung in **eine** Richtung und die Erlernung des sinnvollen selbständigen Umgangs mit ihr scheint uns fruchtbarer zu sein als der notwendigerweise pauschale Überblick über ganz unterschiedliche theoretische Haltungen gegenüber dem Phänomen Sprache, der dem Anfänger kaum ein eigenes sprachwissenschaftliches Arbeiten erlauben wird.

2.2. Sprachwissenschaftliche Theorie und Methodenbildung besteht wie in anderen Wissenschaften in einer genaueren terminologischen Erfassung des Gegenstandes, als dies im unwissenschaftlichen Sprachgebrauch üblich und notwendig ist. Die Schwierigkeit einer linguistischen Terminologie besteht u. a. darin, daß uns der Gegenstand Sprache nicht fremd ist, daß wir mit sprachlichen Mitteln über Sprache sprechen müssen und es nur unter Anstrengungen gelingt, neben uns selbst zu treten und uns beim Sprechen objektiv zu beobachten. Wir sind immer, auch als wissenschaftliche Beobachter, selbst Sprachteilnehmer und haben unser intuitives Wissen von unserer Sprache, sei es der Muttersprache oder einer erlernten. Die methodischen Begriffe der Sprachwissenschaft sind daher im wesentlichen unterscheidende, d.h. es werden terminologisch definierte Begriffe und damit Sachverhalte und Betrachtungsweisen unterschieden. Einige grundlegende sind in dem 1916 postum veröffentlichten *Cours de linguistique générale* (*CLG*) des Schweizer Sprachwissenschaftlers Ferdinand de Saussure (1857-1913) zusammengefaßt worden. Er hat die ihnen zugrundeliegenden Einsichten nicht als erster gewonnen, aber sie sind in der im *CLG* niedergelegten Form rezipiert und für die Sprachwissenschaft des 20. Jahrhunderts fruchtbar geworden.

II.3. Funktionen der Sprache

Hierunter versteht man im allgemeinen nicht innersprachliche Funktionen, sondern solche, die die Sprache als Ausdrucksmittel des Menschen betreffen und z.B. an die Definition der Sprache in Platons *Kratylos* anknüpfen, wo es heißt, die Sprache sei ein Werkzeug (*órganon*), "mit dem einer dem anderen etwas mitteilt über die Dinge". Es geht also um die Funktion(en) der Sprache zwischen Sprecher, Angesprochenem und dem, worüber gesprochen wird.

Bekannt ist das "Organon-Modell" der Sprache des Wiener Psychologen Karl Bühler, der dem Prager Strukturalismus nahestand (vgl. II.8.4.2.). Nach Bühler hat jedes Zeichen im Kommunikationsvorgang drei (nicht immer gleich wichtige) Funktionen: In Bezug auf den Sender ist es Symptom, bzw. Ausdruck seiner Einstellung zum Empfänger oder zum Inhalt des Geäußerten (Ärger, Freude, Ironie usw.); in Bezug auf die geäußerten Gegenstände oder Sachverhalte ist es Symbol, bzw. Darstellung eben der gemeinten Sachverhalte; in Bezug auf den Empfänger ist es Signal, bzw. ein Appell zu reagieren. Eine Äußerung wie *Tu es fou?* kann z.B. die Überraschung des Senders in Bezug auf das Benehmen des Empfängers ausdrücken und den Zweck haben, ihn zu einer Änderung seines Verhaltens zu veranlassen (siehe das folgende Schema).

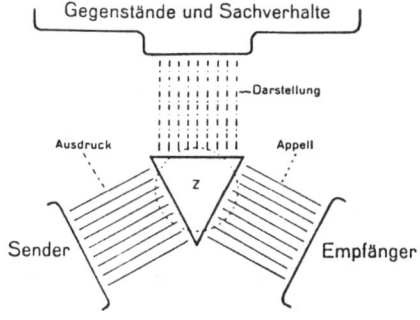

Das sprachliche Zeichen (le signe linguistique)

Roman Jakobson, in den dreißiger Jahren ein Hauptvertreter ebenfalls der Prager Schule des Strukturalismus, hat ein komplexeres Kommunikationsmodell entworfen[2]:

Gegenstand [bei Jakobson "Kontext"] (REFERENTIELL)

Sender------------------------Nachricht (POETISCH)----------------------Empfänger
(EMOTIV, EXPRESSIV)   (APPELLATIV, KONATIV)

Kontaktmedium (PHATISCH)

Code (METASPRACHLICH).

Jakobson unterscheidet zwischen der Nachricht und dem außersprachlichen Gegenstand, auf den sich die Nachricht bezieht. Steht die Nachricht zweckfrei – d.h. ohne aktuelle appellative Funktion an den Empfänger – im Zentrum, so handelt es sich um die poetische Funktion der Sprache. Sprache über Sprache ist Metasprache, sie bezieht sich nicht auf Gegenstände der außersprachlichen Wirklichkeit, sondern auf Elemente oder Kategorien der Sprache (*Haus* ist ein Substantiv, *maison* ist feminin). Die phatische Funktion steht im Vordergrund, wenn das Sprechen vorwiegend dem Kontakthalten mit dem Empfänger oder auch einfach dem Anknüpfen eines Gesprächs dient, wie z.B. "Schönes Wetter heute" oder am Telefon ein von Zeit zu Zeit geäußertes "Hm", um dem "Sender" anzuzeigen, daß der "Empfänger" noch da ist.

II.4. Das sprachliche Zeichen (le signe linguistique)

4.1. Wenn wir uns fragen, in welche minimale Einheiten sich eine sprachliche Äußerung zerlegen läßt, so erkennen wir unterhalb des Textes den Satz (*la proposition*), darunter das Satzglied (*la phrase*), das Syntagma (*le syntagme*, siehe III.3.2.1.), das Wort und als kleinste, nicht mehr (oder noch nicht) bedeutungstragende Einheit den Laut (siehe III.1.1.). Jedoch ist das Wort für die Sprachwissenschaftler nicht immer ein klar umrissener Begriff: Haben auch Elemente, wie z.B. die Präposition *en* oder der Artikel *la* Wortstatus? Wenn *maisonnette* 'Häuschen' zweifellos ein Wort ist, warum ist dann *rendez-vous* weniger eindeutig nur eines und *chef-d'œuvre* noch schwieriger zu beurteilen? Sind Verbformen wie *je chante* zwei Wörter, wie viele sind dann *j'ai chanté* oder *je vais me promener*? Die Sprachwissenschaftler sprechen daher statt von Wörtern lieber von kleinsten bedeutungstragenden Zeichen und nennen diese mit dem französischen Linguisten André

---

[2] JAKOBSON, Roman (1960), "Linguistics and Poetics", in: Th. A. Sebeok, *Style in Language*, New York/London: 350-377. Vgl. dazu die Kritik bei E. COSERIU ([2]1981), *Textlinguistik. Eine Einführung*. Hrsg. und bearb. von Jörn Albrecht, Tübingen: 56-65.

Martinet (MARTINET [2]1980, Kap. 4.3) "Moneme" (frz. *monèmes*, von griech. *mónos* 'einzig, allein') oder in der anglo-amerikanischen Tradition "Morpheme" (frz. *morphèmes*, von griech. *morphé* 'Form', also etwa 'Formelemente'). Moneme oder Morpheme, die kleinsten bedeutungstragenden Elemente jeder Sprache, beziehen sich entweder auf die außersprachliche Wirklichkeit und klassifizieren sie – je nach Sprache unterschiedlich – (z.B. in *maison* vs. *Haus, fleur* vs. *Blume – Blüte, esprit* vs. *Geist, heiß* vs. *ardent – brûlant – bouillant, warm* vs. *chaud, écrire* vs. *schreiben, rouge – roux – vermeil* vs. *rot, appeler* vs. *rufen – nennen*). Diese Moneme nennen wir Lexeme (mit lexikalischer Bedeutung). Oder sie beziehen sich auf die Sprache selbst und stellen Relationen zwischen oder Bestimmungen von Lexemen dar. Sie werden nach Martinet Morpheme (mit grammatischer Bedeutung) genannt (vgl. III.2.1.). Gemeinsam ist beiden, daß sie Bedeutung tragen, sei diese lexikalisch oder grammatisch, denn es gibt kein sprachliches Zeichen ohne Bedeutung.

4.2. Dieser wichtigen Erkenntnis F. de Saussures geht voraus, daß sprachliche bedeutungstragende Elemente Zeichen sind. Sie stehen für etwas, besser noch, sie enthalten eine Bedeutung, mittels derer sie auf etwas verweisen können: die Lexeme auf einen außersprachlichen Sachverhalt, Morpheme auf eine innersprachliche Beziehung (z.B. Person, Tempus oder Objekt). Als Zeichen sind sie nicht die Sache selbst, die sie bezeichnen, sondern sie verweisen auf sie mittels ihrer Bedeutung. Das Wort *maison* ist nicht selbst ein Haus, sondern bietet die Möglichkeit, auf eines zu verweisen, es zu benennen. Im Gegensatz zu anderen Zeichensystemen (z.B. Signalen, wie Verkehrszeichen oder Lichtzeichen) sind die sprachlichen Zeichen unabhängig von der Situation, in der sie geäußert werden, sie können sich auch auf Nicht-Anwesende, auf Vergangenes, Zukünftiges oder rein hypothetische Sachverhalte beziehen. Nach F. de Saussure ist die Sprache Teil einer umfassenderen Zeichenlehre, der sog. Semiologie (heute dafür eher Semiotik).

4.3. Jedes sprachliche Zeichen besteht nun nach de Saussure unbedingt aus zwei Seiten, einem Lautkörper, dem materiellen Repräsentanten ("Lautbild", "image acoustique" in der Terminologie de Saussures), z.B. /mεzõ/, und einer damit untrennbar verbundenen Bedeutung 'Haus', ("concept", in der ursprünglichen Terminologie F. de Saussures). Beide Seiten sind wie die Vorder- und Rückseite eines Blattes Papier, keine existiert ohne die andere. Ein "Lautbild" /mεzõ/ ohne Bedeutung wäre kein französisches Wort, und ohne existierende lautliche Darstellung wäre die Bedeutung 'Haus' im Französischen kein sprachliches Zeichen, da nicht einem anderen Sprachteilnehmer vermittelbar. Eigennamen sind daher keine sprachlichen Zeichen im Saussureschen Sinne, denn sie haben keine Bedeutung. Sie gehören zwar zur sprachlichen Tradition, sie vermitteln Assoziationen, aber sie sind Lautkörper besonderer Art. Sie verweisen direkt auf einen Gegenstand (Person, Ort, Fluß, Berg usw.), was sprachliche Zeichen nie tun. Sprachliche Zeichen sind keine Etiketten für festgelegte Gegenstände, sondern abstrakte Potenzen, die zur Bezeichnung von etwas bereitstehen, aber selbst nie die Namen dieser Gegenstände sind.

Das sprachliche Zeichen (le signe linguistique)

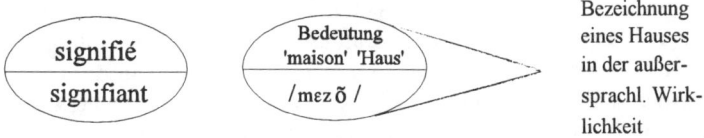

In der Terminologie de Saussures heißt die lautliche Seite "signifiant", die inhaltliche Seite "signifié". Im Deutschen bieten sich die von Louis Hjelmslev, dem Begründer der Kopenhagener Schule des Strukturalismus (vgl. II.8.4.2.), eingeführten Begriffe "Ausdruck" und "Inhalt" an. Für Inhalt kann man auch "Bedeutung" sagen. Nicht empfehlenswert sind die deutschen Übersetzungen "Bezeichnung" und "Bezeichnetes", weil sie selber zur Verwirrung zwischen Bedeutung und Bezeichnung führen.

Bei de Saussure fehlt aber dem abstrakten sprachlichen Zeichen die Verbindung zur außersprachlichen Wirklichkeit. Es ist nur eine Größe der 'langue', nicht der 'parole' (vgl. 5.1.). Das sog. semiotische Dreieck von Ogden und Richards[3] erweitert die Zweiheit von Inhalt und Ausdruck um den "Referenten" (engl. *referent*), die bezeichnete außersprachliche (konkrete oder abstrakte oder nur vorgestellte) Sache. Der einmalige Charakter der menschlichen Sprache besteht darin, daß die sprachlichen Zeichen immer wieder für andere Gegenstände gebraucht werden können und daher mit endlichen Mitteln unendliche Mengen von Situationen bewältigt werden können. Viele objektiv unterschiedliche Gegenstände können mittels des Zeichens <Stuhl> als Stühle identifiziert werden, Gegenstände unterschiedlicher Größe, Farbe, Beschaffenheit, Polsterung usw. Wenn sie der Bedeutung 'Stuhl' entsprechen, und sei es nur, daß sie ironisch zu solchen gezählt werden (z.B. Hocker oder Sessel oder andere Sitzgelegenheiten), so können sie mit dem Zeichen <Stuhl> benannt und durch die dem Zeichen innewohnende Bedeutung beschrieben und mitgeteilt werden.

Die Lehre vom sprachlichen Zeichen und seinen zwei Seiten ist deshalb Grundlage der sprachlichen Bedeutungslehre (Semantik).

4.4. Bekanntlich herrscht in der Linguistik kein einheitlicher Terminologiegebrauch. Dies ist bei der Beschreibung sprachlicher Bedeutungen besonders mißlich, weil Grundlage vieler tiefgreifender Mißverständnisse. Häufig wird nämlich nicht zwischen innersprachlicher Bedeutung (Saussures "signifié") und dem außersprachlich gemeinten Referenten unterschieden. Es dürfte aber einleuchten, daß eine Sache bzw. ein Sachverhalt nicht notwendigerweise immer mit demselben sprachlichen Zeichen bezeichnet werden muß. So kann man für einen Stuhl auch

---

3 OGDEN, Charles K./RICHARDS, Ivor A. ([1]1923), *The Meaning of Meaning*, London, passim.

«Möbel» oder «Sitzgelegenheit» sagen, d.h. einen Oberbegriff oder allgemeineren Begriff, also ein Zeichen mit allgemeinerer, weiterer Bedeutung benutzen. Ein mit einer bestimmten Flüssigkeitsmenge gefülltes Glas kann als halb voll oder als halb leer bezeichnet werden, je nachdem, ob man den Zustand von der Füllung oder Leerung her betrachtet. Jedes sprachliche Zeichen hat seine eigene, von anderen Zeichen grundsätzlich verschiedene Bedeutung, und deshalb bedeutet jeder dieser Ausdrücke "halb voll" bzw. "halb leer" etwas anderes. Die Bedeutungen der sprachlichen Zeichen und die bezeichneten Sachen oder Ideen sind – außer bei definierten Fachtermini – nicht kongruent, sondern wir erschließen uns die Welt, wir interpretieren und begreifen sie erst mittels der verschiedenen sprachlichen Bedeutungen.

4.5. Die sprachlichen Bedeutungen sind recht abstrakte Einheiten, die der Beobachtung und Beschreibung die größten Schwierigkeiten machen, weil wir sie immer nur im Zusammenhang mit der Bezeichnung konkreter Verwendungsweisen, also in Anwendung auf die verschiedensten Sachen und Sachverhalte fassen können, niemals aber in ihrem ganzen Bedeutungsumfang bzw. in ihrer Allgemeinheit als potentielle Bezeichnungsmöglichkeiten. Immerhin hat auch hier F. de Saussure eine wichtige Entdeckung gemacht: Die Bedeutung der Wörter ist durch deren Platz im System der Wörter mit ähnlicher Bedeutung bestimmt. Die so gegenseitig abgegrenzte Bedeutung der sprachlichen Zeichen nennt de Saussure "valeur" und unterscheidet sie vom "signifié". Wir müssen jedoch heute die sprachlichen Bedeutungen als die durch die jeweilige "valeur" bestimmten Inhalte der Zeichen, d.h. als Elemente des "signifié" auffassen.

Coseriu schlägt vor[4], terminologisch zwischen "Bedeutung" (sprachlich), "Bezeichnung" (Verweis auf die außersprachliche Wirklichkeit) und "Sinn" (auf der Ebene der Texte) zu unterscheiden. Eine Frage, wie "Vous ne trouvez pas qu'il fait froid ici?", also ein Text, kann den **Sinn** haben, den Angesprochenen zu ermuntern, das Fenster zu schließen oder die Heizung aufzudrehen. Der Sinn erschließt sich aus der sprachlichen **Bedeutung** der Wörter und grammatischen Formen, z.B. *faire froid, vous ne trouvez pas*, im Zusammenhang mit der Situation der Äußerung. Hingegen hat z.B. eine bestimmte Temperatur (außersprachliche Erscheinung) weder Sinn noch Bedeutung, sie kann aber mit dem Zeichen *froid* (signifiant und signifié) **bezeichnet** werden.

4.6. Zwei weitere Charakteristika des sprachlichen Zeichens nach de Saussure sollen noch besprochen werden: Zum einen ist das sprachliche Zeichen, genauer der "signifiant", im Gegensatz zu den Zeichenträgern manch anderer Zeichensy-

---

4 COSERIU, Eugenio, "Bedeutung und Bezeichnung im Lichte der strukturellen Semantik", in: P. Hartmann/H. Vernay (Hrsg.), *Sprachwissenschaft und Übersetzen*, München 1970: 104-121; ders., "Bedeutung, Bezeichnung und sprachliche Kategorien", in: ders., *Formen und Funktionen. Studien zur Grammatik*. Tübingen 1987: 177-198.

steme linear, d.h. seine Bestandteile und es selber können im Verbund mit anderen Zeichen immer nur in linearer Abfolge "gesendet" werden. Es können nicht zwei Zeichen zugleich, wie z.b. Lichtzeichen oder Tonzeichen, abgegeben werden. Auch ist die Reihenfolge der Elemente festgelegt und kann nicht verändert werden, ohne die sprachlichen Zeichen zu zerstören oder die Aussage inhaltlich zu verändern.

Besonders wichtig ist auch der sogenannte "arbiträre" Charakter des sprachlichen Zeichens, der besagt, daß das Verhältnis zwischen "signifiant" und "signifié" in dem Sinne willkürlich ist, daß es nicht natürlich determiniert ist. Ein bestimmter sprachlicher Inhalt muß nicht notwendig mit einem bestimmten Ausdruck verbunden, d.h. durch die Bedeutung motiviert sein. Nur so ist es möglich, daß (annähernd) gleiche Vorstellungen in verschiedenen Sprachen im allgemeinen ganz anders lauten, d.h. durch andere "signifiants" repräsentiert werden, aber (zufällig) gleiche oder ähnliche Lautungen ganz andere Bedeutungen haben können. Dies berührt nicht die Tatsache, daß in einer Sprachgemeinschaft historisch gewordene Zeichen verbindlich sind und nicht willkürlich geändert werden können. Eingeschränkt arbiträr und insofern partiell motiviert im Saussureschen Sinne sind lautmalende Wörter (Onomatopoetika, frz. *onomatopées*), bei denen ein Geräusch, Tierlaut usw. mit sprachlichen Mitteln konventionell nachgeahmt wird. In jeder Sprache sind dabei die Konventionen etwas verschieden, z.B. *Kikeriki*, frz. *coquerico, cocorico;* griech. *kikiríku*, argentin. Span. *cocorocó*; *Wauwau*, frz. *oua! oua!*, span. *guau-guau*, it. *bau bau*, türk. *hav hav*.

II.5. System, Norm und Rede

5.1. Eine grundlegende methodische Unterscheidung in der strukturellen Sprachwissenschaft ist diejenige, die in der Formulierung von F. de Saussure zwischen "langue" und "parole" (dt. "Sprache" und "Rede") gemacht wird. Die Unterscheidung als solche ist schon vor de Saussure mehrfach während des 19. Jahrhunderts anzutreffen. Bei de Saussure geht den Ebenen der "langue" und der "parole" der Begriff des "langage" voraus, der sich auf die Sprachlichkeit bzw. Sprachfähigkeit des Menschen vor einer Berücksichtigung der jeweiligen historischen Einzelsprachen bezieht. Bei der Beschreibung einer Einzelsprache meint "Sprache" ("langue") den komplexen sprachlichen Mechanismus, der es einem Sprecher ermöglicht, in der betreffenden Sprache zu sprechen. Die "Sprache" ist bei de Saussure die kollektive Fähigkeit der Sprecher, mit ihrer Sprache umzugehen. Sie ist als solche virtuell. Die aktuellen, d.h. tatsächlichen, Äußerungen in einer Sprache sind "Rede" ("parole"), d.h. Realisierungen der "Sprache". Konkret ist Sprache nur als Rede faßbar; die "langue" ist demgegenüber eine Abstraktion, die aus den Redeakten erschlossen wird. Insofern als die Sprachwissenschaftler die allgemeinen Möglichkeiten und Gesetzmäßigkeiten einer Sprache, also "langue" und nicht "parole" beschreiben wollen, sind sie gehalten, aus der Beobachtung des konkreten Sprechens (Rede) auf das zugrundeliegende Sprachsystem (Sprache) zu schließen und es in der Weise aufzudecken und zu beschreiben, daß es nicht nur bereits gemachte Äußerungen erklärt, sondern auch die Möglichkeiten für noch nicht Gesagtes eröffnet (vgl. COSERIU 1988: 252-254).

5.2.1. Die Wichtigkeit der Unterscheidung zwischen Sprache und Rede ergibt sich aus folgenden Beispielen, in denen das frz. Imparfait konkret, d.h. auf der Ebene der Rede, scheinbar ganz verschiedenen Darstellungszielen dient:

(1) *Il se levait tous les jours à sept heures* (Ausdruck der Gewohnheit)

(2) *Il l'aimait beaucoup* (Dauer, unabgeschlossene Handlung)

(3) *Nous étions à l'étude, quand le Proviseur entra* (Gleichzeitigkeit mit der inzidierenden Handlung; Flaubert)

(4) *Il dut détourner la tête, car il était sur le point de pleurer* (Begleitumstand zur Handlung im Hauptsatz; Simenon)

(5) *Si j'avais l'argent, je te le donnerais* (irreale Hypothese der Gegenwart)

(6) *Je voulais te dire quelque chose pendant que nous sommes seules* (imparfait de politesse mit Bezug zur Gegenwart; Duhamel).

Wir gehen davon aus, daß allen diesen verschiedenen Verwendungsweisen (Redebedeutungen) ein einheitliches Konzept, nämlich eine Funktion 'Imperfekt' zugrundeliegt, da sie ja alle durch das gleiche sprachliche Zeichen ausgedrückt werden. Den verschiedenen festzustellenden Redebedeutungen muß also auf der höheren Ebene der "Sprache" eine einheitliche, sicherlich sehr abstrakte Sprachbedeutung entsprechen[5]. Mit Hilfe der oben getroffenen Unterscheidung zwischen Bezeichnung und Bedeutung können wir sagen, daß wir in der Rede konkrete Bezeichnungen (Redebedeutungen) antreffen, deren Zusammenhang hier jedoch nicht erkannt werden kann. Auf der Ebene der Sprache stellen wir dagegen die jeweils zugrundeliegende Bedeutung fest. Das Imperfekt bedeutet also weder 'Gewohnheit' noch 'Gleichzeitigkeit' noch 'Vergangenheit' und 'Gegenwart' gleichzeitig, sondern etwas, das allen diesen Redebedeutungen gemeinsam ist, nämlich 'inaktuelle Gegenwart' (siehe COSERIU 1976, Kap. 7).

5.2.2. In der Rede kommt also zu der Sprachbedeutung jedes sprachlichen Elements eine möglicherweise komplexe Redebedeutung hinzu. Diese ergibt sich durch das, was man Situation und Kontext nennt, d.h. u. a. durch das Wissen über die bezeichnete Sache sowie dadurch, daß die Äußerung üblicherweise eine bestimmte Ausdrucksabsicht hat (Mitteilung, Frage, Zurechtweisung, Erzählung, ironische Bemerkung, Bitte usw.). Alle diese Dinge sind in der Kommunikation wichtig und haben

---

[5] Vgl. COSERIU, Eugenio (1976), *Das romanische Verbalsystem*, hrsg. und bearb. von Hansbert Bertsch, Tübingen, Kap. 7.

System, Norm und Rede

Auswirkungen auf die Verwendung, d.h. die geeignete Auswahl aus den Mitteln der "langue"; sie gehören jedoch selbst nicht der Sprache an, da ihnen nicht jeweils ein eigenes sprachliches Zeichen entspricht. Es sind also nicht Sprachfunktionen, sondern Redefunktionen, die wegen ihrer Komplexität und weitgehenden Unvorhersehbarkeit linguistisch nur schwer strukturierbar sind. Die Kenntnis der Welt (sog. enzyklopädisches Wissen), die Kenntnis des Gesprächspartners und die vielfältigen möglichen Ausdrucksabsichten können nicht im ganzen Gegenstand der Linguistik sein. Nur einige typische und daher vorhersagbare Phänomene können in besonderen Zweigen, wie der Pragma-, der Fachsprachen- und evtl. der Textlinguistik, untersucht werden.

5.3. Die Saussuresche Dichotomie (binäre Unterscheidung) zwischen "langue" und "parole" wurde von E. COSERIU (1952) als unzureichend kritisiert. Wenn die Rede, wie de Saussure sagt, konkret und die Sprache abstrakt ist, dann, so Coseriu, fehlt eine Ebene für das, was in einer Sprache üblich, aber nicht unbedingt funktionell ist. Funktionell ist im Frz. z.B. die Unterscheidung der 2. P. Pl. im Indikativ des Präsens von allen anderen Personen, also *-ez* gegenüber etwa *-ons*, in einigen wenigen Fällen eine stammbetonte Form auf *-tes* (*vous êtes, faites, dites*). Nicht funktionell – aber normativ verbindlich – ist die Regel, welche Verben die 2. P. Pl. nach der einen oder anderen Art bilden. Da einige Komposita von *dire* die analoge Form, z.B. *vous contredisez*, aufweisen, wäre funktionell auch **vous disez* ebenso gut möglich wie **vous contredites*. Diese falschen, d.h. normativ nicht zugelassenen Formen sind funktionell durchaus in Ordnung, indem sie eindeutig eine 2. P. Pl. ausdrücken, nur sind sie in der heutigen Sprechergemeinschaft nicht akzeptiert. Die üblichen Formen sind konkret und gleichzeitig überindividuell. Coseriu fordert daher eine weitere Aufteilung der "langue" in "System" und "Norm", wobei auf der Ebene des "Systems" das Funktionelle, d.h. was durch unterschiedliche Zeichen (Ausdruck und Inhalt) unterschieden wird, und auf der Ebene der "Norm" das in einer Sprache Übliche, das historisch zur Norm Gewordene, aber nicht notwendigerweise Funktionelle, festgestellt wird (s. auch III.1.3.3.). Der Normbegriff Coserius unterscheidet sich von anderen dadurch, daß hier nicht eine präskriptive Norm des guten Sprachgebrauchs gemeint ist, sondern eine linguistisch-methodische Untersuchungsebene, auf der alles das, was und wie es üblicherweise gesagt wird, von dem getrennt wird, was aktuell in einem Redeakt gesagt wird, und von dem, was und wie es notwendigerweise gesagt wird ("System"), d.h. was einer unumgänglichen sprachlichen (lautlichen, grammatischen, syntaktischen oder lexikalischen) Unterscheidung (Opposition) entspricht. Durch diese Unterscheidung können daher die in einer Sprache festgestellten Fakten hierarchisiert werden. Bei historischen Erklärungen hilft sie häufig zu erkennen, daß Änderungen in vielen Fällen "nur" die Norm betreffen, während das System unangetastet bleibt.

5.4.1. So muß im Lautsystem des heutigen Französisch zwischen geschlossenem /e/ und offenem /ɛ/ unterschieden werden (vgl. *pré* 'Wiese' und *prêt* 'fertig'), aber diese

Opposition des Systems funktioniert nur in offener Silbe (s. unten III.1.3.4.). In geschlossener Silbe erlaubt die frz. Norm nur [ɛ], z.B. [a'pɛl] <appel>, obwohl theoretisch, d.h. vom System her, auch ein *[a'pel] zur Verfügung stehen könnte. In dieser Position gestattet die Norm nicht zwei verschieden lautende Formen [a'pɛl] und *[a'pel] mit unterschiedlicher Bedeutung. Als im 16. Jh. das bisher ausgesprochene [ə] verstummte, geriet in vielen Fällen ein [e] in der Silbe davor in eine nun geschlossene Silbe: In der Norm wurde daher ['perə] <pére> 'Vater' zu [pɛr], später dann auch <père> geschrieben. Nur in einigen Fällen blieb bis zur "Nouvelle orthographe" von 1991 der alte 'Accent aigu' trotz offener Aussprache des <é> erhalten, z.B. in *événement* und *j'espérerai*. Am System der französischen Vokalopposition /e/ – /ɛ/, d.h. ihrer grundsätzlich bedeutungsdifferenzierenden Funktion, hat sich in all der Zeit nichts geändert. Geändert hat sich die Norm der Distribution.

Die sogenannten "consonnes allongeantes" bewirken in der Norm der französischen Phonetik eine automatische Längung des vorausgehenden Vokals, so z.B. in *la rage* [ra:ʒ], *la chose* [ʃo:z], *le père* [pɛ:r], *brève* [brɛ:v]. Im System des Französischen gibt es jedoch keine Längen als getrennte Einheit, d.h. weder lange Vokale noch lange Konsonanten, die gegenüber den jeweiligen Kürzen eine andere Bedeutung hervorrufen könnten. Aussprachen wie *[raʒ], *[ʃoz], *[pɛr] oder * [brɛv] wären daher zwar höchst merkwürdig und in ihrer Normwidrigkeit "falsch", sie wären aber keine Erscheinungen des französischen Systems, da keine eigenen Einheiten mit eigener Bedeutung. Meridionale Aussprachen wie [ʃɔzə] mit kurzem, offenem [ɔ] und auslautendem [ə] sind keine Normvarianten, sondern gehören zu einem anderen, nämlich zu dem auf dem Okzitanischen beruhenden System des südlichen Regionalfranzösischen.

5.4.2. In der Morphologie sind sogenannte Unregelmäßigkeiten, die einem historischen Zufall oder einem synchron nicht mehr erkennbaren Gesetz entsprungen sind, fast immer Fakten der Norm. Aufgrund der historischen Lautgesetze müßten die meisten Verbalparadigmata im Präsens unterschiedliche Formen in den stammbetonten (1.-3. P. Sg., 3. P. Pl.) und in den endungsbetonten Verbformen (1. und 2. P. Pl.) aufweisen, wie dies regelmäßig bei den sog. unregelmäßigen Verben der Fall ist (*je veux – nous voulons, je dois – nous devons*) und im Altfranzösischen auch noch bei den Verben der *-er*-Konjugation auftrat ([je] *truef* – [nous] *trouvons*, [tu] *aimes* – [nous] *amons*). Vom System her ist eines so gut wie das andere, da es keine Funktion betrifft: Der Indikativ des Präsens ist dadurch gekennzeichnet, daß keine Tempus- bzw. Modusendung vorliegt wie etwa in *je trouv-ais* oder *il trouv-a*. Ob die Stammform eventuell zwischen *treuv-* und *trouv-* variiert, ist nur normativ von Belang. So erklärt sich auch die Möglichkeit des historischen Schwankens zwischen *que nous veuillions* und *que nous voulions* als gültiger Konjunktivform der 1. P. Pl. von *vouloir* und zwischen *je me vêts* und *je me vêtis* als Präsensform von *se vêtir*. Die Norm ist eine äußerst wichtige Ebene der Sprachbeschreibung, weil sich in einer Sprache eben nicht nur die Unterscheidungen des

Systems ausmachen lassen, sondern eine noch viel größere Anzahl von Restriktionen der Norm, die das Gesicht einer Sprache entscheidend prägen und ohne die eine Kommunikation wahrscheinlich nicht zustande kommen würde. Aber die Fakten des Systems sind dennoch grundlegender als die der Norm. Auf jeden Fall dient es der Klarheit der Beschreibung, diese drei Ebenen, System, Norm und Rede, zu unterscheiden.

5.5. Aus dem bisher Gesagten ergibt sich, daß eine Sprache wie das Französische nicht ein einziges System darstellt, in dem alles auf alles bezogen ist und die kleinste Veränderung alle Bezüge verändern würde, eine Meinung, die lange Zeit dem französischen Sprachwissenschaftler Antoine Meillet zugeschrieben wurde und die viel Verwirrung gestiftet hat. In Wirklichkeit besteht das Französische zunächst einmal aus vielen regional (diatopisch), soziokulturell (diastratisch) und stilistisch (diaphasisch) unterschiedlichen Systemen, von denen eines z.B. das der Pariser kleinen Kaufleute in familiärer Unterhaltung sein könnte, ein anderes das der burgundischen Winzer bei Mâcon in berufsbezogener Diskussion. Jedes so beschriebene Teilsystem, das sich in vielem natürlich mit anderen Teilsystemen überschneidet, setzt sich aus einer Vielzahl von Subsystemen zusammen, z.B. im lautlichen Bereich mindestens aus einem Vokalsystem und einem Konsonantensystem, im grammatischen Bereich z.B. aus einem Tempus- und Modussystem des Verbs, aus einem System der Steigerungsstufen des Adjektivs, aus einem Artikelsystem des Nomens, aus einem System syntaktisch unterschiedlich gebrauchter Personalpronomina usw. Ebenso sind im Wortschatz zahlreiche unterschiedliche Subsysteme von lexikalischen Bedeutungen anzunehmen (s. III.6.1.1.). **Eine Änderung**, z.B. ein historischer Wandel im Wortschatz, wird deshalb nicht zwangsläufig auch eine Änderung in den grammatischen Beziehungen, ein Lautwandel nicht notwendig eine Veränderung der lexikalischen Bedeutungsbeziehungen nach sich ziehen. Die "Architektur" (COSERIU 1988: 294-296) einer historischen Sprache wie dem Französischen mit seinen diatopisch, diastratisch und diaphasisch unterschiedlichen Systemen wird heute vielfach auch als ein Gefüge von **Varietäten** aufgefaßt (vgl. IV.11.1) und in der sog. Varietätenlinguistik (s. *LRL* V,1: 830-843) untersucht und beschrieben.

II.6. Synchronie und Diachronie

6.1. Damit haben wir schon die Begriffe "Synchronie" und "Diachronie" vorweggenommen, die eine weitere fundamentale methodische Dichotomie darstellen, die auf de Saussure zurückgeht, wenngleich er wie in anderen Fällen nicht der erste war, der die Idee einer solchen Unterscheidung hatte. Zum Verständnis der Dichotomie sind zwei Gesichtspunkte zu unterscheiden: In de Saussures Vorstellung war die Synchronie die Betrachtungsachse der Gleichzeitigkeit, d.h. der in einem

Sprachsystem gleichzeitig existierenden und funktionierenden sprachlichen Erscheinungen, während die Diachronie die Betrachtung des chronologischen Aufeinanderfolgens sprachlicher Phänomene war, also den Sprachwandel in den Blick nahm. De Saussure benutzt auch die Begriffe "statische" und "evolutive Sprachwissenschaft". Wichtig war und ist, daß der die Sprache untersuchende Linguist beide Betrachtungsebenen nicht willkürlich miteinander vermengt, also z.b. ein frz. Adjektiv wie *oculaire* nicht als eine heute mögliche, d.h. synchrone Ableitung zu *œil* auffaßt, da ja hierfür im Frz. gar keine formale Ableitungsregel existiert, sondern daß er erkennt, daß es sich hier um eine Ableitung im Lateinischen handelt, also um ein diachrones Verfahren.

6.2.1. De Saussure verstand die Dichotomie aber auch so, daß die Synchronie die Ebene der gleichzeitig funktionierenden Beziehungen im Sprachsystem sei, die Diachronie dagegen die Ebene unsystematischer, akzidenteller Veränderungen. De Saussure war noch nicht zu der Einsicht gelangt, daß auch der Sprachwandel unter dem Gesichtspunkt der Systemhaftigkeit betrachtet werden kann und muß, sondern sah hier nur einzelne Veränderungen, insbesondere lautliche Veränderungen. Eine historische Grammatik als Darstellung der Entwicklung grammatischer oder syntaktischer Systeme erschien ihm unmöglich. Hier erfolgte eine Weiterentwicklung durch Roman Jakobson, der von 1927 an zeigte, daß auch ganze phonologische Systeme in ihrem Wandel, also diachron, betrachtet werden können[6], und der diese Erkenntnis später auch auf andere sprachliche Bereiche übertrug (vgl. unten II.8.4.2.).

6.2.2. De Saussure (1972: 125-127) illustriert die Unterscheidung zwischen Synchronie und Diachronie am Bild des Schachspiels, indem jeder Spielzustand ein synchron zu betrachtender Gegenstand sei, bei dem man nicht wissen könne und auch nicht zu beachten brauche, auf welchem Wege, durch welche Züge dieser Spielzustand erreicht worden sei. Die Veränderung einer einzigen Figur verändere aber alle Bezüge der Figuren untereinander und sei deshalb ein diachrones Faktum. In Wahrheit zeigt dieser Vergleich ein zu statisches Bild von der Sprache, da die Synchronie in Wirklichkeit keine angehaltene Momentaufnahme sein sollte, sondern das Funktionieren der Elemente bedeutet. Das Spiel ist erst ein funktionierendes Spiel während des Spiels. Ein diachrones Faktum wäre dann eine Änderung der Spielregeln, etwa der Wegfall eines Figurtyps oder die veränderte Bestimmung der Bewegungsrichtung z.B. des Turmes. Wenn auch alle Vergleiche hinken, so dieser doch in besonderem Maße.

6.3. In der Nachfolge de Saussures machte zunächst der Begriff der Synchronie die größten praktischen und theoretischen Schwierigkeiten, da man diesen häufig zu

---

6 Vgl. die Umgestaltung des lat. Vokalsystems in III.1.5.

Synchronie und Diachronie

sehr mit der schwer zu bestimmenden Vorstellung vom "Sprachzustand" identifizierte. Wie lange aber dauert ein Sprachzustand an und wo beginnt die Veränderung? Ein richtiges Verständnis wurde auch dadurch erschwert, daß man sich zu sehr und zu lange an den im vorigen Abschnitt erwähnten Systembegriff Meillets klammerte und meinte, eine Veränderung in einem Bereich würde alle Beziehungen im Gesamtsystem stören. Zu dem aus dem nordamerikanischen Strukturalismus übernommenen Prinzip eines umfangreichen Textcorpus als Datenbasis kam daher das Bestreben, eine synchrone Darstellung eines sprachlichen Problems durch eine "Momentaufnahme" zu ermöglichen, also etwa ein Corpus auf den Tageszeitungen eines einzigen Tages aufzubauen. Dies mußte jedoch immer ein Annäherungsverfahren und theoretisch unbefriedigend bleiben.

6.4.1. Eine überzeugende Lösung dieses Problems finden wir bei COSERIU (1958). Wie vor ihm schon Roman Jakobson stellt er fest, daß Synchronie und Diachronie nicht verschiedene Gegenstandsbereiche betreffen, sondern verschiedene Betrachtungsebenen derselben Gegenstände meinen. Außerdem schließen sich beide Begriffe nicht gegenseitig aus, da zur Beschreibung jedes Sprachzustandes die Feststellung gehört, daß die Sprecher ein gewisses Maß an diachronem Bewußtsein besitzen, indem sie durchaus altertümliche Formen, Wendungen und Wörter als solche identifizieren und auch Neuerungen vom sprachlichen Ist-Zustand zu unterscheiden wissen. So ist z.B. der "subjonctif du passé" im heutigen Frz. selbst im gewählten Sprachregister nicht mehr wirklich lebendig, aber er wird in gewählter Sprache aus stilistischen Gründen in bestimmten Fällen sozusagen zitiert: Er wird dann verstanden und entsprechend goutiert. Synchron gesehen, ist er ein Archaismus, der zwar noch im System existiert, in der Norm aber starken Restriktionen unterworfen ist. Diachron gesehen, ist er seit dem 19. Jh. auch in gehobener Sprache unüblich geworden, ist die "concordance des temps" im Konjunktiv also weitgehend aufgehoben.

Vor allem aber hat Coseriu de Saussures Unterscheidung auf die Trias System, Norm und Rede angewandt und die Synchronie als das Funktionieren des Systems bzw. den statischen Zustand der Norm definiert und die Diachronie als das Sich-Herausbilden des jeweilig nächsten Zustandes: "Die Sprache funktioniert synchronisch und bildet sich diachronisch" (COSERIU 1974: 237). Nach Coserius Auffassung geht es nicht darum, ein System in einem Moment zu erfassen, sondern vom ständigen Wandel als dem sprachlich Normalen und Lebendigen auszugehen, um das Werden des Systems zum Funktionieren hin zu verstehen (COSERIU, ibidem). Eine Sprache stirbt, wenn sie sich nicht mehr wandelt[7]. Die Dichotomie zwischen Syn-

---

7 Ein anderer Gesichtspunkt ist der, daß der Wandel nicht kausal gesehen werden darf. Ein Wandel muß nicht naturnotwendig stattfinden und nicht notwendig in eine bestimmte Richtung gehen. Da die Sprache kein Gegenstand einer Naturwissenschaft, sondern ein historischer und damit ein kultureller Gegenstand ist, kann man nicht

chronie und Diachronie ist damit keineswegs aufgehoben. Sie ist nur keine Antinomie, sondern betrifft zwei unterschiedliche Betrachtungsweisen derselben sprachlichen Wirklichkeit.

Eine **synchrone** Betrachtung betrifft nicht notwendigerweise den heutigen, aktuellen Sprachzustand, sondern kann sich je nach Interessenlage des analysierenden Linguisten auch auf einen früheren Zeitraum beziehen, in dem z.b. das Funktionieren des französischen nasalen Vokalsystems – etwa um die Mitte des 16. Jahrhunderts – untersucht würde. So wäre z.b. auch eine synchrone Untersuchung des französischen Artikelsystems im 15. Jh. oder der Funktion bestimmter Wortbildungssuffixe zur Zeit der Französischen Revolution denkbar. Eine **diachrone** Betrachtung würde dagegen z.b. die Entwicklung der Funktion des Teilungsartikels vom 15. Jh. bis zum 17. Jh. oder auch bis heute betreffen. Die zeitlichen Grenzen des in seinen Veränderungen untersuchten Gegenstandes legen die Sprachwissenschaftler selbst je nach dem Erkenntnisinteresse und den materiellen Möglichkeiten (Quellenlage, evtl. auch Zeitaufwand) fest.

II.7. Syntagmatik und Paradigmatik

In der Nachfolge de Saussures unterscheidet die strukturalistische Linguistik bei der sprachlichen Analyse einer Äußerung zwei Betrachtungsachsen: In der Saussureschen "chaîne parlée", der "Redekette", kann ein sprachliches Element entweder im Hinblick auf das betrachtet werden, was ihm in der gleichen Redekette vorausgeht oder folgt (syntagmatische Achse), oder im Hinblick auf die in der betreffenden Redekette abwesenden Elementen, die an der gleichen Stelle stehen könnten (paradigmatische Achse). In einer Redekette wie z.B. *On étudie tous les romans de Gustave Flaubert* gibt es entsprechend dem linearen Charakter der Sprache eine "horizontale" Beziehung z.B. zwischen dem Subjekt *on* und dem Prädikat *étudie*, insofern als das Verb in der gleichen Person, hier der 3 P. Sg., steht wie das Subjekt. Die Regel, daß sich das Prädikat in Person und Numerus nach dem Subjekt richtet, entspricht einer syntagmatischen Beziehung ebenso wie die Tatsache, daß das Subjekt dem Prädikat in der Regel vorausgeht, in gewissen Fällen aber auch folgt (Inversion). Zur Syntagmatik gehört z.B. auch die Stellung der Quantifikatoren (hier *tous*) und der Determinanten (hier *les*) oder im lautlichen Bereich die Regeln der Liaison.

---

sinnvoll fragen, *warum* ein Wandel oder *warum gerade dieser* Wandel eingetreten ist. Der Sprachwandel ist teleologisch, d.h. zielgerichtet aufzufassen; er dient jeweils den Ausdrucksabsichten der Sprecher. Welches diese sind, kann immer nur – wenn überhaupt – im nachhinein vermutet werden (vgl. COSERIU 1988: 120-121).

Paradigmatisch ist in dem gleichen Beispielsatz dagegen z.B. die "vertikale" Beziehung zwischen dem hier gewählten Präsens *étudie* und anderen an dieser Stelle denkbaren Tempusformen desselben Verbs (*étudiait, étudiera, a étudié* usw.), die mit dem durch *étudie* markierten Tempus zusammen das Paradigma (die Klasse) der französischen Tempora bilden. *Tous les* steht in Opposition zu anderen Quantifikatoren (etwa *deux, trois, quelques*), die mit ihrer jeweils eigenen Bedeutung die gleiche syntagmatische Position einnehmen könnten wie *tous*. Ein lexikalisches Paradigma zeigt sich im Ersatz von *romans* durch z.b. *lettres, journaux intimes, contes*, das im Fall der Wahl von *lettres* syntagmatische Konsequenzen für *tous* hätte. Die Glieder des jeweiligen Paradigmas gehören dem Sprachsystem an – sie sind nach de Saussure eine Beziehung *in absentia* –, während die syntagmatischen Beziehungen zunächst auf der Ebene der Rede – *in praesentia* – beobachtbar sind.

Aufgabe

Suchen und diskutieren Sie andere Beispiele für syntagmatische und paradigmatische Beziehungen.

II.8. Zur Geschichte der Sprachwissenschaft

8.1. Im Rahmen dieser Darstellung können naturgemäß nur einige wenige Bemerkungen gemacht werden, im übrigen muß auf die eingangs aufgeführten Werke verwiesen werden. Trotz vielfältiger Äußerungen zur Sprache (*langage*) und zu den Sprachen *(langues)* im alten Indien, in der europäischen Antike und vom Mittelalter über die Renaissance bis hin zur blühenden Sprachphilosophie im 18. Jh. beginnt die eigentliche Sprach*wissenschaft* erst mit der Entdeckung des historischen Charakters der Sprachen und der Entwicklung einer Phonetik und systematischen Lautuntersuchung um die Wende des 18. zum 19. Jh. Die Entdeckung der Sprachverwandtschaft zwischen dem altindischen Sanskrit und der Mehrzahl der europäischen Sprachen (vgl. I.1.) führte zu einer deutlicheren Trennung von Laut und Buchstabe als in den Jahrhunderten zuvor und zu einer klareren Erkenntnis des Wesens des Sprachwandels, der zunächst wissenschaftlich als Lautwandel, dann auch als morphologischer und als Bedeutungswandel der Wörter erkannt und schrittweise erarbeitet wurde. Das Hauptinteresse der Sprachwissenschaft des 19. Jhs. ist daher ein historisches, der Nachweis der Sprachverwandtschaft der finnougrischen und indogermanischen bzw. indoeuropäischen und danach immer weiterer Sprachfamilien auf sprachvergleichender Grundlage. Während die Namen Friedrich Schlegel, Franz Bopp, Rasmus Rask und Jakob Grimm an die Entwicklung der historisch-vergleichenden Methode geknüpft sind, steht Wilhelm von Humboldt für die Fortführung der Sprachphilosophie im 19. Jh., obwohl neuerdings auch mehr und mehr sprachwissenschaftlich-analytische Arbeiten aus seiner Feder, insbesondere zu amerikanischen Sprachen, bekannt werden. Sprache ist für Humboldt über die äußere Lautgestalt der Sprachformen hinaus vor allem die jeweilige innere Formung der Welt, die durch die sprachlichen Kategorien und lexikalischen Abgrenzungen bedingte "eigentümliche Weltansicht". Diese Betrachtung führt ihn notwendigerweise zur Forderung einer individualisierenden Typologie jeder Einzelsprache, ohne daß er das Postulat je einlösen würde.

Der Hauptstrom der Sprachwissenschaft bewegt sich fern von Humboldts Idealismus hin zu einem analytischen Positivismus. Mit dem Namen August Schleicher ist um die Jahrhundertmitte die Vervollkommnung der artikulatorischen Phonetik und die durch die rigorose Sprachvergleichung vorangetriebene Rekonstruktionsmethode verbunden. In der Romanistik rekonstruiert man das nicht belegte Vulgärlatein, auf dem die romanischen Sprachen beruhen (vgl. IV.2.), nach dem Vorbild der Bemühungen um die Rekonstruktion der indogermanischen Ursprache, mit dem Vorteil, daß man hier wenigstens eine gleichzeitige Quelle, das klassische Latein, kennt. Die romanische Philologie war in der Romantik im Zuge der Begeisterung für die mittelalterliche Volksliteratur, hier die okzitanische Troubadourlyrik, und die Sprachvergleichung entstanden. Während François Raynouard in seinem *Choix de poésies originales des troubadours* sowie später in seinem *Lexique roman ou dictionnaire de la langue des troubadours*, Paris 1836-1845, die irrige These aufstellte, das Altprovenzalische sei die Vorstufe aller übrigen romanischen Sprachen gewesen, wurde die romanische Sprachwissenschaft (und Philologie) in Deutschland durch Friedrich Diez (1794-1876) begründet, der seit 1825 Professor in Bonn war und in seiner bahnbrechenden, nach dem Vorbild Jakob Grimms verfaßten *Romanischen Grammatik* (1836-1843) die Bedeutung des Vulgärlateins erkannte und in seinem *Romanischen Etymologischen Wörterbuch*, 1853, [5]1887, die Grundlage für die historische romanische Wortforschung legte.

8.2. Die mit Schleicher eingeführte naturwissenschaftliche, biologisch-darwinistische Betrachtungsweise der Sprache und ihres Entwicklungsganges kulminierte in den siebziger Jahren des vorigen Jahrhunderts in der Entwicklung der sog. junggrammatischen Schule, die mit Namen wie Karl Brugmann, Berthold Delbrück, Hermann Paul, Paul Streitberg und vielen anderen verbunden ist. Das Lautgesetz wurde als Naturgesetz, also als eine zu einer Zeit und an einem Ort naturgesetzlich determinierte Entwicklung verstanden. Wenn eine Entwicklung unter gleichen Bedingungen nicht lautgesetzlich verlaufen war, wurde sie durch Analogie erklärt, jenem psychologisch begründeten Prinzip der menschlichen Trägheit, das im Aufschwung der wissenschaftlichen Psychologie einen ebenfalls beherrschenden Platz in der damaligen Sprachwissenschaft bekam. Kennzeichnend für die Junggrammatiker ist ihr positivistischer Glaube an die Beherrschbarkeit der Stoffülle, ihre Hochachtung des Details und ihr geringes Interesse an theoretischen Überlegungen und Synthesen. Ihr Verständnis der Historizität der Sprache erfaßt eher die relative Lautchronologie und die als abstrakte Formel aufgefaßte Rekonstruktion als die reale Sprachentwicklung in einzelnen kulturgeschichtlich greifbaren Epochen. In vielen europäischen Ländern hat sich die junggrammatische Lehre lange gehalten, z.T. hat sie unausgesprochen viele der späteren Richtungen bis in die sechziger Jahre dieses Jahrhunderts überdauert. Auf romanistischem Gebiet war ihr größter Vertreter Wilhelm Meyer-Lübke (1861-1936), der im Anschluß an Diez eine neue, bis heute nicht völlig ersetzte *Romanische Grammatik*, 4 Bde., 1890-1902, ein *Romanisches Etymologisches Wörterbuch (REW)*, ^{3}1935, und eine *Historische Grammatik der französischen Sprache*, Bd. I, ^{5}1934, Bd. II, 1920, ^{2}1966, verfaßt hat.

8.3.1. Ansätze zur Überwindung der junggrammatischen Haltung gegenüber den Sprachen zeigen sich ab etwa 1885 in mindestens dreifacher Hinsicht. Hugo Schuchardt (1842-1927), der schon Bedeutendes in der vulgärlateinischen Forschung geleistet hatte, protestiert gegen die junggrammatische Auffassung vom Lautgesetz und zeigt deren relativen Charakter auf. Zum anderen faßt er das Verhältnis von Sprache und Dialekt genauer und weist darauf hin, daß sich die Sprachwissenschaft bis dahin ausschließlich mit literarischen Texten der Schriftsprache, so gut wie nie aber mit der lebendigen gesprochenen Sprache beschäftigt hatte. Damit unterstützte er die Bestrebungen in Deutschland, der Schweiz und Frankreich, die noch lebenden Mundarten zu erforschen und kartographisch zu erfassen. Er selbst untersuchte z.B. als erster Kreolsprachen auf romanischer Basis in Westafrika, Indien und Ostasien.

Systematische Mundartenaufnahmen in einem bestimmten Gebiet, bei denen nach festgelegten Kriterien ausgewählte Sprecher (*sujets*) nach einem Fragenkatalog (*questionnaire*) durch den *enquêteur* befragt und die Ergebnisse für jeden Punkt des Netzes von Orten der Befragung eingetragen wurden, führten zur Entwicklung der sog. Sprachgeographie, einer sprachwissenschaftlichen Methode der dialektalen Datenerhebung, die bis heute erfolgreich angewendet wird[8]. Nach Vorarbeiten Georg Wenkers in Deutschland hat sich die Sprachgeographie vor allem in Frankreich entwickelt. Jules Gilliéron hat zu Beginn des 20. Jhs. nicht nur den *ALF (Atlas Linguistique de la France)* erstellt, sondern auch viel zur Theorie und Methode der Sprachgeographie geleistet. Das Ziel ist die sprachhistorische Interpretation der Karten, denn aus der geographischen Verteilung bestimmter lautlich-morphologischer oder lexikalischer Erscheinungen können Rückschlüsse auf die Sprachgeschichte gezogen werden. So läßt sich z.B. erkennen, daß Flußtäler und Ebenen im allgemeinen die Ausbreitung von Neuerungen, die von kulturellen Zentren (etwa Paris oder Lyon) ausgehen, begünstigen oder daß Phänomene, die sich nur in Rand-

---

8 Zur Geschichte und Methodik der romanischen Sprachgeographie siehe IORDAN/BAHNER (1962: 171-322), ROHLFS, Gerhard (1971), *Romanische Sprachgeographie*, München, und WOLF, Lothar (1975), *Aspekte der Dialektologie. Eine Darstellung von Methoden auf französischer Grundlage*. Tübingen (Rom. Arb.heft 15).

gebieten und/oder unzugänglichen Berglandschaften finden, meist die älteren, eben zurückgedrängten Lautungen oder Wortformen gegenüber den weiter verbreiteten, neueren sind.

Ein berühmt gewordenes Beispiel ist die Verteilung der Bezeichnungen für die 'Biene' in Frankreich (vgl. WOLF 1975: 57-60): Die Karte 1 *abeille* des ALF zeigt, daß der aus dem Okzitanischen stammende Typ *abeille* vor allem im Süden Frankreichs bodenständig ist, während nördlich der Loire eher ein Kompositum mit *mouche*, z.B. *mouche-à-miel*, verbreitet ist. Am äußersten nördlichen, östlichen, westlichen und südwestlichen Rand findet man noch Spuren des auf lat. APIS beruhenden, im Afrz. belegten Typs *a* bzw. *é(s)*. Dessen Bewahrung in vier kleinen, weit auseinander liegenden Gebieten führte Gilliéron zu dem Schluß, daß dieser Worttyp ursprünglich in ganz Nordfrankreich verbreitet gewesen sein muß, aber aufgrund seiner lautlichen Schwäche durch die populäre Umschreibung mit *mouche* einerseits und den in die Schriftsprache entlehnten Okzitanismus *abeille* verdrängt wurde.

Zu Beginn dieses Jahrhunderts entwickelte sich mit der Sprachgeographie ein starkes Interesse für die historische Sachkultur des ländlichen Lebens, die Richtung "Wörter und Sachen", die auch in der Romanistik eine große Rolle spielte. Eingang fand sie auch in den "Sprach- und *Sach*atlas Italiens und der Südschweiz" (*AIS*, 1928-1940). Die eigentliche Sprachgeographie erfuhr ab 1939 ihre theoretische Weiterentwicklung durch Albert Dauzat, der kleinräumigere Sprachatlanten und einen aktuelleren Bezug auf die sprachlichen Verhältnisse in Frankreich forderte, die durch das Vordringen des Standardfranzösischen und die Aufgabe der lokalen Dialekte gekennzeichnet ist. Das regionale Standardfranzösisch, das durch zahlreiche auf den alten Dialekten beruhende lautliche und lexikalische Züge charakterisiert ist, wird als Regionalfranzösisch bezeichnet. Seit 1950 entsteht so der inzwischen weit fortgeschrittene *Nouvel Atlas Linguistique de la France par Régions (NALF)*, der die historische mit der ethnographischen und soziolinguistischen Blickrichtung verbindet. Beispielhaft sei hier der *Atlas linguistique et ethnographique de Bourgogne (ALB)* von Gérard Taverdet, I-III, Paris 1975-1980, genannt.

8.3.2. Wenn wir nun zur Geschichte der Sprachwissenschaft in der Phase der Überwindung der junggrammatischen Richtung zurückkehren, so sind neben der Mundartforschung und Sprachgeographie noch zwei andere Ansätze zu erwähnen, die beide für eine gewisse Zeit neben anderen Strömungen die Sprachwissenschaft in der ersten Hälfte dieses Jahrhunderts beeinflußt haben. Zum einen ist dies die schon erwähnte psychologische Richtung, die wohl mit Wilhelm Wundt (*Völkerpsychologie*, Leipzig 1900) ihren Höhepunkt erreicht hatte, zum anderen die idealistische (oder, nach Humboldt, die neuidealistische) Schule, die im Gegensatz zu den Junggrammatikern die Geistesgeschichte zur Grundlage aller Erklärungen machte. Ihr Hauptvertreter war der bedeutende Romanist Karl Vossler, der sich als Schüler

Benedetto Croces scharf gegen die positivistischen Untersuchungen einzelner Laute und Formen wandte und dagegen den schöpferischen Geist als Triebkraft aller sprachlichen Erscheinungen ansah (vgl. seine frz. Sprachgeschichte *Frankreichs Kultur im Spiegel seiner Sprachentwicklung*, Heidelberg 1913). Sowohl mit der volkskundlichen Richtung der Wörter und Sachen als auch mit dem Vorherrschen der Psychologie und der synthetisierenden Geistesgeschichte war das Pendel der linguistischen Forschung nach der anderen Seite ausgeschlagen, hatte die Sprachwissenschaft ihren eigentlichen Gegenstand, die Sprache und die Analyse der ihr eigenen Kategorien, etwas aus den Augen verloren.

8.4.1. Zurückgegeben wurde er ihr durch den unter dem Namen Ferdinand de Saussures veröffentlichten *Cours de linguistique générale* (1916), der drei Jahre nach Saussures Tod erschien. Hier kann und soll nicht erörtert werden, wieviel der dort vertretenen Gedankengänge auf den Genfer Indogermanisten Saussure selbst und wieviel auf seine Herausgeber, vor allem seinen Nachfolger in Genf, Charles Bally, zurückgeht. Die Bedeutung seiner methodischen Unterscheidungen ist bereits hinreichend erörtert worden (vgl. II.4.-7.). Obwohl er keineswegs die Bedeutung der historischen Linguistik leugnet, wertet er durch seine Überlegungen doch die synchronische Betrachtung der Sprache gegenüber der Tradition des 19. Jhs. ganz entscheidend auf.

Wenn auch manche seiner Ideen von vielen zunächst nur partiell verstanden wurden, so beriefen sich doch bald etliche Sprachwissenschaftler auf das eine oder andere seiner Prinzipien und bauten darauf eigene Richtungen auf. Da Begriffe wie die "valeur" den Gedanken implizieren, daß sich sprachliche Bedeutungen durch die jeweilige Opposition mindestens zweier Einheiten konstituieren, und die Dichotomie "langue" – "parole" das Denken in systematischen Zusammenhängen förderte, kam bald auch der Begriff der Struktur auf, der im krassen Gegensatz zur atomistischen Denkweise der Junggrammatiker stand. Nun konnte man nicht mehr z.B. allein die Geschichte des lateinischen Dativs im Französischen untersuchen, da der Dativ sich ja nur dadurch als spezifische Funktion ergibt, daß er durch mindestens einen anderen Kasus abgegrenzt ist. Sind mehrere andere Kasus als Funktionen festzustellen (z.B. Akkusativ, Genitiv, Ablativ und Nominativ), so ist sein Bedeutungsumfang kleiner, als wenn ihm etwa nur ein Nominativ gegenübersteht und der sog. "Dativ" – wie im Altfranzösischen – mit dem Genitiv und dem Akkusativ zusammenfällt, in Wirklichkeit also überhaupt nur zwei Kasus sich die Bedeutungszone 'Satzbeziehung' teilen (vgl. IV.6.).

8.4.2. Neben der Genfer Schule um Charles Bally (*Linguistique générale et linguistique française*, Paris ²1944; zuvor *Traité de stylistique française*, Heidelberg 1909) ist für die weitere Entwicklung der Theorie vor allem die Prager Schule des Strukturalismus von Bedeutung (vgl.SZEMERÉNYI 1971: 53-97). Sie ist im wesentlichen mit den Namen zweier Russen, Nikolai Sergejewitsch Trubetzkoy (1890-

1938) und Roman Jakobson (1896-1982), verbunden. Die Leistung Trubetzkoys wird in Kap. III.1.2. im Zusammenhang mit der Entwicklung der Phonologie dargestellt. Roman Jakobsons nachhaltiger Einfluß auf viele Zweige der Sprachwissenschaft kann hier nicht gewürdigt werden. Erwähnt wurde schon seine Ausweitung des Saussureschen Systemgedankens von der Synchronie auf die Diachronie im Bereich der Lautsysteme (Phonologie); zu nennen sind weiterhin die konsequente Anwendung des Oppositionsgedankens, des Begriffs der "valeur" und der Trennung zwischen "langue" und "parole" im Bereich der grammatischen Analyse (z.B. Kasuslehre), die Idee der "Sprachbünde" zwischen genetisch nicht (nah) verwandten Sprachen sowie Beobachtungen zum Verhältnis zwischen der Reihenfolge des kindlichen Erlernens der Sprachlaute der Muttersprache und deren Verlust bei Aphasie (Sprachstörung durch Schädigung des Großhirns). Zu den späteren, korrespondierenden Mitgliedern des *Cercle Linguistique de Prague* zählten in den dreißiger Jahren auch die bedeutenden französischen Linguisten Georges Gougenheim und André Martinet.

Die Lehre der Kopenhagener Schule des Strukturalismus um Viggo Brøndal (1887-1942, *Théorie des prépositions*, 1950) und Louis Hjelmslev (1899-1965, *Prolegomena to a theory of language*, engl. 1953), die beide auch zum Französischen gearbeitet haben, ist unter dem Namen "Glossematik" bekannt. Sie fordert eine "immanente" Sprachbeschreibung, die also von jedem semantischen Bezug, der durch die Sprache die außersprachliche Realität widerspiegelt, und von jedem Verweis auf die Diachronie absieht. Ihr algebraischer Charakter macht den Zugang schwierig. Konkret zum Französischen erschien in diesem Rahmen von Knud Togeby *Structure immanente de la langue française*, Kopenhagen 1951.

8.4.3. Fast gänzlich unabhängig von den europäischen Strömungen entwickelte sich in den USA eine für die weitere Entwicklung der allgemeinen Sprachwissenschaft ebenfalls bedeutsame methodische Richtung heraus, die auch strukturalistisch genannt wird, jedoch mit den Prinzipien de Saussures nicht viel zu tun hat. Sie ist auch vorwiegend synchron-beschreibend, lehnt aber die Hierarchie der Betrachtungsebenen (System, Norm, Rede) ab, vor allem die Abstraktion des Sprachsystems, da sie eine völlig andere Auffassung von der sprachlichen Bedeutung hat, die hier nicht im einzelnen erörtert werden kann. Vereinfachend gesagt, ist die nordamerikanische Meaning-Auffassung viel pragmatischer, den einzelnen Redebedeutungen verhaftet und scheut die Abstraktion der Annahme eines sprachlichen Zeichens mit einem ihm immanenten "signifié". Die für die Romanistik im allgemeinen und die Linguistik des Französischen aus unserer Sicht im ganzen nicht grundlegende amerikanische Sprachwissenschaft kann hier nur grob angedeutet werden. Ansonsten sei auf die entsprechenden Kapitel bei SZEMERÉNYI (1971), MOUNIN (1975) und HELBIG (1974, 1988) verwiesen. Während die Entwicklung zu Beginn des Jahrhunderts noch von den aus Deutschland stammenden Linguisten Franz Boas und Edward Sapir bestimmt wurde und eigenes Profil durch die an den schriftlosen Indianersprachen zu erprobenden Methoden gewann, erhielt die amerikanische Linguistik mit Leonard Bloomfield (*Language*, 1933) und vor allem mit seinen Schülern ihr gänzlich von Europa unabhängiges Gewicht.

Bloomfields Verzicht auf eine Semantik steht am Beginn der Meaning-Diskussion in den USA. Sie erklärt sich zum einen aus dem Untersuchungsgegenstand: Ein aufgenommener indianischer Text ist zunächst völlig unverständlich und kann nicht durch Bezug auf vorhandene Wörterbücher und Grammatiken analysiert werden; zum anderen liegt dem amerikanischen Wissenschaftsverständnis eine vorwiegend naturwissenschaftliche Betrachtungsweise zugrunde, die kein Vorwissen vom Gegenstand annimmt, ganz von außen beobachtet und eine Annäherung durch Hypothesen versucht (vgl. auch COSERIU 1988: 58 ff.). Die Bedeutung einer sprachlichen Äußerung (ihr "Sinn") in einer Redesituation kann nur durch die Beobachtung der Reaktionen der Dialogteilnehmer erschlossen werden (Rückgriff auf die Psychologie des Behaviorismus). Diese Haltung führte insbesondere bei Zellig Harris (*Structural Linguistics*, 1951) zu einer asemantischen Analyse, die strikt auf der Verteilung und Anordnung der konstanten Lauteinheiten und morphologischen Segmente beruht (Distributionalismus) und diese klassifiziert (taxonomischer Strukturalismus).

Gegen Ende der fünfziger Jahre wurde vor allem die Vernachlässigung der Syntax zu Recht als Mangel empfunden. Dagegen erhob sich Noam Chomsky (*Syntactic Structures*, 1957) mit der Ausarbeitung der generativen Transformationsgrammatik, die hier nur erwähnt werden kann. Die Berücksichtigung der Syntax führte nun dazu, daß alle sprachlichen Strukturen syntaktisch erklärt wurden. Ein Hauptkritikpunkt bleibt weiterhin die unzureichende semantische Beschreibung der Sprache wie überhaupt die Auffassung von der sprachlichen Bedeutung.

8.5. Mit den verschiedenen Formen des Strukturalismus war die führende Rolle der Indogermanistik in der allgemeinen Sprachwissenschaft vorbei, auch die der Romanistik, die mit der Sprachgeographie noch einmal für alle Disziplinen wegweisend geworden war. Neben dem nach dem Zweiten Weltkrieg sich in Europa zaghaft verbreitenden europäischen Strukturalismus und dem Aufschwung der sich seit den sechziger Jahren entwickelnden Spielarten der generativen Transformationsgrammatik hat sich in neuerer Zeit das Interesse der Sprachwissenschaftler wieder von der eigentlichen Sprachanalyse als Beschreibung (synchron) bzw. als historische Erklärung (diachron) des Systems und der Norm wegbewegt hin zu eigentlich interdisziplinär zu bearbeitenden Bereichen wie dem Problem des Verhältnisses zwischen konkurrierenden Sprachformen, z. B. Nationalsprache, Minderheitensprache(n) und Dialekte(n), und der Gesellschaft (**Soziolinguistik**), des Spracherwerbs und -verlustes (bei Krankheit; **Psycholinguistik, Neurolinguistik**), der Organisation von Texten (**Textlinguistik**) und des Verhältnisses von Text, Sender und Empfänger, also z.B. der Angemessenheit einer Äußerung in einer bestimmten Situation

(**Pragmalinguistik**). Das z.T. zu beobachtende sinkende Interesse an der Sprachanalyse wie schon zuvor an der Sprachgeschichte ist erklärlich, wenn man bedenkt, daß von einzelnen Methoden, sei es dem funktionellen Strukturalismus europäischer Prägung oder dem taxonomischen Strukturalismus nordamerikanischer Provenienz manchmal auch zuviel erwartet wurde. Jede Methode hat ihre Stärken und Schwächen. Eine Überwindung des Strukturalismus hat einer seiner wichtigsten kritischen Vertreter, Eugenio Coseriu, mit seiner "integralen Linguistik" als einer Linguistik des Sprechens und des sprachlichen Wissens versucht (COSERIU 1988 und ders., *Sprachkompetenz*, Tübingen 1988 [UTB 1481]).

8.6. Die Linguistik in Frankreich war in diesem Jahrhundert zunächst durch die Vorherrschaft des großen Indogermanisten Antoine Meillet gekennzeichnet, der Saussures Lehren zwar begrüßte, aber kaum umsetzte. Als Vertreter des Prager Strukturalismus ist André Martinet (geb. 1908) schon genannt worden. Große Verbreitung hat in Frankreich neben allen anderen Schulen auch die durch Gustave Guillaume (1883-1960) begründete Richtung erlangt. Nach Guillaumes "psychosystématique" (*Temps et verbe*, 1929) entstehen alle grammatischen Kategorien (z.B. Tempora, Modi, Artikel) durch einen spezifischen Denkakt im Augenblick des Sprechens. Der Linguist analysiert die Denkabläufe, die in dem kurzen Moment der (individuell vollzogenen und gleichzeitig kollektiv begründeten) Genese der jeweiligen grammatischen Funktion angenommen werden. Auch ein Sprachwissenschaftler wie Bernard Pottier hat seine eigenen Theorien ausgehend von den Ideen Guillaumes entwickelt.

III. Synchronie und Diachronie der französischen Sprache (anhand ausgewählter Beispiele)

III.1. Phonetik und Phonologie

Literaturhinweise
von ESSEN, Otto (^{5}1979), *Allgemeine und angewandte Phonetik*, Darmstadt. HAMMARSTRÖM, Göran (1972), *Französische Phonetik*, Tübingen. KLEIN, Hans-Wilhelm (1963), *Phonetik und Phonologie des heutigen Französisch*, München. LAUSBERG, Heinrich (^{3}1969), *Romanische Sprachwissenschaft*, Teil I: *Einleitung und Vokalismus*, Berlin. MALMBERG, Bertil (^{10}1973), *La phonétique*, Paris. ROTHE, Wolfgang (^{2}1978), *Phonologie des Französischen. Einführung in die Synchronie und Diachronie des französischen Phonemsystems*. Bearbeitet von Richard Baum. Berlin. SCHUBIGER, Maria (1970, ^{2}1977), *Einführung in die Phonetik*, Berlin. STRAKA, Georges (1990), "Französisch: Phonetik und Phonemik/Phonétique et phonématique", in: *LRL* V,1: 1-33. TERNES, Elmar (1987), *Einführung in die Phonologie*, Darmstadt. TRUBETZKOY, Nikolai Sergejewitsch (1939), *Grundzüge der Phonologie*, Prag (*TCLP* 7); anastat. Nachdr. Göttingen ^{5}1971. WALTER, Henriette (1976), *La dynamique des phonèmes dans le lexique français contemporain*, Paris. WALTER, Henriette (1977), *La phonologie du français*, Paris. WUNDERLI, Peter (1978), *Französische Intonationsforschung*, Tübingen.

1.1. Zwei Betrachtungsebenen: Phonetik und Phonologie

1.1.1. Die materielle Seite (Substanz) der Sprache als "langage" (siehe II.5.1.) sind die Laute, die die Menschen beim Sprechen äußern. Dies geschieht üblicherweise beim Ausatmen, während beim Einatmen gebildete Laute (z.B. Schnalzlaute) nur in wenigen, außereuropäischen Sprachen zu sprachlichen Zwecken verwendet werden[1]. Man unterscheidet die in der Sprache benutzten "artikulierten" Laute oder Phone von den unartikulierten Lauten, die in einer bestimmten Sprache nicht regelmäßig vorkommen, und von Geräuschen.

1.1.2. Die **Phonetik** (frz. *la phonétique*) ist der Teilbereich der Linguistik, in dem z.T. mit naturwissenschaftlichen, d.h. experimentellen, apparativen Methoden artikulierte Laute (Phone, *phones*) als konkrete physikalische Erscheinungen untersucht und beschrieben werden. Hierbei befaßt sich die **artikulatorische Pho-**

---

[1] Näheres hierzu z.B. in SCHUBIGER (^{2}1977: 15 ff.).

netik (*phonétique articulatoire*) besonders mit der Art und Weise der Hervorbringung der Laute (*phonation*) mittels des Sprechapparates (*appareil vocal*). Die **akustische Phonetik** (*phonétique acoustique*) untersucht dagegen die akustischen Vorgänge bei der Übertragung der Schallwellen, d.h. deren Frequenz, Lautstärke, Klangfarbe, Tonhöhe usw. Die **auditive Phonetik** (*phonétique auditive*), die die Erscheinungen des Hörvorgangs beschreibt, brachte bislang noch wenige brauchbare Erkenntnisse. Wir werden uns hier auf einige wichtige Teilbereiche der artikulatorischen Phonetik beschränken.

Es ist nicht das erste Ziel der französischen Phonetik als linguistische Disziplin, die richtige Aussprache des Französischen ausgehend von der Schrift zu vermitteln. Die Sprachwissenschaft geht nicht von der Graphie aus. Die Verwechslung von Buchstaben und Lauten ist unbedingt zu vermeiden. Erst in zweiter Hinsicht wird z.b. auch die Norm der Aussprache beschrieben, z.B. in der Abstufung der sozialen und situationsbedingten Register (vgl. KLEIN 1963: 13-20). Es geht primär jedoch um die Beschreibung der **Laute** auf zwei Betrachtungsebenen, der phonetischen und der phonologischen.

1.1.3. Die **Phonologie** (*phonologie*) untersucht die Laute hinsichtlich ihrer Funktionalität, d.h. hinsichtlich ihrer Fähigkeit, sprachliche Zeichen und damit Bedeutungen zu differenzieren. Im Gegensatz zur Phonetik ist sie an ein bestimmtes Sprachsystem gebunden. Sie führt die verschiedenen tatsächlich in der "parole" geäußerten und der jeweiligen Norm entsprechenden Laute auf die Grundeinheiten zurück, die von den Sprechern einer Sprache (oder eines Dialekts) als solche unbewußt unterschieden werden, und trennt diese Grundeinheiten, die **Phoneme** (*phonèmes*) genannt werden, von den vielfältigen Varianten, in denen sie tatsächlich realisiert werden. Phoneme sind daher abstrakte Größen, die als solche nicht Substanz sind, d.h. nicht "ausgesprochen" werden können. Die Phonetik ist somit Lautlehre auf der Ebene der Rede und der Norm, die Phonologie ist Lautlehre auf der Ebene des Systems. Die Laute werden also auf zwei verschiedenen Betrachtungsebenen untersucht und beschrieben.

1.2. Grundlagen und Begriffe der Phonetik

1.2.1. Grundbegriffe der artikulatorischen Phonetik

1.2.1.1. Die Bildung der Sprachlaute ist an sich ein sehr komplizierter Vorgang, an dem, vereinfacht dargestellt, außer den Stimmlippen (18) die Mundhöhle (8) – und bei Nasallauten auch die Nasenhöhle (1) –, die Zunge (9), bzw. bestimmte Teile der Zunge (10-12), und bestimmte Teile des oberen Mundraumes, nämlich

Lippen (2), Zähne (3), der Zahndamm (die Alveolen, 4), der harte Gaumen (das Palatum, 5), der weiche Gaumen (das Velum, 6) oder das Zäpfchen (die Uvula, 7) beteiligt sind. Man unterscheidet so die beweglichen **Artikulationsorgane** (Lippen, Zunge, Zäpfchen) und die unbeweglichen **Artikulationsstellen** (Zähne, Alveolen, Palatum, Velum), zusammenfassend **Artikulationsorte** genannt. Hinzu kommt, besonders bei den Konsonanten, bei denen der Luftstrom auf ein Hindernis stößt, die **Artikulationsart**, d.h. die Frage, ob der Laut mittels eines Verschlusses, einer Reibung oder eines zusätzlichen Klingens im Nasenraum usw. gebildet wird. Stimmhafte (Abkürzung: sth.) Laute (*sons sonores*) entstehen, wenn die Stimmritze (Glottis, frz. *glotte*) zwischen den gespannten Stimmlippen (ungenau auch Stimmbänder, *cordes vocales* (18), genannt) fast geschlossen ist, so daß diese regelmäßig schwingen können; stimmlose (stl.) Laute (*sons sourds*) entstehen, wenn die Glottis geöffnet ist und die Stimmlippen nicht schwingen (siehe auch MALMBERG 1973: 27-29).

Die zur Beschreibung notwendigen, von den Bezeichnungen der Artikulationsorte abgeleiteten Adjektive, die im folgenden exemplarisch für die Bedürfnisse des Französischen (nach ROTHE 1978: 77 f., z.T. abweichend STRAKA 1990: 17 f.) aufgeführt werden, nennen in einigen Fällen vereinfachend nur die Artikulationsstelle, eingeklammert das beteiligte Artikulationsorgan:

Unterlippe an Oberlippe:	bilabial	[p/b/m]
Unterlippe an den oberen Schneidezähnen:	labiodental	[f/v]
Zungenspitze an den Schneidezähnen:	apiko-dental	[t/d/n]
vorderer Zungenrücken an den Schneidezähnen:	prädorsal-dental	[s/z]
mittlerer Zungenrücken an den Alveolen:	dorsal-alveolar	[ʃ/ʒ]
mittlerer Zungenrücken am harten Gaumen:	(dorsal-)palatal	[j/ɲ]
hinterer Zungenrücken am weichen Gaumen:	(postdorsal-)velar	[k/g/ʁ].

1.2.1.2. Zur Beschreibung der Vokale gehört zum einen der Parameter des Artikulationsortes, d.h. der Zungenstellung, nämlich palatal, zentral oder velar. Palatale Vokale werden auch Vorderzungenvokale (*voyelles antérieures*), zentrale Vokale werden Mittelzungen- (*v. centrales*) und velare Hinterzungenvokale (*v. postérieures*) genannt. Zum anderen ist auch der relative **Öffnungsgrad** (*degré d'ouverture*) des Mundes (Kiefernwinkel) wichtig. Hier unterscheidet man üblicherweise zwischen extrem offen (*ouvert*) bei [a] und extrem geschlossen (*fermé*) bei [i] und [u]. Dazwischen werden in den meisten Sprachen der Welt [e] und [o] als mittlere Öffnungsgrade festgestellt, die ihrerseits im Französischen entweder als [e] oder [ɛ], [ø] oder [œ] bzw. [o] oder [ɔ] auftreten. Je nach Sprache lassen sich z.T. auch weniger, selten mehr Öffnungsgrade unterscheiden. So ist z.B. im Deutschen das kurze *i* in *ich* offener als das lange *i* in *Vieh*. Für *u* in *Schluck* bzw. *du* gilt Entsprechendes. Phonetisch gibt es hier also mehr Öffnungsgrade als im Französischen; zu deren phonologischer Relevanz siehe 1.4.1.

Ein Vokal ist außerdem entweder oral (frz. *oral*), d.h. nur in der Mundhöhle gebildet, oder nasal (*nasal*), d.h. bei Senkung des Velums und damit Öffnung des Nasendurchgangs auch im Nasenraum gebildet (zu den frz. Nasalvokalen vgl. 1.4.1.). Zudem hängt die Vokalfärbung auch von der Lippenstellung ab.

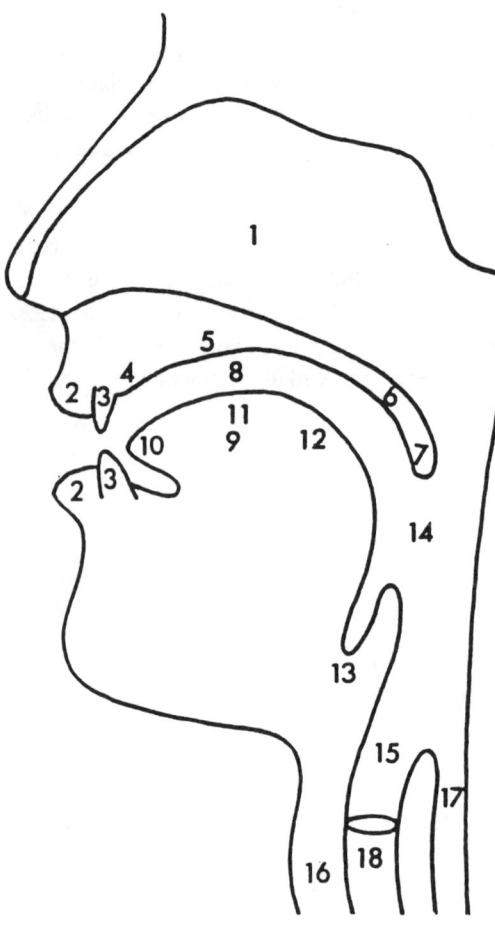

(1) Nasenhöhle – cavité nasale
(2) Lippen – *lèvres*
(3) Zähne – *dents*
(4) Zahndamm, Alveolen – *alvéoles*
(5) harter Gaumen, Palatum – *palais dur*
(6) weicher Gaumen, Velum – *voile du palais*
(7) Zäpfchen, Uvula – *luette*
(8) Mundhöhle – *cavité buccale*
(9) Zunge – *langue*
(10) Zungenspitze, Apex – *pointe de la langue*
(11) Z.rücken, Dorsum – *dos de la langue*
(12) hinterer Zungenrücken, Postdorsum
(13) Kehlkopfdeckel, Epíglottis – *épiglotte*
(14) Rachen, Pharynx – *pharynx*
(15) Luftröhre – *trachée*
(16) Kehlkopf, Larynx – *larynx*
(17) Speiseröhre – *œsophage*
(18) Stimmlippen, -(bänder) – *cordes vocales*

Der Sprechapparat, adaptiert nach SCHUBIGER ([2]1977:13).

Phonetik und Phonologie

Die Lippen sind entweder gerundet (*voyelle arrondie*) oder gespreizt (*non-arrondie*). Dieser Parameter ist im Französischen wie im Deutschen sehr wichtig, da palatale gerundete Vokale mit den gleichen Öffnungsgraden wie nicht gerundete zum System gehören, also [ø], [œ] <eu> und [y] <u>, im Deutschen [ø:], [œ], [y:] (*Füße*) und [ʏ] (*Flüsse*), orthographisch <ö> bzw. <ü>. Im Spanischen und Italienischen dagegen kann man auf dieses Kriterium verzichten, da gerundete palatale Vokale mittleren Öffnungsgrades nicht vorkommen.

1.2.1.3. Für die Beschreibung der Konsonanten müssen verschiedene Artikulationsarten unterschieden werden:

a) Bei **Verschlußlauten** (**Okklusiven**, *occlusives*, oder **Plosiven**, *plosives*) wird zwischen Artikulationsorgan und Artikulationsstelle ein Verschluß hergestellt und rasch geöffnet (gesprengt), z.B. [p,t,k, b,d,g]. Man unterscheidet dabei einen Moment der Implosion (Verschluß vor der Sprengung) und einen Moment der Explosion.

b) Bei **Reibelauten** (**Frikativen**, *fricatives*, **Engelauten**) wird durch Verengung des Artikulationskanals eine Reibung erzeugt, z.B. [f,v,s,z,ʃ,ʒ]. In einigen Darstellungen werden zusätzlich die Sibilanten (Zischlaute, frz. *sifflantes*, z.B. [s,z] bzw. *chuintantes*, z.B. [ʃ,ʒ]) als eigene Kategorie unterschieden.

c) Bei den **Affrikaten** (*affriquées*) handelt es sich um eine Kombination aus Verschluß- und Reibelaut, z.B. [ts] = [c], [tʃ] = [č]. Das heutige Französisch besitzt außer in Fremdwörtern (z.B. in den Anglizismen *match, bridge, budget*) keine Affrikaten mehr.

d) Bei den **Nasalen** (*consonnes nasales*) wird ein Verschlußlaut bei der Implosivstellung angehalten, wobei gleichzeitig der Nasenraum freigegeben wird, z.B. [m], [n], [ɲ], [ŋ].

e) Bei **Lateralen** (*consonnes latérales*) entweicht die Luft seitlich neben der das Palatum berührenden flachliegenden Zunge, z.B. [l].

f) Bei den **Vibranten** (*vibrantes*) vibriert die Zunge oder das Zäpfchen, z.B. [r]. Nach antiker Tradition werden Laterale und Vibranten auch als **Liquide** (*liquides*) bezeichnet.

Kontrastiv zum Deutschen ist zu bemerken, daß die stimmlosen Verschlußlaute im Frz. nicht aspiriert werden (dt. z.B. [tʰatʰ], frz. [tɔtali'te]). Für die Transkription einer Äußerung in Lautschrift stehen verschiedene phonetische Alphabete zur Verfügung, die auf unterschiedlichen Traditionen beruhen. Weit verbreitet ist das hier verwendete System der *Association Phonétique Internationale* (API), das seit dem Jahrhundertbeginn besteht und auf den frz. Phonetiker Paul Passy zurückgeht. Die für das Französische zutreffende Auswahl findet man z.B. bei HAMMARSTRÖM (1972: 99 f.).

Synchronie und Diachronie der französischen Sprache

1.2.2. Phonetik der Silbe

1.2.2.1. Das Sprechen geschieht aber nicht in Einzellauten, sondern in größeren daraus zusammengesetzten Einheiten. Die kleinste Einheit, in die sich Sprache beim Sprechen zerlegen läßt, ist die Silbe. Deshalb ist es auch für die phonetische Beschreibung wichtig festzustellen, welche Laute selbst eine Silbe bilden können und welche nur an der Bildung einer Silbe mitwirken. "Die Silbe ist einer der wichtigsten und gleichzeitig umstrittensten Begriffe der Phonetik" (SCHUBIGER ^{2}1977: 106). Wenn auch der wissenschaftliche Nachweis der Existenz der Silbe Schwierigkeiten macht, so ist sie doch eine Realität der Sprachen, synchron wie diachron. Sie ist im wesentlichen von der akustischen Phonetik her zu erfassen (vgl. vor allem LAUSBERG ^{3}1969: 95-100). Es läßt sich apparativ[2] leicht zeigen, daß offene Vokale sonorer sind als geschlossene, diese wiederum sonorer als Vibranten. Es folgen stimmhafte Reibelaute, stimmhafte Verschlußlaute, stimmlose Reibelaute und stimmlose Verschlußlaute. Um einen Schallgipfel gruppieren sich schallärmere Laute in der Reihenfolge ihres Schallfüllegrads.

Die Kette der aneinandergereihten Laute bildet, was die **Schallfülle** (Sonorität) der einzelnen Laute betrifft, ein wellenförmiges Auf und Ab. Jeder relativ klangvolle Laut, der vom vorhergehenden oder vom folgenden klangvollen Laut durch einen klangärmeren getrennt wird, bildet einen Wellenberg, d.h. einen Schallgipfel. (SCHUBIGER ^{2}1977: 107).

Eine Lautkette hat soviele Silben, wie sie Schallgipfel aufweist, z.B. vier in frz. *scientifiquement* [sjã|ti|fik|'mã]. Die Möglichkeiten der Lautgruppierung zu Silben und damit die Regeln der Silbentrennung variieren von Sprache zu Sprache sehr stark. So zählt man im Frz. etwa bei der Abfolge KVKVKV (*charité* [ʃa-ri'te]) stets den Konsonanten zum Silbenanglitt (also [ʃa|ri|'te]) und keinesfalls zum Silbenabglitt (also niemals *[ʃar|i|'te]). Dabei spielen im Unterschied zum amerikanischen Englisch morphologische Gesichtspunkte, etwa die Abtrennung von Prä- und Suffixen wie etwa in *char-ity* ['tʃæɹ|i|ti], keine Rolle (also [sy|bɔr|di|na|'sjõ] <subordination>, nicht nach dem deutschen etymologisierenden Vorbild [zʊp|'ɔr|di|na|'tsjo:n]). Man unterscheidet offene Silben (*syllabes libres, ouvertes*), die auf Vokal enden (Vokal in freier Stellung, z.B. [bo|'te], - pa|'ʁi]), und geschlossene Silben (*syllabes fermées, entravées, couvertes*), die auf Konsonant enden (Vokal in gedeckter Stellung, z.B. [mal], [tɔ:ʁ]).

---

2 Das wichtigste Hilfsmittel der akustischen Phonetik ist der Spektrograph, der die Schallwellen in ihre Komponenten zerlegt und elektromagnetisch aufzeichnet (s. SCHUBIGER ^{2}1977: 29).

Phonetik und Phonologie

Die Laute lassen sich nun klassifizieren in silbentragende und nichtsilbentragende. Erstere werden auch **Sonanten** genannt. Sonanten sind alle Vokale, aber auch bestimmte Konsonanten, vor allem [r]/[ʀ], [l] und [n]. Im Spanischen wird diese Möglichkeit nicht ausgenutzt, aber z.B. im Deutschen, Englischen und in slavischen Sprachen (vgl. engl. *little* [li-tl] oder die kroatische (ursprünglich dalmatische, s. I.1.1.) Insel *Krk*, in deren Namen [r] Silbengipfel ist).

1.2.2.2. Der Unterschied zwischen Vokalen, bei deren Artikulation kein Hemmnis auftritt, und Konsonanten, die durch ein Hindernis im Artikulationskanal charakterisiert sind, ist aber nicht nur in akustischer, sondern auch in artikulatorischer Hinsicht fließend. Wenn die extrem geschlossenen Vokale [i], [y] und [u] weiter geschlossen werden, berührt in der Stellung [i] der Zungenrücken das Palatum, und es entsteht ein unsilbischer Konsonant, nämlich der palatale Reibelaut [j] entsprechend entsteht bei Lippenrundung aus [y] labiopalatales [ɥ] und aus [u] bei weiterem Zurückziehen der Zunge unsilbisches labiovelares [w]. Konsonanten, die eine so nahe Verwandtschaft zu den geschlossenen Vokalen zeigen, **Halbvokale** (*semi-voyelles*). Der unsilbische Charakter von Vokalen (Halbvokalen) wird durch das diakritische Zeichen " ̯ " ([i̯, u̯]) angedeutet. Die manchmal vorgenommene Unterscheidung zwischen Halbvokalen und sog. Halbkonsonanten (*semi-consonnes*) ist problematisch.

1.2.2.3. Hiate (*hiatus*) nennt man die unmittelbare Aufeinanderfolge von Vokalen, von denen jeder einen Silbengipfel darstellt. **Diphthonge** (*diphtongues*) sind dagegen Vokalverbindungen in **einer** Silbe, von denen das eine Element ein Vokal und das andere ein Halbvokal ist. Fällt die Verbindung zum Halbvokal ab, spricht man von **fallenden Diphthongen** (*diphtongues descendantes*), steigt sie zum Vokal auf, spricht man von **steigenden Diphthongen** (*d. ascendantes*). Das Französische kennt die steigenden Diphthonge [wɑ] und [ɥi], wie z. B. in *moi* [mwa], *puis* [pɥi], sowie z.B. in [ja, jɛ, jẽ, je, jo, wɛ, wi], z.B. in *ciel* [sjɛl], *pied* [pje], *mien* [mjẽ], *ouest* [wɛst], *oui* [wi][3]. Gar nicht vertreten sind im modernen Französisch fallende Diphthonge wie in deutsch *Haus, Eis, neu* oder engl. *cow, say, cry*. Ob eine Vokalgruppe als (steigender) Diphthong oder hiatisch gesprochen wird, hängt u.a. von der Sprechgeschwindigkeit ab: Was bei langsamem, betontem Sprechen (sog. Lentoformen) ein Hiat sein kann, ist im Frz. bei normalem (schnellem) Sprechen (sog. Allegroformen) immer ein Diphthong, da der geschlossene Vokal vor dem folgenden offeneren Vokal konsonantisch wird (*ciel* [sjɛl], *affection* [a|fɛk|'sjõ]. Die Lentoformen können beim Rezitieren sil-

---

3 Anders STRAKA 1990: 1, der hier von Verbindungen aus Konsonant + Vokal spricht. Die Problematik ergibt sich daraus, daß ein unsilbischer Vokal mehr oder weniger konsonantisch sein kann und entweder als Halbvokal oder als Konsonant gewertet wird; vgl. auch den Unterschied zwischen dt. *Ei* [a̯i] und frz. *ail* [aj].

Synchronie und Diachronie der französischen Sprache

benzählender klassischer Verse zur Auffüllung der gewünschten Silbenzahl erscheinen (Diärese, *diérèse)*, d.h. neben [a|fɛk|'sjõ] auch viersilbiges [a|fɛk|-si|'õ].

1.2.3. Suprasegmentale Elemente: Dauer, Akzent, Tonhöhe, Intonation

Die Elemente (Segmente) der Lautkette werden nicht nur durch das Auf und Ab der Eigenschallfülle jedes Lautes gegliedert, sondern auch durch eine zusätzliche Variation in Bezug auf die Dauer, die Druckbetonung und die Tonhöhe, die sich, bildlich gesprochen, über die Lautkette legt und deswegen **suprasegmental** genannt wird. Suprasegmentale Einheiten (*éléments suprasegmentaux*) werden auch als **Prosodeme** (*prosodèmes*) bezeichnet. Bei der **Dauer** oder **Quantität** (*quantité*)[4] wird die Artikulation der Laute gedehnt, bzw. bei Verschlußlauten und Affrikaten die Lösung des Verschlusses hinausgezögert. Sie spielt im Französischen kaum eine Rolle, da sprachliche Zeichen im allgemeinen nicht durch die Quantität eines Vokals oder Konsonanten unterschieden werden[5].

Bei der **Betonung** (*accent*) unterscheidet man generell den exspiratorischen oder Druckakzent (*accent d'intensité*), bei dem eine Silbe mit größerem Druck als ihre Nachbarsilben ausgesprochen wird (in der Transkription durch ' vor der betonten Silbe angezeigt), und den musikalischen oder Tonakzent (*accent tonal* bzw. *musical*), bei dem eine Silbe mit einer anderen Tonhöhe als die sie umgebenden gesprochen wird. In bestimmten Sprachen (Chinesisch, Vietnamesisch, in geringerem Maße auch Serbokroatisch, Schwedisch) wird dies zur Unterscheidung von Wörtern ausgenutzt. Wenn die Tonalität wie im Französischen und Deutschen jedoch nur auf Satzebene (z.B. Aussagesatz mit sinkendem Ton, etwa frz. *tu viendras* ↘, gegenüber dem Fragesatz mit steigender Stimmführung am Ende, *tu viendras?* ↗) relevant ist, spricht man von **Intonation** (*intonation*). Diese kann freilich auch noch weiteren Zwecken auf der Ebene der Rede dienen (z.B. Ausdruck des Ärgers, der Ironie, der Höflichkeit usw.). Diese Mechanismen werden erst langsam erforscht[6] und sind bisher noch nicht Allgemeingut der Sprachwissenschaftler geworden wie die Grundlagen der segmentalen Phonetik.

Der Druckakzent des Französischen wird vielfach so beschrieben, daß er auf dem letzten Vokal eines Wortes oder einer Wortgruppe (*mot phonétique*) liege

---

4 Im Gegensatz zur **Qualität** (*qualité*) der Vokale oder Konsonanten, die sich auf die jeweilige Klangfarbe bezieht. Die Länge eines Lautes wird durch : bezeichnet, z.B. [aː], [nː] usw., in älterer Tradition auch durch ¯, z.B. [ā], [s̄] usw.

5 Zu den vokalischen Längen s. II.5.4.1. und III.1.5. Konsonantische Längen entstehen nur an der Morphemgrenze zwischen sprachlichen Zeichen, s. ROTHE 1978: 110.

6 Vgl. dazu WUNDERLI, Peter (1978) und ders. (1987), *L'intonation des séquences extraposées en français*, Tübingen.

und automatisiert sei (s. ROTHE 1978: 110), d.h. keine Bedeutungsopposition durch unterschiedliche Betonungen wie im Deutschen (*úmfahren – umfáhren*) erlaube. In Wirklichkeit ist aber die Vorstellung des (Druck-)Akzents im Sinne eines hervorhebenden Akzents gerade für das Französische unangemessen, wenn darunter ein "Wort"-akzent verstanden wird. Typisch für die französische "chaîne parlée" ist nicht nur die größere Einheit des "mot phonétique" bzw. "groupe rythmique" (etwa *tous ses vieux camarades d'école* [tusevjøkamaradde'kɔl], *parce qu'ils ne les ont pas écoutés* [pars(ə)kilnəlezõpɑzeku'te]), sondern auch die Tatsache, daß die betonte Silbe gegenüber den anderen nur unwesentlich stärker hervorgehoben ist (s. auch WUNDERLI 1978: 49). Man könnte hier eher von einem schwebenden Akzent (*isotonie*, d.h. gleichmäßige Betonung aller Silben wie im Türkischen oder Baskischen) als von einem Hervorhebungsakzent (*accent d'insistance*) sprechen. Daher werden auch die "unbetonten" Silben in der Rede nicht so reduziert wie im Deutschen, einer stark akzentuierenden Sprache (vgl. frz. *intéressant* [ɛ̃teʁɛsɑ̃] gegenüber dt. [ɪnt(ə)ʁɛ'sant]). Neben diesem grundsätzlichen schwebenden Akzent kann noch ein sekundärer, der affektischen Hervorhebung dienender *accent d'insistance* in der Rede auftreten, z.B. in *c'est une chose épouvantable* [e'pu:vɑ̃`tabl] bzw. ['e:puvɑ̃`tabl] (s. auch WUNDERLI 1978: 328-343).

1.3. Grundlagen und Begriffe der Phonologie

1.3.1. Die Phonologie wurde ab 1928 in der Prager Schule des Strukturalismus insbesondere von Roman Jakobson und N.S. Trubetzkoy, entwickelt (vgl. II. 8.4.2.). Ein Vorläufer, der Pole Jan Baudouin de Courtenay, war in den siebziger Jahren des vorigen Jahrhunderts in Kasan/Rußland zu der psychologisch begründeten Vorstellung gekommen, daß die unendlich verschiedenen tatsächlich geäußerten Laute im Bewußtsein der Sprecher einer Sprache einer genau angebbaren Menge von Lauttypen entsprechen. Dieses auch von Saussure vertretene Konzept wurde von Trubetzkoy zu einem funktionellen entwickelt, das vor allem auf dem Begriff der Unterscheidung, der **Opposition**, beruht. Betrachtet werden in der Phonologie nicht alle vorkommenden Laute auf der gleichen Ebene, sondern als distinktiv werden nur die "Schallgegensätze" bezeichnet, "die in der betreffenden Sprache die intellektuelle Bedeutung zweier Wörter differenzieren können" (TRUBETZKOY [5]1971: 30). Die phonologische Analyse bedient sich natürlich der phonetischen Beschreibung. Sie zerlegt die Laute in ihre artikulatorischen oder akustischen Komponenten und filtert daraus die distinktiven oder merkmalhaften Züge (*traits distinctifs*) heraus. So beruht z.B. die distinktive Funktion von /p/ gegenüber /b/ im Frz. auf dem Merkmal der Stimmlosigkeit, ein Schallgegensatz, der z.B. in /po/ <peau>, <pot> gegenüber /bo/ <beau> ausgenutzt wird. Dagegen beruht z.B. die Opposition /b/ – /d/ (z.B. in /bo/ <beau> – /do/ <dos>) auf dem Merkmal 'labial' für /b/, 'dental' für /d/.

Das Verfahren der Zerlegung einer Einheit in ihre distinktiven Merkmale hat auch außerhalb der Phonologie große Bedeutung in der Sprachwissenschaft gewonnen, so z.B. in der strukturellen Semantik (vgl. III.6.1.1.c).

1.3.2. Grundeinheit der Phonologie sind die **Phoneme**[7] (*phonèmes*) als kleinste bedeutungsunterscheidende sprachliche Einheiten. Phoneme haben als solche niemals eine Bedeutung[8], aber bedeutungsunterscheidende Funktion. Ob eine solche vorliegt, wird anhand der Substitution in einer Kommutationsprobe festgestellt. Die **Kommutation** (*commutation*) zweier Laute (**Phone**, *sons*; wenig üblich: *phones*) geschieht in einem Minimalpaar, d.h. in zwei sprachlichen Zeichen mit der gleichen Anzahl von Lauten, bei dem einer gegen den anderen ausgetauscht und geprüft wird, ob sich dadurch ein Bedeutungsunterschied ergibt. Ersetzen wir z.B. in *bain* [bẽ] 'Bad' [b] durch [p], so erhalten wir [pẽ] <*pin*>, was 'Fichte, Kiefer' bzw. <*pain*> 'Brot' bedeutet. Ist die distinktive Funktion in allen Umgebungen einmal festgestellt, so sind beide Laute Phoneme und wir sagen, daß /b/ und /p/ zueinander in Opposition stehen, nicht nur in dem Minimalpaar, sondern ganz allgemein. Gekennzeichnet wird der Phonemstatus durch Schrägstriche / /. Eine Opposition kann jedoch immer nur zwischen zwei positiven Phonemen bestehen, nicht zwischen einem positiven Phonem und einem Phonem Null, ø. Zwar besteht auch zwischen *bain* /bẽ/ und *brin* /brẽ/ ein Schall- und ein Bedeutungsunterschied, jedoch keine phonologische Opposition des Typs */bøẽ/ – /brẽ/, da ø keine merkmalhaften Züge hat, d.h. keiner phonetischen Realität entspricht.

1.3.3. Wenn die Substitution trotz eines Schallgegensatzes keinen Bedeutungsunterschied hervorruft, nennt man den zu prüfenden Laut eine **Variante** (*variante*) oder ein **Allophon** (*allophone*) desjenigen Phonems, zu dem es in Kontrast gesetzt wurde. Eine **kombinatorische Variante** kommt nicht im gleichen Kontext vor, hängt also von der Kombinatorik ab, z.B. der deutsche *Ich*-Laut (palataler stl. Frikativ wie in [ɪç] <*ich*>) nur nach palatalem Vokal bzw. /l/ oder /R/, der *Ach*-Laut (velarer stl. Frikativ, vgl. [daχ] <*Dach*>) nur nach velaren Vokalen); eine **freie Variante** hängt nicht vom lautlichen Kontext ab. Einen Kommutationstest unternimmt man nur zwischen phonetisch verwandten Lauten, da ja die mögliche Opposition in nur *einem* distinktiven Zug bestehen kann (siehe 1.3.1.). Es ist nicht sinnvoll, eine mehrfache Opposition, z.B. /v/ 'frikativ,

---

7 Davon sind im angloamerikanischen Bereich die Termini "Phonem(at)ik" und "phonem(at)isch" statt "Phonologie" und "phonologisch" abgeleitet.
8 Wenn sprachliche Zeichen nur aus einem Phonem bestehen, wie z.B. *à* als Präposition, *y* /i/ als Substitut ("Pronomen") für Ortsangaben bzw. durch *à* eingeleitete Nominalausdrücke, *haut* /o/ als Lexem sowie *et* /e/ und *ou* /u/ als Konjunktionen, haben die Zeichen die jeweilige Bedeutung, nicht jedoch das sie repräsentierende Phonem .

labiodental, stimmhaft' – /p/ 'okklusiv, bilabial, stimmlos', zu untersuchen. Die freien Varianten [Ò] – [{] – [r] z.B. sind im Frz. deswegen phonologisch nicht relevant (*non-pertinent*), weil sie keinen Bedeutungsunterschied hervorrufen, wohl aber den jeweiligen Sprecher sozial und regional charakterisieren, indem die historisch ältere Lautung [r] als ländlich oder/und südfranzösisch, d.h. letztlich auf dem Okzitanischen beruhend gilt. Allophone werden in phonetischer Umschrift zwischen eckigen Klammern notiert, jedoch phonologisch nicht berücksichtigt, also auch nicht transkribiert, da sie Phänomene der Norm bzw. der Rede sind. Das jeweilige Phonem, das notiert wird, steht für alle seine möglichen Realisierungen, also auch /d/ für das Assimilationsprodukt [t] vor stl. Konsonant, z.B. in /medsẽ/ [metsẽ] <médecin>.

1.3.4. Wenn eine Opposition an einer bestimmten Stelle aufgehoben wird, so spricht man von **Neutralisation** (*neutralisation*):

> Es gibt Fälle, bei denen zwei phonetisch verschiedene Laute eines Sprachsystems, die den Status von Phonemen haben, alle ihnen eignen phonetischen Merkmale nur in bestimmter Umgebung, d.h. in einer begrenzten Anzahl von Positionen und Kombinationen wirksam werden lassen können, in anderen hingegen mindestens eines der differenzierenden Merkmale verlieren. ... Diesen Vorgang nennt man *Neutralisierung*. (ROTHE 1978: 34).

Ein Musterbeispiel ist die sog. Auslautverhärtung (Entsonorisierung) im Deutschen (und auch im Altfranzösischen): Im Wortauslaut wird die im Anlaut (D̲orf – T̲orf) und im Inlaut existierende Opposition zwischen stimmhaften und stimmlosen Konsonanten (z.B. *baden – baten* /'ba:dn/ – /'ba:tn/) aufgehoben, da hier nur stl. Konsonanten realisiert werden: *Rad – Rat* [ʁa:t]. Phonologisch tritt als Stellvertreter für die neutralisierten Phoneme das Archiphonem (*archiphonème*), hier /T/ ein, das die gemeinsamen Merkmale von /t/ und /d/ enthält (/ra:T/). Archiphoneme werden in der Transkription durch Großbuchstaben dargestellt[9].

Neutralisierungen beruhen im allgemeinen auf Positionsbeschränkungen. Jedes Phonem hat eine bestimmte **Distribution** (*distribution*), wobei man grundsätzlich **Anlaut** (*position initiale*), **Inlaut** (*position médiane*) und **Auslaut** (*position*

---

9 Die Möglichkeit der Neutralisierung spielt in strukturalistischen Untersuchungen auch über die Phonologie hinaus in der Grammatik und Lexikologie eine große Rolle. Leider wird in manchen Darstellungen jedoch nicht sauber zwischen der hier beschriebenen Neutralisierung, einem synchronen Phänomen, und der Aufhebung einer Opposition (Entphonologisierung, frz. *déphonologisation, perte d'une opposition*), einer immer nur diachron feststellbaren Erscheinung, unterschieden, so z.B. in der ansonsten verdienstvollen Arbeit von H. WALTER (1977: 114 f.) im Zusammenhang mit den gefährdeten Oppositionen des heutigen Französisch (s. 1.4.1.).

finale) unterscheidet[10]. Im Französischen sind z.B. die halboffenen Qualitäten [ɔ] und [œ] im Auslaut phonetisch nicht möglich, so daß die Opposition /ɔ/– /o/, wie sie in /pɔm/ – /pom/ <pomme> – <paume> bzw. /ʒœn/ <jeune> – /ʒøn/ <jeûne> funktioniert, dort nicht gegeben ist (*[pɔ] – [po], also auch nicht */pɔ/ – /po/). Diese Positionsbeschränkung von /ɔ/ begründet die Neutralisierung der genannten Opposition im Auslaut, wie das Nicht-Vorkommen (Positionsbeschränkung) irgendeines stimmhaften Konsonanten im Auslaut im Deutschen jede Opposition 'stimmhaft – stimmlos' neutralisiert. Auch die in II.5.4.1. erwähnte Positionsbeschränkung von /e/ in geschlossener Silbe neutralisiert dort die Opposition /e/ – /ɛ/. In diachroner Hinsicht ist die Opposition /e/ – /ɛ/, die im nominalen Bereich noch funktioniert, auf dem Wege, im verbalen Kontext neutralisiert zu werden, da im Französisch der Ile-de-France Formen wie *je rencontrerai* und *je rencontrerais* lautlich nicht mehr unterschieden werden, sondern durchweg das Archiphonem /E/ als [ɛ] auftritt.

1.4. Synchrone französische Phonologie

Die Darstellung der Grundzüge der synchronen französischen Phonologie, auf die wir uns hier beschränken müssen, ist z.T. schon in den vorangegangenen Abschnitten zu den Allophonen und zur Neutralisierung begonnen worden.

1.4.1. Das phonologische System der Vokale des heutigen Standardfranzösischen ist nicht einfach zu ermitteln. Bei dieser Frage zeigt sich, daß nicht nur diatopische, sondern auch diastratische und vor allem diachronische Unterschiede zu berücksichtigen sind. Das Vokalsystem des heutigen Französisch ist ein System im Umbruch, das durch die unvollendete Aufgabe einiger Oppositionen auf dem Weg zu einer neuen Synchronie ist. Die Darstellung im einzelnen hängt von der Schärfe der gewählten Optik ab: Wählt man als Grundlage nur das als besonders fortschrittlich, aber auch als prestigeträchtig geltende Französisch von Paris (diatopischer Ausschnitt) des mittleren Bürgertums (diastratischer Ausschnitt) in einer neutralen Stillage (diaphasischer Ausschnitt), so sind

---

10 Im Französischen ist die Bestimmung der Auslautposition in **phonetischer** Hinsicht mit etlichen Problemen behaftet: Sie ist z.B. eine Frage der Definition insofern, als das sog. [ə] *instable* zu berücksichtigen ist, das ja nicht immer einfach "stumm" ist, sondern z.B. nach den Regeln des Dreikonsonantengesetzes (s. ROTHE 1978, 87-91) in gewissen Positionen hörbar wird, etwa in [pɔrtədeli'la] *Porte des Lilas* gegenüber [la'pɔrt] *la porte*. Schon dadurch kann sonst auslautendes /t/ silbenanlautend werden. Weitergehende Probleme, wie etwa die kontrastive phonetische Beschreibung der Auslautkonsonanten im Französischen und Deutschen können hier nur als solche erwähnt werden.

Phonetik und Phonologie

die Oppositionen zwischen den sog. gefährdeten Oppositionen /a/ – /ɑ/, /ɛ/ – /ɛː/, /ẽ/ – /œ̃/ bereits so gut wie aufgegeben, im traditionelleren Sprachsystem der Touraine dagegen noch weitgehend bewahrt. Umstritten ist außerdem, ob [ə], das sog. *e instable (e caduc, e muet)*, ein Phonem, ein Allophon von /œ/ oder einfach ein Murmelvokal (neutraler Vokal, Schwa) ist, der im Französischen z.B. immer beim Zusammentreffen mehrerer Konsonanten auftreten kann (vgl. zum sog. **Dreikonsonantengesetz** (*loi des trois consonnes*), etwa in [diskəblø] <disque bleu>, [ursəblɑ̃] <ours blanc>, [ʒɔrʒəsimnɔ̃] <Georges Simenon> usw., ROTHE 1978: 87-91).

In Anbetracht des Gesagten zeigt das (phonologische) Vokalsystem des heutigen Französisch folgendes Bild, wobei der Übersichtlichkeit halber zwischen einem System der Oralvokale und einem System der Nasalvokale unterschieden wird. Der Konvention entsprechend werden die palatalen Vokale links, die velaren rechts, die geschlossenen oben und die offenen unten angeordnet. Wenn die gefährdeten Oppositionen der Vokalqualitäten berücksichtigt werden, ergibt die Darstellung ein sog. Vokaltrapez mit vier Öffnungsgraden bei den Oralvokalen, dagegen ein Vokaldreieck mit drei Öffnungsgraden bei den Nasalvokalen[11]:

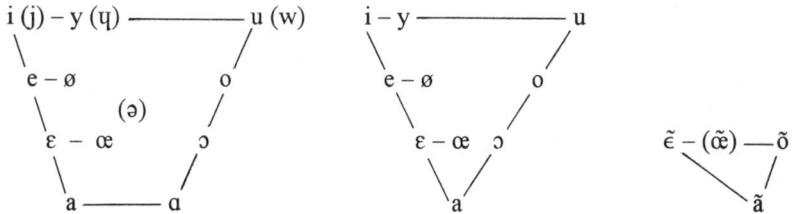

Diejenigen Vokale, deren phonologischer Status umstritten bzw. gefährdet ist, erscheinen eingeklammert, ebenso die allophonischen Halbvokale [j], [ɥ] und [w]. Unter den Oralvokalen bilden das palatale [a] und das velare [ɑ] zusammen ein einziges Phonem, da sie zwar häufig phonetisch unterschiedlich sind (z.B. *pas* immer [pɑ], *patte* eher palatal als [pat]), aber nicht mehr unbedingt bedeutungsdifferenzierend wirken. Die phonologische Relevanz der Vokalphoneme kann hier nicht systematisch ermittelt werden (vgl. ROTHE 1978: 56-58), ergibt sich aber beispielsweise aus Bedeutungsdifferenzierungen in Fällen wie /pari/

---

11 Neben dem hier verwendete Transkriptionssystem der Association Phonétique Internationale (API) gibt es zahlreiche andere Traditionen. In der historischen Phonetik werden offene Vokalqualitäten durch ˛ (z.B. ę, ǫ) und geschlossene Vokalqualitäten durch einen untergesetzten Punkt gekennzeichnet; in der slavistischen Tradition werden [ʃ,ʒ,tʃ,dʒ] durch den "Háček" (ˇ) markiert, also als [š, ž, č, ǧ].

pari – /puri/ *pourri*, /ne/ *nez* – /nø/ *nœud*, /atrape/ *attraper* – /atrapɛ/ (j')*attrapais*, /bo/ *beau* – /bõ/ *bon*, /tɑ/ *tas* – /tã/ *tant*. Auch bezüglich der sog. gefährdeten Oppositionen verweisen wir für weitere Einzelheiten auf Kap. IV.11.2., WALTER 1976 und ROTHE (1978: 63-69). Allgemein läßt sich festhalten, daß gefährdete Oppositionen wie die zwischen /a/ – /ɑ/, /ɛ/ – /ɛ:/, /ɛ̃/ – /œ̃/ durchweg eine geringe **phonologische Belastung** (*rendement phonologique*) aufweisen, d.h., wenn die Opposition überhaupt gemacht wird, nur in wenigen Fällen distinktiv wirken (z.B. *tache* – *tâche, mettre* – *maître, brin* – *brun*) und daher ohne die Gefahr des lautlichen Zusammenfalls allzu vieler Wörter aufgegeben werden können. Der phonologische Status der Diphthonge [wa], [wẽ], [ɥi] ist umstritten (siehe kritisch ROTHE 1978, 59-61). Wenn es sich nicht um eigene Phoneme des Französischen handelt, liegen in jedem Fall übliche Phonemkombinationen aus /u/ bzw. /y/ + V auf der Ebene der Norm vor, wie dies für /i/ + V anzunehmen ist.

1.4.2. Das System der französischen Konsonanten läßt sich in folgendem zweidimensionalen Schema darstellen:

Stimmbeteiligung	bilabial	labio-dental	apiko-dental	prädorsal-dental	dorsal-alveolar	dorsal-palatal	dorsal-velar
	- +	- +	- +	- +	- +	- +	- +
Okklusive	p b		t d				k g
Frikative		f v		s z	ʃ ʒ	j	ʁ
Nasale	m		n			ɲ	ŋ
Laterale				l			
Vibranten				(r)			

Es fällt – gegenüber anderen Sprachen, wie etwa dem Spanischen oder Italienischen – auf, daß im System des Neufranzösischen keine Affrikaten und auch keine Vibranten vorhanden sind. Das übliche französische "r" ist der uvulare Engelaut (Frikativ) [ʁ], der aus praktischen, typographischen Gründen im allgemeinen als /r/ transkribiert wird, aber eigentlich nicht zu den Vibranten gehört. Er wird in unserem Schema aus Platzgründen unter die velaren Laute eingereiht. Einige Minimalpaare mögen den Phonemcharakter der konsonantischen Phoneme zeigen: /bõ/ *bon* – /põ/ *pont*, /ty/ (*il s'est*) *tu* – /sy/ (*il a*) *su*, /sã/ *sang* – /ʃã/ *chant*, /gid/ *guide* – /ʁid/ *ride*, /paj/ *paille* – /paɲ/ *pagne* 'Lendenschurz'.

Die Angabe der Artikulationsorte kann bei der notwendigen Vereinfachung der Darstellung besonders im Bereich 'dental – alveolar' und 'alveolar – palatal' in den Handbüchern unterschiedlich sein. Allerdings werden die Phoneme in den verschiedenen Sprachen auch unterschiedlich realisiert. So ist [s] im Französischen prädorsal-dental, d.h. mit dem vorderen Zungenrücken an den Zähnen, im Deutschen prädorsal-alveolar, im Standardspanischen aber apiko-alveolar, d.h. mit der Zungenspitze am Zahndamm gebildet. Ob /ŋ/, das nur in Lehnwörtern aus dem Englischen und nur im Auslaut vorkommt, tatsächlich ein Phonem des Französischen ist, ist oft diskutiert worden. Immerhin hat es auch nur eine sehr geringe phonologische Belastung, etwa in der Opposition /ʃɔpiŋ/ *shopping* – /ʃɔpin/ *chopine* 'Schoppen' (vgl. ROTHE 1978: 75).

Besondere Probleme der Darstellung der französischen Lautlehre bilden das sog. "h aspiré" und die "liaison" (Genaueres bei ROTHE 1978: 91-108). Die Frage des "h aspiré" ist, strenggenommen, keine der Lautlehre, denn es ist kein Laut (mehr) hörbar. Die heute noch vorhandene Spur eines diachronen Faktums, nämlich des bis spätestens zum 17. Jh. hörbaren /h/ germanischen Ursprungs, etwa in *la haine*, (s. IV.4.2.2.4.) ist synchron nur daran erkennbar, daß syntagmatisch die Liaison unterbleibt, d.h. der Hiat obligatorisch ist ([leantõ] *les hannetons* 'die Maikäfer' vs. [lezami] *les amis*) und morphologisch die Elision bei den Determinanten unterbleibt und ebenfalls ein Hiat entsteht, im Nominalbereich etwa beim Artikel (*la haine*), im Verbalbereich beim Subjekt- oder Objektpronomen (*je hais, je la hais*). Das "h aspiré" hat nach Rothes Auffassung weder etwas mit Phonologie noch mit Phonetik zu tun, sondern läßt sich für die Beschreibung am besten lexikalisch lösen: Es gebe eben, so seine Darstellung nach Heger (siehe ROTHE 1978: 95 ff. bzw. 100 ff.), drei durch die Determinanten bestimmte französische "Deklinationsparadigmata": 1) den Typ /lə mari/ – /lemari/ und ebenso /ləɛtr/ – /leɛtr/; 2) den Typ /lafam/ – /lefam/ und ebenso /laɛn/ – /leɛn/; 3) den Typ /lami/ – /lezami/ mit Elision bzw. Liaison.

Die Liaison besteht im Hörbarwerden eines sonst stummen Auslautkonsonanten vor vokalischem Anlaut. Sie ist somit ein Phänomen, das im Zusammenhang mit dem "mot phonétique" (gegenüber dem stärkeren Gewicht des Einzelwortes im Deutschen) zu betrachten ist. Zu den Regeln im einzelnen s. KLEIN 1973: 160-176, HAMMARSTRÖM 1972: 69-82, und ROTHE 1978: 104-108. Der hörbar werdende Auslautkonsonant wird phonetisch zum Anlautkonsonanten der im Einzelwort vokalisch anlautenden Silbe: *petit enfant* /pti|tã|fã/. Nicht jede "Bindung" ist aber eine Liaison. Wenn ein immer hörbarer Auslautkonsonant anders als im Deutschen zum Anlaut der folgenden vokalisch anlautenden Silbe wird (*grande amie* /grã|da|mi/, *Bel Ami* /bɛ|la|mi/), liegt keine Liaison, sondern Bindung vor, die von der frz. Phonetik nicht behandelt wird, da sie selbstverständlich ist. Hier weicht das Deutsche mit seinem Glottisverschluß ("Knacklaut", bezeichnet durch ') vor vokalischem Anlaut vom europäischen Standard ab (*Tatort* [tʰatʰ-'ɔRt]). So wird auch im Frz. die vokalische Bindung, etwa in *elle a été enlevée* /ɛlaeteãlve/ nicht eigens bezeichnet. Nicht normgerecht wäre gerade

Synchronie und Diachronie der französischen Sprache

[εl'a'ete'ālve]. Daß die Liaison kein Gegenstand der Phonologie ist, kann daran gezeigt werden, daß es keine Minimalpaare und damit auch keine bedeutungsdifferenzierende Opposition zwischen Formen ohne und mit Liaison gibt, etwa des Typs *voix agréable* /vwaagreabl/ 'Sg.' – *voix agréables* /vwazagreabl/ 'Pl.'. Die zweite Form hat nämlich ein Phonem mehr als die erste, so daß zwar ein Kontrast, aber keine Opposition besteht; dagegen besteht etwa in /grãtɔm/ *grand homme* gegenüber /grãzɔm/ *grands hommes* eine phonologische Opposition. Liaison besteht in beiden zuletzt genannten Formen.

1.5. Diachrone französische Phonologie und Phonetik

Literaturhinweise

Zusätzlich zu ROTHE 1978 und FOUCHÉ, Pierre (1952–1961), *Phonétique historique du français*, 3 vols. Paris, s. IV.6.; außerdem WEINRICH, Harald (1958), *Phonologische Studien zur romanischen Sprachgeschichte*, Münster (besonders zum Vulgärlatein als Vorstufe der romanischen Sprachen).

Hier können nur ausschnitthaft einige wichtige Veränderungen des Vokalsystems vom Lateinischen zum Altfranzösischen unter phonologischem Gesichtspunkt behandelt werden. Darüber hinaus wird auf die Ausführungen in IV.6. verwiesen.

1.5.1. Das klassische Latein unterschied in einem dreistufigen Vokalsystem 10 Phoneme, allerdings mit einer jeweils phonologisch relevanten Quantitätenopposition: /populus/ 'Volk' – /po:pulus/ 'Pappel'. Im Sprechlatein der Kaiserzeit wurde die Quantitätenopposition aufgegeben (sog. Quantitätenkollaps, frz. *chute/bouleversement des quantités*) und durch eine Qualitätenopposition ersetzt, indem in großen Teilen des römischen Reiches ursprünglich kurzes /i/ zu [ɪ] geöffnet wurde und mit ursprünglich langem /ē/ zu der neuen Qualität geschl. /e/ zusammenfiel, während ursprünglich kurzes /e/ nun das Merkmal der Öffnung erhielt, /ε/. Auf der velaren Seite wurde entsprechend ehemaliges kurzes /u/ > /ʊ/ und fiel mit /ō/ zu /o/ zusammen, während kurzes /o/ offen wurde: /ɔ/.

Klass. Latein	ī	ɪ	ē	e	a	ā	o	ō	ʊ	ū
		\/		\/		\/		\/		
Vulgärlatein	i		e		ε	a	ɔ		o	u

Dieses gegenüber dem dreistufigen System des klass. Lateins vierstufige vulgärlat. Vokalsystem bildet die Grundlage für die Vokalentwicklung in den meisten romanischen Sprachen (vgl. LAUSBERG (³1969:144-149). Die klass. lat. Diphthonge /oe/ und /ae/ wurden schon früh zu [e:] und [ε:] monophthongiert, /aw/ erst später zu [o]. Für die spätere Entwicklung ist vor allem zwischen betonten

Phonetik und Phonologie

und unbetonten Vokalen zu unterscheiden (s. IV.6.). Hier sollen nur die Vokale unter dem Ton betrachtet werden: Die vulgärlat. Vokale unterliegen starken Veränderungen, können aber durch den frz. Lautwandel noch erschlossen werden. Als romanische Diphthongierung bezeichnet man den Wandel von /ɛ/ in offener Silbe zu [jɛ]/[je] bzw. von /ɔ/ > [wo], später > [wɛ] > -[ø]. Nur französisch ist die Diphthongierung von geschlossenem /e/ in offener Silbe zu (vereinfacht) [ej] > [oj] > [oe] > [oe] > [wɛ] > [wa] > [wɑ] und ähnlich von /o/ > /ow/ > /ew/ > /ø/ sowie von /a/ vermutlich über [aj] zu [ɛ] und [e]. Während einzig /i/ erhalten bleibt, wird vlat. /u/ zu /y/ (s. IV.3. bzw. IV. 6.). So läßt sich der vulgärlat. Zustand noch im heutigen Französisch an folgenden Beispielen zeigen (Ausgangspunkt lat. Akk. ohne -*m*):

māre > mer, cantāre > chanter; arbore > arbre;
pĕde > pied, bĕne > bien, aber *festa > feste > fête; perdit > (il/elle) perd;*
mē > mei > moi; rēge > rei > roi; aber *vēndit > (il/ elle) vend;*
pilu > pelu > poil, bibit > (il/elle) boit; frigidu > froid; fide > fei > foi;
scrīptu > escrit > écrit, fīlia > fille, fīlius > fils, fīlu > fil, venīre > venir
novem > nuef > neuf; aber *morte > (la) mort, porta > porte;*
flōre > flour > fleur, vōtum > vœu, imperatōre > empereour > empereur
gŭla > gola > goule > gueule; mŭsca > mosca > mousche > mouche;
mūru > mur, dūru > dur, matūru > meür, mûr, secūru > seür, sûr.

Aufgaben

1. Identifizieren Sie anhand der folgenden Angaben die gemeinten Phone:
   – stimmhafter velarer Okklusiv
   – stimmhafter palataler Frikativ
   – oraler palataler Vokal mit halbgeschlossenem Öffnungsgrad
   – stimmloser präpalataler Frikativ
   – nasaler velarer Vokal (halbgeschlossen)

2. Transkribieren Sie phonetisch und phonologisch folgende Ausdrücke: *la prononciation parisienne, l'oiseau dans la cage, les ruisseaux étincelants, fleur blanche, le soin mis à la restauration de ce chef-d'œuvre extraordinaire.*

3. Informieren Sie sich anhand der einschlägigen, bei ROTHE (1978, 87-91) angegebenen Literatur über die Gültigkeit des sog. "Dreikonsonantengesetzes".

4. Untersuchen Sie die Fälle, in denen das konstante Vorhandensein von [ə] bedeutungsdifferenzierend gegenüber seinem Fehlen ist bzw. zu sein scheint und diskutieren Sie den phonologischen Status dieses Lautes.

Weiterführende Aufgaben auch in ERNST, Gerhard/FELIXBERGER, Josef (1987), *Sprachwissenschaftliche Analysen neufranzösischer Texte*, Tübingen.

III.2. Graphie und Orthographie

Literaturhinweise

Zur raschen Orientierung die folgenden Sachartikel: "L'alphabet", in: *GLLF* 1 (1971): 131-135; "L'orthographe", in: *GLLF* 5 (1976): 3843-3852; "L'orthographe du français", in: REY, Alain (Hrsg.) (1992): *Dictionnaire historique de la langue française*, II: 1386-1387; *LRL* V,1 (1990): 46-58; 471-493.
Wichtige Arbeiten stammen u.a. von N. Catach; als knappe Darstellung sei verwiesen auf: CATACH, Nina (^{3}1988), *L'orthographe*, Paris. Die Literatur ist kaum noch überschaubar; vgl. dazu: BURIDANT, Claude/ PELLAT, Jean-Christophe (1992): *Bibliortho. Essai de bibliographie raisonnée de l'orthographe française et des systèmes graphiques*, Strasbourg. Ganz neu: CATACH, Nina (1995), *Dictionnaire historique de l'orthographe française*, Paris.

2.1. Definitionen:
– Unter **Graphie** versteht man einerseits ganz allgemein die schriftlich realisierte Form von Sprache (in Opposition zur **Phonie**), andererseits die schriftliche Umsetzung einer bestimmten sprachlichen Einheit (beachten Sie zwischensprachliche Unterschiede in der Graphie, etwa zwischen frz. *rythme* und dtsch. *Rhythmus*!). Der Terminus **Graphie** schließt keine Wertung ein, im Gegensatz zu:
– **Orthographie** (dtsch. **Rechtschreibung**) ist die Bezeichnung für die Lehre von der normativ und einheitlich geregelten Verschriftung von Sprache und für diese Verschriftung selbst.
– **Graphemik** (auch **Graphematik**) ist die Lehre von den distinktiven Einheiten des Schriftsystems einer bestimmten Sprache; die distinktiven Einheiten werden **Grapheme** genannt.
Diese Definitionen stehen in Parallele zu denen von **Phonemik** (auch **Phonematik**, am üblichsten: **Phonologie**) und **Phonem**. Die Entsprechungen zur **Phonetik** und zum **Phon** sind die **Graphetik** und das **Graph** (definiert als konkrete Realisierung eines bestimmten Graphems).

2.2.1. Für den Studierenden, der sich mit sprachwissenschaftlichen Fragen zu beschäftigen beginnt, ist es von entscheidender Bedeutung, daß er frühzeitig lernt, bei seinen Sprachanalysen zwischen "Buchstabe" und "Laut" zu unterscheiden (z.B.: frz. *eau* besteht zwar aus drei Buchstaben, aber nur aus dem **einen** Laut bzw. Phonem /o/), denn sonst verwechselt er zwei verschiedene Manifestationsformen menschlicher Sprache, die in neuerer Zeit gängig als "code graphique" (oder "ordre scriptural") und "code phonique" (oder "ordre oral") bezeichnet werden (z.B. von L. Söll bzw. J. Peytard). Diese Unterscheidung beruht auf den in unterschiedlichen Medien realisierbaren Weisen sprachlicher Kommunikation. Im "code phonique" übermittelt ein **Sprecher** einem **Hörer** eine artikulatorisch, also akustisch realisierte Botschaft (betrifft **sprechen – hören**),

Graphie und Orthographie

während im "code graphique" ein **Schreiber** einem **Leser** eine visuelle, also optisch realisierte Information liefert (betrifft **schreiben** – **lesen**). Genetisch gesehen ist der "code phonique" gegenüber dem "code graphique" primär, denn sowohl in der Entwicklung der Sprachgemeinschaften als auch in der der menschlichen Individuen tritt Sprache zuerst in ihrer mündlichen Realisierung auf, bevor, davon abgeleitet, ihre Verschriftung bzw. das Erlernen einer Schrifttradition erfolgen kann (aber nicht muß). Der "code graphique" ist prinzipiell dazu da, den "code phonique" zu repräsentieren, und zwar möglichst dauerhaft (vgl. dazu das lat. Diktum *verba volant, scripta manent*). So sind in unserem Kulturkreis alte Sprachzeugnisse ausschließlich in schriftlicher und nicht in mündlicher Form auf uns gekommen.

2.2.2. Aus dem Repräsentationsverhältnis der Graphie zur Phonie ergibt sich die Frage der Adäquatheit der Wiedergabe der Phonie durch die Graphie in einer bestimmten Einzelsprache, hier: im Französischen. Ausgangspunkt der bekannten Schwierigkeiten ist die Tatsache, daß ab den frühesten Texten für die graphische Umsetzung der mündlichen Form der romanischen Sprachen das lateinische Alphabet verwendet wurde (ursprünglich mit Ausnahme des Rumänischen). Dieses Alphabet mit seinen 23 Buchstaben mag für die graphische Repräsentation des phonischen Codes der lateinischen Sprache zu einem bestimmten Zeitpunkt adäquat gewesen sein und ist es z.T. auch heute noch bei Übereinstimmung zwischen einem lateinischen und einem romanischen Laut. Aber als sich im Vulgärlatein bzw. in der frühromanischen Phase neue, d.h. dem klassischen Latein unbekannte Laute bzw. Lautserien wie der palatale Lateral [ʎ] und der palatale Nasal [ɲ] sowie die Serie der Affrikaten [ts, dz, ʧ, ʤ] entwickelten, standen für diese im traditionellen lateinischen Alphabet keine graphischen Entsprechungen bereit. Gleiches gilt für die französischen Nasalvokale. Zur graphischen Wiedergabe ihrer vom lateinischen Lautstand abweichenden Laute bzw. Phoneme mußten die Schreiber romanischer Sprachen durch die Jahrhunderte hindurch Lösungsmöglichkeiten auf der Grundlage von Kompromissen mit dem lateinischen Alphabet suchen, wie etwa die folgenden, das Französische betreffenden:
– die Funktion lateinischer Grapheme wurde erweitert: so repräsentiert z. B. nfrz. *c* je nach lautlichem Kontext die Phoneme /k/ (z.B. in *cas, col, cuve*) und /s/ (z.B. in *cerf, cire*);
– die Funktion lateinischer Grapheme wurde völlig verändert: z.B. repräsentiert nfrz. *u* nicht mehr den Vokal [u], sondern den Vokal [y] ([u] wird im Nfrz. bekanntlich durch den Digraph *ou* wiedergegeben);
– eine Kombination von unterschiedlichen oder von gleichen Graphen repräsentiert einen einzigen Laut: z.B. *ou* für [u], s. *coup*; *au* für [o], s. *haut*; *in* (vor Konsonant oder am Wortende) für [ɛ̃], s. *intense, fin*; *ch* für [ʃ] s. *chou*; *gn* für [ɲ], s. *montagne*; *il(le)* zunächst für [ʎ], dann für [j], vgl. *portail, canaille*, dies

aber nicht in allen Fällen, vgl. *piller* vs. *ville*;
- Graphe mit rein diakritischem Wert werden zur Modifizierung anderer Graphe zur Wiedergabe eines einzigen Lautes eingesetzt: z.b. *g* + *e* vor *a, o, u* zur Wiedergabe von [ʒ], etwa in *mangeons*; *g* + *u* vor *e* und *i* zur Repräsentation von [g], wie in *guêpe* und *guichet*;
- mit Hilfe von diakritischen Zeichen wie graphischen Akzenten (accent aigu, accent grave, accent circonflexe), Cédille, Trema werden unterschiedliche Laute graphisch differenziert: z.b. *é* für [e], etwa in *pré*, *è* für [ɛ], etwa in *près*, *â* als Vokallängung, etwa in *infâme*; *ç* für [s], etwa in *(il) lança, lançant, conçu*; das Trema zeigt den Hiat bei aufeinanderfolgenden Vokalen an, die auch als Digraph vorkommen, etwa in *maïs* vs. *mais* [ɛ];
- neue Buchstaben wurden kaum eingeführt, außer im Falle von *w* (germanischer Herkunft) und der Differenzierung zwischen *u* und *v* sowie zwischen *i* und *j* (im 16. Jahrhundert).

Sprachgeschichtlich läßt sich feststellen, daß sich die graphische Form einer bestimmten Sprache traditionellerweise immer konservativ, ja retardierend gegenüber der phonischen Entwicklung der Sprache verhält. Daher kommt es im Laufe der Zeit zu einem Auseinanderklaffen des code graphique in seinem Verhältnis zum code phonique, wenn diese Kluft nicht durch (Ortho-)Graphiereformen gemildert oder gar aufgehoben wird. Als besonders auffällige Beispiele für dieses Auseinanderdriften der beiden Codes kann das moderne Englisch und, in etwas geringerem Maße, das moderne Französisch angeführt werden; dagegen ist im Standardspanischen die Korrespondenz der beiden Codes relativ gut gelöst.

2.3. Das im heutigen Französisch verwendete (lateinische) Alphabet umfaßt 26 Buchstaben:
a, b, c, d, e, f, g, h, i, j, k, l, m, n, o, p, q, r, s, t, u, v, w, x, y, z,
während sich die Zahl der Phoneme im zeitgenössischen Französisch, je nach funktioneller Sprache, zwischen 31 und 34 bewegt. Das unterschiedlich große Inventar der Grapheme und der Phoneme hat notwendigerweise zur Folge, daß sich Schwierigkeiten bei den Entsprechungen ergeben.

In einem idealen System würde man die Entsprechung von Phonie und Graphie im Verhältnis 1:1 eineindeutig regeln, d.h. daß einem bestimmten Phonem /x/ ein bestimmtes Graphem *x* entspricht und umgekehrt. Von diesen Idealverhältnissen sind wir im heutigen Französisch jedoch weit entfernt, wie wir nachfolgend kurz zeigen werden.

Phonographische Betrachtung:
- 1 Phonem entspricht 1 Graphem: kommt im Frz. nicht vor, allenfalls bei /v/ $\triangleq$ *v*, vgl. *vite* (jedoch mit einigen Ausnahmen, z.B. *wagon, neuf heures*);

Graphie und Orthographie

- 1 Phonem entspricht 2 Graphien: z.B. /d/ ≙ *d* bzw. *dd*, vgl. *aider, addition*;
- 1 Phonem entspricht 3 Graphien: z.B. /f/ ≙ *f* bzw. *ff* bzw. *ph*, vgl. *froid, affaire, phonème*;
- 1 Phonem kann bis zu 12 Graphien haben, wie der folgende Fall, zugegebenermaßen ein Grenzfall, zeigt:

Das frz. Phonem /ɛ̃/ kann durch folgende, mit sehr unterschiedlicher Häufigkeit auftretende graphische Entsprechungen wiedergegeben werden:
aim (z.B. *essaim*), *ain* (z.B. *main*), *eim* (z.B. *Reims*), *ein* (z.B. *rein*), *em* (z.B. *sempiternel*), *en* (z.B. *lycéen*), *im* (z.B. *implorer*), *in* (z.B. *vin*), *în* (z.B. *qu'il vînt*), *ïn* (z.B. *coïncidence*), *ym* (z.B. *thym*), *yn* (z.B. *syntaxe*).

In umgekehrter, also in graphophonischer Richtung:
- 1 Graphem entspricht 1 Phonem: z.B. *q* ≙ /k/, vgl. *coq* (aber *cinq livres*);
- 1 Graphem entspricht Ø: z.B. *h* ("h muet") ≙ Ø, vgl. *homme*;
- 1 Graphem entspricht 2 Phonemen: z.B. *c* ≙ je nach Umgebung /k/ bzw. /s/, vgl. *cancer* (oder auch Ø, vgl. *estomac*); *s* ≙ je nach Distribution /s/ bzw. /z/, vgl. *sang, rose* (oder auch Ø, vgl. *paradis*);
- 2 kombinierte Graphe (Digraph oder Digramm) entsprechen 1 Phonem: z.B. *ph* ≙ /f/, vgl. *philologie*; oder 2 Phonemen: z.B. *ll* ≙ /l/ bzw. /j/, vgl. *village, fille*;
- 3 kombinierte Graphe (Trigraph oder Trigramm) entsprechen 1 Phonem: z.B. *eau* ≙ /o/, vgl. *château*, oder, je nach Distribution, 2 Phonemen: z.B. *œu* ≙ /ø/ oder /œ /, vgl. *vœu* bzw. *cœur*.

Weitere Besonderheiten der französischen Graphie:
1° die ununterbrochene Wiedergabe von im Laufe der Sprachentwicklung verstummten Lauten, vgl. *chanter, les maisons* (Pluralmarkierung), *porte* ("e instable"), *trop*;
2° der Erhalt von unter historisch-etymologischen Gesichtspunkten in bestimmte Lexeme eingeführten Buchstaben, die aber im Französischen nie phonisch realisiert wurden, vgl. *compter, temps, doigt, aspect; poids* (das *d* aufgrund falscher Deutung der Etymologie des Wortes), z.T. zwecks graphischer Differenzierung von Homophonen, z.B. *conter – compter*. Bei diesem Beispiel tritt die ausgeprägte ideographische Funktion der französischen Orthographie in Aktion, die u.a. durch die Aufrechterhaltung traditioneller Graphien – also durch Heterographie – graphische Homonymendifferenzierung leistet, vgl. z.B.*ver/vers/vert/verre*.

Abschließend kann man sagen, daß es im Französischen im allgemeinen leichter ist, die Aussprache von der Graphie abzuleiten als die Graphie von der Aussprache.

Aufgaben

1. Stellen Sie, etwa anhand von HAMMARSTRÖM, Göran (1972): *Französische Phonetik*, Tübingen, zusammen, welche verschiedenen Graphien den frz. Phonemen /e/, /y/, /ã/, /k/, /s/ entsprechen.
2. Informieren Sie sich über Vorschläge zur Reform der frz. Orthographie seit Ende des 19. Jahrhunderts (ausgehend von *LRL* V, 1 (1990): 488-489, und ARRIVÉ, Michel (1993), *Réformer l'orthographe?*, Paris: 111-131, 189-221). Ausführlicher: KELLER, Monika (1991), *Ein Jahrhundert Reformen der französischen Orthographie. Geschichte eines Scheiterns (1886-1991)*, Tübingen.

III.3. Morphologie

3.1. Die nach der Phonologie, der Ebene der kleinsten **bedeutungsunterscheidenden** Elemente, nächsthöhere Ebene der sprachlichen Strukturierung ist die der kleinsten **bedeutungstragenden** Elemente, der Morpheme (*morphèmes*). Die Morphologie (*la morphologie*) ist also die Lehre von den Formen als kleinsten bedeutungstragenden Elementen der Sprache. Ein Morphem ist ein minimales, nicht weiter unterteilbares sprachliches Zeichen mit *signifiant* und *signifié*. Nun gibt es sprachliche Bedeutungen, die sich auf die außersprachliche Wirklichkeit beziehen und dort Einheiten (Gegenstände, Erscheinungen, Vorstellungen, Qualitäten, Tätigkeiten, Zustände usw.) abgrenzen. Diese werden in der europäischen Tradition der Sprachwissenschaft **Lexeme**, *lexèmes* (oder **Semanteme**, *sémantèmes*) genannt (vgl. II.4.1.). Sie bilden zusammen die große Liste der Einheiten des Lexikons oder Wortschatzes (*le lexique*). Den lexikalischen Elementen (*éléments lexicaux, lexèmes*) gegenüber stehen die grammatischen (*éléments grammaticaux, morphèmes*), die Relationen und Bestimmungen innerhalb oder zwischen den Lexemen ausdrücken. Hierzu gehören Pronomina (*moi, je, me* ...), Präpositionen und Konjunktionen ebenso wie die grammatischen Personen beim Verb, Tempora oder Numeri (Singular-Plural). Die solche grammatischen Bedeutungen (Funktionen) ausdrückenden Morpheme werden in der europäischen Tradition **Morpheme** im engeren Sinne genannt. Morphem ist also Obergriff (minimales sprachliches Zeichen) und gleichzeitig Unterbegriff (grammatisches Morphem). In der amerikanischen Sprachwissenschaft, die sich auf L. Bloomfield (s. II.8.4.3.) beruft, spricht man von lexikalischen und grammatischen Morphemen und klassifiziert sie nach ihrer Distribution in freie (*free forms*, z.B. Präpositionen) und gebundene Morpheme (*bound forms*, z.B. Verbendungen, Pluralmorpheme). Die gebundenen gramma-

Morphologie

tischen Morpheme werden noch in Flexionsmorpheme (Deklination und Konjugation) und Derivationsmorpheme (Ableitung in der Wortbildung, siehe III.5.) unterteilt. A. MARTINET (1960, vgl. Literaturangaben zu II) hingegen gebraucht **Monem** als Oberbegriff für Lexem und Morphem (vgl. II.4.1.):

Monem
/\
Lexem Morphem

3.2. Die Lexeme werden in der Lexikologie untersucht (siehe III.6.), die Morpheme in der Morphologie. Daher führen die verschiedenen Terminologien in der Praxis nicht zu Unklarheiten. In der Linguistik bevorzugt man "Monem" (oder "Morphem") gegenüber "Wort", weil dieses nicht eindeutig abgrenzbar ist (vgl. oben II.4.1.). Bei der morphologischen Analyse ist nun die Anzahl, Form und Funktion (*signifiant* und *signifié*) der Moneme in einer "chaîne parlée" zu ermitteln. Der in der Lexikologie durchaus brauchbare Wortbegriff wäre hier fehl am Platze. Denn in einem Beispiel wie *ich habe gesungen*

ich   hab-   -e   ge-X-en   -sung-
'Pers.Pron. 1.P. Sg' 'Hilfsverb Ind. Präs. Akt.'-'1.P. Sg.' 'Part.Perf.' Lexem

ist die Anzahl der Moneme leichter festzustellen als die der Wörter, und auch für die Bedeutungsangabe ist der Monembegriff unbedingt notwendig. Da Moneme (Morpheme) immer Zeichen mit Ausdruck und Inhalt sind, kann es in unserem Fall kein Morphem *ge-* geben, da *ge-* allein nichts bedeutet. Wir haben es beim deutschen Partizip Perfekt Passiv mit einem sog. diskontinuierlichen Morphem (*ge-* + *-t* in *gehabt, ge-* + *-en* in *gesungen*) zu tun, wobei das Lexem zwischen beide Morphemteile eingefügt wird. *Ich habe gesungen* besteht also aus fünf Monemen, wobei zwei Moneme redundant die Person angeben und zwei Moneme (Hilfsverb + Part.Perf.) periphrastisch das Tempus 'Perfekt' ausdrücken. Ein diskontinuierliches Morphem ist z.B. auch frz. *ne...pas*.

3.3. Da Ausdruck und Inhalt so eng zusammenhängen, ist bei der morphologischen Analyse die Bedeutung immer mit dem Ausdruck zusammen festzustellen. Dabei fällt auf, daß ein grammatischer Inhalt häufig durch verschiedene, allerdings jedesmal in der Norm festgelegte Morpheme ausgedrückt wird. So wird z.B. das Imparfait im Französischen in Abhängigkeit von der Person ausgedrückt, nämlich bei einigen Personen durch /ε/ (*je chant-ais, tu chant-ais, il/ elle chant-ait, ils/elles chant-aient*), bei anderen durch /i/ (*nous chant-i-ons, vous chant-i-ez*).Wie in der Phonologie spricht man auch hier von **Varianten** (*variantes*) oder eben **Allomorphen** (*allomorphes*; analog zu den Allophonen). Es fällt außerdem auch auf, daß Funktionen auch morphologisch **redundant** ausgedrückt

Synchronie und Diachronie der französischen Sprache

sein können (*morphème redondant*), wie hier die Kategorie der Person z.B. durch das *pronom personnel conjoint* nous und durch das Morphem -/õ/ (graphisch *-ons*).

Die Allomorphie ist etwas sehr Häufiges in den indoeuropäischen Sprachen, und zwar sowohl im morphologisch-grammatischen wie im lexikalischen Bereich. Die sog. unregelmäßigen Verben zeichnen sich durch starke lexikalische Allomorphie aus, wobei jedes Allomorph in der Sprachnorm an bestimmte Umgebungen, d.h. eine Kombination mit einer bestimmten Person, einem bestimmten Tempus usw. gebunden ist ("gebundenes Morphem"!). Primär geschieht die morphologische Analyse auf phonischer, nicht auf graphischer Ebene. Als Beispiel diene das Verb *venir* (ohne die *pronoms personnels conjoints*):

/vən/-   ven-   *(nous ven-ons, ven-ez!, je ven-ais, nous ven-ions, ven-ir, ven-u)*
/vjẽ/-   vien-   *(je viens, tu viens, il/elle vient)*
/vjɛn/- vienn- *(ils/elles viennent, qu'il/qu'elle vienne, que tu viennes usw.)*
/vjẽd/- viend- *(je viend-r-ai, vous viend-r-ez, il/elle viend-r-ait)*
/vẽ/-   vin-   *(je vins, il/elle vint, qu'il/qu'elle vînt, ils/elles vin-rent).*

Im einzelnen wird dies üblicherweise unter der Verbalmorphologie in den Grammatiken beschrieben bzw. in guten Wörterbüchern aufgeführt. Die grammatisch-morphologische Analyse kann aber – ebenso wie z.B. die phonetische Beschreibung – weiter oder enger sein, d.h. verschieden genau sein, z.B. die Endung *-ions* wie hier, wo es eher auf die lexikalische Allomorphie ankam, als ein kombiniertes Personen-/Tempus-/Modusmorphem auffassen oder die Funktionen auch im Signifiant trennen in -/i/- 'Imparfait' und -/õ/ '1.P.Pl.' (redundant zu vorausgehendem *nous*. Dies gelingt aber bei stark amalgamierten Formen (etwa [*elle*] *a*, [*elle*] *est*, [*qu'il*] *eût*) nicht immer vollständig.

3.4. Bei morphologischen Analysen von Texten stellt man häufig fest, daß einem Morphem an einer anderen Stelle des gleichen Paradigmas kein positives Morphem entspricht, sondern ein Null-Zeichen. Im Gegensatz zur Phonologie, wo es kein Null-Phonem gibt, weil es für keinen Inhalt stehen würde, rechnet man in der Morphologie durchaus mit **Nullmorphemen** (*morphèmes zéro*), da ihnen trotz fehlenden Ausdrucks sehr wohl ein Inhalt entspricht. So wird z.B. das Präsens gegenüber dem Imperfekt durch ø (phonologisch Null, aber nicht Nullphonem, sondern Nullmorphem) ausgedrückt, z.B.

/nuʃãt-ø-õ/ *nous chant-ø-ons*   /nuʃãt-i-õ/ *nous chant-i-ons*

Wenn man von dem suprasegmentalen Unterschied zwischen Stammbetonung (etwa in *je chant-e*) und Endungsbetonung (z.B. in *il chant-ait*) absehen will, so ist das Präsens auch in den anderen Personen durch ein Nullmorphem gegenüber

Morphologie

anderen Tempora gekennzeichnet:

/ʒəʃãt-∅/ *chante-∅-∅* — /ilʃãt-∅/ *ils chant-∅-ent*
/ɛlʃãt-ɛ/ *elle chant-ai-t* — /ɛlʃãt-ɛ/ *elles chant-ai-ent*
/ilʃãt-a/ *il chant-a-∅* — /ilʃãt-ɛr/ *chant-èr-ent*
/ɛlʃãt-r-ɛ/ *elle chant-er-ai-t* — /ɛlʃãt-r-ɛ/ *elles chant-er-ai-ent*
/ilʃãt-r-a/ *il chant-er-a-∅* — /ilʃãt-rõ/ *ils chant-er-ont*
/nuʃãt-r-õ/ *chant-er-ons* — /vuʃãt-r-e/ *chant-er-ez*.

Bei konsequenter Analyse müßte in den Futur- und Konditionalformen ein Morphem -r- mit der unspezifizierten Funktion 'Futur/Konditional' isoliert werden, dessen Funktion erst durch das folgende Tempusmorphem spezifiziert wird (/-ɛ/, /-a/, /-õ/, /-e/ bzw. durchgehend /-ɛ/, /-iõ/, /-ie/). Der morphologisch deutliche Zusammenhang zwischen Futur und Konditional wird auch durch das Gemeinsame der Bedeutung ('direktes' bzw. 'indirektes Futur') gerechtfertigt. Außerdem zeigt sich in unserer Analyse die Diskrepanz zwischen der rein auf dem Phonischen basierenden Analyse, bei der die Personenmarkierung weitgehend ausfällt (vgl. /ʃãt/-/a/ <chanta> bzw. <chantas>), und der auf dem graphischen Signifiant beruhenden Segmentierung, die auch Einheiten der Personenmarkierung durch Endungen erkennen läßt, denen allerdings weitgehend keine phonische Realisierung entspricht. Wenn man auf diesen rein orthographischen Aspekt verzichten will, kann man dies bei der Analyse vernachlässigen und darauf verweisen, daß im phonischen Bereich die Hauptinformation über die Personenangabe durch die vorangestellten *pronoms personnels conjoints* geleistet wird.

3.5. Für die **diachrone Morphologie** verweisen wir auch hinsichtlich der Literatur auf Kap. IV.6. Zusätzlich sei nur beispielhaft genannt FOUCHÉ, Pierre ([2]1967), *Le verbe français. Etude morphologique* [auf dem Umschlag *Morphologie historique du français. Le verbe*], Paris. Hier seien exemplarisch zwei Erscheinungen erwähnt, die Adverbbildung von Adjektiven und die Morphologie des Futurs der Verben. Die Bildung des Adverbs aus qualifizierenden Adjektiven zeigt insofern eine diachrone Verschiebung vom Lateinischen zum Romanischen und damit auch zum Französischen, als die lat. Morpheme *-e* (*lente*) und *-(i)ter* (*fortiter*) durch eine periphrastische Konstruktion mit *mente* (z.B. *benigna mente* 'in/mit gutmütigem Sinn') ersetzt wurden. Das sich aus der lexikalischen Redeweise entwickelnde frz. Morphem *-ment* verlangt bis heute von seinem Ursprung her die feminine Form des Adjektivs, das es adverbialisiert. Innerhalb der französischen Entwicklung ist daher die Verbindung der adjektivischen Femininformen mit dem Suffix *-ment* von Bedeutung. Eine vom Maskulinum verschiedene Form des Femininums konnten zunächst nur Adjektive haben, die dies auch im Lateinischen gehabt hatten, d.h. die Adjektive der -o/-a-Deklination, deren -a im Frz. als [ə] instable erhalten ist (*lente* < *lenta*, daher *lentement*). Bei den Adjektiven der konsonantischen Deklination waren aber die Formen gleich (*fortis* mask./fem., afrz. *fort* mask./fem. < lat. *forte(m)*). Bei der Adverbbildung trat daher im Afrz. das Morphem *-ment* direkt an diese Form, wobei mögliche Konsonantenhäufungen vereinfacht wurden, also **fortment* > *forment* 'fortement'. Die als Bedeutung angegebene nfrz. Form zeigt bereits die mfrz. (mittelfranzösische) analoge, d.h. nicht etymologisch-lautgesetzliche Einschaltung eines femininen *-e*. Diese Analogiebildungen, die die Regel sind (vgl. *grand*, *grande* < lat. *grande(m)*), haben sich bei den auf *-ent*, *-ant* auslautenden Adjektiven (< lat. *-ente(m)*, *-ante(m)*) nicht durchgesetzt, so daß Adverbien des Typs **prudent-ment* > *prudenment* > *prudemment* (mit späterer Entnasalierung des Nasalvokals vor Nasalkonsonant) bis heute üblich sind.

Historischen morphologischen Wandel zeigen auch die Formen des Futurs vom Lateinischen zum Französischen, mit dem allerdings zunächst auch ein Bedeutungswandel einherging. Die Idee des Zukünftigen verlangt eine große Abstraktionskraft und wird daher in den indoeuropäischen Sprachen häufig morphologisch erst spät entwickelt und durch Periphrasen ausgedrückt. Das klassische Latein hatte verschiedene Allomorphe des Futurs (*canta-b-o*, *-b-is* usw. bzw. *leg-a-m*, *-e-s* usw.). In der lateinischen Sprechsprache wurden mit der Zeit Konkurrenten mit stärker affektiv-modaler Bedeutung populär, wie z.B. die Typen ILLUD HABEO FACERE 'j'ai à le faire', 'ich habe es zu tun und werde es auch tun', HABEO AD FACERE, das materielle Grundlage für frz. *j'ai à* + Inf. ist sowie für den sardischen Futurtyp *app'a ffákere* 'je ferai', VOLO FACERE 'ich will es sagen' (Grundlage für rum. *voi face* 'ich werde tun'), DEBEO FACERE 'ich soll und muß es tun' (Basis für sardisch *dia fákere* 'je ferais' < 'je devais faire'). In den meisten romanischen Sprachen hat sich der im Schriftlatein seltenere Typ FACERE HABEO durchgesetzt, der dazu geeignet war, die periphrastische Form mit der Zeit durch Morphematisierung der *habere*-Formen wieder zu einem synthetischen Futur werden zu lassen: *chanter-ai* > *je chanterai*, *fer-ais* > *je ferais*. Parallel zum Futur ist nämlich im Vulgärlateinischen das Konditional aus der gleichen Periphrase "Infinitiv + Imperfekt von HABERE" gebildet worden: FACERE HABEBAT > (*il/elle*) *ferait*.

Aufgaben

1. Nennen Sie die lexikalischen Allomorphe von *acheter, finir, faire, savoir, prendre, aller*, indem Sie jedem Allomorph als Beleg einige Verbformen zuordnen.

Grammatik und Syntax

2. Machen Sie eine morphologische Analyse von *Ces étudiantes allemandes prépareront leurs devoirs oraux* auf lautlicher (*code phonique*) und graphischer Basis (*code graphique*).

III.4. Grammatik und Syntax

4.1. Grammatik

4.1.1. Begriff der Grammatik

In einem weiteren Sinn wird "Morphologie" meistens als Lehre von den Formen mit ihren Bedeutungen gebraucht. Es kann aber wegen des Umfangs des Gebietes zweckmäßig sein, die Lehre von den (bedeutungstragenden) grammatischen Formen zu trennen von der Untersuchung der grammatischen Inhalte und erstere in einem eingeschränkten Sinn "Morphologie", letztere "Grammatik" zu nennen. Die Grammatik als Ebene der grammatischen Funktionen unterhalb der Satzebene ist dann zu trennen von der Syntax als Satzlehre und Ebene des Syntagmatischen (vgl. II.7.). Wenn auch Morphologie, Grammatik und Syntax vielfältig miteinander zusammenhängen und eine saubere Trennung manchmal nicht möglich ist, so bevorzugen wir doch die prinzipielle Unterscheidung gegenüber der häufig anzutreffenden Praxis, die mit dem undifferenzierten Begriff "Morphosyntax" (*morphosyntaxe*) arbeitet.

Literaturhinweise
a) Synchrone Grammatiken
GREVISSE, Maurice ([13]1993), *Le bon usage. Grammaire française*, refondue par André Goosse, Paris-Louvain-la Neuve (Beste Grammatik, die in den neueren, von André Goosse bearbeiteten Auflagen in der linguistischen Analyse noch gewonnen hat). GREVISSE, Maurice/GOOSSE, André (1980), *Nouvelle grammaire française*, Paris/Stuttgart. CHEVALIER, Jean Claude/ BLANCHE-BENVENISTE, Claire/ARRIVÉ, Michel/PEYTARD, Jean (1964), *Grammaire Larousse du français contemporain*, Paris. WAGNER, Robert-Léon/PINCHON, Jacqueline ([2]1967), *Grammaire du français classique et moderne*, Paris. DUBOIS, Jean (1967-1969), *Grammaire structurale du français*, 3 Bde., Paris. WEINRICH, Harald (1982), *Textgrammatik der französischen Sprache*, Stuttgart. Frz. Übers. (1989), *Grammaire textuelle du français*, Paris. CONFAIS, Jean-Paul (1978), *Grammaire explicative*, München. HILTY, Gerold (1974), *Langue française*, Zürich. KLEIN, Hans-Wilhelm/KLEINEIDAM, Hartmut (1983), *Grammatik des heutigen Französisch für Schule und Studium*, Stuttgart. TOGEBY, Knud (1982-85), *Grammaire française*, 5 vols., Kopenhagen.

DAMOURETTE, Jacques/ PICHON, Edouard, *Des mots à la pensée. Essai de grammaire de la langue française*, 8 vols., Paris (Geht nach einer eigenen Methode und Terminologie vor; berücksichtigt auch die gesprochene Sprache; von wissenschaftlichem Interesse).

b) Historische Grammatiken
Es liegen keine neueren, den heutigen Stand der Wissenschaft repräsentierenden Darstellungen vor. Viele gute Angaben sind zu finden in der monumentalen Sprachgeschichte von Brunot: BRUNOT, Ferdinand (^{2}1966 ff.), *Histoire de la langue française des origines à nos jours*, 21 Bde. erschienen [darunter einige von anderen Autoren. In der 1. Aufl. ab 1905 erschienen]. Ältere Standardwerke, die dem Anspruch nach die gesamte Entwicklung umfassen: NYROP, Kristoffer (1899-1930), *Grammaire historique de la langue française*, 6, vols., Kopenhagen/ Paris. BRUNOT, Ferdinand/ BRUNEAU, Charles (^{5}1961), *Précis de grammaire historique de la langue française*, Paris. KUKENHEIM, Louis (1967-68), *Grammaire historique de la langue française*, 2 Bde., Leiden. Gute Dienste leistet auch RHEINFELDER (^{5}1976/^{2}1976), *Altfranzösische Grammatik*, 2 Bde., München (siehe IV.6.).

4.1.2. Exemplarische Beschreibung des französischen Tempussystems

4.1.2.1. Methodologie
Beschreibungen einer grammatischen Kategorie wie der der französischen Tempora sind notwendigerweise Interpretationen der Funktion, d.h. der Bedeutung dieser Kategorie und ihrer Einheiten auf der Ebene des Systems. Daran müßte sich die Beschreibung der Normen des Gebrauchs anschließen. Es ist also erstens naturgemäß damit zu rechnen, daß es hier wie bei allen interpretativen Gegenständen der Kulturwissenschaften unterschiedliche Auffassungen gibt, die nicht immer miteinander harmonisiert werden können und auch nicht müssen. Eine einheitliche Meinung aller Wissenschaftler als idealen Endzustand kann es wissenschaftstheoretisch nicht geben. Anzustreben ist vielmehr die Fähigkeit zur kritischen methodischen Beurteilung der verschiedenen Ansätze. Bei der Analyse einer grammatischen oder syntaktischen Funktion besteht zweitens das grundsätzliche Problem der Abfolge der Analyseschritte. Die Regelhaftigkeiten der Norm können nur aus dem intensiven Studium vieler Redeakte ermittelt werden; die abstrakte Funktion auf der Ebene des Sprachsystems kann wiederum nur aus der Beobachtung der Rede und der Fakten der Norm erschlossen werden, wobei aber die Norm als solche von der schon bekannten Systembedeutung getrennt und die Systemfunktion auch in jedem Redeakt identifiziert und als in der jeweiligen Redebedeutung enthalten erkannt werden muß. Dies ergibt insgesamt ein

sehr komplexes Gefüge von Verfahren der Analyse und Beschreibung, das jeder Wissenschaftler etwas unterschiedlich handhaben dürfte.

Das umfangreiche Gebiet der französischen Tempora kann hier weder im ganzen dargestellt noch können auch nur die wichtigsten bisherigen Ansätze dazu hier diskutiert werden. Es soll vielmehr eine Auffassung in ihren Grundzügen vorgeführt werden, die auch schon in Kap. II.5.2.1. bei der Unterscheidung zwischen Sprache und Rede erwähnt wurde und auf die wir auch bei der Beschreibung einiger Grundzüge des heutigen Französischen (vgl. IV. 11.2.) wieder zurückkommen werden. Es handelt sich um die von Eugenio COSERIU (*Das romanische Verbalsystem*, Tübingen 1976, Kap. 5 und 7) vorgelegte Darstellung, die die allen romanischen Sprachen gemeinsamen Grundlagen betrifft.

4.1.2.2. Die deiktisch bestimmten Zeiträume

Die romanischen Sprachen haben vom Lateinischen mehr Tempora ererbt, als es Zeiträume gibt, und stellen daher besondere Probleme für die Funktionsbestimmung. Die Zeiträume sind übereinzelsprachlich anthropologisch definiert, nämlich vom jeweiligen Sprecher her, dessen Gegenwart die jeweilige Gegenwart ist und der von daher den davor liegenden, als von der Gegenwart getrennt aufgefaßten Zeitraum als Vergangenheit und den noch vor ihm liegenden Zeitraum als Zukunft bestimmt. Die in jeder Sprache recht zahlreichen, grundlegenden Kategorien, die von der Position des Sprechers her definiert werden, werden in der Sprachwissenschaft deiktische Kategorien genannt. Zentrum jeder Deixis (frz. *la déixis, déictique*) ist der Sprecher, der den Raum zeigt, wo er steht (*ici* vs. *là*), und damit die räumlichen Distanzen zum Du (*moi – toi*) und zu den Personen und Dingen außerhalb des Dialogs (*eux, elles, cela*) angeben kann[12]. Da unsere Zeitvorstellungen aus dem Räumlichen entwickelt sind, ist das temporale Grundgerüst das eben skizzierte, dem auch die temporalen Pronomina (Substitute für Zeiträume) *maintenant – alors, hier – aujourd'hui – demain* ebenso wie die verbalen Grundtempora entsprechen:

Vergangenheit	Gegenwart	Zukunft
passé simple *il/elle chanta*	présent *il/elle chante*	futur *il/elle chantera*

Dabei wird das vollständigere System der Schriftsprache zugrundegelegt, in dem

---

12 Vgl. zur Origo des Hier-Jetzt-Ich-Systems vor allem BÜHLER, Karl (1934), *Sprachtheorie*, Jena, 2. Aufl. Stuttgart 1965, Kap. II. § 7.

sowohl Passé simple als auch Passé composé mit jeweils unterschiedlichen Funktionen vorkommen. Das Passé simple ist demnach eine Erzählvergangenheit mit einer deutlichen Grenze zur Gegenwart.

4.1.2.3. Aktuelle und inaktuelle Zeitebene

Die grundlegende Unterscheidung, die das romanische Verbalsystem vom germanischen trennt, ist nach Coseriu die der "Zeitebene". Dabei drücken die bereits genannten Tempora den "Vordergrund" der zeitlichen Darstellung aus, sie sind "aktuell" (COSERIU 1976: 92), weil sie die Handlungen und Zustände als im jeweiligen Zeitraum uneingeschränkt geschehend präsentieren. Ihnen gegenüber stehen die Tempora der "inaktuellen Ebene", die dazu einen "parallelen Hintergrund" bilden, auf dem man die Handlungen darstellt, "die nicht direkt diese Zeitlinie betreffen", sondern das, was man als "irgendwie eingeschränkt", unsicher, bedingt, "als den aktuellen Handlungen entfernt darlegt, z.B. in Formeln der Höflichkeit (fr. *je voulais vous dire*) oder in den Konditionalsätzen (fr. *si j'avais*; COSERIU 1976: 92 f.). Eine wichtige Form der zeitlichen Einschränkung ist die abhängige, d.h. die sog. indirekte Rede (*elle m'a dit qu'elle était malade; – qu'elle viendrait me voir ce soir*). Dabei entspricht das Imparfait zeitlich dem Präsens, das sog. Konditional dem Futur. Ein dem Passé simple entsprechendes inaktuelles Vergangenheitstempus hat das Französische nicht:

	Vergangenheit	Gegenwart	Zukunft
aktuell	p.s. *il/elle chanta*	prés. *il/elle chante*	fut. *il/elle chantera*
inaktuell	----	imp. *il/elle chantait*	cond. *il/elle chanterait*

Redebedeutungen des Imparfait, wie sie in II.5.2.1. angegeben wurden, erweisen sich bei näherer Betrachtung (vgl. auch COSERIU 1976: Kap. 7) als kontextgebunden und nicht konstant. Die Inaktualität der Gegenwart läßt sich dagegen in allen Verwendungen (Redebedeutung der Gewohnheit, Unabgeschlossenheit, Gleichzeitigkeit, Irrealität, Höflichkeit usw.) annehmen. Bei der Darstellung des Hintergrundes zu einer Erzählvergangenheit im Passé simple ist die Inaktualität des Imparfait als totale Negierung der Gegenwart aufzufassen, die schon in der Norm des Lateinischen als Vergangenheit interpretiert wurde. Nur ist dies keine selbständige Erzählvergangenheit, sondern immer ein Hintergrund, der irgendwo im Text durch ein aktuelles Tempus gestützt werden muß.

4.1.2.4. Sekundäre Perspektiven

Zusätzlich zu den einfachen Grundtempora bietet das romanische Tempussystem die Möglichkeit, die primäre deiktische Aufgliederung der Zeitraumvorstellung in jedem einzelnen Zeitraum zu wiederholen und damit sekundäre Zeiträume zu schaffen. Während der Sprecher mit der primären Vergangenheitsperspektive ausdrückt: 'in einer von meiner Gegenwart getrennten Vergangenheit', kann er die Vergangenheit auch ohne semantische "Trennungslinie" von seiner Gegenwart aus anvisieren und sie so von seiner Gegenwart aus konstatieren und besprechen[13]. Er drückt dies mit dem Passé composé (*il/elle a chanté*) aus. Analog kann er in einer sekundären Perspektive die Zukunft von seiner Gegenwart aus anvisieren (*il/elle va chanter*) und diese der von der Gegenwart getrennt erfaßten Zukunft (*il/elle chantera*) gegenüberstellen. Dieser Bedeutungsunterschied muß – wie alle grammatischen Oppositionen – nicht in allen Fällen (Redeverwendungen) deutlich sein, sondern kann häufig durch den Kontext neutralisiert sein. Zur Verwendung der periphrastischen Tempora im gesprochenen Französisch vgl. unten IV.11.2.; zur typologischen Bewertung der romanischen zusammengesetzten Tempora siehe III.7.5.

4.1.3. Diachrone Bemerkungen zur Entstehung dieses Tempussystems

Das Tempussystem des klassischen Lateins war aus romanistischer Sicht funktionell uneinheitlich. Die Unterscheidung zwischen aktuellen und inaktuellen wurde nur an einer Stelle gemacht, nämlich im Zentrum zwischen Präsens und Imperfekt. Im Zeitraum Zukunft wurde das System im Vulgärlatein durch die Schaffung des Konditionals (siehe oben III.3.5.) ergänzt. Die Unterscheidung zwischen einfachen (primäre Perspektive) und zusammengesetzten Tempora (sekundäre Perspektive) war im klassischen Latein noch nicht da; vielmehr drückte z.B. das lat. Perfekt sowohl eine Erzählvergangenheit als auch eine aus der Gegenwart heraus ins Auge gefaßte Vergangenheit aus (konstatierendes Perfekt). Durch die Anlage des zusammengesetzten Perfekts, dessen Entstehung im einzelnen recht kompliziert ist (Entwicklung über ein resultatives Perfekt des Typs *litteras scriptas habeo* 'j'ai la lettre écrite [devant/chez moi]' oder parallel dazu), konnte sich ein ganzes System zusammengesetzter Tempora im Indikativ und Konjunktiv entfalten und so die Unterscheidungen zwischen inaktuellen und

---

13 Vgl. das in diesem Punkt ähnliche Ergebnis, zu dem WEINRICH, Harald (1964 [und neuer]), *Tempus. Besprochene und erzählte Welt*, Stuttgart, und ders. (1982: 160 f.), wenn auch von einem ganz anderen methodischen Ausgangspunkt aus, kommt.

aktuellen Tempora spiegeln (wie *je fais – je faisais*, so auch *j'ai fait – j'avais fait*; wie *je fais – je fis*, so auch *j'ai fait – j'eus fait*; wie *je ferai – je ferais*, so auch *j'aurai fait – j'aurais fait*). Auch wenn das Futur composé nach griechischem Vorbild schon in der lateinischen Sprechsprache angelegt gewesen sein sollte, wofür eindeutige Belege nicht eben zahlreich sind[14], so ist das Tempussystem der romanischen Einzelsprachen und damit auch des Französischen erst spät durch die Mechanisierung dieser Subkategorie in dieser Richtung ausgebaut worden (vgl. unten IV.7.).

Aufgaben

1. Stellen Sie aus Angaben in den Grammatiken und aus Textbeispielen Redebedeutungen zu anderen Tempora, z.B. Futur oder Passé simple, zusammen und diskutieren Sie sie mit dem Seminarleiter im Lichte der Funktionsangaben Coserius.

2. Vergleichen Sie die Ansätze Coserius und Weinrichs miteinander, etwa im Hinblick auf die Vollständigkeit der berücksichtigten Tempora und auf die Parallelität von Imparfait und Konditional.

4.2. Syntax

4.2.1. Oberhalb der Wortebene ist die Syntax (griech. 'Anordnung', frz. *syntaxe*) die Lehre von der Wortgruppe und vom Satz. Die Wortgruppe (z.B. ein durch Determinant + Attribut determiniertes Substantiv wie *la fleur blanche, la tige hérissée d'épines de la rose*) wird Syntagma (*syntagme*) genannt und hinsichtlich der syntagmatischen Beziehungen und der paradigmatischen Funktionen beschrieben. In diesem Sinn spricht man traditionellerweise z.B. vom Gebrauch oder von der Syntax des Infinitivs oder des bestimmten Artikels im Französischen. Zu diesem Bereich gehören auch Fragen wie die Stellung des Adjektivs zum Substantiv oder die der Objektpronomina zum Verb. Syntax wird also häufig als Oberbegriff zu Syntagmatik und Satzlehre gebraucht.

---

14 Vgl. dazu DIETRICH, Wolf (1973), *Der periphrastische Verbalaspekt in den romanischen Sprachen. Untersuchungen zum heutigen romanischen Verbalsystem und zum Problem der Herkunft des periphrastischen Verbalaspekts*, Tübingen, 316 f., sowie GOUGENHEIM, Georges (1929), *Etude sur les périphrases verbales de la langue française*, Paris, réimpression Paris 1971, 83 f., 92-110.

Grammatik und Syntax

Ohne daß hier auf die zahlreichen Definitionsversuche zur Bestimmung des "Satzes" eingegangen werden kann, gehen wir davon aus, daß die menschliche Rede die Lexeme und Morpheme zu Äußerungen (*énoncés*) verbindet. Die Ausdrucksabsicht ist eine Mitteilung (im weitesten Sinne, der auch ein Gedicht als Selbstausdruck einschließt). Eine Mitteilung wird in der Linguistik Text genannt[15]. Unterhalb des Textes ist der Satz (*la proposition*) die minimale Form der Äußerung. Gegenstand der Syntax als Satzlehre ist nun die Bestimmung und Beschreibung der Funktion und Vorkommensweise der Satzteile.

4.2.2. Die Satzanalyse beruht prinzipiell noch immer auf den Fragen der aristotelischen Logik: Was geschieht/ist? (**Prädikat**, *prédicat, verbe*); von wem oder was wird etwas ausgesagt? (**Subjekt**, *sujet*); auf wen oder was erstreckt sich die Handlung? (**Objekt**, *complément d'objet*), wobei ein direktes und ein indirektes unterschieden wird; wie/ unter welchen Umständen findet die Handlung statt? (**Umstandsbestimmung**, *complément circonstanciel*). Die Problematik der Abgrenzung von Objekt und Umstandsbestimmung beherrscht die neuere strukturelle Syntax, die sich im Anschluß an Lucien TESNIÈRE (1959), *Eléments de syntaxe structurale*, Paris (²1965), entwickelt hat. Danach gibt es vom Verb abhängige, im Satzbauplan vorgesehene Ergänzungen und darüber hinaus freie Angaben. Ergänzungen können auch präpositional sein (z.B. *à Paris* in *Je vais à Paris* oder *à ce vieux costume* in *Il tient à ce vieux costume*) und sog. Präpositionalobjekte bilden (*complément d'objet prépositionnel*). **Agens** *(l'agent)* und **Patiens** *(le patient)* sind keine sprachlichen Satzfunktionen, sondern außersprachliche Begriffsgrößen, die den Träger (Urheber) einer Handlung bzw. das davon betroffene Element bezeichnen. Im Aktiv fallen sie mit den Funktionen 'Subjekt' und 'direktes Objekt' zusammen, im Passiv dagegen wird das Patiens als Subjekt, das Agens als Agens-Ergänzung (*complément d'agent*) kodiert.

Determinierende Ergänzungen eines Nominalsyntagmas (Frage "was für ein?") sind **Attribute**, die nach der französischen Tradition nur in den Subkategorien der *adjectifs épithètes* (*une voiture puissante*), *compléments de nom* (*la voiture de mon frère*) bzw. *propositions adjectives ou relatives* (*la voiture que mon frère a achetée en province*); nicht determinierende sind **Appositionen** (*sa voiture,*

---

15 Die Organisation von Texten wird in der **Textlinguistik** untersucht. Die **Pragmalinguistik** beschreibt das Verhältnis von Text, Sender und Empfänger, also z.B. die Angemessenheit einer Äußerung in einer bestimmten Situation. Zur **Soziolinguistik** wiederum gehört das Problem des Verhältnisses zwischen konkurrierenden Sprachformen (z.B. Nationalsprache, Minderheitensprachen und Dialekten) und der Gesellschaft.

une vieille Renault 19). Das Prädikat kann verbal (*il pleut, on s'ennuie*) oder nominal sein, d. h. aus **Prädikatsnomen** (*attribut!*) und Kopula (*copule*) bestehen (*il est malade, elle est médecin, vous me semblez fatiguée*). Wenn Sätze selbst Satzteile sind, spricht man von Satzgefügen (*phrase composée/complexe*) aus Haupt- und Nebensätzen (*proposition principale, p. subordonnée*). Hier lassen sich Subjektsätze, Objektsätze, Attributiv- (Relativ-) und Adverbialsätze[16] unterscheiden.

Aufgaben

1. Bestimmen Sie die Satzteile in einem kurzen französischen Text und zeigen Sie eventuell entstehende Abgrenzungsprobleme auf.

2. Belegen Sie die oben angegebenen Satztypen mit französischen Beispielen.

4.2.3. Zum weiten Bereich der Syntax, die wir hier aus Platzgründen auch nicht exemplarisch behandeln können, gehören neben den Fragen der Satzteile, der Satzbaupläne (Rektion oder Valenz der Verben, d.h. ihren notwendigen Ergänzungen gegenüber den freien Angaben) z.B. auch die Modus- und Tempussetzung im Satzgefüge, die Funktion der Präpositionen, die Diathese (aktive, reflexive, passivische Konstruktionen) usw. Zentral sind im Französischen auch die Verfahren der Hervorhebung von Satzteilen (etwa durch *c'est ...qui, c'est... que*). Wegen des Umfangs des Gebiets der Syntax und den gestiegenen Anforderungen an die methodische Kohärenz sind neuere umfassende syntaktische Beschreibungen des Französischen kaum auf dem Markt, dafür zahlreiche gute Behandlungen von Teilbereichen und einige brauchbare Handbücher, wie etwa:

BÉCHADE, Hervé-D. (1986), *Syntaxe du français moderne et contemporain*, Paris. BUREAU, Conrad (1978), *Syntaxe fonctionnelle du français*, Québec. LE QUERLER, Nicole (1994), *Précis de syntaxe française*, Caen. SOUTET, Olivier (1989), *La syntaxe du français*, Paris (Que sais-je? 2984). Auch WEINRICH, Harald (1982), *Textgrammatik der französischen Sprache*, Stuttgart, beruht in seiner Darstellung ganz auf syntaktischen Prinzipien.

Die älteren, durch ihren Materialreichtum hervorstechenden Arbeiten sind dagegen heute methodisch vielfach veraltet, wenn auch in Teilen immer noch mit Gewinn zu konsultieren; so z.B.:

---

16 Der Begriff "Adverbialsatz" ist ein Beispiel für die ungute Tradition, Wortarten und Satzfunktionen miteinander zu verwechseln. Auch Tesnière zollte in seiner strukturellen Syntax dieser Tradition seinen Tribut. Ein Adverb ist häufig, aber nicht immer eine Umstandsbestimmung, eine Umstandsbestimmung noch weniger immer ein Adverb.

Grammatik und Syntax

LE BIDOIS, Georges et Robert (1935-38, ²1968), *Syntaxe du français moderne, ses fondements historiques et psychologiques*, 2 Bde., Paris. DE BOER, Cornelius (²1954), *Syntaxe du français moderne*, Leiden. SANDFELD, Kristian (²1965), *Syntaxe du français contemporain*, 3 Bde., Paris.

Als nicht zu umfangreiches Handbuch ist immer noch zu empfehlen : von WARTBURG, Walther/ ZUMTHOR, Paul (²1958), *Précis de syntaxe du français contemporain*, Paris.

Neuere Richtungen vertreten z.b. der schon erwähnte Lucien TESNIÈRE mit seiner strukturellen Syntax, die sich in Deutschland zur Dependenzgrammatik weiterentwickelte. In diesem Rahmen sei auf das für die Feststellung der Valenzen der Verben höchst nützliche *Französische Verblexikon* von BUSSE, Winfried/DUBOST, Jean-Pierre, (²1983), Stuttgart, hingewiesen. Dem Guillaumismus verpflichtet sind POTTIER, Bernard (1962), *Systématique des éléments de relation. Etude de morpho-syntaxe structurale romane*, Paris; WILMET, Marc (1986), *La détermination nominale*, Paris, und, weitaus dogmatischer, WARNANT, Léon (1982), *Structure syntaxique du français: Essai de cinéto-syntaxe*, Paris; Vertreter der generativ-transformationellen Syntax ist RUWET, Nicolas (1972), *Théorie syntaxique et syntaxe du français*, Paris. Verschiedene neuere Ansätze sind behandelt in KRENN, Herwig (1995), *Französische Syntax*, Berlin. Viele Fragen der Syntax sind auch schon auf z.T. originelle Weise in BALLY, Charles (²1944), *Linguistique générale et linguistique française*, Paris, dargestellt (vgl. II.8.4.2.).

4.2.4. Modern konzipierte, umfassende historische Syntaxen des Französischen fehlen. Viele wertvolle Angaben sind in den historischen Grammatiken und historischen Syntaxen zu finden, zusätzlich zu den genannten in älteren Werken wie

LERCH, Eugen (1925-1934), *Historische französische Syntax*, 3 Bde., Leipzig. SNEYDERS DE VOGEL , Kornelis (²1927), *Syntaxe historique du français*, Groningen/ La Haye. GAMILLSCHEG, Ernst (1957), *Historische französische Syntax*, Tübingen.

Doch handelt es sich meist um die Darstellung der vom Neufranzösischen abweichenden Phänomene des Altfranzösischen, nur selten und in Ansätzen um die Entwicklung von Satzstrukturen vom Lateinischen über alle Epochen des Französischen bis zur Neuzeit. Hierzu fehlen auch noch die methodischen Voraussetzungen. Gute Dienste leisten zunächst die Syntaxen des Altfranzösischen und Mittelfranzösischen bzw. die Grammatiken zum 16. und 17. Jh. (siehe die Literaturangaben zu IV.6.-9.).

III.5. Wortbildungslehre

5.1. Allgemeines

5.1.1. Im Kapitel über die Morphologie (siehe III.3.1.) haben wir gesehen, daß bestimmte grammatische Morpheme zum Ausdruck grammatischer Bestimmungen *im* Wort verwendet werden, etwa in Konjugationsformen wie *vous chantez*, wo sowohl *vous* als auch *-ez* der Markierung der 2. P. Pl. und ein anzunehmendes Nullmorphem (siehe III.3.4.) dem Ausdruck von Tempus und Modus dienen. Man spricht in diesem Fall von Flexion. Diese kann synthetisch postdeterminierend (*chant-ez!*) oder auch analytisch prädeterminierend sein (*vous chantez; plus fort*; vgl. III.7.3.).

Andere Morpheme werden hingegen zur Bildung sekundärer, d.h. abgeleiteter Wörter benutzt, die dann ihrerseits wieder der Flexion unterliegen können. Im Fall der Ableitung von Wörtern durch Wortbildungsmorpheme (Derivation) wie auch der Zusammensetzung schon bestehender Wörter (Komposition) zu einem neuen Wort (Kompositum) spricht man von **Wortbildung** (frz. *formation des mots*). Traditionell wird dieser Bereich der sprachwissenschaftlichen Beschreibung häufig in der "Morphologie" mit abgehandelt, was sich aber schon wegen der Komposition nicht empfiehlt, weil dort kein – zumindest kein einfach erkennbares – morphologisches Verfahren wie bei der Derivation vorliegt. Die sprachwissenschaftliche Disziplin, die sich mit der Wortbildung befaßt, bezeichnet man als Wortbildungslehre[17].

5.1.2. Der bei der Behandlung des sprachlichen Zeichens (siehe II.4.1.) vermiedene Begriff des Worts ist in der Wortbildungslehre im allgemeinen nicht problematisch, weil es hier vorwiegend um lexikalische Einheiten (Basislexeme) geht, von denen ein neues Lexem abgeleitet bzw. die mit einem weiteren Lexem zu einem ebenfalls neuen Wort (Lexem) zusammengesetzt werden. Als praktisch erweist sich hier auch der von Bernard POTTIER eingeführte Begriff der Lexie

---

17 Es ist auffällig, daß die Unterscheidung zwischen "Wortbildung" (als Verfahren des Wortbildens und als Produkt des Prozesses der Wortbildung) und "Wortbildungslehre" im Französischen terminologisch nicht gemacht wird und daß auch kein gelehrter Terminus für 'Wortbildung' nach dem Muster von Phonologie, Morphologie, Syntax usw. existiert. Ein Ausdruck wie *théorie de la formation des mots* bezeichnet einen spezielleren Begriff als "Wortbildungslehre", nämlich eine bestimmte Theorie, die die Funktionen der Wortbildungsverfahren erklären will.

(lexie), der jede – einfache oder komplexe – lexikalische Einheit meint, die sich syntaktisch wie ein einfaches Wort verhält. *Maisonnette* 'Häuschen' wäre demnach ebenso eine Lexie wie *chef-d'œuvre* 'Meisterwerk', *wagon-lits* 'Schlafwagen' oder *ouvre-boîte* 'Dosenöffner'.

5.1.3. Über die Stellung der Wortbildung im Gesamtsystem der Sprache gibt es heute immer noch verschiedene Meinungen unter den Linguisten, die aber vor allem von den unterschiedlichen Ansätzen herrühren, mit denen man die Verfahren bzw. die inhaltlichen Funktionen der Wortbildungsprozesse am besten zu erklären glaubt. So hat man z.T. versucht, die Bedeutung einer Ableitung wie etwa *beauté* < *beau* durch satzähnliche Umschreibungen wie 'quelqu'un est beau' (syntaktischer Ansatz) zu beschreiben. Von den Produkten her gehört die Wortbildung zur Lexik, von den Verfahren her teilweise zur Morphologie. Weithin ist aber heute die von vielen vertretene Auffassung akzeptiert, daß die Wortbildung ein eigenständiger Bereich der Sprache neben Morphologie (als Formenlehre), Grammatik (als Funktionslehre der Morpheme, vorwiegend der Flexionsmorpheme) und Syntax (als Satzlehre) ist, die ihre Produkte der Lexik zur Verfügung stellt.

5.2. Verfahren der Wortbildung

Die materiellen Verfahren der Wortbildung in den romanischen Sprachen – und somit auch im Französischen – sind die Derivation (Wortableitung) und die Komposition (Wortzusammensetzung).

Derivation: Die Derivation ist dadurch bestimmt, daß sich ein (freies) Basislexem mit einem oder mehreren Affixen zu einer neuen Einheit des Wortschatzes verbindet. Dabei gliedern sich die Affixe (als Oberbegriff) in:
Präfixe: vor dem Basislexem, z.B. *im|possible, re|faire, anti|clérical*
Infixe: im Basislexem, in einem unscharfen Sinn auch eine Stammerweiterung durch ein Wortbildungssuffix vor einer Flexionsendung, z.B. *saut|ill|er*
Suffixe: nach dem Basislexem, z.B. *change|ment, épin|eux*.
Zum Teil sind auch Kombinationen aus Suffigierung und Präfigierung möglich, z.B. *dé|nation|al|is|ation*
$\quad\quad\quad\;\;\;$ /$\quad$|$\quad$\ \ \
Präfix Basislexem S_1 S_2 S_3 (S = Suffix).

Wenn Ableitungen gleichzeitig mittels eines Suffixes und eines Präfixes gebildet werden und eine Ableitung nur mit dem Suffix oder nur mit dem Präfix nicht existiert, spricht man von **Parasynthetika** *(formations parasynthétiques)*, z.B. *dévitaliser* '(einen Zahnnerv) abtöten' ← *vital* + *dé-* + *-iser*[18]. Bei den meist verbalen Parasynthetika des Französischen muß bei scheinbaren Ableitungen auf *-er*, *-ir*, die ja flexivische Infinitivendungen sind, ein Derivationsmorphem -∅- angenommen werden, so z.B. in *s'em|barqu|∅|er*. Ausgehend von *(la) barque* wird weder **se barquer* noch **embarque* gebildet, so daß *s'embarquer* der Definition des Parasynthetikons genügt.

Von der Wortbildung durch Derivation (im eigentlichen Sinn) zu trennen ist die Erscheinung der **Konversion**. Sie besteht in der Überführung eines Wortes in eine andere Wortart (bzw. Wortklasse) ohne Derivationsmorphem. Sie besteht im allgemeinen in der Ad hoc-Substantivierung eines Wortes, auch eines Nicht-Lexems oder eines ganzen Syntagmas, durch syntagmatische Verfahren wie z.B. den Gebrauch von Determinanten *(das Grün, das Ich, ihr ständiges Rühr-mich-nicht-an; le lever, le moi, le pour et le contre, le rapide)* und ist insofern als Phänomen der Rede zu betrachten. *auch: hypostase / dérivation-zéro*

Komposition: In der Komposition verbinden sich zwei (eventuell auch mehr als zwei) in der betreffenden Sprache autonom existierende Lexeme zu einer neuen Einheit, zu einem Kompositum. Dabei stellt sich für den Linguisten – wie unbewußt und intuitiv auch für den Sprecher – die Frage nach dem Verhältnis zwischen den komponierten Lexemen, denn das Kompositum ist nicht einfach eine Addition aus den beiden, sondern stellt eine neue Einheit dar. In den selteneren Fällen handelt es sich um eine gleichgewichtige Zusammenstellung aus zwei Teilen, ein Sowohl-als-auch *(sourd-muet* 'sowohl taub als auch stumm' bzw. das eine impliziert das andere; *wagon-restaurant* 'sowohl Waggon als auch Restaurant'). In der Mehrzahl der Fälle liegt aber ein Determinationsverhältnis vor, indem ein Element die Basis (das Determinatum) bildet, die durch das andere, das Determinans, näher bestimmt wird. In *chou-fleur* wird *chou* durch *fleur* charakterisiert, in *auto-école* umgekehrt *école* durch *auto*. Zur richtigen Analyse empfiehlt sich stets die Frage "Was wird bezeichnet, ein x oder ein y?". Auf historisch bedingte Zweifelsfälle (z.B. *chef-d'œuvre*, *chef-lieu*), kann hier nicht eingegangen werden.

---

[18] **Vitaliser* wird in der Norm nicht gebildet, da seine mögliche Bedeutung '(einen Zahnnerv) mit Leben erfüllen' offenbar nicht gebraucht wird; **dé-* verbindet sich nur mit Verben, so daß es mit *vital* nicht kombiniert werden kann.

Wortbildungslehre

Problematisch ist in vielen Fällen die Abgrenzung zwischen Präfigierung und Komposition, wenn nämlich das in Frage kommende Präfix noch mehr oder minder lexikalisch ist und der grammatische Morphemcharakter, der zur Definition des Präfixes gehört, unklar ist. Dieses Problem der Trennung zwischen Lexikon und Grammatik tritt z.B. in Fällen gelehrter Bildungen wie frz. *hémicycle, hypotension, ultrason, vice-président, extraterrestre* auf, z.T. aber auch bei erbwörtlichen Formen (siehe III.6. bzw. IV.8.2.1.) wie etwa *demi-pension, sous-développement* usw. Dabei ist zu berücksichtigen, daß bei der Annahme einer Komposition erklärt werden muß, warum hier stets die Determinationsrichtung 'Determinans' → 'Determinatum' vorliegt, die nicht die typisch romanische und damit französische ist.

Aufgaben

1. Bestimmen Sie das Determinationsverhältnis in verschiedenen nominalen Komposita.

2. Diskutieren Sie mit dem Seminarleiter den Status (Präfix oder eher lexikalisches Kompositionselement?) z.B. von *bio-, géo-, télé-, macro-, micro-, méta-, semi-*.

5.3. Methodische Vorbemerkungen

5.3.1. Wenn eine Beschäftigung mit den synchronen heutigen Wortbildungsfunktionen angestrebt ist, setzt dies voraus, daß die jeweils behandelten Wortbildungen auch noch heute das Verfahren erkennen lassen, nach dem sie abgeleitet bzw. zusammengesetzt sind. Das heißt zunächst, daß das Grundwort (Basislexem), das der Ableitung zugrundeliegt, ein im Französischen heute existierendes Lexem sein muß, daß die Ableitung nach einem materiell und inhaltlich erkennbaren, d.h. im Französischen von heute nachvollziehbaren Verfahren erfolgt ist und daß das abgeleitete Wort (Wortbildungsprodukt) gegenüber seinem Basislexem die inhaltliche Veränderung aufweisen muß, die nach dem bekannten Wortbildungsverfahren zu erwarten ist. Für die Wortzusammensetzung gilt analog dasselbe: Beide Elemente müssen in der Synchronie existieren und auch inhaltlich Grundlage der Komposition sein. Die Grammatikalität der Wortbildung besteht gerade in der Serialität der Prozesse: Wenn die Funktion des Verfahrens (z.B. eines Suffixes wie *-age*) bekannt ist, ist die Bedeutung der Ableitung vorhersagbar, auch wenn sie noch nie vorher gebildet worden sein sollte[19]. Man spricht hier auch von der Motiviertheit der Bildung, Gauger nennt dies die "Durchsichtigkeit" der Wortbildungsprodukte[20].

Dies kommt aber viel seltener vor, als man im allgemeinen glaubt. Tatsächlich besteht für viele scheinbare Ableitungen gar kein französisches Basislexem, sondern die Ableitung ist z.b. im Lateinischen bzw. nach lateinischem Muster erfolgt und dann als fertiges gelehrtes Produkt ins Französische übernommen worden. So sind, synchron gesehen, *action, fraction, aggression* keine Nomina actionis auf *-tion/-sion* und *médiéval, féodal, septentrional* keine durchsichtigen Adjektivableitungen auf *-al*, da *medium aevum, feudum* und *septentrio* keine französischen Wörter sind. Es ist auch eine Frage der Zweckmäßigkeit, ob man angesichts der materiellen Heterogenität des französischen Wortschatzes (vgl. III.7.4.) für eine Vielzahl von Wörtern jeweils zwei allomorphe Basen annehmen soll (etwa *père/patern-el, œil/ocul-aire, transcrire/ transcrip-tion* und eventuell sogar *lettre/épistol-aire, foie/hépat-ique, semaine/hebdomad-aire, mois/mensuel, aveugle/céc-ité*), um diese heterogenen Wortfamilien für die französische Wortbildung zu "retten" (so sehr dezidiert CORBIN 1987). Die Alternative wäre eine Beschreibung, die diese gelehrten Bildungen aus der synchron funktionierenden Wortbildung herausnähme – obwohl die Ableitungssuffixe weitgehend funktionell sind – und sie als nicht analysierbare Lexeme dem jeweiligen "Grundwort" lexikalisch zuordnen würde nach dem Motto "Das Adjektiv zu *semaine* heißt *hebdomadaire*".

5.3.2. Unter **Lexikalisierung** (*lexicalisation*) versteht man dagegen im gleichen Zusammenhang die diachron begründete Tatsache, daß eine Wortbildung in der Sprachentwicklung ihre Motivation (Durchsichtigkeit) verloren hat und nun wie ein einfaches, nicht analysierbares Wort funktioniert. So bedeutet etwa *pomme* in *pomme de terre* nicht mehr 'Apfel' bzw. ist das Bild des 'Erdapfels' verblaßt, und es heißt, daß *pomme de terre* in der Bedeutung 'Kartoffel' lexikalisiert sei. Ebenso ist *tablette* lexikalisiert als 'Bücherbrett' oder '(Wachs-)Täfelchen/ (Schokoladen-)Tafel' und kein Diminutiv von *table* 'Tisch'. Nur der Sprachhistoriker kann feststellen, daß *tablette* von *table* 'Brett' in einer Zeit abgeleitet wurde, als diese dem lat. *tabula* ursprünglich eigene Bedeutung neben der "neueren"

---

19 Diese prinzipielle Möglichkeit des Systems ist in der Norm des Neufranzösischen stark eingeschränkt; siehe auch IV.9.
20 Siehe GAUGER, Hans-Martin, (1971). Bei einer funktionierenden Wortbildung "sieht" der Sprecher in seinem Sprachbewußtsein durch das gebildete Wort hindurch das Grundwort, d.h. er versteht es als Basis mit. Das Grundwort hingegen ist immer undurchsichtig (*opaque*).

Wortbildungslehre

Bedeutung 'Tisch' im älteren Französisch noch bestand. *Parlement* ist nur diachron eine Substantivierung von *parler* in der afrz. Bedeutung 'le fait de parler, entretien'; synchron ist seine semantische Beziehung zu *parler* nicht mehr unmittelbar gegeben. Das Wort ist als Bezeichnung einer Institution lexikalisiert und gehört somit nicht in den Bereich heutiger synchroner Wortbildungsuntersuchungen. Wie in vielen Fällen der Abgrenzung zwischen (grammatischem) Funktionieren und Funktionsverlust gibt es auch in der Wortbildung viele "Zwischentöne", d.h. schwächere und stärkere Lexikalisierungen.

5.3.3. Bei der Frage nach der **Produktivität** (*productivité*) von Wortbildungsverfahren, etwa bestimmter Suffixe oder Präfixe oder Kompositionstypen, müssen sich synchrone und diachrone Betrachtungsweise ergänzen. So kann man etwa feststellen, daß deverbale Substantivbildungen auf *-ure* (*coupure, blessure, égratignure; ouverture, peinture*) im heutigen Französisch "kaum produktiv" (THIELE ²1985: 35) sind. Diachron kann man die Veränderung der Produktivität untersuchen, synchron die jeweilige Funktionalität des Suffixes und seine Produktivität. Dabei zeigt sich im allgemeinen, daß eine hohe Produktivität mit einer eher geringen Anzahl an Lexikalisierungen einhergeht und umgekehrt. Wenn man Wortbildungen unter dem Gesichtspunkt der Betrachtungsebenen System und Norm behandelt, ergibt sich häufig, daß Wortbildungsverfahren, die im System durch das Funktionieren z.B. eines bestimmten Suffixes mit einer verifizierbaren Wortbildungsbedeutung im Prinzip für alle Wörter der gleichen Wortklasse angelegt sind, in der Norm vielfach blockiert sind, indem die Bildung von den Sprechern einfach nicht akzeptiert wird. So existiert z.B. zu *tasse, bouteille, verre* keine Ableitung *tassée usw. nach dem Muster von *cuillerée, fourchetée, assiettée*, zu *collision* kein Verb nach dem Muster *occasion → occasionner, addition → additionner* (vgl. GECKELER, Horst (1977) [siehe folgende Literaturhinweise], 74 f.).

5.3.4. Bei einer Betrachtung gerade der Wortbildungs*funktionen* auf der Ebene des Sprachsystems stellt sich das Problem der Anwendung der Unterscheidung zwischen Bedeutung und Bezeichnung (vgl. II.4.5.). Vordergründig stellt man zunächst leichter die Bezeichnungsfunktionen einer Wortbildung als deren abstrakte Wortbildungbedeutung fest. So hat man in *beurrier, cendrier* immer schon die Bezeichnung von Instrumenten oder Behältnissen gesehen, in *pommier, cerisier* die Bezeichnung von Obstbäumen, in *cuisinier, jardinier* eine Berufsbezeichnung oder einen "Handlungsträger" (THIELE, ²1985: 167), sich aber häufig kaum klar gemacht, daß darüber hinaus die Feststellung der sprachlichen

Bedeutung des Suffixes -*ier* – sofern man annimmt, daß es in allen Fällen dasselbe ist –, noch aussteht und daß diese Funktion viel abstrakter sein muß als die vielfältigen in der Norm fixierten Bezeichnungsfunktionen (siehe dazu auch unten 5.4.1.3.).

5.4. Französische Wortbildung

Literaturhinweise

Aus den zahlreichen Publikationen kann nur eine Auswahl vor allem neuerer Arbeiten getroffen werden: – Zur Wortschatzerweiterung: GUILBERT, Louis (1975), *La créativité lexicale*, Paris (umfaßt mehr als Wortbildung). – Beschreibendes knappes Handbuch:THIELE, Johannes (^{2}1985), *Wortbildung der französischen Gegenwartssprache. Ein Abriß*. Leipzig. Problemorientiert: WANDRUSZKA, Ulrich (1976), *Probleme der neufranzösischen Wortbildung*, Tübingen (Romanistische Arbeitshefte 16). – Zur Theorie der Wortbildung und darauf bezogene Anwendungen: BREKLE, Herbert E./KASTOVSKY, Dieter (Hrsg.) (1977), *Perspektiven der Wortbildungsforschung*, Bonn. COSERIU, Eugenio (1968), "Les structures lexématiques", *ZFSL*, Beiheft N.F. 1 (*Probleme der Semantik*), 3-16; deutsch "Die lexematischen Strukturen", in: GECKELER, Horst (Hrsg.) (1978), *Strukturelle Bedeutungslehre*, Darmstadt, 254-273. COSERIU, Eugenio (1977), "Inhaltliche Wortbildungslehre (am Beispiel des Typs *coupepapier*)", in: BREKLE, Herbert E./KASTOVSKY, Dieter (Hrsg.) (1977), 48-61. Paris. GAUGER, Hans-Martin (1971) *Durchsichtige Wörter. Zur Theorie der Wortbildung*. Heidelberg. GAUGER, Hans-Martin (1971), *Untersuchungen zur spanischen und französischen Wortbildung*, Heidelberg. GECKELER, Horst (1977), "Zur Frage der Lücken im System der Wortbildung", in: BREKLE, Herbert E./KASTOVSKY, Dieter (Hrsg.) (1977), 70-82. LÜDTKE, Jens (1978), *Prädikative Nominalisierungen mit Suffixen im Französischen, Katalanischen und Spanischen*, Tübingen. STAIB, Bruno (1988), *Generische Komposita. Funktionelle Untersuchungen zum Französischen und Spanischen*, Tübingen.

– Zur Suffigierung: DUBOIS, Jean (1962), *Etude sur la dérivation suffixale en français moderne et contemporain*, Paris. Zu den Diminutiva und Augmentativa: ETTINGER, Stefan (^{2}1980), *Form und Funktion in der Wortbildung. Die Diminutiv- und Augmentativmodifikation im Lateinischen, Deutschen und Romanischen. Ein kritischer Forschungsbericht 1900-1975*. Tübingen. HASSELROT, Bengt (1972), *Etude sur la vitalité de la formation diminutive française au XXe siècle*, Uppsala. – Zur Präfigierung: PEYTARD, J. (1975), *Recherches sur la préfixation en français contemporain*, 3 vols., Paris. WEIDENBUSCH, Waltraud (1993), *Funktionen der Präfigierung. Präpositionale Elemente in der Wortbildung des Französischen*. Tübingen. – Zur Komposition: Nach dem alten Standardwerk von DARMESTETER, Arsène (1894, ^{2}1967), *Traité de la formation des mots composés dans la langue française comparée aux autres langues romanes et au latin*, Paris, sind in neuerer Zeit erschienen:

Wortbildungslehre

BIERBACH; Mechthild (1982), *Die Verbindung von Verbal- und Nominalelement im Französischen*, Tübingen. GIURESCU, Anca (1975), *Les mots composés dans les langues romanes*, La Haye/Paris (behandelt Rumän., Ital., Franz. und Span.). ROHRER, Christian (1967), *Die Wortzusammensetzung im modernen Französisch*, Diss. Tübingen.

– Zur Morphologie der Wortbildungsbasen: CORBIN, Danielle (1987), *Morphologie dérivationnelle et structuration du lexique*, 2 vols., Tübingen. GRUAZ, Claude (1988), *La dérivation suffixale en français contemporain*, Rouen (beide Arbeiten beziehen sehr stark auch die gelehrte Stammallomorphie ein, etwa *eau/aqu–atique*); Problem der Trennung von Synchronie und Diachronie). – Zu den parasynthetischen Bildungen: REINHEIMER-RÎPEANU, Sanda (1974), *Les dérivés parasynthétiques dans les langues romanes – roumain, italien, français, espagnol*, La Haye/Paris.

5.4.1. Die wichtigsten heutigen Wortbildungsfunktionen

Die folgende Beschreibung einiger wichtiger Wortbildungsfunktionen der heutigen Synchronie stellt die Bedeutung der Wortbildungsverfahren und ihrer Ergebnisse auf der Ebene des Systems heraus und muß daher auf eine Auflistung der einzelnen materiellen Verfahren, d.h. vor allem der Suffixe und Präfixe, verzichten. Sie beruht auf der in sich sehr kohärenten Konzeption der "inhaltlichen Wortbildungslehre" Coserius, die zudem den Verhältnissen in den romanischen Sprachen besonders gerecht wird (siehe COSERIU, Eugenio (1968) und (1977)). Die materiellen Verfahren der Derivation, Suffigierung und Präfigierung, treten dabei in den Hintergrund, gefragt wird nach der funktionellen Wirkung der Verfahren auf die so gebildeten Wörter, nach dem, was sie über das Basislexem hinaus bedeuten. Dabei werden drei grundsätzliche inhaltliche Verfahren *(semantischen)* festgestellt.

5.4.1.1. Bei dem ersten, einfachsten Verfahren wird die Wortart (Wortklasse) nicht geändert, sondern das Basislexem wird in einer modifizierten Form gesehen bzw. dargestellt. Bei der "Modifizierung" *(modification)* wird dem Grundwort im allgemeinen eine quantifizierende Bestimmung hinzugefügt, d.h. es wird "dasselbe" in einer verkleinerten bzw. vergrößerten Form präsentiert (Diminutiv, *jardin → jardinet, maison → maisonnette*, bzw. Augmentativ, *caisse → caisson*), es wird als Kollektivum gesehen (*feuilles → feuillage, plumes → plumage, rives → rivage; pierres → pierraille, lime → limaille; chênes → chênaie, rosiers → roseraie; dents → denture*) oder als Annäherung an eine gedachte Qualität (Approximativbildung, z.B. *vert → verdâtre, gris → grisâtre*), als Iterativum und damit implizit als Abschwächung (etwa *crier → criailler, sauter → sautiller, chanter →*

chantonner, pleurer → pleurnicher) oder als Wiederholung im Sinne einer Verstärkung und Intensivierung (z.B. *lire → relire, plier → replier, couvrir → recouvrir* 'couvrir de nouveau' bzw. 'couvrir entièrement'). Es kann auch eine Spezifizierung im Sinne einer Richtungsangabe gegeben werden (z.B. *voler → survoler*), *sélection → présélection*), einer Graduierung (*sensible → hypersensible*), einer Opposition (*pro-américain – anti-américain*) oder einer Negation (*possible → impossible*). Sowohl Präfixe als auch Suffixe werden zur Modifizierung eingesetzt.

Die Diminutivbildung bedeutet nicht in erster Linie eine objektive Verkleinerung, sondern eine subjektive Verkleinerung im Sinne einer affektiv "modifizierten" Präsentation des Gegenstandes. Formen wie *canardeau – canard, renardeau – renard, agnelet – agneau, poulet – poule*, die das jeweilige Jungtier bezeichnen, sind nicht primär Diminutive und daher leicht lexikalisiert. Umgekehrt funktioniert die Augmentativbildung in erster Linie als vergröbernde und damit fast immer pejorative Modifizierung. Sie ist im Französischen kaum noch in irgendeiner Form produktiv. Zur Rolle des Rationalismus bei der Ausmerzung der Diminutivbildung aus der lebendigen französischen Wortbildung im 17. Jh. siehe IV.9.2.2.; zur Vitalität der Diminutivbildung im 20. Jh. und zur syntagmatischen Diminutivdetermination mittels *petit* vgl. HASSELROT (1972).

5.4.1.2. Eine weitere wichtige Wortbildungsfunktion romanischer Sprachen besteht in der "Transposition" (BALLY, in einem allerdings weiteren Sinne) eines Wortes in eine andere Wortklasse. GAUGER (1971) spricht hier von der "Verschiebung" eines Wortes in eine andere Wortart, Coseriu nennt dies die "Entwicklung" eines Wortes in einer anderen Wortklasse: *beau → beauté, haut → hauteur, faible → faiblesse; marcher → marche, nationaliser → nationalisation; nettoyer → nettoyage, accomplir → accomplissement, rêver → rêverie, arriver → arrivée, voir → vue; tradition → traditionnel, réaliser → réalisable, révolution → révolutionnaire, pétrole → pétrolier (industrie pétrolière), livre → livresque, amour → amoureux*. Formal liegt bei dem Typ *marcher → marche* eine Bildung mit Nullmorphem vor (vgl. deutsch *fallen → Fall*). Die Bedeutungsparaphrase gibt in solchen Fällen meistens klar an, welches das Basislexem und welches das abgeleitete Wort ist. So bedeutet *la marche* 'le fait de marcher', impliziert also das Verb als seine semantische Basis, während *marcher* gar nicht in dieser Weise paraphrasiert werden kann. Umgekehrt setzt z.B. *contenter* das Adjektiv *content* voraus, nicht aber umgekehrt *content contenter*, so daß das Adjektiv primär sein muß.

Paraphrasen des Typs 'le fait de marcher' für *la marche*, 'le fait d'arriver' bzw. 'le fait d'être arrivé' bzw. 'le moment où l'on arrive' 'le lieu où arrivent les voyageurs' für *l'arrivée* zeigen, daß außer dem Wortklassenwechsel noch eine syntaktische Funktion vorliegt, in diesem Fall die prädikative der Handlung, und darüber hinaus möglicherweise eine Bezeichnungsfestlegung, z.b. des Resultats, des Zeitpunkts oder des Zeitraums oder auch des Ortes, an dem die Handlung stattfindet (sogenannte Topikalisierungen). Konstant ist aber die syntaktische Funktion der Prädikativität, wenn das gebildete Wort ein deverbales Substantiv ist (siehe hierzu LÜDTKE 1978), des Attributs (d.h. der Qualität oder des Bezugs), wenn z.B. ein denominales Adjektiv vorliegt (*catastrophique* 'qui a les caractères d'une catastrophe', *atmosphérique* 'qui a rapport à l'atmosphère') oder auch der lokalen Umstandsbestimmung, etwa im Fall von *s'embarquer – en barque* oder *débarquer – de (la) barque.*

Wie bei der Modifizierung muß auch bei der Entwicklung zusätzlich zu dem Gesagten bei jedem Suffix (und gegebenenfalls Präfix) die formale Verwendung, die Produktivität und die spezifische Funktion festgestellt werden. So werden z.B. Ableitungen mit dem Suffix - *able/-ible/-uble* nur von Verbstämmen gebildet. Es entstehen dadurch Adjektive, die außer der Attributivfunktion noch die Möglichkeit in der passivischen Diathese implizieren: *mangeable* 'qui peut être mangé/qui peut se manger', *critiquable* 'qui peut être critiqué' > 'qui mérite d'être critiqué'. Dabei sind viele leichte Lexikalisierungen festzustellen. So bedeutet *punissable* in der Norm 'qui est puni', 'qui entraîne une punition'; *équitable* 'qui a de l'équité' ist in diesem Sinne keine Ableitung auf *-able,* insofern, als es nicht von einem Verb abgeleitet ist und die Bedeutung der passivischen Möglichkeit gar nicht hat und nicht haben kann. Hier liegt ein analogisch übertragenes *-able* mit einer anderen Funktion vor.

5.4.1.3. Die Ergänzung zu den beiden genannten grundlegenden, mit derivationellen Mitteln erfolgenden Wortbildungsverfahren bildet der große Bereich der Komposition. Nach Coseriu besteht die Komposition in den romanischen und ähnlich strukturierten Sprachen nicht nur aus der bekannten lexikalischen Komposition nach der Strukturformel "Kompositum" = "Lexem$_1$ + Lexem$_2$ + implizite Determination", sondern auch aus prolexematischen Komposita, bei denen sich ein Lexem und ein Prolexem verbinden. Das formal als gebundenes Morphem (Suffix) gestaltete Element fungiert inhaltlich als Proform (Substitut, Pronomen), sei es für Personen ('jemand') oder für Sachen ('etwas'). In den meisten Darstellungen erscheinen diese Wortbildungen als Ableitungen des Typs "Substantiv" → "Substantiv" mit der Bedeutung eines Nomen agentis (*pêcher → pêcheur* 'Fischer', *jardin → jardinier* 'Gärtner'), eines Nomen loci (*abattre → abat-*

toir 'Schlachthof', *cendre → cendrier* 'Aschenbecher') oder eines Nomen instrumenti (*cuisine → cuisinière* 'Küchenherd', *tondre → tondeuse* 'Scher-' bzw. 'Mähmaschine').

Diese scheinbaren Bedeutungsangaben sind aber alle nur Nennungen von Bezeichnungsfixierungen. Schon die Annahme, daß jeweils ein nicht-lexikalisches Wortbildungsmorphem (Suffix) so konkrete Dinge wie 'Maschine', 'Behältnis', 'Ort', 'Beruf' "bedeuten" sollte, entspricht kaum der Natur grammatikähnlicher Bestimmungen. Coseriu schlägt hier vor, solche Suffixe als Ausdruck eines prolexematischen Elements zu verstehen, das je nach Sachbezug für die generischen Klassen 'Person' bzw. 'Sache' stehen kann. Die Bedeutung der Nomina agentis wäre demnach 'jemand, der mit *fischen* zu tun hat' bzw. 'jemand, der mit *Garten* zu tun hat', die der genannten Nomina loci 'etwas in Bezug auf habituelles Schlachten' bzw. 'etwas in Bezug auf Asche' und die der Nomina instrumenti 'etwas Aktives in Bezug auf Küche' bzw. 'etwas Aktives in Bezug auf Scheren/Mähen'.

Unsere Formulierung klingt absichtlich so stereotyp und unkonkret, wie es grammatischen Relations- und Determinationsinhalten entspricht. Die Formulierung "habituelles Schlachten" wurde gewählt, um den im Suffix *-oir* enthaltenen Zug der gewohnheitsmäßigen Tätigkeit, wie er auch in *dortoir, fumoir, promenoir, pissoir* enthalten ist, auszudrücken. Aus der Bedeutung der habituellen Tätigkeit ergibt sich durch die Kenntnis der Sachen die Ortsbezeichnung. 'Etwas Aktives in Bezug auf ...' soll im Gegensatz zu 'etwas in Bezug auf ...' den im Femininum der Suffixe *-ière* bzw. *-euse* liegenden Zug der potentiellen Aktivität hinweisen, der die damit bezeichneten Gegenstände als Geräte bzw. Maschinen von den z.B. durch *-ier*-Bildungen benannten inaktiven Gegenstände unterscheidet. Mit der Bedeutung 'etwas Aktives in Bezug auf Küche' läßt sich ein Gerät bezeichnen, das generische Kompositum *cuisinière* bedeutet aber im strengen Sinn weder 'Gerät' noch 'Herd'; als Personenbezeichnung ist *cuisinière* ein feminines generisches Kompositum mit der Bedeutung 'jemand/weibl. Person, die mit Küche zu tun hat', d.h. 'Köchin'. Siehe weitere Details zu diesem Bereich in der Arbeit von B. STAIB (1988).

5.4.1.4. Von der generischen Komposition unterscheidet Coseriu die lexikalische Komposition, zu der oben (5.2.) schon einiges ausgeführt wurde. Die lexikalischen Komposita aus Nomen + Nomen sind im Französischen viel seltener als im Deutschen oder Englischen. Dafür stehen andere Typen zur Verfügung, deren Abgrenzung von syntagmatischen Verfahren diskutiert werden muß und

Wortbildungslehre

diskutiert wird. Zum einen sind dies die präpositionalen Komposita, wie *avion à réaction, boîte aux lettres, chemin de fer* oder *table de marbre*, die sich von syntaktisch freien Fügungen durch ihre Unveränderlichkeit im Determinans unterscheiden: Fügungen wie **avion à plusieurs réactions,* **boîte à tes lettres,* **chemin de ce fer,* * *table d'un marbre si rare* würden nicht dasselbe wie das Kompositum bedeuten, da sie nicht dieselbe generische Determination ausdrücken und die Einheit der Wortbildung zerstören. Diskutiert werden auch Komposita mit **Relationsadjektiven**, wie z.B. *maison paternelle, prison juvénile, inscription murale* usw. Diese determinierenden "relationellen" Adjektive unterscheiden sich von Eigenschaftswörtern (*adjectifs qualificatifs*) dadurch, daß sie als von Substantiven "entwickelte" nur den Bezug zum Basislexem ausdrücken, aber keine Qualität, und daher auch weder prädikativ noch adverbiell noch komparativisch bzw. superlativisch gebraucht werden können. Sie bilden mit dem determinierten Substantiv *einen* Begriff.

Besonders produktiv ist im Französischen wie in anderen romanischen Sprachen die Komposition aus verbalem Element + Nomen (*ouvre-boîte, tire-bouchon, porte-voix, compte-gouttes, tourne-disques* usw.). Die Natur des verbalen Elements hat der Interpretation große Mühen bereitet, zumal das damit verbundene Nomen dessen syntaktische Ergänzung (*complément d'objet direct*) zu sein scheint. So hat man darin teils einen Imperativ gesehen, teils ein reines Verbalthema, teils eine 3. P. Sg. Präs. Akt. COSERIU (1977) nimmt im verbalen Element ein mit Nullmorphem gebildetes generisches Kompositum an, wobei -ø dieselbe Funktion wie etwa -*eur* hätte (*ouvre-ø-boîte* 'quelque chose qui ouvre la boîte').

Aufgaben

1. Untersuchen Sie die verschiedenen Redebedeutungen der mit *r(e)-, ré-* präfigierten Verben und diskutieren Sie mit dem Seminarleiter die Möglichkeiten einer Systematisierung. Ergeben sich auf Systemebene ein oder mehrere Präfixe *re-*?

2. Verfahren Sie ähnlich wie in 1. mit dem Suffix -*erie*, wie in *criaillerie, finasserie* (deverbal) einerseits sowie in *cochonnerie, pédanterie, poissonnerie, argenterie* usw. (denominal) andererseits. Sammeln Sie eigene Beispiele und interpretieren Sie sie nach den Kategorien von Coseriu.

Synchronie und Diachronie der französischen Sprache

5.4.2. Zur diachronen französischen Wortbildungslehre

In der diachronen Perspektive werden Herkunft und Entwicklung der Verfahren und Elemente der Wortbildung durch die Jahrhunderte hindurch untersucht.

Literaturhinweise
Eine Gesamtdarstellung der historischen französischen Wortbildungslehre versuchen die historischen Grammatiken von NYROP (1899-1930), Bd. III (^{2}1936), und MEYER-LÜBKE, Wilhelm (1921), *Historische Grammatik der französischen Sprache*, Bd. II (*Wortbildungslehre*), Heidelberg; 2. durchgesehene und ergänzte Aufl. von J.M. PIEL (1966), Heidelberg, doch ist die Forschung auch heute noch nicht in der Lage, dem Anspruch, auch die Entwicklung der Wortbildungsverfahren umfassend darzustellen, zu entsprechen. Wertvolle Einzelstudien sind u.a. BORK, Hans Dieter (1990), *Die lateinisch-romanischen Zusammensetzungen Nomen + Verb und der Ursprung der romanischen Verb-Ergänzung-Komposita*, Bonn. FLEISCHMANN, Suzanne (1977), *Cultural and Lingusitic Factors in Word Formation. An Integrated Approach to the Development of the Suffix -AGE*. Berkeley/Los Angeles. GAWEŁKO, Marek (1977), *Evolution des suffixes adjectivaux en français*, Wrocław/Warszawa. HASSELROT, Bengt (1957), *Etudes sur la formation diminutive dans les langues romanes*, Uppsala/Wiesbaden. KURSCHILDGEN, Elke (1983), *Untersuchungen zu Funktionsveränderungen bei Suffixen im Lateinischen und Romanischen*, Bonn. LINDEMANN, Margarete (1977), *Zum Suffixwechsel von -eresse zu -euse und -trice im Französischen*, Tübingen.

Aufgabe

1. Stellen Sie die Lexikalisierungen der bei MEYER-LÜBKE (^{2}1965) aufgeführten Diminutivbildungen zusammen oder diskutieren Sie mit dem Seminarleiter den Status der bei HASSELROT (1972: 22–64) gesammelten Diminutive.

III.6. Lexikologie und Semantik, Lexikographie

6.1. Lexikologie und Semantik

6.1.1. Lexikologie und Semantik - synchron

Die **Lexikologie** ist der Zweig der Sprachwissenschaft, der sich mit der materiellen und inhaltlichen Erforschung und Beschreibung des Lexikons/der Lexik – d.h. des Wortschatzes – einer oder mehrerer Sprachen befaßt. Die Lexikologie kann synchron oder diachron ausgerichtet sein. Im folgenden liegt der Schwerpunkt zunächst auf der Synchronie.

Lexikologie und Semantik, Lexikographie

Unter Lexikon ist die Gesamtheit der Wörter einer Sprache zu verstehen, die der unmittelbaren Gestaltung der außersprachlichen Wirklichkeit entsprechen. Zum Lexikon in diesem Sinne gehören also nicht alle "Wörter" einer Sprache, sondern nur diejenigen, die in dieser Sprache für die gemeinte außersprachliche Wirklichkeit selbst stehen. [...] Nur die Lexemwörter gehören mit vollem Recht zum Lexikon und somit zum Gegenstand der Lexikologie.[21]

Die Lexemwörter oder Lexeme umfassen die Wortarten Substantiv, Verb, Adjektiv und z.T. Adverb, z.B. frz. *église, pardonner, généreux, doucement*.

Neben den Lexemwörtern gibt es Kategoremwörter (darunter fallen die Pronomina) und Morphemwörter (z.b. die Präpositionen und die Konjunktionen).

Zu "Lexikon" in seiner Bedeutung 'Wörterbuch': vgl. Abschnitt 6.2.1.

Als eine Teildisziplin der Lexikologie kann die "Semantik" im Sinne der Wortsemantik betrachtet werden.

Bibliographische Hinweise

RICKEN, Ulrich (Hrsg.) (1983), *Französische Lexikologie. Eine Einführung*, Leipzig. WUNDERLI, Peter (1989), *Französische Lexikologie. Einführung in die Theorie und Geschichte des französischen Wortschatzes*, Tübingen. PICOCHE, Jacqueline (1977), *Précis de lexicologie française*, Paris (mit guten Vorschlägen für Übungen). BÁRDOSI, Vilmos/PÁLFY, Miklós (1983), *Précis de lexicologie française. I. Lexicologie sémantique*, Budapest.

Aus der großen Fülle der Literatur zur Semantik verweisen wir stellvertretend auf folgende Arbeiten:

LYONS, John (1977), *Semantics*, 2 Bände, Cambridge – deutsche Übersetzung: *Semantik*, 2 Bde. München 1980, 1983 (sehr umfassende Darstellung). Stärker diachronisch ausgerichtet: ULLMANN, Stephen ([3]1963), *The Principles of Semantics*, Glasgow-Oxford (Deutsche Übersetzung 1967). – Spezieller zur strukturellen Semantik: als Anthologie: GECKELER, Horst (Hrsg.) (1978), *Strukturelle Bedeutungslehre*, Darmstadt (darin u.a. auch die grundlegenden Aufsätze von Eugenio Coseriu in deutscher Übersetzung); zur Geschichte und Theorie der strukturellen Semantik: GECKELER, Horst ([3]1982), *Strukturelle Semantik und Wortfeldtheorie*, München.Traditionell ausgerichtet: GAMILLSCHEG, Ernst (1951), *Französische Bedeutungslehre*, Tübingen. Auch heute noch anregend zu lesen: ULLMANN, Stephen (1952, [4]1969), *Précis de sémantique française*, Berne. Weitere neuere Darstellungen: DUCHÁČEK,

---

21 COSERIU, Eugenio (1972), "Semantik und Grammatik", in: *Neue Grammatiktheorien und ihre Anwendung auf das heutige Deutsch*. Jahrbuch 1971 des Instituts für deutsche Sprache, Düsseldorf: 77-89, 80.

Otto (1967), *Précis de sémantique française*, Brno; TUȚESCU, Mariana (1975), *Précis de sémantique française*, Bucarest/Paris; KÖRNER, Karl-Hermann (1977), *Einführung in das semantische Studium des Französischen*, Darmstadt. PICOCHE, Jacqueline (1986), *Structures sémantiques du lexique français*, Paris.

Mit dem Terminus **Semantik** (deutsch auch **Bedeutungslehre**) bezeichnen wir den Zweig der Sprachwissenschaft, der sich ausschließlich mit der Bedeutung der Lexemwörter – d.h. mit der lexikalischen Bedeutung – beschäftigt, wobei man unter "lexikalischer Bedeutung" das "*Was* der Erfassung" (Coseriu) der außersprachlichen Wirklichkeit zu verstehen hat.

N.B.: Neben dieser geläufigen engen Auffassung von "Semantik" existiert auch eine weiterreichende Verwendung dieses Terminus (v.a. des Adjektivs *semantisch*):

> Die Semantik ist im weitesten Sinne die Untersuchung der sprachlichen Inhalte, d.h. der semantischen Seite der Sprache. Da nun die ganze Sprache per definitionem "semantisch" ist, so hat die Semantik in diesem Sinne die ganze Sprache als ihr Objekt. (COSERIU 1972: 81).

Zur Terminologie: Bevor der Terminus **Semantik** 1883 von dem französischen Sprachwissenschaftler M. Bréal in die Sprachwissenschaft eingeführt wurde und dann vor allem seit Mitte unseres Jahrhunderts international zur gängigen Bezeichnung der Disziplin geworden ist, existierten schon der deutsche Terminus **Bedeutungslehre** sowie die Bezeichnung **Semasiologie**, die bereits vor 1829 von dem Altphilologen Ch. K. Reisig gebraucht wurde und bis in unsere Tage immer wieder in diesem umfassenden Sinne Verwendung findet.

N.B.: **Semasiologie** und **Semantik** dürfen nicht mit den materiell ähnlichen Termini **Semiologie** und **Semiotik** verwechselt werden; letztere bezeichnen die allgemeine Lehre oder Theorie von den Zeichen.

Semasiologie – Onomasiologie

Bei dieser Unterscheidung handelt es sich um zwei verschiedene Fragestellungen innerhalb der Semantik. Die Semasiologie im engen Sinne geht von einem signifiant (Lautkörper) aus und untersucht die damit verbundenen signifiés (Bedeutungen) in ihrer Vielfalt ("semasiologisches Feld", K. Baldinger) und eventuell in ihren Veränderungen (Bedeutungswandel). Die Onomasiologie (der Terminus wurde 1902 von A. Zauner eingeführt) dagegen geht von einem signifié bzw. Begriff (in der Praxis sogar z.T. von einer Sache der außersprachlichen Wirklichkeit) aus und fragt nach den verschiedenen signifiants ("onomasiologisches Feld"), die den betreffenden Inhalt 'bezeichnen' können (in diachronischer Perspektive: Bezeichnungswandel).

Fragestellung in etwas vereinfachter schematischer Form:

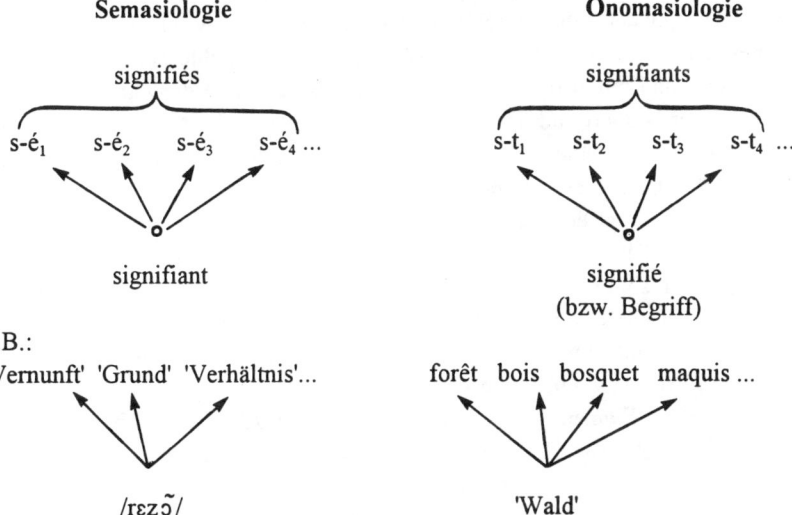

Bibliographische Hinweise

Mit den theoretischen Grundlagen von Semasiologie und Onomasiologie haben sich in den vergangenen Jahren insbesondere K. Baldinger und K. Heger auseinandergesetzt.

Als Beispiele aus der onomasiologischen Forschungsliteratur seien erwähnt: SÖLL, Ludwig (1967), *Die Bezeichnungen für den Wald in den romanischen Sprachen*, München (Gesamtromanisch − außer Rumänisch, keine ausschließlich onomasiologische Untersuchung, sondern auch mit semasiologischer Perspektive; diachron und synchron ausgerichtet, unter Einbeziehung der Sprachgeographie; die galloromanischen Verhältnisse werden auf SS. 85-190 behandelt). − Ebenfalls gesamtromanisch ausgerichtet: RENSON, Jean (1962), *Les dénominations du visage en français et dans les autres langues romanes*, 2 Bände, Paris.

VERNAY, Henri (1991-), *Dictionnaire onomasiologique des langues romanes*, Tübingen (bisher erschienen Bände 1-4).

Über den Stand der jahrzehntelang eifrig betriebenen onomasiologischen Studien bis zur Jahrhundertmitte informiert ausführlich: QUADRI, Bruno (1952), *Aufgaben und Methoden der onomasiologischen Forschung. Eine entwicklungsgeschichtliche Darstellung*, Bern.

Beispiele für semasiologische Studien:

WANDRUSZKA, Mario, "La nuance" und "*brio* und *verve*", in: WANDRUSZKA, Mario (1970), *Wörter und Wortfelder. Aufsätze*, Tübingen: 1-19 und 31-55; RHEINFELDER, Hans (1928), *Das Wort "Persona". Geschichte seiner Bedeutungen mit besonderer Berücksichtigung des französischen und italienischen Mittelalters*, Halle.

Zum Verhältnis von Wortschatz (Lexik) und Grammatik

Manche Linguisten sehen einen wichtigen Unterschied zwischen diesen beiden Ebenen darin, daß die Einheiten der Grammatik eine **geschlossene** Liste darstellen – kurz- und mittelfristig verändert sich beispielsweise die Zahl der Artikel, die Zahl der Numeri und der grammatischen Genera beim Nomen oder die der Tempora und der Modi bei den Verben einer Sprache nicht –, während die Wortschatzelemente ein **offenes** Inventar bilden, das einem ständigen Wandel unterliegt – bedingt etwa durch die sich stetig verändernden Bezeichnungsnotwendigkeiten. Die grammatischen Einheiten einer Sprache existieren in sehr begrenzter Zahl, sind exhaustiv aufzählbar, sie kommen in den (gesprochenen und geschriebenen) Texten jedoch sehr häufig vor, da sie sich oft wiederholen. Die lexikalischen Einheiten einer Sprache gehen hingegen in die Hunderttausende, sind nicht exhaustiv aufzählbar und haben eine viel niedrigere Frequenz als die grammatischen Elemente – wenn man von einigen 'Allerweltsverben' (wie z.B. frz. *faire*) absieht. Die Grammatik weist im Gegensatz zum Wortschatz eine relativ große materielle Regelmäßigkeit (z.B. dieselben Imperfekt- , Futur- und Konditionalendungen bei allen Verbklassen) und – wie bereits gesagt – eine starke Rekurrenz auf. Während es in der Grammatik um relativ abstrakte Funktionen und Relationen geht, stellt der Wortschatz die letzte sprachliche Schicht vor dem Übergang zur außersprachlichen Wirklichkeit, d.h. zu den 'Sachen' selbst, dar. Veränderungen in der Realität wirken sich in den Sprachen zuerst im lexikalischen Bereich (offene Liste!) aus. Viel mehr als die Grammatik oder gar der Lautstand einer Sprache spiegelt der Wortschatz die geistig-kulturellen und die politisch-sozial-ökonomischen Verhältnisse einer Sprachgemeinschaft wider.

– Zum Begriff "Wort" verweisen wir auf die Ausführungen in Kap. II.4.1.

Es wurde bereits erwähnt, daß ein Element bzw. eine Einheit des Wortschatzes als **Lexem** oder **lexikalische Einheit** bezeichnet wird. Manche Autoren gebrauchen dafür auch den Terminus **Semantem**.

Lexikologie und Semantik, Lexikographie

Strukturen des Wortschatzes

a) Zunächst einmal kann festgestellt werden, daß der Wortschatz einer Sprache **einfache** Lexeme und **komplexe** Lexeme enthält, vgl. z.B. frz. *dent, herbe; jouer, laver; grand, ample; vite* gegenüber *dentiste, herbeux; jouet, lavage, lavevaisselle; grandir, amplifier; vitesse*; die komplexen Lexeme werden durch die Verfahren der Wortbildung (Derivation und Komposition) erzeugt und dann dem Wortschatz zugeführt. In der strukturell-funktionellen Semantik von E. Coseriu entspricht die obige Unterscheidung der zwischen **primären** und **sekundären** paradigmatischen lexematischen Strukturen.

b) Einen ausschließlich semantisch fundierten Strukturierungsansatz des Wortschatzes stellen die **Inhaltsrelationen** dar, die im Mittelpunkt der strukturellen Semantik v.a. von J. Lyons stehen[22]. Es handelt sich hauptsächlich um folgende semantische Relationen, die zwischen Lexemen funktionieren (unsere Erklärungen sind nicht immer die von Lyons angeführten):

1° **Synonymie**: Unter "Synonymie" versteht man in einem strikten Sinne "Bedeutungsgleichheit" (von Wörtern), in einem weiteren und realistischeren Verständnis dagegen bedeutet Synonymie "Bedeutungsähnlichkeit". Totale Synonymie scheint im Wortschatz unserer Sprachen nicht zu existieren (höchstens in konkurrierenden Fachterminologien). Beispiele für Synonyme ("bedeutungsähnliche Wörter"): *aimer – chérir – affectionner – adorer – idolâtrer; destin – destinée – sort – fatalité; faible – chétif – frêle – malingre – débile.*

Sehr anregend dazu: GAUGER, Hans-Martin (1972), *Zum Problem der Synonyme*, Tübingen.

Aufgabe

Suchen Sie selbst in Synonymiken weitere Beispiele für Synonyme und versuchen Sie, diese anhand der Definitionen aus einsprachigen Wörterbüchern untereinander zu differenzieren.

2° **Hyponymie**: wird als "Inklusion", genauer, als "einseitige Implikation" bestimmt, d.h. es handelt sich um das hierarchische Verhältnis von untergeordneten Inhalten zu einem übergeordneten Inhalt, z.B.

---

22 Vgl. LYONS, John (1968), *Introduction to Theoretical Linguistics*, Cambridge: 443-470, und LYONS, John (1977), *Semantics*, I: 270-301.

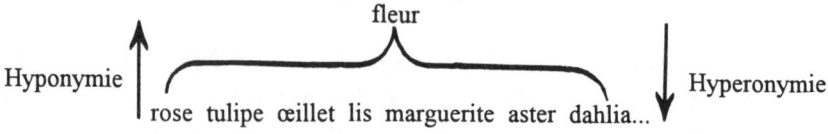

'rose', 'aster', ... sind Hyponyme von 'fleur'; 'rose', 'aster', ... sind untereinander Ko-Hyponyme; 'fleur' ist dagegen das Hyperonym zu all diesen Blumenbezeichnungen. **Hyperonymie** ist das zur Hyponymie umgekehrte Verhältnis.

3° **Inkompatibilität**: wird von Lyons nach dem Kriterium des kontradiktorischen Verhältnisses zwischen Sätzen definiert. So bilden etwa die Altersadjektive einen Verband von inkompatiblen Lexemen, z.B. *jeune, vieux, âgé* u.a., denn von derselben Person kann nicht gleichzeitig gesagt werden: *M. Truffaut est jeune et vieux*, wohingegen beispielsweise Alters- und Dimensionsadjektive zwar inhaltsverschieden, aber kompatibel sind, vgl. etwa *M. Truffaut est grand et jeune*. Die Inkompatibilität muß von der bloßen Inhaltsverschiedenheit deutlich unterschieden werden.

4° **Antonymie i.w.S.**: ("'oppositeness' of meaning", Lyons): Etwas vereinfachend kann man vier Untertypen unterscheiden:

α) **Komplementarität**: wird nach dem Prinzip der Logik des "tertium non datur" (kontradiktorischer Gegensatz) definiert; Beispiele: *vie – mort; mâle – femelle; présent – absent*.

ß) **Antonymie i.e.S.**: entspricht dem Prinzip der Logik des "tertium datur" (konträrer Gegensatz); die Antonyme i.e.S. werden durch Graduierbarkeit und Polarität bestimmt, z.B. *jeune – vieux; petit – grand; haut – bas; bon – mauvais; beau – laid*. So ist es also möglich zu sagen: *mon frère est extrêmement prudent; ma secrétaire est plus jeune que celle de mon collègue*, während die Steigerung von Adjektiven, die der Inhaltsrelation 'Komplementarität' angehören (etwa *mort – vivant, présent – absent*), nicht möglich ist (höchstens in übertragener Bedeutung).

γ) **Konversion**: Die Inhaltsrelation 'Konversion' besteht zwischen Paaren von Lexemen, die "sozusagen dieselbe Beziehung von zwei verschiedenen Bezugs-

Lexikologie und Semantik, Lexikographie

punkten her bezeichnen"[23], z.B. *acheter – vendre; précéder – suivre; maître – disciple.*

δ) **Richtungsopposition**: Hierzu gehören u.a., was wir als "Kontradirektionalität" bezeichnen, also Beispiele wie *entrer/sortir, monter/descendre,* und die "antecedens-consequens-Relation", also z.B. *chercher/trouver, apprendre/ savoir, savoir/oublier.*

c) Als globale Strukturform des Wortschatzes soll hier das **Wortfeld** angeführt werden. Wortfelder sind lexikalische Strukturen, die als Mikrosysteme zwischen dem Gesamtwortschatz und den Einzelwörtern einer Sprache stehen. Sie decken einen größeren oder kleineren Ausschnitt des Wortschatzes ab und strukturieren ihn semantisch; die Feldglieder gehören einer bestimmten Wortart (pars orationis) an, vgl. z.B. das Feld der Verwandtschaftsbeziehungen oder der Gewässerbezeichnungen (Substantive), der Fortbewegungsverben oder der Kochverben, der Altersadjektive oder der Temperaturadjektive (s. dazu die folgende vereinfachende Skizze):

```
                                                  brûlant
glacial                                           bouillant
gelé    ─> – froid   –   frais  //  tiède – chaud
glacé                                             ardent
                                                  torride
```

Nachstehend führen wir die zutreffendste und informativste der uns bekannten Definitionen des Wortfeldes aus der strukturellen Semantik an:

> Ein **Wortfeld** ist in struktureller Hinsicht ein lexikalisches Paradigma, das durch die Aufteilung eines lexikalischen Inhaltskontinuums unter verschiedene in der Sprache als Wörter gegebene Einheiten entsteht, die durch einfache inhaltsunterscheidende Züge in unmittelbarer Opposition zueinander stehen.[24]

Anregung

Diese Definition sollte vom Seminarleiter unter Zugrundelegung der einschlägigen Literatur im Seminar erläutert werden; die Inhaltsanalyse in unterscheidende

---

23 SCHWARZE, Christoph (1975), *Einführung in die Sprachwissenschaft*, Kronberg/Ts.: 81.
24 COSERIU, Eugenio (1967), "Lexikalische Solidaritäten", *Poetica* 1: 293-303, 294.

Züge (Dimension und Sem sowie Klassem) müßte dabei besonders kommentiert werden.

Zur Forschungssituation:

Es liegen zwar einige ausführliche Wortfeldanalysen zum Französischen vor, aber im Hinblick auf den Gesamtwortschatz der Sprache bleibt noch viel zu tun. Auf folgende nach strukturellen Prinzipien erarbeitete Untersuchungen soll im besonderen hingewiesen werden:

> GECKELER, Horst (1971), *Zur Wortfelddiskussion. Untersuchungen zur Gliederung des Wortfeldes "alt – jung – neu" im heutigen Französisch*, München. KRASSIN, Gudrun (1984), *Das Wortfeld der Fortbewegungsverben im modernen Französisch*, Frankfurt a.M./ Bern/ New York. AZEM, Laure (1990), *Das Wortfeld der Sauberkeitsadjektive im heutigen Französisch*, Münster.

Aufgaben

1. Tragen Sie für eine Wortfeldskizze die Dimensionsadjektive des Französischen zusammen, ausgehend etwa von GREIMAS, Algirdas Julien (1966), *Sémantique structurale*, Paris: 35.

2. Zwei Seminarteilnehmer könnten in Arbeitsteilung versuchen, das Wortfeld der Verben des Zerstörens im Französischen, ausgehend von GECKELER, Horst (1973), *Strukturelle Semantik des Französischen*, Tübingen: 79-80, genauer zu untersuchen. Dort auf SS. 74-84 auch Anregungen zu weiteren Wortfeldstudien.

d) Während Wortfelder semantisch strukturierte synchrone Subsysteme des Wortschatzes einer Einzelsprache sind, beruhen **Wortfamilien** synchron auf einem Wort oder Wortstamm als Grundlage. Wortfamilien konstituieren sich aus der Summe der lexikalischen Elemente, die durch Anwendung von morphologischen Verfahren und von Wortbildungsverfahren auf das Basiselement entstehen. In diachroner Hinsicht kommen noch etymologische Faktoren hinzu. Der Ausgangspunkt einer Wortfamilie ist der signifiant der Basis mit seinen verschiedenen durch die o.a. Verfahren erzeugten Wortformen – zu denen inhaltliche Gemeinsamkeiten hinzukommen oder hinzukommen können. Wortfamilien umfassen im allgemeinen Wörter verschiedener partes orationis, wohingegen Wortfelder als lexikalische Paradigmen jeweils nur aus Lexemen einer einzigen Wortart bestehen.

Lexikologie und Semantik, Lexikographie

Partielle Skizze der französischen Wortfamilie mit der Basis VOIR: *revoir, entrevoir, pourvoir, prévoir; voyeur, prévoyance; vue, longue-vue, entrevue, revue, bévue; visage, avis, visiter, vision, visible, visibilité, prévisible, imprévisible, provision, improviser, visuel, visa; providence, évident,* etc.

Aufgabe

Stellen Sie die Wortfamilien von frz. METTRE, PRENDRE und SENTIR zusammen.

Als letzter Punkt in der synchronen Lexikologie soll die Unterscheidung zwischen **Homonymie** und **Polysemie** kurz behandelt werden.

Homonyme nennt man Lexeme mit identischem signifiant, aber mit völlig verschiedenen signifiés, z.B.

Daher ist es sinnvoll, Homonyme als getrennte lexikalische Einheiten zu werten, also im obigen Fall: *voler$_1$* und *voler$_2$*, *louer$_1$* und *louer$_2$*.

Weitere Beispiele für Homonyme (noch ungeschieden): *la grève, la grue, la rate, l'avocat, le son; causer, desservir, détacher*; als Adjektive: *hospitalier, banal*, evtl. *linguistique*.

Als Homonyme in einem weitgefaßten Sinne werden auch Fälle betrachtet wie *le livre/la livre, le page/la page, le mousse/la mousse*, obwohl sie immerhin durch das unterschiedliche Genus diffenzierbar sind, und *le vers/vers* (Präposition), hier differenziert durch die Zugehörigkeit zu verschiedenen partes orationis.

Je nach dem Medium, in dem der signifiant realisiert wird, unterscheidet man innerhalb der Homonyme zusätzlich **Homophone** (Wörter gleicher Lautung) und **Homographe** (Wörter gleichen Schriftbildes). Die obigen Beispiele sind beides. In den Beispielen *cahot/chaos, autel/hôtel; dégoûter/dégoutter; sûr/sur* (Adj.); *compte/comte/conte* oder *saut/sot/seau/sceau* haben wir es mit Homophonen zu tun, nicht aber mit Homographen. Die umgekehrte Konstellation – Homograph, aber nicht Homophon – liegt vor z.B. in frz. *(les) fils*: [fis] 'Söhne' und [fil] 'Fäden', in *couvent: (le) couvent* [kuv ã] und *(les) poules) couvent* [kuv] oder in *portions: (les) portions* [pɔrsjɔ̃] und *(nous) portions* [pɔrtjɔ̃].

Synchronie und Diachronie der französischen Sprache

Reichliches Beispielmaterial in FISCHER, Walter (1963), *Französische Homophone*, München, und CAMION, Jean (1986), *Dictionnaire des homonymes de la langue française*, Paris.

Homonyme können historisch auf *ein* Etymon zurückgehen mit späterer Bedeutungsdifferenzierung (beide Verben *voler* stammen letztlich aus lat. *volare*) oder sie entstehen durch lautgeschichtlichen Zusammenfall verschiedener Etyma, vgl. lat. *locare* > frz. *louer* und lat. *laudare* > frz. *louer*.

Unter **Polysemie** versteht man das sprachliche Faktum, daß ein und derselbe signifiant verschiedene signifiés hat – soweit läuft diese Erklärung parallel zu der der Homonymie –, aber mit dem wichtigen Unterschied, daß im Falle der Polysemie zwischen den verschiedenen Bedeutungen noch ein Zusammenhang existiert. Während also Homonyme völlig verschiedene Wörter sind – allerdings 'zufällig' mit gleichem signifiant –, handelt es sich bei Polysemien um *ein* Wort, das mehrere, jedoch miteinander zusammenhängende Redebedeutungen aufweist, z.B.: *tête* mit der Grundbedeutung 'Kopf' und den verschiedenen polysemen Bedeutungen in *tête de lit, avoir de la tête, perdre la tête, tête d'un arbre, tête d'épingle, fusée à têtes multiples, tête de ligne, prendre la tête d'un mouvement* u.a., oder *pied* mit der Grundbedeutung 'Fuß' und den polysemen Bedeutungen in *le pied d'un escalier, un verre à pied, les pieds d'un meuble, au pied d'une montagne, le pied d'un appareil de photo* u.a. Bei dieser Art von Polysemie handelt es sich um metaphorische Bedeutungen. In Verwendungen wie *prendre un livre, prendre de l'essence, prendre un verre, prendre son café, prendre le train, prendre une ville, prendre sa température, prendre un amant, prendre le voile, prendre une décision, prendre du poids* geht es z.T. einfach um kontextuelle Bedeutungen (Redebedeutungen) bzw. Normbedeutungen von *prendre* oder beruht die Polysemie auf metaphorischem Gebrauch.

6.1.2. Lexikologie und Semantik – diachron

Die zentralen Forschungsbereiche der diachronen Lexikologie und Semantik stellen die Etymologie, die Wortgeschichte und der Bedeutungswandel dar.

a) Unter **Etymologie** versteht man ursprünglich – nach der antiken Wortbedeutung – die Lehre von der "wahren, echten" Bedeutung der Wörter (aus griech. ἐτυμολογία; so bei den stoischen Philosophen), heute jedoch den Teilzweig der Sprachwissenschaft, der sich mit der Erforschung des Ursprungs, der Herkunft und der Grundbedeutung der Wörter befaßt; andererseits wird **Etymologie** auch anstelle von **Etymon** zur Bezeichnung der ursprünglichen Form eines Wortes gebraucht, vgl. z.B. "lat. *diem dominicum* ist die Etymologie von frz. *dimanche*" (besser: "das Etymon von..."). Ist das Etymon nicht belegt, sondern nur erschlossen bzw. rekonstruiert, wird es mit einem Sternchen (Asteriskus) versehen, z.B. frz. *assez* < lat. **ad satis*, frz. *gerbe* < fränk. **garba*.

Literaturhinweise

PFISTER, Max (1980), *Einführung in die romanische Etymologie*, Darmstadt. MEIER, Harri (1986), *Prinzipien der etymologischen Forschung. Romanistische Einblicke*, Heidelberg.

PISANI, Vittore (1975), *Die Etymologie. Geschichte – Fragen – Methode*, München.

Ein interessanter Sammelband von Arbeiten zur Etymologieforschung: SCHMITT, Rüdiger (Hrsg.) (1977), *Etymologie*, Darmstadt.

Speziell zum Französischen: JÄNICKE, Otto (1991), *Französische Etymologie. Einführung und Überblick*, Tübingen.

In der etymologischen Forschung stellt sich nun die Frage:

Wie weit empfiehlt es sich, bei der Etymologisierung romanischer Wörter in deren Genealogie zurückzugehen? Bei solchen, die aus dem Lateinischen oder Keltischen stammen, bis zum Lateinischen bzw. Keltischen oder bis in die indogermanischen Zusammenhänge?[25]

Der Ansatz, der die Herkunft der Wörter so weit wie möglich in der Zeit zurückverfolgen möchte, wird – da vielfach von italienischen Gelehrten vertreten – als "etimologia remota" bezeichnet, während man unter "etimologia prossima" das Zurückgreifen auf die nächstfrühere Stufe – also im Regelfall auf das Lateinische, eventuell auf das Griechische oder ggf. auf Substrat-, Superstrat- oder Adstratsprachen – versteht. In der Praxis der Etymologieforschung der romanischen Sprachen hat sich ein Konsens in der Beschränkung auf die "etimologia prossima" weitgehend durchgesetzt; die weitere Bestimmung des Etymons überläßt man den jeweils zuständigen (lateinischen, keltischen, germanischen, indogermanischen usw.) Nachbarphilologien.

Auf die besondere Situation der romanischen Etymologieforschung sei mit folgendem Zitat hingewiesen:

---

25 MEIER, Harri (1965), "Zur Geschichte der romanischen Etymologie", *ASNS* 201: 81-109, 105.

Die etymologische Forschung im Bereich der Romanistik ist gegenüber den andern idg. Sprachen privilegiert, da in den meisten Fällen lateinische Belege eine sichere Ausgangsbasis abgeben und die prozentual geringe Anzahl von erschlossenen spontanlateinischen Etyma einen hohen Wahrscheinlichkeitsgrad aufweisen. Die Indogermanisten aber – wie auch Germanisten, Anglisten und Slawisten – haben keine so sicher und umfassend bekannte ältere Sprachstufe zur Verfügung, [...]. (PFISTER 1980: 22)

Die Ergebnisse der Etymologieforschung sind in den etymologischen Wörterbüchern (vgl. dazu Abschnitt 6.2.2.) niedergelegt. Der Stand der Forschung ist jedoch nicht so, daß die Herkunft aller Wörter der romanischen Sprachen etymologisch geklärt wäre. Es bleiben immer noch zahlreiche Wörter, deren Etymon noch unbekannt oder zumindest unsicher ist (so z. B. im Falle von frz. *garçon, gauche, forêt, trouver*), oder es werden in der Forschung mehrere Etyma als Lösung diskutiert (als besonders illustratives Beispiel dafür mag die lange Diskussion um das Etymon von frz. *aller* (vgl. auch ital. *andare* und span. *andar*) angeführt werden; zu den verschiedenen Lösungsvorschlägen siehe PFISTER, Max (1985), *Lessico Etimologico Italiano*, II: 12, Wiesbaden, unter *ambulare*, v.a. Spalten 744-750.

Während die etymologische Wissenschaft im 19. Jahrhundert sich auf die Erforschung der Herkunft der Wörter, d.h. die Identifizierung der Etyma, konzentrierte ("étymologie-origine", Baldinger), begnügt sie sich im 20. Jahrhundert nicht mehr mit dieser Aufgabe: Ihr Ziel ist es jetzt, nicht mehr nur die "Genealogie des Wortes oder der Wortgruppe" (MEIER 1965: 103) zu erforschen, sondern die Wortgeschichte einzubeziehen, ja Wortgeschichte zu machen, die "Biographie" der Wörter zu schreiben: "étymologie-histoire du mot"[26]. Die moderne etymologische Forschung versteht sich "als Symbiose von Wortgeschichte und Etymologie" (PFISTER 1980: 33).

Als Beispiel, wie die Kulturgeschichte ein auf traditionell-etymologischem Wege gefundenes Etymon erklären und absichern kann, soll auf frz. *foie* < lat. *ficatu(m)* '(Leber von) mit Feigen gemästet(en Tieren)' verwiesen werden (vgl. auch ital. *fegato*, span. *hígado*). Erst die Erkenntnis, daß das Lexem im Lateinischen als Übersetzungslehnwort der kulinarischen Terminologie nach griechischem Modell gebildet wurde, machte das Etymon plausibel – vgl. dazu *FEW* III: 491-

---

26 BALDINGER, Kurt (1959), "L'étymologie hier et aujourd'hui", wieder abgedruckt in: SCHMITT (Hrsg.) (1977: 213-246, 219).

493 und ROHLFS, Gerhard (1971), *Romanische Sprachgeographie*, München: 92-93 sowie Karte Nr. 40 (S. 275).

b) Wir haben bereits gesehen, daß "erst die vertiefte Wortgeschichte, das erweiterte Studium des Wortes in Raum und Zeit [...] oft Licht in das Dunkel"[27] bestimmter Probleme der etymologischen Forschung bringt.

Unter **Wortgeschichte** verstehen wir mit Baldinger die "Biographie" von Wörtern, und als sprachwissenschaftliche Teildisziplin die Untersuchung der Wörter von ihren etymologischen Grundlagen an durch die Jahrhunderte hindurch, in ihrer räumlichen Verbreitung, in ihrem materiellen und inhaltlichen Wandel, in ihrer soziokulturellen und stilistischen Zugehörigkeit. Ein langfristiges Desiderat der Wortforschung ist es, nicht nur die Geschichte von Einzelwörtern, sondern die Geschichte von ganzen Wortfeldern durch die Zeit hindurch zu untersuchen. Die Wortgeschichte bedient sich bei ihren Forschungen der Ergebnisse der Sprachgeschichte, der Sprachgeographie, der Dialektologie, der Semantik, der Onomasiologie und der Semasiologie, der Kulturgeschichte im weitesten Sinne, der Sachforschung (vgl. die Forschungsrichtung "Wörter und Sachen"), der Rechts- und Religionsgeschichte, der Volks- und Völkerkunde u.a.

Literaturhinweise auf wortgeschichtliche Studien

Eine Gesamtdarstellung der Geschichte des französischen Wortschatzes existiert nicht und ist beim augenblicklichen Stande der Forschung auch noch gar nicht realisierbar.

Eine systematische Darstellung der Entwicklung des Kernwortschatzes des Französischen vom Latein bis zur Gegenwart bietet STEFENELLI, Arnulf (1981), *Geschichte des französischen Kernwortschatzes*, Berlin.

Einen knappen Überblick vermittelt: CHAURAND, Jacques (1977), *Introduction à l'histoire du vocabulaire français*, Paris.

Rein chronologisch und statistisch ausgerichtet: MESSNER, Dieter (1977), *Einführung in die Geschichte des französischen Wortschatzes*, Darmstadt.

Wertvolle Einzelinformationen liefern die wortgeschichtlichen Kommentare im großen etymologischen Wörterbuch von W. von Wartburg, dem *FEW*, vgl. 6.2.2.

Als wortgeschichtliche Monographien sind zum einen die oben angesprochenen onomasiologischen, aber auch semasiologische Studien anzuführen, zum andern die für das Französische weitgehend noch fehlenden, für das Spanische z.T. schon existierenden Wortfelduntersuchungen, die historische Sprachzustände mitumfassen.

Ausgewählte Wortschatzbereiche behandelt in kurzen monographischen Skizzen GOUGEN-

---

27 ROHLFS, Gerhard (1952), *Romanische Philologie*, II, Heidelberg: 46.

HEIM, Georges (1966-1975), *Les mots français dans l'histoire et dans la vie*, 3 Bände, Paris.

Kulturgeschichtlich interessante bedeutungsgeschichtliche Wortmonographien bietet: SCHALK, Fritz (1966), *Exempla romanischer Wortgeschichte*, Frankfurt/Main.

Ebenfalls gesamtromanisch angelegt: LÜDTKE, Helmut (1968), *Geschichte des romanischen Wortschatzes*, 2 Bände, Freiburg (umfassende Thematik, faktenreich; leicht zu lesen, da aus Vorlesungen hervorgegangen).

c) Bedeutungswandel

Das komplexe Phänomen des Bedeutungswandels kann hier nur ganz knapp angesprochen werden. Folgende gängigen Klassifizierungen von Bedeutungswandel (in Auswahl) findet man in verschiedenen Darstellungen (z.B. bei S. Ullmann):

1° Logische Klassifizierung:
- Bedeutungsverengung: z.B. lat. *potione* > frz. *poison* (vgl. dazu die gelehrte Dublette *potion*), *necare* > *noyer*, *ponere* > *pondre*;
- Bedeutungserweiterung: z.B. *adripare > *arriver; panarium* > *panier, satione* > *saison*; *granarium* > *grenier*.
- Bedeutungsverschiebung: z.B. 'Zunge' → 'Sprache' in verschiedenen Sprachen, vgl. lat. *lingua* und die entsprechenden Lexeme in den romanischen Sprachen, ebenfalls engl. *tongue*, dtsch. *Zunge* (dichterisch).

2° Evaluative Klassifizierung:
- Bedeutungsverschlechterung: z.B. *villanum* > *vilain, christianum* > *crétin, benedictum* > *benêt*.
- Bedeutungsverbesserung: z.B. *cancellarium* > *chancelier, minister* > *ministre, inodiare* > *ennuyer*.

3° Funktionelle Klassifizierung:
a) Übertragung des signifiant
- aufgrund der Ähnlichkeit der signifiés: z.B. Metapher (*la feuille de papier, les dents d'une scie*);
- aufgrund der Nähe (Kontiguität) der signifiés: z.B. Metonymie (*bureau* 'Schreibtisch' → *bureau* 'Schreibraum').

b) Übertragung des signifié
- aufgrund der Ähnlichkeit der signifiants: z.B. Volksetymologie (*forain* 'étranger' nimmt unter der Einwirkung von *foire* seine heutige Bedeutung als Adjektiv zu *foire* – wie in *fête foraine* – an);
- aufgrund der Nähe (Kontiguität) der signifiants: z.B. Ellipse (*la ville capitale* → *la capitale*).

Lexikologie und Semantik, Lexikographie

Einen strukturellen Ansatz bietet der wegweisende Aufsatz von COSERIU, Eugenio (1964), "Pour une sémantique diachronique structurale", *TraLiLi* 2,1: 139-186.

Abschließend sollen noch kurz zwei Erscheinungen, die zur Wortgeschichte bzw. zur Geschichte des Wortschatzes gehören, angesprochen werden:

1) Als **Lehnwörter** werden solche Wörter bezeichnet, die aus anderen Sprachen in die jeweils betrachtete Sprache übernommen wurden – wir gehen hier nicht auf die schwierige Abgrenzung zwischen Lehn- und Fremdwort ein. In historischer Sicht kann der Wortschatz einer Sprache im großen und ganzen als aus drei wichtigen Komponenten zusammengesetzt betrachtet werden: 1° aus dem überkommenen historischen Fundus (im Falle des Französischen aus dem Vulgärlatein), 2° aus den aus anderen Sprachen und Dialekten im Laufe der Sprachgeschichte erfolgten Entlehnungen (hierher gehören auch die über die gelehrte Schiene entlehnten "Kultismen" (Latinismen und Gräzismen), die im französischen Wortschatz zu Dubletten – vgl. *cause* und *chose, fragile* und *frêle* – bzw. zur Dissoziierung der Wortfamilien – vgl. *aveugle – cécité, semaine – hebdomadaire, foie – hépatique* – führen), 3° aus den mit den Verfahren der Wortbildung erzeugten Wörtern.

Literaturhinweise (zu den Lehnelementen)

Zu einer genaueren Differenzierung der Lehnelemente im Anschluß an W. Betz, vgl. z.B. BÄCKER, Notburga (1975), *Probleme des inneren Lehnguts dargestellt an den Anglizismen der französischen Sportsprache*, Tübingen: 87.

Zum lexikalischen Einfluß von Substrat und Superstrat: vgl. IV.3. und IV.4.
Im Überblick: WALTER, Henriette et Gérard (1991), *Dictionnaire des mots d'origine étrangère*, Paris (vgl. dort die einleitende Darstellung: SS. 7-115).

Monographien zu den Entlehnungen aus den großen lebenden europäischen Sprachen: vgl. z.B. HOPE, Thomas E. (1971), *Lexical Borrowing in the Romance Languages. A Critical Study of Italianisms in French and Gallicisms in Italian from 1100 to 1900*, 2 Bände, Oxford; MACKENZIE, Fraser (1939), *Les relations de l'Angleterre et de la France d'après le vocabulaire*, 2 Bände, Paris; sowie GEBHARDT, Karl (1974), *Das okzitanische Lehngut im Französischen*, Bern /Frankfurt a.M.

Vereinfachte Skizze der historischen Stratifikation
des französischen Wortschatzes:

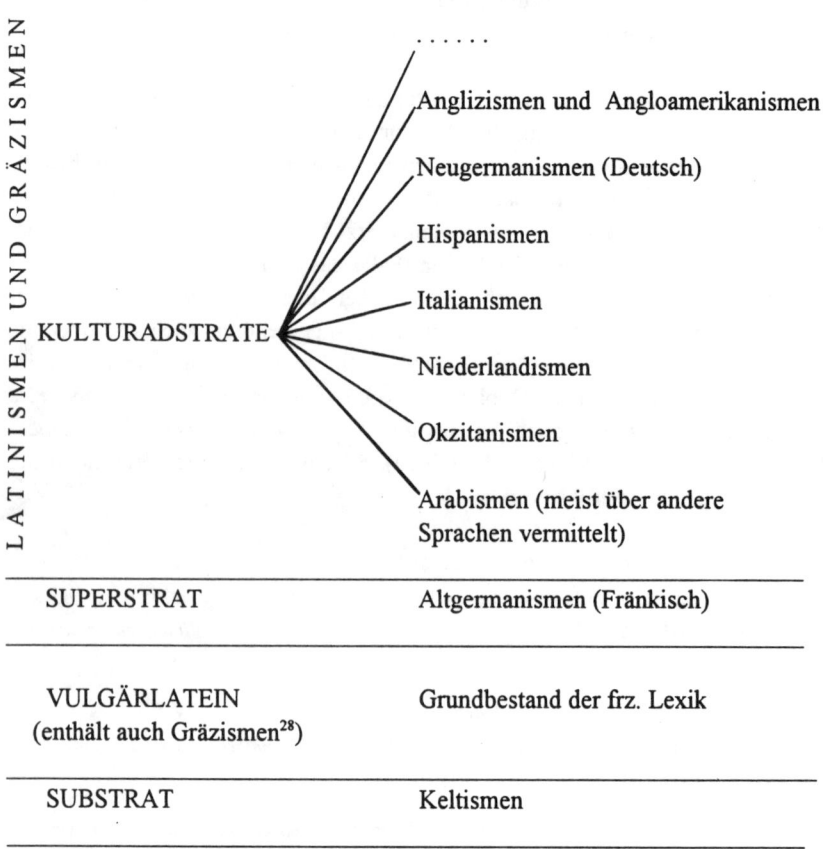

SUPERSTRAT	Altgermanismen (Fränkisch)
VULGÄRLATEIN (enthält auch Gräzismen[28])	Grundbestand der frz. Lexik
SUBSTRAT	Keltismen

Aufgabe

Suchen Sie zur Veranschaulichung französische Wortbeispiele für jede der im vorstehenden Schema angeführten Komponenten, z.B. in den bekannten etymologischen Wörterbüchern, s. unten 6.2.2., im Beitrag von HOLTUS, Günter im *LRL* V,1: 519-529, bei GUIRAUD, Pierre (1965), *Les mots étrangers*, Paris, oder bei WUNDERLI (1989: 31-57).

---

28 Vgl. dazu jetzt DIETRICH, Wolf (1995), *Griechisch und Romanisch*, Münster.

Lexikologie und Semantik, Lexikographie

2) Ausstrahlungsphänomene:
Wie das Französische z.T. beträchtliche lexikalische Einflüsse von den großen europäischen Kultursprachen aufgenommen hat (vgl. oben), so hat es umgekehrt auch sehr stark auf diese ausgestrahlt und deren Wortschatz mit zahlreichen Gallizismen angereichert, so ganz besonders im Falle des Englischen (seit der Epoche der Normannenherrschaft in England), aber auch des Italienischen, des Spanischen, des Deutschen u.a.; vgl. dazu die entsprechende Information in den verschiedenen Sprachgeschichten der jeweiligen Einzelsprachen sowie in den o.a. Werken von Hope und Mackenzie.

6.2. Lexikographie

6.2.1. Lexikographie – synchron

Literaturhinweise

> Sehr zu empfehlen: HAUSMANN, Franz Josef (1977), *Einführung in die Benutzung der neufranzösischen Wörterbücher*, Tübingen.
> Allgemeiner: HAUSMANN, Franz Josef (1985), "Lexikographie", in: SCHWARZE, Christoph/WUNDERLICH, Dieter (Hrsg.) (1985), *Handbuch der Lexikologie*, Königstein/Ts., 367-411.
> Sehr umfassend: HAUSMANN, Franz Josef et al. (Hrsg.) (1989-1991), *Wörterbücher/ Dictionaries/Dictionnaires. Ein internationales Handbuch zur Lexikographie*, 3 Bände, Berlin/New York; vgl. darin:
> BRAY, Laurent, "La lexicographie française des origines à Littré", SS. 1788-1818; REY, Alain, "La lexicographie française depuis Littré", SS. 1818-1843; RETTIG, Wolfgang, "Die zweisprachige Lexikographie Französisch-Deutsch, Deutsch-Französisch", SS. 2997-3007.

Unter **Lexikographie** im engeren Sinne versteht man die wissenschaftliche Praxis der Erstellung von Wörterbüchern. Für "Lexikographie im weiteren Sinne" schlägt Hausmann die Bezeichnung **Wörterbuchforschung** vor und definiert: "*Wörterbuchforschung* ist das Gesamt der auf Wörterbücher ausgerichteten wissenschaftlichen Theorie und Praxis." (HAUSMANN 1985: 368).

Die Wörterbuchforschung umfaßt die Lexikographie im engeren Sinne (vgl. oben) und die Metalexikographie, welche ihrerseits sich nach Hausmann untergliedert in: 1. Theorie der Lexikographie, 2. Wörterbuchkritik, 3. Status- und Benutzungsforschung, 4. Geschichte der Lexikographie und der Metalexikographie.
Der Gegenstand der o.a. Disziplinen sind also die Wörterbücher. HAUSMANN (1985: 369) gibt folgende sehr allgemeine Definition des Wörterbuchs:

Das *Wörterbuch* ist eine durch ein bestimmtes Medium präsentierte Sammlung von lexikalischen Einheiten (vor allem Wörtern), zu denen für einen bestimmten Benutzer bestimmte Informationen gegeben werden, die so geordnet sein müssen, daß ein rascher Zugang zur Einzelinformation möglich ist.

Zum Verhältnis von Lexikologie und Lexikographie:
Die Lexikologie profitiert von den Datensammlungen, die die Lexikographie im Hinblick auf praktische Bedürfnisse erstellt; die Lexikographie profitiert ihrerseits von den theoretischen [und praktischen (d. Verf.)] Fortschritten der Lexikologie. (SCHWARZE/WUNDERLICH 1985: 9)

Welche Typen von Wörterbüchern gibt es?

Wir beschränken uns im folgenden auf eine Auswahl aus der großen Vielfalt der existierenden Wörterbuchtypen und führen jeweils wichtige lexikographische Werke zum Französischen als Beispiele für die einzelnen Typen an (wir orientieren uns in unseren Ausführungen vor allem an den o.a. Arbeiten von Hausmann).

1. Sprachlexikon ~ Wörterbuch *versus* Sachlexikon ~ enzyklopädisches Wörterbuch:

Der Schwerpunkt eines Wörterbuchs liegt auf der sprachlichen Information, während enzyklopädisch ausgerichtete Nachschlagewerke vor allem Sachinformation liefern (hinzu kommen aber auch sprachliche Informationen).

Beispiele für Sprachwörterbücher s. unten; als Beispiele für enzyklopädische Lexika seien angeführt:
Pluridictionnaire Larousse: Dictionnaire encyclopédique de l'enseignement (1977), Paris.
Grand Larousse encyclopédique en dix volumes (1960-1964), Paris (+ Supplementbände).
Grand Dictionnaire encyclopédique Larousse (1982-1985), 10 Bände, Paris.
FRÉMY, Dominique et Michèle (1994), *Quid 1995*, Paris.

2. Einsprachiges Wörterbuch vs. zwei- oder mehrsprachiges Wörterbuch:

Einsprachige Wörterbücher geben zu jedem Eintrag (Lemma) eine (oder mehrere) Definition(en) in derselben Sprache wie die Einträge selbst – dazu in der Regel noch weitere sprachliche Informationen (z.B. phonetische Umschrift, Angaben zur Wortart, zur Etymologie, zum Sprachniveau bzw. Stilregister, zu Synonymen u.a.) einschließlich Beispiele zur Illustration (die auch Zitate sein kön-

Lexikologie und Semantik, Lexikographie

nen); diese Lexika werden auch **Definitionswörterbücher** genannt. Für das Französische gibt es eine beträchtliche Zahl sehr guter einsprachiger Wörterbücher.

Beispiele für einsprachige Wörterbücher des heutigen Französisch:

Einbändige Werke:
Petit Larousse illustré, Paris (erscheint fast jährlich neu; enthält auch einen enzyklopädischen Teil).
Dictionnaire du français contemporain (1966), Paris.
Dictionnaire Bordas du français vivant (1975), Paris/Bruxelles/Montréal.
Hachette: Dictionnaire pratique du français (1987), Berlin/München/Wien/Zürich.
Le Nouveau Petit Robert. Dictionnaire alphabétique et analogique de la langue française (1993), Paris.
Lexis: dictionnaire de la langue française (1975, 1992), Paris.

Mehrbändige Werke:
ROBERT, Paul (^{2}1986), *Dictionnaire alphabétique et analogique de la langue française*, 9 Bände, Paris (= Le grand Robert).
Grand Larousse de la langue française en sept volumes (1971-1978), Paris (= *GLLF*).
Trésor de la langue française: Dictionnaire de la langue du XIXe et du XXe siècle (1789-1960), (1971-1994), 16 Bände, Paris (= *TLF*).
Als Wörterbuch des "bon usage": *Dictionnaire de l'Académie Française*, 9. Aufl., Paris 1986 (bisher erschienen 1 Band (von *a-* bis *d-*)).

Zweisprachige Wörterbücher liefern für jeden Eintrag der Ausgangssprache eine zielsprachliche Übersetzung (Äquivalent); sie werden auch **Äquivalenzwörterbücher** genannt.

Als Beispiele unter vielen seien angeführt (z.T. auch neuere Auflagen):
WEIS, Erich/MATTUTAT, Heinrich (1978), *Pons-Großwörterbuch: Französisch-Deutsch / Deutsch-Französisch*, Stuttgart.
SACHS, Karl/VILLATTE, Césaire (1979), *Langenscheidts Großwörterbuch Französisch*, Teile I und II, Berlin.
GRAPPIN, Pierre (1989), *Grand dictionnaire français allemand. Großwörterbuch Deutsch Französisch*, Paris.

Die zweisprachigen Wörterbücher leisten meist gute Dienste in der Richtung Zielsprache → Ausgangssprache (d.h. beim Herübersetzen); die in ihnen gegebene Information reicht jedoch in der umgekehrten Richtung, d.h. beim Hinübersetzen, häufig nicht aus. Daher erweist es sich oft als notwendig, zur Ergänzung ein Definitionswörterbuch der Zielsprache zu Hilfe zu nehmen.

3. Synchrones Wörterbuch vs. diachrones Wörterbuch:

Der Prototyp des synchronischen Wörterbuchs ist das *Wörterbuch der Gegenwartssprache*. Der Prototyp des diachronischen Wörterbuchs ist das *etymologische Wörterbuch* [vgl. 6.2.2.]. (HAUSMANN 1985: 379)

Ein synchrones Wörterbuch – die meisten unter 2. aufgeführten sind solche – ist nicht auf die aktuelle Synchronie eingeschränkt, sondern es kann auch eine ältere Sprachstufe – wenn diese als ein synchroner "état de langue" betrachtet werden kann – darstellen, vgl. z.B. die Wörterbücher des Altfranzösischen (vgl. IV.6.) oder

HUGUET, Edmont (1925-1967), *Dictionnaire de la langue française du XVIe siècle*, 7 Bände, Paris.

LITTRÉ, Emile (1863-1873), *Dictionnaire de la langue française*, 4 Bände (+ Supplementband 1877), Paris (verschiedene neuere Nachdrucke) ist für uns heute ein historisches Wörterbuch, ebenso wie die verschiedenen Auflagen des Akademiewörterbuches (von der 1. Aufl. 1694 bis zur 8. Auflage 1932-1935).

Für das Studium besonders zu beachten, da sehr informativ: REY, Alain (Hrsg.) (1992), *Dictionnaire historique de la langue française*, 2 Bände, Paris.

4. Standardsprachliches Wörterbuch vs. regionalsprachliches Wörterbuch:

Den die Nationalsprache darstellenden Wörterbüchern stehen die Mundart- oder Dialektwörterbücher gegenüber, von denen es eine beträchtliche Anzahl für den französischen Sprachraum gibt, vgl. z.B. HAUST, Jean (1933), *Dictionnaire liégeois*, Liège.

Einen Überblick über die französischen Dialektwörterbücher bis 1967 gibt WARTBURG, Walther von et al. (1969), *Bibliographie des dictionnaires patois galloromans (1550-1967)*, Genève.

5. Gemeinsprachliches Wörterbuch vs. fachsprachliches Wörterbuch:

Im Gegensatz zu den gemeinsprachlichen Wörterbüchern, die Gesamtwörterbücher sein wollen, sind fachsprachliche Wörterbücher in der Regel Differenzwörterbücher, d.h. solche, die nur die fachspezifischen Wörter einer Disziplin aufnehmen.

Information über Terminologie und fachsprachliche Wörterbücher des Französischen findet man in den Bänden der vom "Conseil international de la langue française" herausgegebenen Zeitschrift *La banque des mots*, 1- (1971-).

Als Beispiel soll hier ein selektives Fachwörterbuch, das der französischsprachigen linguistischen Terminologie, angeführt werden: DUBOIS, Jean et al. (1973), *Dictionnaire de linguistique*, Paris.

6. Gesamtwörterbuch / Spezialwörterbuch:

Aus dem breiten Spektrum von Spezialwörterbüchern kann hier nur eine kleine Auswahl berücksichtigt werden:

a) Synonymwörterbuch und Antonymwörterbuch:

Synonymiken gibt es viele, Antonymiken existieren kaum; hin und wieder erscheinen solche Spezialwörterbücher mit beiden Typen von Inhaltsrelationen; vgl. für das Französische:

Einsprachige distinktive Synonymwörterbücher:
 BAILLY, René (1947, + Nachdrucke), *Dictionnaire des synonymes de la langue française*, Paris.
 BÉNAC, Henri (1956, + Nachdrucke), *Dictionnaire des synonymes conforme au Dictionnaire de l'Académie française*, Paris.
 GENOUVRIER, Emile et al. (1992), *Nouveau dictionnaire des synonymes*, Paris.

Zweisprachiges distinktives Synonymwörterbuch:
 KLEINEIDAM, Hartmut/GOTTSCHALK, Walter (^{6}1972), *Französische Synonymik*, München.

Nivellierende Synonymwörterbücher (z.T. mit Antonymen):
 BERTAUD DU CHAZAUD, Henri (1979), *Dictionnaire des synonymes*, Paris.
 BERTAUD DU CHAZAUD, Henri (1992), *Dictionnaire de synonymes et contraires*, Paris.
 BOUSSINOT, Roger (1973), *Dictionnaire des synonymes, analogies et antonymes*, Paris.
 DUPUIS, Hector (1961), *Dictionnaire des synonymes et des antonymes*, Montréal/Paris.

Diese nivellierenden Synonymiken sind meist nichts anderes als semantisch grob geordnete Materialsammlungen.

b) Begrifflich geordnetes Wörterbuch:

Im Gegensatz zu den üblichen alphabetisch gegliederten Wörterbüchern stehen die eher seltenen, nach begrifflichen bzw. semantischen Kriterien oder nach Sachgruppen geordneten Wörterbücher.

Beispiele für das Französische:
MAQUET, Charles (1936, + Nachdrucke), *Dictionnaire analogique*, Paris.
DELAS, Daniel/DELAS-DEMON, Danièle (1979), *Dictionnaire des idées par les mots (analogique)*, Paris.
NIOBEY, Georges (1992), *Dictionnaire analogique*, Paris.
PÉCHOIS, Daniel (Hrsg.) (^{2}1992), *Thésaurus Larousse: des idées aux mots, des mots aux idées*, Paris (enthält als Index auch einen alphabetischen Teil).

c) Rückläufiges Wörterbuch:

Ein rückläufiges (a tergo) Wörterbuch ist ein lexikographisches Werk, in dem die Wörter in alphabetischer Reihenfolge vom Wortende – und nicht wie üblicherweise vom Wortanfang – her aufgelistet werden. Ein solches Wörterbuch erleichtert z.B. die Erforschung der Suffixbildungen oder auch die Reimfindung (zu diesem Zwecke gab es schon in früheren Zeiten Reimwörterbücher);
vgl. JUILLAND, Alphonse (1965), *Dictionnaire inverse de la langue française*, The Hague (nach dem code phonique aufgebaut).

d) Frequenzwörterbuch:

In einem Frequenzwörterbuch werden die Wörter nach der Häufigkeit ihres Vorkommens in (gesprochenen und/oder geschriebenen) Texten aufgelistet.

Für das Französische existieren folgende Frequenzwörterbücher:
JUILLAND, Alphonse et al. (1970), *Frequency Dictionary of French Words*, The Hague;
Dictionnaire des fréquences. Vocabulaire littéraire des XIXe et XXe siècles (1971), 7 Bände, Paris.

Außerdem gibt es noch viele verschiedene Arten von Wörterbüchern, wie z.B. solche, die Familien- und Vornamen, Ortsnamen, den Wortschatz einzelner Autoren, Kollokationen, Redensarten, Sprichwörter, Zitate, Neologismen, Archaismen, Regionalismen, Exotismen, Erotismen, Fremdwörter (z.B. Anglizismen), Aussprache, Stil, "faux amis", Sprachschwierigkeiten, Abkürzungen u.a. betreffen.

Aufgaben

1. Analysieren Sie den Aufbau, d.h. die Mikrostruktur, eines Wörterbuchartikels aus einem der großen einsprachigen Wörterbücher des Französischen, z.B. aus dem "Grand Robert". Welche Arten von Information werden angeboten?

2. Stellen Sie mit Hilfe des rückläufigen Wörterbuchs die mit den Suffixen *-asser*, *-ément* und mit dem Suffixoid *-vore* abgeleiteten französischen Lexeme zusammen. Welche Schlüsse zur Semantik bzw. zur Funktion der Lexeme lassen sich ziehen?

3. Machen Sie sich anhand eines Argotwörterbuches mit dieser diastratischen Varietät des Französischen fürs erste bekannt[29].

6.2.2. Lexikographie – diachron

Wir beschränken uns hier auf einen kurzen Überblick über die wichtigsten etymologischen Wörterbücher der französischen Sprache.

Etymologische Wörterbücher in einem Band:

BLOCH, Oscar/WARTBURG, Walther von ([6]1975), *Dictionnaire étymologique de la langue française*, Paris.

GAMILLSCHEG, Ernst ([2]1969), *Etymologisches Wörterbuch der französischen Sprache*, Heidelberg.

DAUZAT, Albert et al. ([5]1981 und neuer), *Nouveau Dictionnaire étymologique et historique*, Paris.

DAUZAT, Albert et al. (1993), *Dictionnaire étymologique et historique du français*, Paris.

PICOCHE, Jacqueline (1992), *Dictionnaire étymologique du français*, Paris.

COTTEZ, Henri ([4]1985), *Dictionnaire des structures du vocabulaire savant. Eléments et modèles de formation*, Paris.

Das bei weitem ausführlichste Werk ist WARTBURG, Walther von (1922 ff.), *Französisches etymologisches Wörterbuch. Eine Darstellung des galloromanischen Sprachschatzes* (= *FEW*), 25 Bände, Bonn u.a.

Inzwischen wurde mit der Neubearbeitung der Wörter mit *A*- begonnen.

---

29 Vgl. auch NOLL, Volker (1993), "Les dictionnaires d'argot et les argots spéciaux", *TraLiPhi* 31: 423-475.

Synchronie und Diachronie der französischen Sprache

Zum Abschluß sei noch auf das bis heute nicht ersetzte gesamtromanische Werk von MEYER-LÜBKE, Wilhelm (³1935), *Romanisches Etymologisches Wörterbuch* (= *REW*), Heidelberg, hingewiesen.

Weitergehende Information in BALDINGER, Kurt (Hrsg.) (1974), *Introduction aux dictionnaires les plus importants pour l'histoire du français*, Paris.

Aufgaben

1. Orientieren Sie sich über den unterschiedlichen Aufbau des etymologischen Wörterbuchs von Bloch/Wartburg und des *FEW*s.

2. Gehen Sie der "étymologie-histoire du mot" folgender französischer Wörter nach: *assassin, aveugle, (le) bas* ('Strumpf'), *déjeuner – dîner, fromage, (la) grève* ('Streik'), *hôpital – hôtel, jument, maison – ménage – manoir – manant, mauvais – méchant, nager – naviguer, niais, ouvrir/ouvrable, païen, peser – penser – panser, porcelaine, renard, rien*, der Wortfamilie von *roman* (*romancier, romantique* usw.), *talent, tête, toilette, travail, viande/chair*; vgl. dazu KLEIN, Hans-Wilhelm (²1955), *Französische Wortkunde auf sprach- und kulturgeschichtlicher Grundlage*, München.

III.7. Zur Typologie des Französischen

Literaturhinweise

Als allgemeine Einführung in die Sprachtypologie: INEICHEN, Gustav (²1991), *Allgemeine Sprachtypologie. Ansätze und Methoden*, Darmstadt. COSERIU, Eugenio (1980), "Der Sinn der Sprachtypologie", *Travaux du Cercle Linguistique de Copenhague* 20: 157-170.
WEINRICH, Harald (1962), "Ist das Französische eine analytische oder synthetische Sprache?", *Mitteilungsblatt des Allgemeinen Deutschen Neuphilologenverbandes* 15: 177-186.
BALDINGER, Kurt (1968), "Post- und Prädeterminierung im Französischen", in: *Festschrift Walther von Wartburg zum 80. Geburtstag*, Tübingen: 87-106. GECKELER, Horst (1989), "'Alter Wein in neue Schläuche'. Überlegungen zur Nützlichkeit verworfener traditioneller Kategorien für die typologische Beschreibung romanischer Sprachen", in: RAIBLE, Wolfgang (Hrsg.), *Romanistik, Sprachtypologie und Universalienforschung*, Tübingen: 163-190.
SCHWEGLER, Armin (1990), *Analyticity and Syntheticity. A Diachronic Perspective with Special Reference to Romance Languages*, Berlin/NewYork.

Zur Typologie des Französischen

7.1. Die Sprachtypologie als Wissenschaftszweig befaßt sich mit der Typologie von Sprachen, genauer gesagt: sie identifiziert und beschreibt Sprachtypen, beginnend mit dem (Sprach-)Typus jeweils einer Einzelsprache. In der Auffassung von E. Coseriu stellt der Sprachtypus die oberste der Ebenen der Sprachgestaltung dar; er bildet die höchste Stufe der Abstraktion in der Rangfolge "Sprachnorm" – "Sprachsystem" – "Sprachtypus". Der Sprachtypus umfaßt "die funktionellen Prinzipien einer Sprachtechnik" (E. Coseriu); er repräsentiert die Einheit und die Kohärenz der funktionellen Verfahren eines Sprachsystems. Diese Auffassung vom Sprachtypus ist eine sehr anspruchsvolle, da sie zu einer integralen Typologie der realen Sprachen gehört, welche sich allerdings noch im Anfangsstadium ihrer Erforschung befindet.

In der sprachwissenschaftlichen Tradition wurden vorzugsweise genealogische Typologie (nach genetisch-historischen Kriterien) und Arealtypologie (nach geographisch-räumlichen Kriterien) betrieben – was eher als Sprachenklassifizierung einzuordnen ist –, und innerhalb der strukturellen Typologie, zu der auch die globale bzw. integrale Typologie gehört, befaßte man sich fast ausschließlich mit partieller Typologie (siehe III.7.4.), die vielmehr zur Sprachencharakterisierung führt.

7.2. Mit Bezug auf das Französische sollen hier zwei sehr bekannt gewordene Ansätze partieller Sprachtypologie kurz vorgestellt und kritisch besprochen werden.

August Wilhelm von SCHLEGEL unterscheidet in seinen *Observations sur la langue et la littérature provençales*, Paris 1818 (Neudruck Tübingen 1971), drei "Klassen" von Sprachen: "les langues sans aucune structure grammaticale" (z.B. das Chinesische), "les langues qui emploient des affixes" (z.B. das Baskische) und "les langues à inflexions", d.h. die flektierenden Sprachen. Diese letztere Klasse von Sprachen unterteilt er in zwei "Genera", nämlich in die "langues synthétiques" und die "langues analytiques". Als Beispiele für synthetische Sprachen führt er Griechisch, Latein und ganz besonders Sanskrit an, während "les langues dérivées du latin", d.h. die romanischen Sprachen, aber auch das Englische, den analytischen Sprachen zugerechnet werden. Schlegel definiert seine Unterscheidung "synthetisch/ analytisch" zunächst nicht, sondern illustriert sie durch Sprachfakten aus analytischen Sprachen und fügt dann schließlich noch an, daß die synthetischen Sprachen solcher "moyens de circonlocution" – die also gerade die analytischen Sprachen charakterisieren – nicht bedürfen. Das Schlegelsche Kriterium der "moyens de circonlocution" wird man in moderner

Terminologie mit "periphrastischen" oder "syntagmatischen" Verfahren" wiedergeben dürfen.

Die 5 Erscheinungen aus der Grammatik, die Schlegel zur Bestimmung des analytischen Sprachtypus anführt, liegen nicht alle auf derselben Ebene, und einige scheinen ganz besonders im Hinblick auf das moderne Französisch ausgewählt worden zu sein. Schlegels Liste sieht wie folgt aus:

– die obligatorische Setzung des Artikels vor den Substantiven (z.B. *le garçon*);
– die obligatorische Setzung der Subjektspersonalpronomina vor den Verben – in Abwesenheit eines anderen Subjekts – (z.B. *je lis*);
– der Rückgriff auf Hilfsverben in der Konjugation (z.B. *elle a téléphoné*; *tu seras récompensé*);
– der Gebrauch von Präpositionen anstelle von morphologisch markierten Kasus (z.B. frz. *de la nuit* für lat. *noctis*);
– die Bildung der Steigerungsformen des Adjektivs mittels Adverbien (z.B. *plus étroit*).

"Synthetisch" im Sinne Schlegels bedeutet also, daß die lexikalische und die grammatische Komponente in *einem* Wort 'synthetisiert' sind (vgl. lat. *am-a-tur* gegenüber frz. *(il/elle) est aimé(e)*), während er "analytisch" so versteht, daß die beiden Komponenten 'aufgelöst', d.h. auf verschiedene Wörter aufgeteilt sind (vgl. frz. *de l'amie* gegenüber lat. *amic-ae*).

In neuerer Zeit (1962) hat Harald Weinrich die Schlegelsche Unterscheidung "analytisch/synthetisch" verworfen und an ihre Stelle die Kategorien "prädeterminiert/postdeterminiert" gesetzt. "Prädetermination" wird so verstanden, daß das morphematische Element dem lexematischen Element vorausgeht, vgl. z.B. frz. *plus fort*, während bei der "Postdetermination" das morphematische Element dem lexematischen nachfolgt, vgl. entsprechend lat. *fort-ior*. Für Weinrich – und in seinem Gefolge für zahlreiche weitere Linguisten – ist die Prädetermination "eines der wichtigsten Strukturmerkmale der französischen Sprache geworden" (WEINRICH 1962:186).

7.3. In verschiedenen Veröffentlichungen (z.B. GECKELER 1989 und früher) haben wir uns dagegen gewandt, daß es hier einfach um eine Ersetzung einer Unterscheidung durch eine andere geht. Vielmehr haben beide Kriterienpaare ihre 'raison d'être' und können sogar miteinander kombiniert werden, wenn man zuvor ihr gegenseitiges Verhältnis bestimmt hat. In Wirklichkeit sind die beiden besprochenen Begriffspaare nicht auf derselben sprachlichen Strukturierungsebene anzusiedeln. Die Unterscheidung "analytisch/synthetisch" betrifft den Grad der morphologischen Kohäsion der Wörter. Wenn man nun wie Weinrich diese Unterscheidung aufgeben will, verläßt man die Ebene der morphologischen Kohäsion und verlegt die Betrachtung auf eine andere Ebene, die der ersteren nach- und untergeordnet ist, denn "Prä- bzw. Postdetermination" stellen einfach eine Unterscheidung positioneller Art dar, da sie ausschließlich das Stellungsverhältnis des grammatischen Elementes zu dem zu determinierenden lexikalischen Element des Wortes angeben.

Unser Vorschlag, beide Unterscheidungen hierarchisiert zu kombinieren, sieht folgendermaßen aus:

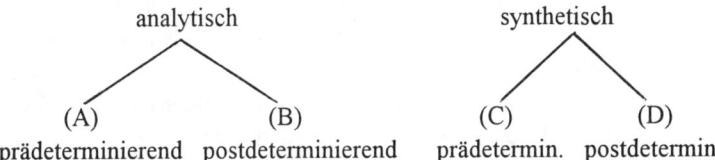

Es zeigt sich nun in der typologischen Beschreibung romanischer Sprachen und insbesondere des Französischen, daß die Kombinationen (A) und (D) dort stark vertreten sind, (B) und (C) dagegen sehr selten auftreten. (A) erscheint vor allem im nominalen Bereich (vgl. Kasusäquivalente beim Substantiv, z.B. *du soleil, au patron*; Steigerung des Adjektivs, z.B. *plus grand*), (D) insbesondere im romanischen Verbalsystem (weniger ausgeprägt im Französischen, hier vor allem bei der Tempusmarkierung in den einfachen Tempora, z.B. *(il, elle) joue, jouait, joua, jouera, jouerait*). Hinzu kommen noch Kombinationen aus den vier o.a. Konstellationen (vgl. dazu GECKELER 1989:183-184). Dieser kombinatorische Ansatz leistet mehr als die auf nur einer Unterscheidung beruhenden Versuche von Schlegel und Weinrich.

Die Konstellation der 'bevorzugten Zusammenhänge' zwischen "analytisch" und "prädeterminierend" (A) einerseits und zwischen "synthetisch" und "postdeterminierend" (D) andererseits ist die faktische Voraussetzung dafür, daß man überhaupt auf den Gedanken kommen konnte, die jeweilige Schlegelsche Kategorie durch das entsprechend positionell bestimmte Kriterium ersetzen zu wollen.

Eine knappe Beschreibung des Französischen nach den typologischen Kategorien von V. Skalička gibt GECKELER (1984)[30].

7.4. Es ist in der Forschungsliteratur immer wieder darauf hingewiesen worden, daß das Französische – neben dem Rumänischen – unter den romanischen Sprachen eine Sonderstellung einnimmt. Zur Tatsache, daß das Neufranzösische vom gemeinsamen romanischen Sprachtypus stark abweicht, vgl. auch IV.6. und IV.7.

So haben verschiedene Autoren (z.B. B. Müller, E. Ternes, Z. Hess) in Arbeiten zum phonischen Bereich, die der partiellen Typologie zuzurechnen sind, in jeweils eigener Weise die Sonderstellung des Französischen herausgearbeitet (das Französische wird von Ternes als "die eigentlich exzentrische Sprache der Romania" charakterisiert). Auch unter dem Gesichtspunkt der Silbenzahl in volkstümlich entwickelten Wörtern nimmt das Französische auf der Skala der romanischen Sprachen die Position ein, die durch den stärksten Silbenverlust im Vergleich zum Lateinischen gekennzeichnet ist (St. H. Richman).

In Untersuchungen zur morphologischen Typologie, z.T. unter Einbeziehung auch von phonologischen Kriterien, gelangen unterschiedliche Romanisten (Ž. Muljačić, M. Iliescu) zu sehr ähnlichen Ergebnissen, nämlich daß das Französische – zusammen mit dem Sardischen und dem Rumänischen – eine Sonderstellung einnimmt im Verhältnis zu den übrigen romanischen Sprachen (die von A. Alonso als "Romania continua" bezeichnet wurden).

Im syntaktischen Bereich ist heute die Wortfolgetypologie sehr bekannt. Hier erscheinen die romanischen Sprachen vielfach als Block, der dem Typ "S (Subjekt) – V (Verb) – O (Objekt)" – und damit einhergehend: Präposition vor Substantiv; Hilfsverb vor Hauptverb; adjektivisches bzw. substantivisches Attribut, Relativsatz nach dem Bezugsnomen – zugerechnet wird.

Im Hinblick auf die Wortbildungsverfahren ist das moderne Französisch gegenüber den anderen romanischen Sprachen dadurch charakterisiert, daß die Möglichkeiten der Diminutiv- (und Augmentativ-)Bildung mittels Suffixen äußerst eingeschränkt sind (z.B. *table* → *petite table*, da die Stelle von *tablette* schon

---

30 GECKELER, Horst (1984), "Le français est-il une langue isolante?", in: OROZ ARIZCUREN, Francisco J. (Hrsg.), *Navicula Tubingensis. Studia in honorem Antonii Tovar*, Tübingen: 145-159.

durch eine Lexikalisierung besetzt ist, vgl. auch *cheval / chevalet*).
Was die Lexik betrifft, so wurde immer wieder, besonders auch von W. von Wartburg, auf die materielle Heterogenität vieler französischer Wortfamilien hingewiesen. Diese Dissoziierung zeigt sich beispielsweise darin, daß ein Substantiv und das dazugehörige Adjektiv oder ein Verb und das entsprechende Substantiv materiell sehr stark voneinander abweichen oder gar keine Gemeinsamkeiten im signifiant aufweisen, vgl. etwa *mois – mensuel, dimanche – dominical; semaine – hebdomadaire, lettre – épistolaire, foie – hépatique, cécité – aveugle, eau – aquatique; maudire – malédiction, éteindre – extinction; tomber – chute, s'agenouiller – génuflexion.*

7.5. Zum Abschluß noch ein Wort zu E. Coserius Vorstellungen vom romanischen Sprachtypus[31]. Wir knüpfen an das unter 1. zu Coserius integraler Typologie Gesagte an und kommen sogleich zum Wortlaut des einheitlichen Gestaltungsprinzips, d.h. des Typus der romanischen Sprachen, so wie er von Coseriu identifiziert wurde:

"innere, paradigmatische materielle Bestimmungen für gleichfalls innere, nicht-relationelle Funktionen und äußere, syntagmatische materielle Bestimmungen für gleichfalls äußere, relationelle Funktionen." (COSERIU in ALBRECHT et al. 1988: 213)

NB: Dieses Gestaltungsprinzip gilt für alle romanischen Sprachen, wobei zu präzisieren ist, daß das Mittel- und Neufranzösische sich von diesem Prinzip weitgehend abgekoppelt hat, vgl. dazu IV.7.

Innere, nicht-relationelle Funktionen (Funktionen der Wörter an sich) wie Numerus und Genus im Nominalbereich und die einfachen Tempora der Verben werden paradigmatisch ausgedrückt, z.B. span. *toro/toros*, frz. *blanc/ blanche;* span. *canto/cantaba/canté/...* (aber frz. *je chante, ...*), wohingegen äußere, relationelle Funktionen (Funktionen im Satz) wie die Kasus im Nominalbereich, die periphrastischen Tempora und das Passiv des Verbs syntagmatisch ausgedrückt werden, z.B. frz. *de mon ami, à mon ami; (j')ai chanté/avais chanté/...; (elle) est aimée/était aimée/fut aimée/...* Dieses homogene Prinzip läßt sich auch auf die Steigerung der Adjektive und der Adverbien, auf die Diminutiv- und Augmentativbildung und sogar auf die Syntax des einfachen und des komplexen Satzes ausdehnen (s. COSERIU in ALBRECHT et al. 1988: 219-222).

---

31 Wir beziehen uns hauptsächlich auf Coserius Aufsatz "Der romanische Sprachtypus. Versuch einer neuen Typologisierung der romanischen Sprachen", in: ALBRECHT, Jörn et al. (Hrsg.) (1988), *Energeia und Ergon. Sprachliche Variation – Sprachgeschichte – Sprachtypologie. Studia in honorem Eugenio Coseriu*, Tübingen, I: 207-224.

Synchronie und Diachronie der französischen Sprache

Coseriu weist ausdrücklich darauf hin, daß es sich in der Typologie um eine "allgemeine Ausrichtung" des Systems bzw. der Systeme der romanischen Sprachen handelt und nicht "um starre Gesetze ohne Ausnahmen. Von Fall zu Fall muß man immer auch die jedem Sprachsystem innewohnende Freiheit mit in Betracht ziehen." (S. 222)

Aufgaben

1. Informieren Sie sich über die Anwendung der Weinrichschen Unterscheidung "Prädetermination/Postdetermination" durch BALDINGER (1968) auf das Französische und diskutieren Sie diese kritisch mit dem Seminarleiter.

2. Besprechen Sie im Seminar die "dominantes sémantiques du français", die von Stephen ULLMANN in seinem *Précis de sémantique française*, Berne [4]1969: 316-318, herausgestellt wurden.

3. Stellen Sie weitere Beispiele für die materielle Heterogenität französischer Wortfamilien zusammen.

IV. Etappen der Geschichte der französischen Sprache

Gegenstand dieses vierten Hauptteils unserer Einführung in die französische Sprachwissenschaft sind die wichtigsten Etappen der **Sprachgeschichte** als "externer Geschichte" der französischen Sprache, d.h. ihrer Entstehung und Entwicklung als funktionierendes Ausdrucks- und Kommunikationsmittel, als Institution und Gegenstand der nationalen Identifikation. In diesem Sinne steht Sprachgeschichte der **historischen Grammatik** als "interner Geschichte" der Phonetik/ Phonologie, Morphologie, Grammatik, Wortbildung und Syntax gegenüber, sowie der **historischen Lexikologie** als der Geschichte des Wortschatzes, die im III. Hauptteil kurz angesprochen worden sind. Hier geht es um die Entwicklung vom Vulgärlatein in Gallien zum heutigen Französisch, wobei die verschiedenen äußeren Einflüsse auf das Französische, die Probleme der ersten Verschriftung, die Entwicklung der Nationalsprache aus der altfranzösischen Dialektsituation heraus und die Etappen der französischen National- und Literatursprache seit der Renaissance im Vordergrund stehen.

Literaturhinweise

BERSCHIN, Helmut/FELIXBERGER, Josef/GOEBL, Hans (1978), *Französische Sprachgeschichte*, München. BRUNEAU, Charles (1966), *Petite histoire de la langue française*, 2 Bde., Paris. BRUNOT, Ferdinand (1905ff.), *Histoire de la langue française des origines à nos jours*, Paris, Neuausgabe Paris 1966ff. CAPUT, Jean-Paul (1972/1975), *La langue française, histoire d'une institution, tome I: 842-1715, tome II: 1715-1974*, Paris. COHEN, Marcel ([4]1973), *Histoire d'une langue: le français (des lointaines origines à nos jours)*, Paris. PICOCHE, Jacqueline/MARCHELLO-NIZIA, Christiane (1989), *Histoire de la langue française*, Paris. RICKARD, Peter ([2]1989), *A History of the French Language*, London; dt.: RICKARD, Peter (1977), *Geschichte der französischen Sprache*, Tübingen. SERGIJEWSKIJ, Maxim W. (1979), *Geschichte der französischen Sprache*, München. WALTER, Henriette (1988), *Le français dans tous les sens*, Paris. VON WARTBURG, Walther ([10]1970), *Évolution et structure de la langue française*, Berne. WOLF, Heinz-Jürgen ([2]1991), *Französische Sprachgeschichte*, Heidelberg.

IV.1. Die Eroberung und Romanisierung Galliens

"Die Romanisierung bildete das erste Kapitel der romanischen Sprachgeschichte und der Geschichte der Einzelsprachen"[1].

---

1 INEICHEN, Gustav (1987), "Zwischen Latein und frühem Romanisch (Die Schwelle um 800 n. Chr.)", in: ARENS, Arnold (Hrsg.), *Text-Etymologie. Untersuchungen zu*

Etappen der Geschichte der französischen Sprache

Literaturhinweise

FAVIER, Jean (dir.) (1984-1989), *Histoire de France*, 6 Bde. (von verschiedenen Autoren), Paris; deutsch: *Geschichte Frankreichs*, 6 Bde., Stuttgart, 1989-1994. GOUBERT, Pierre (1984), *Initiation à l'histoire de France*, Paris. SIEBURG, H.O. (^{4}1989), *Geschichte Frankreichs*, Stuttgart. DRINKWATER, J. F. (1987), *The Gallic Empire*, Stuttgart. DUVAL, P.-M., (1952), *La vie quotidienne en Gaule pendant la paix romaine*, Paris; dt. *Gallien. Leben und Kultur in römischer Zeit*, Ditzingen 1979. RÖMISCH-GERMANISCHES ZENTRALMUSEUM (Hrsg.) (1980), *Gallien in der Spätantike*, Mainz.

Für eine erste Information:
LOTH, Wilfried (^{2}1988), *Frankreich-Ploetz. Französische Geschichte zum Nachschlagen*. Freiburg/Würzburg. PLOETZ, Karl (^{31}1991), *Auszug aus der Geschichte*, Würzburg.

Zur besseren Anschaulichkeit sollten auch entsprechende Geschichtsatlanten eingesehen werden. Für die Fragen der eigentlichen Romanisierung kann man auch heute noch mit Gewinn auf das schon alte Werk von BUDINSKY, Alexander (1881), *Die Ausbreitung der lateinischen Sprache über Italien und die Provinzen des römischen Reiches*, Berlin (Nachdruck 1973), zurückgreifen. Vieles enthält auch die neuere Studie zur sprachlichen Gliederung der Galloromania aufgrund des durch die unterschiedliche Romanisierung sich jeweils verschieden darbietenden Wortschatzes von SCHMITT, Christian (1974), *Die Sprachlandschaften der Galloromania. Eine lexikalische Studie zum Problem der Entstehung und Charakterisierung*. Frankfurt/M.

1.1. Die Provincia Gallia Narbonensis

Die **Romanisierung** beginnt mit dem ersten nachdrücklichen Kontakt zwischen den Römern als Kolonisatoren und den damals in Gallien ansässigen Völkerschaften. Dieser Kontakt geschah im Jahre 154 v. Chr., als erstmals in Südgallien ein römisches Heer erschien, nachdem die Massilioten die Römer gegen die offensichtlich ständigen Angriffe der Ligurer um Hilfe gerufen hatten. Die Römer befreiten die griechischen Einwohner Marseilles zunächst von der Bedrohung, griffen aber in den Folgejahren immer wieder in die Zwistigkeiten ein. Nachdem sie in den Jahren 125 und 124 östlich der Rhône die Vocontier besiegt hatten, gründeten sie 122 v. Chr. *Aquae Sextiae* (Aix-en-Provence) als Festung gegen die "unruhigen" Ligurer. Der Proconsul Cn. Domitius Ahenobarbus gründete 118 v. Chr. Narbonne und richtete die *Provincia Gallia Transalpina* (im Gegensatz zur *Gallia Cisalpina* in Oberitalien) ein, die unter Augustus den Namen *Provincia Gallia Narbonensis* erhielt. *Provincia* hat nicht nur der späteren *Provence* den Namen gegeben, sondern ist durch die vor der im übrigen Gallien erfolgten Romanisie-

---

Textkörper und Textinhalt. Festschrift für Heinrich Lausberg zum 75. Geburtstag. Stuttgart: 14–18, 15.

Die Eroberung und Romanisierung Galliens

rung auch Keimzelle und Grundlage des Okzitanischen geworden. Die Römer, die zunächst zur Hilfe gerufen worden waren, hatten sich also unentbehrlich gemacht und waren im Lande verblieben.

Die damaligen einheimischen Völkerschaften Galliens (vgl. auch IV.3.2.) waren in der Mehrheit die **Kelten (Gallier)**, die vor allem das Zentrum und den Norden des Landes besiedelten.die **Iberer**, ein wahrscheinlich mit den Basken verwandtes Volk mit nicht indoeuropäischer Sprache, saßen wohl vor allem nördlich der Pyrenäen, im Südwesten (Aquitanien) und im heutigen Roussillon und südlichen Languedoc (bis etwa Béziers). An der Mittelmeerküste befanden sich verschiedene Kolonien der **Griechen**, darunter *Massilia* (Marseille), *Níkaia* (Nice), *Antípolis* (Antibes), *Heraklḗs Monoikos* (Monaco) und westlich der Rhône *Agathḗ Týchē* (Agde). Die Griechen, die Handelsbeziehungen bis zum Atlantik unterhielten, waren zivilisatorisch in der gesamten Umgebung – bei den Galliern und teilweise den Helvetiern – prägend, z.B. durch die Einführung ihrer Schrift, der Münzprägung, den Anbau der Weinrebe und des Ölbaums. Das vorindoeuropäische Volk der **Ligurer** siedelte ursprünglich von den Pyrenäen bis zu den Alpen sowie in Oberitalien bis zum Arnotal. Durch die Einwanderung der Kelten wurden sie im 4. Jh. v. Chr. auf die Seealpen und den nordwestl. Apennin beschränkt.

Die zweite Etappe der Romanisierung Galliens vollzog sich in der Folge des Gallischen Krieges (58-51 v. Chr.), den C. Iulius Caesar im römischen Namen führte, um die schon bestehende Provincia Gallia Transalpina zu sichern. Damit gelangte ganz Gallien bis zur Rheingrenze unter römischen Einfluß.

Die Romanisierung Galliens erfolgte zunächst im Süden und dehnte sich erst allmählich auch über das nördliche Gallien aus. Die Römer gründeten Städte im Rhônetal, wie *Lugdunum* (Lyon, 43 v. Chr.), *Arausio* (Orange), *Némausus* (Nîmes), und an der Küste *Forum Iulii* (Fréjus, noch von Caesar gegründet), und bauten bestehende Griechenstädte wie *Massilia*, *Arelate* (Arles) und *Aphrodisiás* (> *Portus Veneris*/ Port-Vendres) aus. In augustäischer Zeit wurden die meisten von ihnen zu Kolonien erhoben. Für die gallische Landbevölkerung waren sie Anziehungspunkte durch ihre Handelsmöglichkeiten und kulturellen Einrichtungen. Die Gallier des Süden waren durch den schon seit langem bestehenden Kontakt mit den Griechen der Küstenstädte an die Kultur des Mittelmeerraumes gewöhnt. Ihre Romanisierung verlief daher nach antiken Zeugnissen außerordentlich rasch (vgl. auch BERSCHIN/ FELIXBERGER/ GOEBL 1978: 159). Die Römer verfolgten eine geschickte Politik der Assimilierung der unterworfenen Völkerschaften, indem sie die Angehörigen der Oberschicht in die Provinzialverwaltung einbezogen und ihre Söhne in ihren Schulen ausbildeten. Berühmt wurden in der Kaiserzeit gerade die Rhetorenschulen der galloromanischen Siedlungen des Rhônetales, insbesondere die von Lugdunum. Die Römer drängten niemandem ihre Sprache auf, zumal sie sahen, daß diese – zunächst von der gebildeten Oberschicht – als Prestigesprache bereitwillig angenommen wurde und auch in den unteren Schichten als Verkehrssprache neben der einheimischen Sprache gebraucht wurde.

Die älteste und tiefste Schicht der Romanisierung Galliens ist also die von der Narbonensis ausgehende, die nach Westen und Südwesten das Gebiet bis zum Atlantik und nach Norden das Rhônetal hinauf bis Lyon umfaßte. Die narbonensische Latinität ist die Grundlage der okzitanischen und im Südwesten der gaskognischen Romanität.

1.2. Die Romanisierung des übrigen Gallien (der "tres Galliae")

Von Lugdunum aus ging eine zweite Stufe der Romanisierung nach Norden das Saônetal aufwärts und östlich die Rhône aufwärts bis in die Westschweiz. Diese kann man eventuell als Basis des Frankoprovenzalischen ansehen. Unter Augustus wurden 27-22 v. Chr. die gallischen Provinzen neu geordnet: Außer der Narbonensis bestanden dann die Provinzen *Aquitania* (mit *Burdigala*/Bordeaux als Hauptstadt seit dem 2. Jh. n. Chr.), *Lugdunensis* (mit der Hauptstadt Lugdunum) und *Belgica*, die das ganze heutige Nordfrankreich vom Kamm der Vogesen bis zur belgisch/niederländischen Kanalküste umfaßte (Hauptstadt *Durocortorum in Remis*/Reims, später *Augusta Treverorum*/Trier). Die in diesem Raum entwickelte Latinität dürfte die Grundlage der Romanität des Französischen sein. Außer den erwähnten "tres Galliae", die von der Narbonensis stets getrennt behandelt wurden, erstreckte sich auf später galloromanischem Gebiet auch ein Großteil der Provinz "Germania superior", die (außer der Westschweiz) auch die Franche-Comté und das heutige Burgund umfaßte, außerdem die germanisch-keltischen Gebiete am Rhein und in Südwestdeutschland.

Die aufeinanderfolgenden Hauptstädte der Belgica zeigen in etwa die Richtung des weiteren Verlaufs der Romanisierung an. Verglichen mit dem Süden blieb die Zahl der Städtegründungen geringer, und die Heranführung der vorwiegend auf dem Lande siedelnden Gallier an die römische Kultur ging langsamer voran. Überreste römischer Prachtbauten finden sich westlich und nordwestlich von *Augustodunum*/Autun (Burgund), *Vesontio*/Besançon und Trier kaum noch. Das Zentrum, d.h. das Massif Central und die schwer zugänglichen Sumpf- und Waldgebiete beiderseits der mittleren und unteren Loire wurden erst spät von der Romanisierung erfaßt. Vom heutigen Ostfrankreich aus wurde das Gebiet an Seine,

Die Eroberung und Romanisierung Galliens

Marne und Aisne wohl erst Ende des 2. bzw. zu Beginn des 3. Jhs. n. Chr. wirklich romanisiert. Noch im 4. Jh. wird das Gallische als gesprochene Sprache bezeugt, dennoch war es sicher schon seit langem kein ernsthafter Konkurrent des Lateinischen mehr[2].

Wie, wann und unter welchen Umständen die Romanisierung der Landbevölkerung, der sozialen Unterschicht, der Frauen vor sich ging, wann die Zweisprachigkeit Latein-Keltisch zur Einsprachigkeit wurde, all das entzieht sich unserer Kenntnis. Sicher war jedoch mehrere Generationen hindurch ein beträchtlicher Teil der Bevölkerung zweisprachig. Deshalb muß während dieser Zeit mit Interferenzen zwischen den beiden Sprachen gerechnet werden. (BERSCHIN/FELIXBERGER/GOEBL 1978: 163).

Gallien war nach der bereits Ende des 3. Jhs. v. Chr. begonnenen Eroberung und Romanisierung der Pyrenäenhalbinsel der zweite große Raum in Europa, der der römischen Zivilisation zugeführt werden sollte. In Britannien und Germanien ist dies dauerhaft nicht gelungen, Dakien folgte erst ca.160 Jahre nach Gallien und mit größeren Schwierigkeiten für die Kontinuität des Römertums im Lande. Dennoch waren es überall die gleichen Faktoren, die die Romanisierung – wenn auch mit jeweils unterschiedlichem Erfolg – förderten. Reichenkron[3] führt davon die sieben folgenden auf, die wir kurz kommentieren wollen:

1. das römische Heer und das römische Militärwesen,
2. die römische Kolonisation und die Siedlungsarten,
3. die römische Verwaltung und das römische Straßennetz,
4. der römische Handel,
5. das römische Bürgerrecht,
6. die römischen Schulen und die römische Erziehung,
7. das Christentum.

– Ad 1.: Der Prozeß der Romanisierung wurde vor allem dadurch gefördert, daß Einheimische aus den Provinzen in das Heer aufgenommen wurden und in späterer Zeit sogar höhere und höchste Stellen bekleideten. Die lateinische Kommando-

---

2 Auch wenn wir über den Zeitraum, in dem die letzten Reste des Gallischen ausstarben, nicht im Bilde sind, so muß doch klargestellt werden, daß es sich nicht etwa im keltischen Bretonisch der Bretagne erhalten hat. Im Gegensatz zum festlandkeltischen Gallisch ist das Bretonische eine inselkeltische Sprache, die im 5. Jh. von Britannien (Cornwall) aus auf das Festland getragen wurde, als der Einfall der germanischen Angeln und Sachsen die keltische Bevölkerung in Rückzugsgebiete drängte.
3 REICHENKRON, Günter (1965), *Historische Latein-Altromanische Grammatik*, I. Teil, *Einleitung. Das sogenannte Vulgärlatein und das Wesen der Romanisierung*. Wiesbaden: 153-221.

Etappen der Geschichte der französischen Sprache

sprache war für die Soldaten selbst ein Element der Integration der verschiedenen Völkerschaften, die Verbindung römischer Soldaten aus verschiedenen Teilen des Reiches mit einheimischen Frauen ein Faktor, der Frauen und Kinder durch Familienbande an die lateinische Sprache heranführte.

– Ad 2.: Da die römische Kultur – wie die antiken mediterranen Hochkulturen überhaupt – eine Stadtkultur war, vollzog sich die Romanisierung der Provinzen über die urbanen Zentren. Diese waren, wie wir gesehen haben, zunächst in der Narbonensis zahlreicher und kulturell höherstehend als im Norden. Doch bauten die Römer auch in der Belgica und in Germania superior die bestehenden keltischen Siedlungen aus und benannten sie nach dem Volksstamm, der in der Umgegend siedelte. So erklären sich die vielen Städtenamen im Frankreich außerhalb der Narbonensis aus keltischen Stammesnamen, wie *Paris, Reims, Angers, Bourges, Saintes* (vgl. IV.3.2.2.a).

– Ad 3.: Die straffe römische Verwaltung sorgte indirekt für eine Verbreitung lateinischer Sprachkenntnisse dadurch, daß eben das Lateinische die Sprache der Verwaltung war. Doch ist für den Anfang des 3. Jhs. bezeugt, daß auch das Gallische z.B. in Privatverträgen zugelassen war (vgl. BERSCHIN/FELIXBERGER/GOEBL 1978: 161). Von besonderer Bedeutung für die Wege der Vordringens der Romanisierung waren aber auch die römischen Straßen. Die *Via Aurelia* war die Verbindungslinie zwischen Rom und Arles. An der Küste der Seealpen wurde sie von Augustus erneuert, wovon die *Tropaea Augusti* (*Trophée des Alpes*) bei La Turbie oberhalb Monacos noch heute künden. Die *Via Domitia* verband Arles mit den Pyrenäen bei Port-Vendres. Wichtig waren die Verbindungsstraßen vom Mittelmeer nach Lyon und weiter nach Trier sowie von Lyon über Reims und *Bononia*/Boulogne nach Britannien und, vorher bei *Cabillonum*/Chalon-sur-Saône abzweigend, nach *Lutetia*/Paris und weiter nach *Rotomagus*/Rouen. Von Zentralspanien führte eine Verbindung über *Pompaelo*/ Pamplona, *Burdigala*/Bordeaux, *Mediolanum Sántonum*/ Saintes und *Caesarodunum*, später *Túrones*/Tours nach Lutetia, entlang der sich die zunächst unzureichende Romanisierung der Gebiete nördlich und südlich der unteren Loire vollzog.

– Ad 4.: Handelsbeziehungen hatten schon vor Ankunft der Römer bestanden. Sie konnten aber dank der römischen "Befriedung" und des römischen Straßennetzes in viel größerem Umfang aufgenommen werden und trugen ebenfalls zur Verbreitung römischer Zivilisation und Sprache bei.

– Ad 5.: Nachdem schon Caesar das begrenzte Latinische Recht ("ius Latii") an die Bewohner der Gallia Narbonensis verliehen hatte, bewirkte das 212 n. Chr. von Caracalla an alle freien Bürger des Reiches vergebene volle römische Bür-

Die vulgärlateinische Grundlage

gerrecht eine weitere Integration der fremden Völker, die auf dem Wege zur Romanisierung waren.

– Ad 6.: Die berühmten gallischen Rednerschulen sind schon erwähnt worden. An einer solchen lehrte in Bordeaux Decimus Magnus Ausonius (etwa 310 – etwa 393), der berühmteste Sohn der Stadt, der dann zum Prinzenerzieher an den Hof nach Trier berufen wurde und neben vielen anderen Dichtungen auch eine über die Mosel verfaßt hat.

– Ad 7.: Gallien war eines der ersten Zentren des Christentums in Europa. Von Vienne und Lyon aus vollzog sich die tiefere Romanisierung des nördlichen Gallien im Gefolge der Christianisierung, deren Brennpunkte u.a. Reims, Metz, Trier, Sens, Paris, Rouen, Tours und Poitiers waren. Überall im Westen des Reiches war das Christentum Träger der Latinisierung. Irenäus von Lyon (*St. Irénée de Lyon*, etwa 130 bis etwa 200), der aus Kleinasien stammende griechischsprachige Kirchenvater, lehrte und schrieb in Lyon und machte die Stadt zu einem frühen Stützpunkt der neuen Religion.

IV.2. Die vulgärlateinische Grundlage

Literaturhinweise

VÄÄNÄNEN, Veikko (^{3}1981), *Introduction au latin vulgaire*, Paris (gilt immer noch als Standardwerk). BATTISTI, Carlo (1949), *Avviamento allo studio del latino volgare*, Bari. COSERIU, Eugenio (1954/1978), *El llamado "latín vulgar" y las primeras diferenciaciones romances. Breve introducción a la lingüística románica*, Montevideo; dt. (in Auszügen) "Das sogenannte 'Vulgärlatein' und die ersten Differenzierungen in der Romania. Eine kurze Einführung in die romanische Sprachwissenschaft", in: KONTZI, Reinhold (1978: 257-291). KONTZI, Reinhold (Hrsg.) (1978), *Zur Entstehung der romanischen Sprachen*, Darmstadt. VOSSLER, Karl (1954), *Einführung ins Vulgärlatein*, hrsg. und bearb. von Helmut Schmeck, München. MAURER, Theodoro Henrique Jr. (1959), *Gramática do latim vulgar*, Rio de Janeiro; ders. (1962), *O problema do latim vulgar*, ebd.

Kurze Darstellungen: HAADSMA, R. A./NUCHELMANS, J. (1963), *Précis de latin vulgaire suivi d'une anthologie annotée*, Groningen. HERMAN, Joseph (1967), *Le latin vulgaire*, Paris. TAGLIAVINI (1973), *Einführung in die romanische Phologie*, München, Kap. IV.

Anthologien von Texten mit vulgärlateinischen Zügen:
ILIESCU, Maria/SLUSANSKI, Dan (Hrsg.) (1991), *Du latin aux langues romanes. Choix de textes traduits et commentés (du IIe siècle avant J.C. jusqu'au Xe siècle après J.C.)*,

Etappen der Geschichte der französischen Sprache

Wilhelmsfeld. ROHLFS, Gerhard (^{3}1969), *Sermo vulgaris Latinus. Vulgärlateinisches Lesebuch*. Tübingen.

Über die "bisherigen Ansichten, Meinungen, Theorien, Vermutungen, Diskussionen, Definitionen usw." unterrichtet ausführlich REICHENKRON, Günter (1965), *Historische Latein-Altromanische Grammatik*. I. Teil: *Einleitung. Das sogenannte Vulgärlatein und das Wesen der Romanisierung*. Wiesbaden.

Zum neuesten Forschungsstand: HERMAN, József (Hrsg.) (1987), *Latin vulgaire – Latin tardif. Actes du Ier Colloque international sur le latin vulgaire et tardif (Pécs, 2–5 septembre 1985)*, Tübingen. CALBOLI, Gualtiero (Hrsg.) (1990), *Latin vulgaire – Latin tardif. Actes du IIe Colloque international sur le latin vulgaire et tardif (Bologna, 29 août – 2 septembre 1988)*, Tübingen. ILIESCU, Maria/MARXGUT, Werner (Hrsg.) (1992), *Latin vulgaire – Latin tardif. Actes du IIIe Colloque international sur le latin vulgaire et tardif (Innsbruck, 2–5 septembre 1991)*, Tübingen.

2.1. Zum Begriff "Vulgärlatein"

2.1.1. Wie in jeder Hochkultur mit ausdifferenzierter Schrifttradition gab es auch bei den Römern das Bewußtsein verschiedener Stilniveaus. Schon Cicero schreibt von der Unterschiedlichkeit des "vulgaris sermo", auch "plebeius sermo", gegenüber der "urbanitas" oder dem "sermo urbanus", d.h. dem kultivierten literarischen Latein der Hauptstadt. In diatopischer Hinsicht steht dem "sermo urbanus" auch der "sermo rusticus", das plumpe Latein der ländlichen Gegenden, gegenüber. Die gepflegte Rede für besondere Anlässe unterscheidet sich vom Alltagslatein, dem "sermo cotidianus". Diese spontane Sprechsprache entwickelt sich mit der Zeit unbemerkt weiter, während die einmal erreichte "Hochform" der Literatursprache Modellcharakter bekommt und immer weiter nachgeahmt und tradiert wird. Dabei entfernt sich die gesprochene, unkontrolliert gebrauchte Sprache mehr und mehr von der "klassischen" Sprache, die kaum noch Neuerungen aufnimmt, sondern durch Versteinerung langsam zu einer toten Sprache wird.

Dieser Zustand setzt sich nach dem Ende der Antike im Mittelalter fort, indem die "lingua Latina" als Schriftsprache weitergebraucht und in ihren Normen, so gut es geht, als selten erreichtes Vorbild gilt, dem die in den einzelnen Regionen unterschiedlich entwickelte Volkssprache ("lingua romana rustica" oder "romanz") gegenübersteht. Für Dante Alighieri ist zu Beginn des 13. Jhs. das Lateinische gar keine historische Sprache mehr, sondern eine künstliche "Grammatik", die als eine Art Welthilfssprache der Gelehrten fungiert, während die "vulgaris eloquentia" die gesprochene romanische Sprache bezeichnet, in Italien also das Italienische, in

Die vulgärlateinische Grundlage

Frankreich das Französische[4]. Im Italien der Renaissance ist das *volgare* die gängige Bezeichnung für das Italienische in Abgrenzung vom Lateinischen, und Gelehrte wie Leonardo Bruni gewinnen wieder die Erkenntnis, daß es schon im alten Rom zwei Varianten des Lateinischen gegeben habe, nämlich "latino" und das "volgare" jener Zeit. Dabei hat *volgare* keineswegs den Beigeschmack des "Vulgären", sondern meint einfach die ungezwungene Spontansprache im Gegensatz zur normierten Schriftsprache[5]. So ist auch unser heutiger Terminus "Vulgärlatein" zu verstehen. Erst bei der Wiederaufnahme dieses Begriffes zunächst durch die französische Romanistik im vorigen Jahrhundert als "latin vulgaire", dann als "Vulgärlatein" in Deutschland, bekam der Ausdruck zuerst den negativen Anstrich des Lateins der untersten Volksschichten und der Abweichungen vom klassischen Latein, des Fehlerhaften, während er heute alle Formen der gesprochenen Spontansprache meint, und zwar auch dann, wenn sie mit denen des klassischen Lateins übereinstimmen.

2.1.2. Für die heutigen Romanisten ist das Vulgärlatein nicht – wie für die Latinisten – eine fehlerhafte Sprachform der Epoche der Dekadenz, in der Kasus "verwechselt" oder "falsche" Konstruktionen verwendet wurden, sondern Grundlage des Übergangs zu etwas Neuem, die lebendige Ausgangssprache für die romanischen Idiome. Die Romanisten betrachten das Vulgärlatein als die "normale", spontane Ausdrucksform der Römer, das klassische Latein dagegen eher als hochentwickelte Sonderform des Lateinischen. Die romanischen Sprachen sind die Fortsetzer des Vulgärlateins und insofern lebendes, modernes Vulgärlatein.

Allerdings ist Vulgärlatein ein Sammelbegriff, ein Kürzel für recht verschiedene Sprachformen. Das Vulgärlatein darf man sich nicht als einheitliche Sprache wie etwa das heutige Deutsch oder die heutige französische Standardsprache vorstellen. Es hat nicht nur eine mehrhundertjährige Entwicklung mitgemacht (diachrone Unterschiede), sondern ist auch als dialektal gegliedert vorzustellen (diatopische Unterschiede[6]). Die römischen Soldaten und Kolonisten, die das Latein in die verschiedenen Provinzen des Reiches trugen, kamen zunächst aus unterschiedlichen Gegenden Italiens, später auch aus möglicherweise weit auseinander liegenden Provinzen des Imperiums. Die einheimischen Völkerschaften, die sich z.B. in

---

4 Dante ALIGHIERI (ca. 1304), *De vulgari eloquentia*, I, IX,11.
5 Vgl. auch Celso CITTADINI (1601), *Trattato della vera origine, e del processo, e nome della nostra lingua*, Venedig, wo zuerst das Vulgärlatein als historische Form des Lateins erkannt wird, während Bruni mit "volgare" Italienisch meinte (was zu eng ist).
6 Zur Terminologie der sprachlichen Variation (diatopisch, diastratisch, diaphasisch) siehe IV.11.1.

Gallien oder Hispanien das Lateinische aneigneten, brachten jede ihre Aussprachegewohnheiten und spezielle Bezeichnungen landestypischer Dinge ein und trugen so zur Differenzierung des Vulgärlateins und letztlich zur "Ausgliederung" der romanischen Sprachen schon in der lateinischen Epoche bei (vgl. auch IV.3.). Vulgärlatein ist auch ein Sammelbegriff für das gesprochene Latein aller Bevölkerungsschichten, nicht nur der untersten, wie man früher gemeint hat, und impliziert insofern auch schichtenspezifische (diastratische) Unterschiede. In stilistischer (diaphasischer) Hinsicht umfaßt es alle Register von "kolloquial-ungezwungen" über "familiär" bis zu wirklich "vulgär".

2.2. Die Notwendigkeit der Annahme des Vulgärlateins

2.2.1. Kenntnisse über das Latein haben wir fast ausschließlich aus überlieferten lateinischen Texten. Als geschriebene Texte gehören sie jedoch per definitionem so gut wie alle in die Kategorie des "klassischen" Lateins. Vulgärlateinische Texte kann es aus dem gleichen Grund nicht geben. Da das Vulgärlatein also weitgehend nicht direkt bezeugt ist, sondern aus vielfältigen Quellen erschlossen werden muß (siehe 2.5.), kann es eine Diskussion um die Notwendigkeit geben, das Vulgärlatein als Ausgangsbasis der romanischen Sprachen zu postulieren. Zwar sind wohl von vornherein auch Elemente des klassischen Lateins als gelehrte Wörter in gehobenen Formen der Sprechsprache tradiert worden (etwa in der kirchlichen Sphäre) und in späteren Jahrhunderten, besonders seit der Renaissance, in den jeweils wieder zu differenzierten Schriftsprachen ausgebauten romanischen Sprachen aufgenommen und von Skeptikern gegenüber dem Konstrukt des Vulgärlateins als Argument benutzt worden, das Latein schlechthin sei die Grundlage der romanischen Sprachen[7].

2.2.2. Jedoch lassen sich viele grundlegende Fakten der romanischen Grammatik und Syntax sowie des Lexikons nicht als Entwicklung aus den bekannten Strukturen des literarischen oder klassischen Lateins erklären. Die Aufgabe der Kasusdeklination im Nominalsystem und die Einführung der syntaktischen Markierung durch Präpositionen in den romanischen Sprachen ist ein durchgängiges Phänomen, das schon in einer Phase aufgekommen sein muß, als noch eine relative Einheit der Sprache, d.h. des Lateinischen, gegeben war und Innovationen noch in alle Teile des Reiches dringen konnten, auch wenn sie dann eventuell unterschiedlich realisiert wurden (z.B. Bewahrung von zwei Kasus, Rectus und Obliquus im

---

7 Siehe etwa die Außenseiterthese, die Witold MAŃCZAK (1977), *Le latin classique – langue romane commune*, Wrocław/Warszawa/Kraków/Gdańsk und in neueren Aufsätzen vertritt.

Die vulgärlateinische Grundlage

Galloromanischen, Nom.-Akk. versus Gen.-Dat. im Dakoromanischen, totale Aufgabe der Kasus und Bewahrung einer einzigen, auf dem ursprünglichen Akk. beruhenden Form im Italo- und Iberoromanischen). Das Vorhandensein des bestimmten Artikels in allen romanischen Sprachen kann nicht aus dem Schriftlatein erklärt werden, da er dort nicht existiert hat, und eine polygenetische Erklärung, nach der er sich in der Mehrzahl der romanischen Sprachen in gleicher Weise aus dem lat. Demonstrativum *ille/illu(m)* entwickelt hätte, entbehrt jeder Wahrscheinlichkeit. Auch die in III.3.5. angesprochene Ersetzung der synthetischen Formen des lat. Futurs (vom Typ *cantabo, dicam*) durch periphrastische Bildungen, vor allem durch den Typ *cantare habeo* (> frz. (*je*) *chanterai*) muß einen gemeinsamen Ursprung haben, den wir uns aufgrund der historischen Abläufe nur im Vulgärlatein vorstellen können (siehe dazu den folgenden Abschnitt 2.3.).

HERMAN (1967: 10-11) verweist auf die kl.-lat. Wörter *ignis* 'Feuer', *loqui* 'sprechen' und *pulcher* 'schön', die in keiner romanischen Sprache in volkstümlicher Entwicklung weiterleben. Wir müssen aus dieser Tatsache schließen, daß die Sprecher in den verschiedenen Teilen des römischen Reiches – zumindest von einer bestimmten Zeit an – andere, konkurrierende Wörter bevorzugten, die ihnen vielleicht bildhafter und ausdrucksstärker erschienen.Viele ungebildete Sprecher dürften die hochsprachlichen Lexeme kaum jemals aktiv verwendet haben. Die vom klassischen Latein aus als Abweichungen erscheinenden Ausdrücke dürften für diese in der späteren Kaiserzeit den Ton angebenden Sprecher die normalen, neutral markierten Wörter gewesen sein, während die schriftsprachlichen eben als solche konnotiert waren[8]. Die Ersetzungen für *ignis, loqui, pulcher* lauten demnach:

ignis ersetzt durch *focus*, ursprünglich 'Feuerstelle' (vgl. frz. *feu*, span. *fuego*, port. *fogo*, it. *fuoco*, rum. *foc*)

loqui ersetzt durch ⁄ *parabolare* 'Gleichnisse erzählen' (vgl. frz. *parler*, it. *parlare*, okz./kat. *parlar*)

\ *fabulare* 'Fabeln, Geschichten erzählen' (vgl. span. *hablar*, port. *falar*)

---

8 Ähnliches wiederholt sich ständig, da gewisse zunächst "plastische" Ausdrücke der populären Sprache mit der Zeit normal und daher neutral werden und dann wieder durch neue bildhafte Wörter ersetzt werden, vgl. frz. *bouquin* für neutrales *livre*, *caboche* (das mit *bosse* 'Buckel' zusammenhängt) für neutrales *tête*, das selbst im Vulgärlatein eine populäre Metapher (< *testa* 'Tonscherbe') für "Kopf" war, *chialer* für neutrales *pleurer* (< *plorare* 'plärren' statt *flere* 'weinen'). Vgl. auch KOCH, Peter/OESTERREICHER, Wulf (1990), *Gesprochene Sprache in der Romania: Französisch, Italienisch, Spanisch*, Tübingen: 114 ff.

149

Etappen der Geschichte der französischen Sprache

pulcher ersetzt durch

formosus 'formenreich' > 'schön' (vgl. span. *hermoso*, port. / *formoso*, rum. *frumos*)

\ *bellus* 'hübsch' > 'schön' (vgl. frz. *beau*, it. *bello*, okz. *bel*, kat. *bell*)

Auch hier spricht die gleichförmige Art der lexikalischen Bevorzugung für die Annahme der Herausbildung schon im Vulgärlatein und nicht erst in der unabhängigen einzelsprachlichen Phase der Entwicklung.

2.3. Die zeitliche Abgrenzung des Vulgärlateins

2.3.1. Über die zeitliche Abgrenzung des Vulgärlateins gibt es in der Forschung keine einheitliche Meinung. Die verschiedenen Auffassungen hängen davon ab, wie sehr der Begriff des Vulgärlateins an die Gegenüberstellung zum klassischen Latein gekoppelt wird. Autoren wie Väänänen und Haadsma/Nuchelmans (letztere berufen sich auf Vidos) sehen im Vulgärlatein eher eine volkstümliche Umgangssprache, die zu allen Zeiten der Latinität existiert hat, d.h. vom Ausgang der archaischen Epoche des Lateins (Ende 3. Jh. v. Chr.) bis zum Auftreten der ersten schriftlichen Texte in romanischer Sprache (9. Jh. n. Chr.). In der Tat gibt es populäre Formen, die immer gebraucht wurden, aber keine Aufnahme in die klassische Schriftnorm gefunden haben, z.B. die Form der 2. P. Pl. des Possessivums *voster* neben *vester*. Da wir in den romanischen Sprachen nur Fortsetzer von *vostru(m)* finden (vgl. frz. *votre*), zählen die genannten Autoren und viele andere solche Formen auch zu den "vulgärlateinischen", obwohl zur Zeit der Abfassung der frühen Texte, die diese und ähnliche Formen enthalten (z.B. die Komödien des Plautus, um 200 v. Chr.), noch keine als Norm geltende Schriftsprache bestand.

2.3.2. Eine mittlere, aber nicht grundsätzlich andere Position hinsichtlich des Beginns vertreten etwa Battisti und Herman, die für das Vulgärlatein den Zeitraum zwischen 200 v. Chr. und 600 n. Chr. ansetzen. Dadurch werden immerhin die sogenannten "dunklen" Jahrhunderte der Germanenherrschaft in Gallien (siehe IV.4.1.), Spanien und Italien, in denen die Einheit des Römischen Reiches längst zerbrochen und der Austausch sprachlicher Entwicklungen unter den Provinzen unterbunden war, aus der zeitlichen Definition des Vulgärlateins weitgehend herausgenommen und dafür eine frühromanische Phase schon der Einzelsprachen postuliert.

Die vulgärlateinische Grundlage

2.3.3. Definitorisch viel stärker an die Opposition zum klassischen Latein gebunden und daher chronologisch viel stärker eingegrenzt sieht Coseriu (etwa in KONTZI 1978: 264, 276) das Vulgärlatein. Seine Auffassung läßt sich in folgender Skizze verdeutlichen:

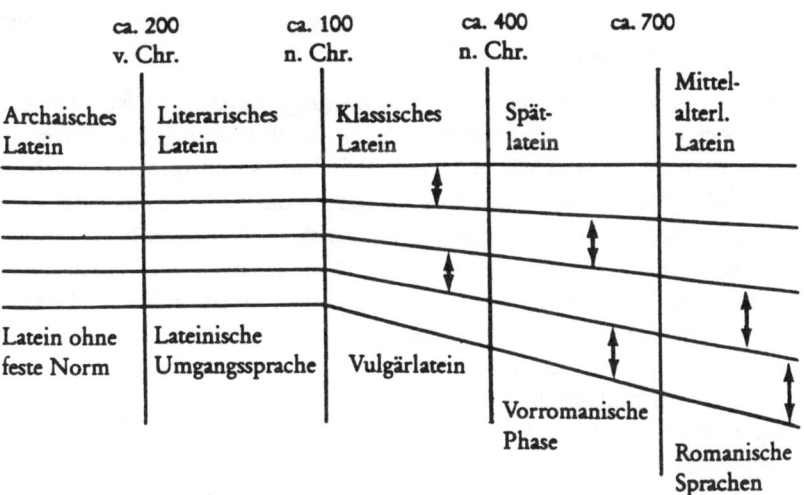

Die horizontalen Linien kann man als verschiedene konkurrierende Sprachformen deuten, z.B. als den Gebrauch von *bellus* neben und in der Bedeutung von *pulcher* bzw. als Kasusgebrauch in *villa patris mei* gegenüber der Präpositionalsyntax in *villa de meo patre* bzw. als A.C.I.-Konstruktion nach Verben des Sagens *(dico me illum cognoscere)* neben einer Hypotaxe mit *quod (dico quod illum cognosco* 'je dis que je le connais'). Zwischen ca. 200 v. Chr. und 100 n. Chr. werden das literarische und das umgangssprachliche Latein unterschieden; in dieser Epoche existiert noch eine wechselseitige Beeinflussung dieser beiden lateinischen Traditionen. In der nachaugustäischen Zeit wird das literarische Latein zum klassischen Latein fixiert und bekommt Modellcharakter; es nimmt keine Neuerungen mehr aus der gesprochenen Sprache auf. Daher stellt man nun ein deutliches Sichwegentwickeln des Vulgärlateins vom klassischen Latein (angedeutet durch ↕) sowie eine sich verstärkende innere Differenzierung des Vulgärlateins fest, die auch auf der zunehmend schwächer werdenden zentralisierenden Kraft Roms beruhen.

Etappen der Geschichte der französischen Sprache

Coseriu setzt dann eine vorromanische Phase von ca. 400 – ca. 700 n. Chr. an, der schließlich die Phase der verschiedenen romanischen Einzelsprachen folgt. Es gibt aber auch gute Gründe dafür anzunehmen, daß die innere Differenzierung der einzelnen romanischen Idiome im 7. Jh. schon so weit vorangeschritten war, daß damals z.B. schon von "Frühfranzösisch" gesprochen werden kann, auch wenn noch keine Texte vorliegen (siehe Arbeiten von Fouché (III.1.5.) und Straka). Die sog. "vorromanische Phase" würde dann nur das 5. und 6. Jh. umfassen (vgl. zum Problem des "Übergangs" Latein – Romanisch IV.5.).

Dieses Schema verdeutlicht einerseits die Auffassung, daß es eine Kontinuität des gesprochenen Lateins von den Anfängen der lateinischen Sprache bis zur Gegenwart der heutigen romanischen Sprachen gibt, indem die von alters her bestehenden Grundzüge der gesprochenen Sprache, wie die Bevorzugung bildhafter Ausdrücke, des Nebensatzes mit *quod* und volkstümlicher Formen wie *voster* statt *vester*, weiter tradiert wurden; andererseits daß zusätzlich die wichtigsten Neuerungen der späteren romanischen Sprachen zwischen ca. 100 n. Chr. und 400 n. Chr. im Vulgärlatein entstanden seien, in einer Epoche, die einen anomal beschleunigten Rhythmus der Sprachentwicklung aufweise. Bis zur Entstehung der französischen Schriftsprache im 9.–11. Jh. verlangsamt sich dieser Rhythmus in Nordfrankreich jedoch kaum.

2.4. Die wichtigsten Neuerungen des Vulgärlateins

Hier können dem Charakter dieser Einführung entsprechend nur einige ausgewählte Erscheinungen behandelt werden. Eine umfassende Darstellung findet sich in den Handbüchern zum Vulgärlatein und zur romanischen Philologie (z.B. LAUSBERG 1956-62). Erschlossene Formen werden durch den Asteriskus (*) bezeichnet.

2.4.1. Im lautlichen Bereich kann man weithin sicher nicht die Fortführung alter sprechsprachlicher Tendenzen feststellen[9], sondern beobachtet Sprachwandel, der

---

9 Es sei denn in der Akzentuierung z.B. präfigierter Verben mit kurzem Tonvokal im Stamm des Basisverbs (*morat, locat, placet, capit* usw.), die durch sog. Rekomposition ihre Betonung dort behalten (z.B. *de'morat* > frz. *(il) demeure, sub'venit* > frz. *(il me) souvient, collo'care* > rum. *(a) culcá*, frz. *coucher, re'cipit* > frz. *(il) reçoit*), während die Hochsprache die Formen als Einheit betrachtet und nach den Akzentregeln auf der Antepaenultima (drittletzten Silbe) betont (*'demorat, 'subvenit, 'displicet, 'recipit*). Diese Betonung findet sich aber gerade nicht in erbwörtlich behandelten romanischen Formen. Als Grundregel ist nämlich hier zu beobachten, daß die vulgärlateinische Betonungsstelle im Romanischen, also auch Französischen, immer erhalten bleibt; eine Abweichung weist auf Latinismen hin. – Ein

Die vulgärlateinische Grundlage

in die Hochsprache nicht mehr Eingang gefunden hat. Noch im 1. Jh. vor Chr. verstummen /h/ und auslautendes –/m/; diese Fakten werden auch von den Grammatikern beschrieben und gelten auch für die Hochsprache, allerdings nicht mehr für die Orthographie. Vulgärlateinische (vglt.) Formen werden daher allgemein ohne –/m/ angegeben (z.B. *illu, homine, forte*). Die alten Diphthonge [a^e] und [o^e] werden schon früh zu /ɛ/ bzw. /e/ (z.B. in *caelum* > [kɛlo] > [tsjɛl] *ciel* und *poena* > [pena] > [peine] *peine*), und auch Synkopen des Typs *dom(i)nus, dom(i)na, cal(i)dus*, die später üblich werden (vgl. *femina* > *[femna] > *femme, homine* > *[omne] > *homme*), sind noch in der Zeit der Republik belegt. Auch Hiattilgungen wie zweisilbiges *filja*, später ['fiʎa], aus dreisilbigem *filia* sind früh eingetreten.

Der "Quantitätenkollaps" wurde bereits in den Grundzügen beschrieben (siehe III.1.5.1.). Er findet wohl im 2. nachchr. Jh. statt. Damit werden ursprünglich kurzes /i/ zu /e/ und kurzes /u/ zu /o/ geöffnet, so daß vulgärlateinische Akkusativformen des Singulars auf -*o* ausgehend notiert werden können (etwa *caballo, illo, scripto*). Auch die ersten Diphthongierungen des Typs *pede(m)* > *piede, caelo* > *cielo* werden für das 3. Jh. angenommen.

2.4.2. Im grammatischen Bereich treten bei den Nomina folgende Neuerungen bzw. gegenüber dem Klass.-Lat. auffällige Fortführungen populärer Tendenzen auf:

– Das Genus neutrum wird unbeliebt und mit der Zeit ganz aufgegeben. Belege etwa für den Übergang vom Neutrum zum Maskulinum (*vinus* für *vinum*) finden sich schon in Texten des 1. Jhs. n. Chr. Recht häufig werden Formen des Neutr. Pl. auf -*a* teilweise als Kollektiva verstanden und daher neu interpretiert als Fem. Sg. So werden etwa frz. *(la) feuille* < vglt. *folia* 'Blatt' statt klass.-lat. *folium, (la) joie* < vglt. *gaudia* 'Freude' < 'Freudenbezeugungen', *(la) merveille* < vglt. **mer(a)bilja* ≈ klass.-lat. *mirabilia* 'Wunderbares, wunderbare Dinge', *(la) force* < vglt. *fortja* ≈ klass.-lat. *fortia* 'starke Kräfte, Kraft' erklärt.

– Die im Klass.-Lat. übliche Unterscheidung von fünf Deklinationsklassen war möglicherweise in der gesprochenen Sprache nie so streng. Auch in der Schriftsprache gab es z.B. *materia* neben *materies*, in der gesprochenen Sprache aber auch **glaccia/ *glacia* neben *glacies*, da frz. *glace*, altit. *ghiaccia*, rum. *ghiață*,

---

weiterer Fall der Fortführung wohl populärer Konkurrenzformen im Vulgärlateinischen ist im Morphem der 3. P. Pl. des Perfekts gegeben, wo statt der Form -*ērunt* des klass. Lateins die Endung -*erunt* mit dem Vorrücken der Betonung weiterlebt (vgl. frz. *(ils/elles) chantèrent* < *can'ta(ve)runt, dirent* < afrz. *distrent* < vglt. *'dixerunt*).

153

auf ein auslautendes -*a* zurückgehen müssen; gleiches gilt für frz. *face*, it. *faccia* < **faccia/ *facia* statt <*facies* bzw. frz. *rage* < **rabia* statt < *rabies* '(Toll-)Wut'. Schon im Altlatein wurde z.B. *senatus* auch nach der o-Dekl. (Gen. *senati*) dekliniert, und auch im Vulgärlatein wird die u-Deklination zugunsten der o-Deklination aufgegeben.

– Der tiefgreifendste Wandel besteht aber in der allmählich immer stärker werdenden Bevorzugung präpositionaler Markierungen von Satzfunktionen und der damit verbundenen Aufgabe der Kasus zum Ausdruck syntaktischer Beziehungen zwischen Syntagmen und im Satz. Über die Gründe dafür wird bis heute viel diskutiert. Sie können hier nicht im ganzen dargelegt und erörtert werden. Wir wollen eine typologische Erklärung vertreten (siehe auch III.7.5.), die den Wandel vom postdeterminierten, synthetischen Kasus zum prädeterminierten, analytischen Präpositionalausdruck verbindet mit dem funktionellen typologischen Wandel hin zur analytischen Markierung relationeller Funktionen, wie sie Kasusfunktionen nun einmal sind. Der in anderen Darstellungen in diesem Zusammenhang primär beschriebene lautliche "Zusammenfall" der Endungen, der durch den Quantitätenkollaps eintritt, ist dann sekundär, da der Ausdruck der Satzfunktionen eben zunächst einmal anders geregelt wird. In der Tat werden dann viele Endungen homophon (Dat./Akk./Abl. *muro*).

Die bereits in Abschnitt 2.2.2. erwähnte Reduzierung der Kasus im Vulgärlatein bedeutet im Lichte der Bevorzugung von Präpositionen gegenüber flexivischen Kasus nun aber gerade nicht, daß ein schriftsprachlicher Kasus einer bestimmten Präpositionalkonstruktion entspräche oder umgekehrt. Häufig entsprechen sich zwar Genitiv und DE-Konstruktion bzw. Dativ und AD-Konstruktion, aber keineswegs immer. Die Möglichkeiten der Präzisierung, die gerade die Präpositionen geben, sollten keinem Schematismus Vorschub leisten. Einem lat. Dativ kann romanisch auch die Präposition PRO, frz. *pour*, entsprechen, und frz. *à* drückt viel mehr aus als der lat. Dativ: Da auch die Differenzierung zwischen der Angabe der Richtung und der Ortsruhe aufgegeben wird, entwickelt sich AD zu einer Funktion wie etwa 'Kontakt mit X' (vgl. frz. *je vais à Paris, je reste à la maison, je pense à toi, fille au roi, à cette heure*). Wenn wir auch über die Kasusreduzierung im Vulgärlatein zu mancherlei Spekulation gezwungen sind, so steht doch fest, daß alle Präpositionen des Vulgärlateins mit einem Kasus stehen, der nicht der Nominativ ist. Als neutralster Kasus wird hier im allgemeinen der ehemalige Akkusativ angenommen. Er bildet daher die Grundform aller vulgärlateinischen und romanischen Wörter. Dies wird besonders bei den Substantiven der konsonantischen Deklination mit ihrer Stammabstufung zwischen obliquen Kasus und Casus rectus (Nominativ), wie z.B. '*ratio – ra'tione(m), homo – homine(m), 'virtus –*

vir'tute deutlich. Frz. *raison* geht gerade auf *ratione*, *homme* auf *homine*, *vertu* auf *virtute* zurück. Anders als im italoromanischen und iberoromanischen bleibt im galloromanischen Vulgärlatein neben dieser Grundform, die allein keine Kasusfunktion mehr hat, auch ein auf den Nominativ zurückgehender Rectus erhalten, so daß zwei Kasus unterschieden werden.

– Die Determinanten des Nomens werden alle funktionell und materiell neu bzw. anders aufgebaut: Wohl unter dem starken griechischen Einfluß in der frühen Kaiserzeit entwickelt sich ein bestimmter Artikel, in den meisten Gegenden des Imperiums aus dem Demonstrativum *ille*. – Das dreistufige Demonstrativsystem des Lateinischen (*hic – iste – ille*) wird materiell dadurch umgestaltet, daß *hic* der Schriftsprache vorbehalten bleibt und in der Sprechsprache *iste* an seine Stelle zum Ausdruck des ersten Nähegrades rückt. Im Vulgärlatein der Pyrenäenhalbinsel wird das dreistufige System bewahrt, indem *ipse* an die zweite Stelle rückt und in der dritten Stufe *ille* durch ein Präsentativum **accu* (volkstümliche Variante zu *ecce*) verstärkt wird (vgl. span. *este – ese – aquel*). Im Vulgärlatein Galliens wird das System offenbar frühzeitig auf zwei Stufen reduziert, denn wir kennen im Altfranzösischen nur die Opposition *cist* 'dieser' (< *ecce iste*) – *cil* 'jener' (< *ecce ille*), die dann zum Neufranzösischen hin noch einmal zu einem einstufigen System (*ce(t)/cette*) vereinfacht wird.

– Bei den Possessiva kommt die zumindest im Galloromanischen wirksame Regel der strikten Voranstellung der Determinanten zur Geltung: Wie der Artikel und das Demonstrativadjektiv (*ecce illa femina* versus kl.-lat. auch *femina illa*) steht auch das Possessivadjektiv **vor** dem determinierten Nomen (*tua filia* versus kl.-lat. auch *filia tua*). In der dritten Person wird die in der Schriftsprache fixierte Unterscheidung zwischen 'reflexiv' und 'nicht-reflexiv' (*filia eius – filia sua*) nicht gemacht; es heißt in allen Fällen *sua filia*. Bei nicht-reflexivem Besitzerplural gab es auch im Kl.-Lat. kein Possessivadjektiv, sondern nur den Genitiv des Demonstrativums, das hier auch als Genitiv des nicht existenten Personalpronomens der 3. P. fungierte (*eorum/earum* bzw. *illorum/ illarum*). Hier setzt sich *illorum* (> frz. *leur*, zunächst unveränderlich) als invariable Form durch (z.B. **illoro caballo* 'leur cheval', **illoro caballos* > afrz. *leur chevaus*).

– Bei den Adjektiven wird die Kategorie der Steigerung entsprechend der relationellen Funktion des Komparativs und Superlativs periphrastisch ausgedrückt (vgl. III.7. 5.): Gegenüber *altior*, *altissimus* bevorzugt die Sprechsprache *plus altus* in der Zentralromania (frz. *plus haut*, it. *più alto*), *magis altus* in der Randromania (span. *más alto*, port. *mais alto*, rum. *mai înalt*), wobei der Superlativ durch Setzung des bestimmten Artikels aus dem Komparativ abgeleitet wird. – Zum Adverb siehe III.3.5.

– Die Umgestaltung des Tempussystems der Verben ist bereits in Kap. III.4.1.3. skizziert worden.

– Das Passiv, das im Perfektstamm auch im Klass.-Lat. nur periphrastisch ausgedrückt werden konnte, wird entsprechend der typologischen Wende, die das Vulgärlatein nimmt (vgl. III.7.5.), insgesamt periphrastisch. Dabei wird das Perfekt des Typs *porta est *operta*, das je nach Kontext als Vorgangspassiv temporal eine Vergangenheit ('la porte a été ouverte') oder als Zustandspassiv präsentisch interpretiert werden konnte ('la porte est ouverte [par quelqu'un]') zunehmend als Gegenwart aufgefaßt und einer neu gebildeten Vergangenheit gegenübergestellt (*[*il*]*la porta fuit *operta – la porte fut ouverte*). Die Vermeidung des synthetischen Passivs bedingt auch die Umgestaltung der Deponentien (mit aktivischer Bedeutung) zu aktivischen Formen, z.B. *precare* (vgl. frz. *prier*) statt *precari*, *fabulare* statt *fabulari* 'fabulieren'.

– Viele der infiniten Formen des Verbs waren in der Spontansprache nicht mehr lebendig und wurden daher auch in keine romanische Sprache tradiert. Dazu gehören alle Infinitive außer dem Infinitiv Präsens Aktiv und das aktivische Partizip des Futurs und das Gerundivum. Die Deklination des Infinitivs (sog. Gerundium) wurde (nach griechischem Muster?) durch die Verbindung Präposition + Infinitiv ersetzt (*ars bene scribendi – *arte de bene scribere* 'l'art de bien écrire')[10]. Daneben entstand, wohl aus dem Abl. des klass.-lat. Gerundiums, ein neues hypotaktisch verwendetes Gerundium (*volando, scribendo*), das im Französischen zum unveränderlichen 'participe présent, forme verbale' wird, in Verbindung mit *en* zum 'gérondif'.

2.4.3. Der vulgärlateinische Wortschatz zeichnet sich gegenüber dem klassischlateinischen durch die der Spontansprache eigene größere Expressivität der bevorzugten Lexeme sowie durch das Fehlen puristischer Bestrebungen aus, die in der Literatursprache zum Beispiel das Eindringen einer Vielzahl modischer Gräzismen verhindern. Aus dem weiten Bereich können hier nur einige wenige Beispiele gegeben werden. Dabei geben wir der Einfachheit halber im allgemeinen die bekannte, weil belegte, klassisch-lateinische Wortform (grundsätzlich im Nominativ) und nicht die zwar aufgrund eines obliquen Kasus, im allgemeinen des Akkusativs, anzunehmende, aber oft nur zu erschließende vulgärlateinische Form an.

---

10 Vgl. dazu COSERIU, Eugenio (1971), "Das Problem des griechischen Einflusses auf das Vulgärlatein", in NARR, Gunter (Hrsg.), *Griechisch und Romanisch*, Tübingen, 1-15, und in KONTZI (1978): 448-460, § 5.2.

Die vulgärlateinische Grundlage

– Zunächst ist festzustellen, daß ein Großteil des Grundwortschatzes dem Kl.-Lat. und dem Vglt. gemeinsam ist, so z.B. *homo, filius, mater, pater, manus, aqua, panis, caelum, terra* ...; *rotundus, plenus, calidus, frigidus, siccus, niger, novus, bonus* ...; *habere, facere, dormire, bibere, currere, videre, credere, crescere, scribere* ... Dabei ist freilich grundsätzlich mit gewissen Unterschieden bezüglich der Konjugationsklassen zu rechnen, so etwa *ridere* (vgl. frz. *rire*) statt *ridēre*, *sapēre* (vgl. frz. *savoir*) statt *sapere*, auch *currire neben *currere* (vgl. frz. *courir* neben afrz. *courre*).

– In anderen Fällen gab es ein hochsprachliches Synonym, das in der informellen Sprache nicht benutzt wurde (z.B. *vir* gegenüber *homo*; *tellus* gegenüber *terra*; *sidus* gegenüber *stella*; *cruor* gegenüber *sanguis*; *pulcher* gegenüber *bellus, formosus*; *alius* gegenüber *alter*; *ferre* gegenüber *portare* ...). So ist wohl auch *res* 'Ding, Sache' mit der Zeit in die Sphäre der Schriftsprache geraten und umgangssprachlich durch *causa*, eigentlich '(Gerichts-)Sache, Angelegenheit' vertreten worden (vgl. frz. *chose*), während *res* nur in dem Ausdruck *nullam rem natam* 'nichts auf der Welt' als Indefinitum erhalten ist (vgl. it. *nulla*, frz. *rien*, span./port. *nada*).

– Gegenüber den neutralen Lexemen der Hochsprache bevorzugte die gesprochene Sprache zum einen durchsichtigere, d.h. meist abgeleitete Wörter (z.B. *cominitiare* ← *initium*, vgl. frz. *commencer*, statt kl.-lat. *incipere*; *com-pre(he)ndere* 'be-greifen', vgl. frz. *comprendre*, statt *intellegere*; *parabolare* ← *parabola* 'Gleichnis, Parabel', vgl. frz. *parler*, statt *loqui*; *pacare* '(durch eine Zahlung) "befrieden", d.h. 'zufriedenstellen', daraus 'bezahlen', vgl. frz. *payer*, statt *solvere, pendere*; *adripare*, eigentlich "anufern", d.h. 'ans Ufer gelangen' und insofern 'ankommen', vgl. frz. *arriver*, anstatt *advenire*.

– Zum anderen hatte das Vulgärlatein wie jede informelle Sprache eine Vorliebe für semantisch drastische oder zumindest bildhafte, z.T. metaphorische Bezeichnungen, so z.B. *manducare* 'mampfen, futtern' statt *edere* 'essen', vgl. frz. *manger*. Dabei entspricht die Bedeutungsangabe und stilistische Konnotation 'mampfen, futtern' dem Register der Hochsprache, während *manducare* im informellen Register zwar zunächst aufgrund dieser Konnotation gewählt, dann aber mechanisiert wird und neutralem 'essen' gleichkommt. Andere Beispiele sind *testa* 'Tonscherbe' > frz. *tête*, für *caput* 'Kopf', das im Nfrz. nur in übertragenem Sinn als *chef* überlebt; *bucca* '(aufgeblasene) Backe' > 'untere Gesichtspartie, Mund', vgl. frz. *bouche*, statt *ōs, ōris* 'Mund, Gesicht'; *grandis* 'ausgewachsen, mächtig groß' statt *magnus* 'groß', vgl. frz. *grand*; *toccare* (lautmalend) statt *tangere*, vgl. frz. *toucher*; zu *plorare* siehe oben Anm. 8.

– Wegen des affektiven Gehalts der Diminutiva sind auch diese zu den expressiven Ausdrücken zu zählen. Sie werden im Vulgärlatein gegenüber den Simplicia häufig bevorzugt, so z.B. *auric(u)la* statt *auris* 'Ohr', vgl. frz. *oreille*; *acuc(u)la* statt *acus* 'Nadel', vgl. frz. *aiguille*; *vet(u)lu* (>*veclu)* statt *vetus* 'alt', vgl. frz. *vieil/vieux*; *agnellu* statt *agnus* 'Lamm', vgl. frz. *agneau;* *genuc(u)lu* (vgl. frz. *genou,* it. *ginocchio)* statt *genu* 'Knie'. Speziell im Vulgärlatein Galliens finden wir **solic(u)lu* (vgl. frz. *soleil)* statt *sol(em)* 'Sonne' (vgl. it. *sole,* span. *sol); somnic(u)lu* (vgl. frz. *sommeil)* statt *somnus* 'Schlaf' (vgl. it. *sonno).*

– Von den zahlreichen Gräzismen der Volkssprache, die von den später eingeführten gelehrten Gräzismen zu trennen sind, seien in lateinischer Form genannt: *camera > chambre, butyrum > beurre, cathedra > chaire* und *chaise, saccus > sac, lampada > lampe, *plattea > place, petra > pierre,* das dem literarischen Wort *lapis* vorgezogen wird; *papyrus > papier, encaustum > encre, spatha > épée, colaphus* 'Schlag' ersetzt kl.-lat. *ictus* und wird zu frz. *coup; gamba,* eine veterinär-medizinische Bezeichnung für das '(Pferde-)Gelenk' wird zu 'Bein' (vgl. frz. *jambe),* da dafür im Lat. kein Wort zur Verfügung stand (vgl. *femur – crus* 'Ober-' bzw. 'Unterschenkel'). Die griech. Präposition κατά 'nach' (*cata)* ist eingegangen in das Syntagma *unus cata unum* 'einer nach dem anderen', das, kontaminiert mit synonymem *quisque unus* 'ein jeder', als afrz. *chascuns,* nfrz. *chacun* 'jeder' erscheint (vgl. it. *ciascuno,* span. *cada (uno)* 'jeder').

– Größere Verbreitung erhielten die Gräzismen durch das frühe Christentum, das wegen der Bibelübersetzung aus dem Griechischen stark von dieser Sprache beeinflußt war. Christliche Entlehnungen aus dem Griechischen sind z.B. *angelus (ange), ecclesia (église), episcopus (évêque), presbyter (prêtre), parabola* 'Gleichnis' *> parole* 'Wort, Rede'. Nach griechischem Muster ist die der Antike unbekannte Zeiteinheit der 'Woche' gebildet: griech. *hebdomás* 'Siebener' ≈ lat. *septimana >* frz. *semaine.*

2.5. Die Quellen des Vulgärlateins

Nachdem wir schon festgestellt haben, daß es per definitionem keine vulgärlateinischen Texte geben kann, können wir im folgenden "Quellen" nur so verstehen, daß die erwähnten Texte Elemente des Vulgärlateins aufweisen, selbst im ganzen aber prinzipiell dem Schriftlatein zuzuordnen sind.

2.5.1. Zeugnisse lateinischer Grammatiker sind dann aufschlußreich, wenn sie in puristischer Weise bestimmte Aussprachen oder Wortformen tadeln, welche mit Sicherheit die spontansprachlich benutzten waren. Besonders hervorzuheben ist die sog. *Appendix Probi,* ein wahrscheinlich aus dem 3. oder 4. Jh. stammender

Die vulgärlateinische Grundlage

"Anhang" eines unbekannten Autors an eine Handschrift der Grammatik des Probus. Es handelt sich hier um eine Liste von 227 getadelten Vulgarismen, jeweils unter Voranstellung der vom Verfasser als korrekt empfohlenen Formen nach dem Muster: *viridis non virdis, frigida non fricda, calida non calda, auris non oricla, persica non pesca.* Sehr häufig sind es gerade die kritisierten Formen, die die Grundlage für die späteren romanischen Formen bilden, vgl. frz. *vert, froide, chaude, oreille, pêche.*

2.5.2. Lateinische Inschriften haben gegenüber anderen Quellen den Vorteil, daß der Ort ihrer Entstehung bekannt ist und sich die Zeit der Entstehung ermitteln läßt; sie sind aber meist formelhaft. Philologische Glücksfälle sind dagegen die Wandkritzeleien spontaner Sprachform (Graffiti), wie sie durch den Vesuvausbruch des Jahres 79 n. Chr. in Pompeji und Herculaneum erhalten sind. Sie zeigen uns direkte Einblicke in die informelle Sprache jener Zeit (z.B. Akk. Sg.-Formen ohne *–m*).

2.5.3. Umgangssprachliche Elemente finden sich in Texten lateinischer Autoren naturgemäß zahlreich in vorklassischer Zeit (etwa bei Plautus), können aber im strengen Sinn nicht als "vulgärlateinisch" gewertet werden. Unter den klassischen Autoren haben Cicero (Briefe an Atticus) und Horaz (Satiren) vereinzelt solche Elemente verwendet. Unter den nachklassischen Autoren ist neben den Satirikern Persius und Juvenal besonders Petron(ius) mit seinem Roman *Satyricon* (bezeichnend der griechische Titel; wahrscheinlich 1. Jh. n. Chr.) zu erwähnen, von dem nur Teile erhalten sind. Sie enthalten vor allem das berühmte "Gastmahl des Trimalchio" (*Cena Trimalchionis*), bei dem die Reden der ungebildeten Teilnehmer viele Züge der Umgangs- und Vulgärsprache aufweisen, die manche spätere romanische Entwicklung ankündigen. Die Szene spielt in der griechisch beeinflußten Umgebung von Neapel.

2.5.4. Technische Traktate (Sachbücher) stellen eine Gattung von Schriften dar, die keine literarischen Ansprüche erhoben, weder bei den Autoren noch bei den Lesern. Daher findet sich hier manch umgangssprachlicher Ausdruck und eine schlichte Syntax. Bekannt sind Abhandlungen über Architektur (von Vitruvius), über Ackerbau (von Cato d.Ä., Varro, Columella, Palladius), über Tiermedizin (die berühmte *Mulomedicina Chironis*; Vegetius), über Kochkunst (Apicius) usw.

2.5.5. Da die ersten Christen im lateinischsprachigen Teil des Imperium Romanum den unterprivilegierten und daher den wenig oder kaum gebildeten Schichten angehörten, mußten die frühen Bibelübersetzungen, die ersten christlichen Traktate und später nicht in den Kanon der Bibel aufgenommenen Apostelgeschichten eine Nähe zur gesprochenen Sprache anstreben. Da die römisch-antike Literatur

Etappen der Geschichte der französischen Sprache

als heidnisch galt, war es auch angezeigt, ihre sprachliche Stilisierung zu vermeiden und bewußt volkstümlich zu reden und zu schreiben. Zu den christlichen Quellen des Vulgärlateins gehören die unter dem Namen *Vetus Latina* zusammengefaßten bruchstückhaft erhaltenen ersten Übersetzungen des Neuen Testaments, kaum dagegen die *Vulgata* des Hieronymus (Ende 4. Jh.), die schon in einer Zeit verfaßt wurde, als das Christentum bereits Staatsreligion und keineswegs mehr auf die unteren Schichten beschränkt war. Ein interessantes Zeugnis ist auch das *Itinerarium Egeriae* (auch *Peregrinatio Aetheriae ad loca sancta*), der Reisebericht einer hochgestellten, aber literarisch nicht sehr gebildeten Dame über ihre Pilgerfahrt ins Heilige Land aus der Zeit um 415/418 n. Chr.

2.5.6. Die wichtigste Quelle stellen aber die romanischen Sprachen in ihrer gesamten dokumentierten Geschichte selbst dar. Sie erlauben es, vulgärlateinische Formen – mit aller Vorsicht, d.h. unter Berücksichtigung vor allem der diatopischen und diachronischen Verschiedenheiten – zu rekonstruieren. So hat man z.B. aus frz. *charogne*, okz. *caronha* und it. *carogna* eine lat. Ausgangsform *$car\bar{o}nea$ (zu lat. *caro, carnis* 'Fleisch') rekonstruiert, eine Form, die wahrscheinlich existiert hat, aber mangels eines Belegs in den erhaltenen Quellen eine hypothetische Form (mit Sternchen) bleibt. Manche früher rekonstruierte Formen konnten inzwischen nachgewiesen werden, so z.B. das aus frz. *avant*, it. *avanti* rekonstruierte vgl. *ab ante*.

Aufgaben

1. Zeigen Sie die französischen Fortsetzungen bzw. Entsprechungen auf zu den folgenden in der *Appendix Probi* getadelten vulgärlateinischen Formen:

   tabula non *tabla*   *vinea* non *vinia*
   oculus non *oclus*   *sibilus* non *sifilus*
   masculus non *masclus*   *februarius* non *febrarius*.

2. Informieren Sie sich anhand der vulgärlateinischen Handbücher und der etymologischen Wörterbücher über Herkunft und Wortgeschichte von frz. *fermer/clore* 'schließen' und *tuer/occire* 'töten' sowie von *mener* 'führen' und *menacer* 'drohen'.

IV.3. Substrateinflüsse

Literaturhinweise
    TAGLIAVINI, Carlo (1973), *Einführung in die romanische Philologie*, München, Kapitel II (guter Überblick, insb. § 24). Zum neueren Forschungsstand: PELLEGRINI, Giovanni Battista

Substrateinflüsse

(1980), "Substrata", in: POSNER, Rebecca/GREEN, John N. (Hrsg.), *Trends in Romance Linguistics and Philology*, Band 1: *Romance Comparative and Historical Linguistics*, The Hague/Paris/New York: 43-73. Wichtiger Sammelband von ausgewählten Aufsätzen zur Thematik (mit informativer Einleitung und reichhaltiger Bibliographie): KONTZI, Reinhold (Hrsg.) (1982), *Substrate und Superstrate in den romanischen Sprachen*, Darmstadt. Zur Geschichte der Substratforschung: SILVESTRI, Domenico (1977, 1979, 1982), *La teoria del sostrato. Metodi e miraggi*, 3 Bde., Napoli.

3.1. Zur Begriffsbestimmung

Der Einfluß der Sprachen, mit denen das Vulgärlatein infolge der römischen Expansion im Imperium Romanum und somit auch in Gallien in Kontakt kam, wird in der Romanistik traditionellerweise als ein wichtiger Faktor seiner Differenzierung in verschiedene romanische Sprachen und Dialekte betrachtet.
Der bedeutende italienische Sprachforscher G. I. Ascoli hat die Substratforschung in den letzten Jahrzehnten des 19. Jahrhunderts wissenschaftlich begründet und hat unter dem Gesichtspunkt "der ethnologischen Gründe der sprachlichen Umgestaltungen" den Begriff bzw. den Terminus "Substrat" in die Forschung eingeführt
– erstmals gebrauchte er diesen Terminus in einer Publikation im Jahre 1864 (nach SILVESTRI 1977: 257). Wenn von "ethnischem Substrat" die Rede ist, so versteht man darunter die Bewohner eines Territoriums, die von einem anderen Volk überlagert wurden (so z.B. die Gallier nach ihrer Unterwerfung durch die Römer). Für den Sprachwissenschaftler wichtiger ist es, sich mit dem "(sprachlichen) Substrat" zu befassen, welches dann vorliegt, wenn in einer bestimmten Region "eine *Sprache* von einer anderen überdeckt wird, allmählich in ihr aufgeht [genauer gesagt: allmählich aufgegeben wird, d. Verf.] und dabei in der siegreichen Sprache Spuren hinterläßt" (KONTZI 1982: 2). Diesen sprachlichen "Spuren" soll im vorliegenden Kapitel nachgegangen werden.

W. von Wartburg hat 1932 als "notwendige Ergänzung" zum Begriff "Substrat" den Begriff bzw. den Terminus "Superstrat" in die sprachwissenschaftliche Diskussion eingebracht.
Wir geben nachfolgend in Auszügen die entsprechenden Erklärungen Wartburgs (aus: *Die Ausgliederung der romanischen Sprachräume*, Bern 1950, S. 155 Fn. 1) wieder:
1. Wenn ein Volk ein von einem anderssprachigen Volk bewohntes Land besetzt, so wird dieses Land für eine mehr oder weniger lange Reihe von Generationen zweisprachig.

Etappen der Geschichte der französischen Sprache

2. Dieser Zustand kann, bei starkem kulturellem Abstand, zu einem dauernden werden. In sehr vielen Fällen aber, wohl in den meisten der uns bekannten, verdrängt mit der Zeit die eine der beiden Sprachen die andere.

3. Siegt die Sprache der Eroberer und Einwanderer, so tritt die Sprache der ältern Einwohner zu ihr in das Verhältnis der Substratsprache. Im umgekehrten Fall wird die Sprache der Neuangekommenen im Verhältnis zur siegenden Sprache zum sprachlichen Superstrat.

4. Die Frage, welche Sprache siegreich bleibt, die der alteinsässigen Bewohner eines Landes oder diejenige der Eroberer, hängt von sehr vielen Umständen ab: numerisches Verhältnis, Kulturstand der beiden Völker, Vitalität der beiden Volksgruppen, politische, soziale und militärische Suprematie der einen Volksgruppe.

5. Der Untergang der unterliegenden Sprache geht nicht vor sich, ohne dass Elemente derselben in die siegende Sprache eingeschmolzen werden. Diese Spuren können sich auf alle Teile der Sprache erstrecken (Wortschatz, Lautgebung, Formen, Syntax, Ausdrucksschatz). Zwischen der Auswirkung der Superstratsprache und derjenigen der Substratsprache ist kein prinzipieller Unterschied zu machen. [...]

Eine schematische Darstellung dieser Auswirkungen kann folgendermaßen aussehen:

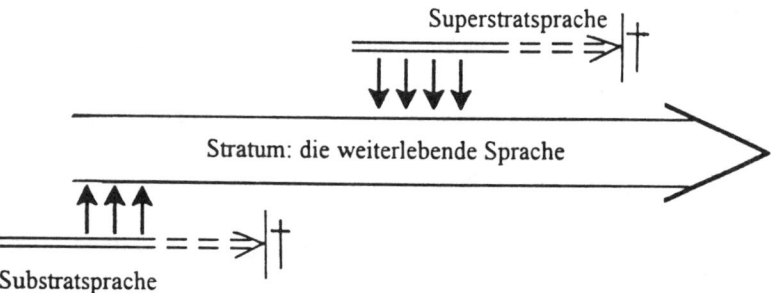

Substrat und Superstrat stellen also spezifische Formen des historischen Sprachkontaktes dar.

Beispiele für Substrateinwirkung: der Einfluß des Keltischen auf das gesprochene Latein in Gallien und in Oberitalien.

Substrateinflüsse

Beispiele für Superstrateinwirkung: der Einfluß des Fränkischen auf das nördliche Galloromanisch; der Einfluß des Langobardischen auf Teile des Italoromanischen. Weiteres zum Superstrat: siehe das folgende Kapitel IV.4.

Neben "Substrat" und "Superstrat" existiert in der Fachliteratur auch noch der Begriff "Adstrat" (als Terminus 1932 erstmals von M. Valkhoff verwendet). Während im Falle von "Substrat" und "Superstrat" der Sprachhistoriker erst nach Abschluß des Beeinflussungsprozesses, also im historischen Rückblick, aufgrund der fortlebenden Sprache entscheiden kann, ob es sich um Substrat- oder Superstrateinwirkung handelt, ist "Adstrat" kein historischer, sondern ein deskriptiver (synchroner) Begriff; mit "Adstrat" bezeichnet man den Einfluß einer Sprache B auf eine Sprache A *in actu*, wobei die beiden Sprachen geographisch benachbart sind, oder besser: als "languages in contact" funktionieren (in Wirklichkeit zeigt sich oft eine gegenseitige Beeinflussung der beiden Sprachen, wenn auch in unterschiedlich starkem Maße).

In schematischer Darstellung:

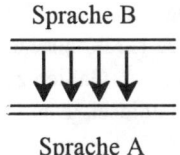

Als Beispiel für Adstratwirkung kann der Einfluß des Englischen bzw. Angloamerikanischen auf das heutige Französisch angeführt werden, vgl. auch IV.11.4.

Der durch die Jahrhunderte hindurch über gelehrte Vermittlung wirkende mächtige Einfluß des Lateinischen und – in eingeschränkterem Maße – des Griechischen auf die Entwicklung der süd- und westeuropäischen romanischen Sprachen kann als Kulturadstrat-Wirkung aufgefaßt werden.

Aus dem Gesagten ergibt sich, daß retrospektiv als Substrate bzw. Superstrate eingeordnete Sprachen während der Phase der sprachlichen Beeinflussung des Stratums Adstratsprachen waren.

3.2. Einfluß des Substrats auf das Latein in Gallien

Literaturhinweise

Alle Darstellungen der Geschichte der französischen Sprache behandeln den Substrateinfluß. Vgl. jetzt auch LAMBERT, Pierre-Yves (1994), *La langue gauloise. Description linguistique, commentaire d'inscriptions choisies*, Paris.

Welches sind nun die konkreten Substrateinflüsse, die wir in der Galloromania und speziell in Nordgallien feststellen können?

Grundsätzlich könnten alle vor der Zeit und zur Zeit der römischen Herrschaft in Gallien gesprochenen Sprachen als Substrate für das Vulgärlatein der Galloromania in Frage kommen. Aus geographischen Gründen konnten diese jedoch nicht alle als Substrate auf das zukünftige Französisch einwirken, da das **Ligurische**, das **Iberische** und das **Griechische** (hier: als Substratsprache) aufgrund ihrer regionalen Verbreitung nur das Vulgärlatein in Südgallien beeinflussen konnten und nicht das Vulgärlatein Nordgalliens, aus dem sich das Französische ("langue d'oïl") herausbildete. Sie kommen also bestenfalls als Subsubstrate, d.h. als Substrate zweiten Grades, in Frage. So bleibt als Substratsprache für das Französische letztlich nur das **Gallische** übrig.

Vor der Eroberung Galliens durch die Römer war der weitaus größte Teil dieses Territoriums (außer den Gebieten der Ligurer, der Iberer und der Griechen) von den Galliern (Kelten) beherrscht.

Die Kelten gehörten der indogermanischen Sprachfamilie an und hatten sich, von Osten kommend, im Laufe des 1. Jahrtausends v. Chr. in Gallien festgesetzt. Die Kelten brachten im Altertum außer Gallien zeitweise die britischen Inseln, Oberitalien, Teile der Pyrenäenhalbinsel, Deutschland, Böhmen, Mähren, Ungarn, Teile von Rumänien, Illyrien, Thrakien und Galatien (in Kleinasien) unter ihre Herrschaft. Ihre Herrschaft in Gallien endete mit dessen Eroberung (58-51 v. Chr.) durch die Römer unter Julius Cäsar; s. IV.1.

In den römischen Provinzen Galliens erwies sich die Erlernung der lateinischen Sprache als vorteilhaft, sowohl aus politischen und wirtschaftlichen Gründen als auch wegen des höheren kulturellen Prestiges des Lateinischen gegenüber dem Keltischen. Die Kinder der gallischen Aristokratie besuchten römische Schulen und wurden so an die römische Kultur assimiliert. Nach einer Phase der (partiellen) Zweisprachigkeit erfolgte die Annahme der lateinischen Sprache, in den Städten bedeutend früher als auf dem Lande. Das von den Galliern dann gesprochene Latein wies Besonderheiten auf, die aus der aufgegebenen Sprache, dem Keltischen (genauer: dem Festlandkeltischen), stammen – gerade dies sind die Substrateinflüsse, die sich noch im heutigen Französisch nachweisen lassen.

Was die konkreten keltischen bzw. gallischen Substrateinflüsse auf das Französische betrifft, so lassen sich diese im Wortschatz und in den Ortsnamen (Toponymie), aber auch im phonischen Bereich nachweisen (dagegen kaum oder gar nicht in der Grammatik).

Substrateinflüsse

3.2.1. Wortschatzelemente keltischer Herkunft im Französischen

H. WALTER (1988: 36) spricht von rund 70 Wörtern gallischer Herkunft im heutigen Französisch, WARTBURG (⁶1962: 25) dagegen von 180 (dieser Unterschied dürfte sich durch die stärkere Einbeziehung der Dialekte im Falle von Wartburg erklären). Nach A. STEFENELLI (*Geschichte des französischen Kernwortschatzes*, Berlin 1981: 112) reduziert sich ihre Zahl in der neufranzösischen Gemeinsprache auf maximal 50.

A. Keltismen, die wohl relativ früh ins Vulgärlatein aufgenommen wurden, da sie in mehreren romanischen Sprachen existieren:

z.B. *camminu > frz. *chemin*, span. *camino*, ital. *cammino*; *carru* > frz. *char*, span., ital. *carro*; *camisia* > frz. *chemise*, span. *camisa*, ital. *camicia*; *braca* > frz. *braie(s)*, span. *braga*, ital. *braca*; *alauda* > afrz. *aloe*, nfrz. *alouette*, span. *alondra*, ital. *allodola*; *leuca* > frz. *lieue*, span. *legua*, ital. *lega*; *cerevisia* > afrz. *cervoise*, span. *cerveza*; *cambiare* > frz. *changer*, span. *cambiar*, ital. *cambiare*.

B. Keltismen[11], die vorwiegend im Französischen auftreten (geordnet nach Sachbereichen); es dürfte sich hier um in das gesprochene Latein Galliens entlehnte Lexeme handeln, die Erscheinungen der außersprachlichen Wirklichkeit bezeichnen, die den Römern nicht oder nicht in der gleichen Ausprägung bekannt waren:
a) Landwirtschaft: *charrue* (eine andere Art von Pflug als das römische "aratrum"), *soc, raie* ('Furche') und *sillon, glaner*; in weiterem Zusammenhang: *ruche, lie*.
b) Geländebezeichnungen: *lande, talus, quai, berge; boue, bourbe, glaise, marne, galet*.
c) Haushalt: *bercer (berceau), landier, tamis, gobelet, suie, pièce* ('Stück'), *guenille*.
d) Handwerk: *charpente* (und Ableitungen) (vgl. auch *char*), *auvent, benne, banne, jante, tonne (tonneau), bonde; brasser* (und Ableitungen) (vgl. *cervoise*).
e) Maße: *arpent*, vgl. auch *lieue; boisseau, borne*.
f) Tierwelt: *mouton, bouc*, vgl. auch *alouette, lotte, morue; bec, jarret*.
g) Pflanzenwelt: *chêne, sapin, if, bouleau, bruyère*.
h) Verschiedenes: *vassal, valet, druide, truand, mine* ('Bergwerk'), *lai* (mittelalterliche Gedichtsform); *briser; dru*.

---

11 Die gallische Ausgangsform der französischen Lexeme – die ja ohnehin in den meisten Fällen eine erschlossene ist – wird hier nicht angeführt.

Etappen der Geschichte der französischen Sprache

Auffällig ist, daß die aus dem Keltischen übernommenen Lexeme sich weitestgehend auf die Bezeichnung von Erscheinungen aus der Natur und der materiellen Kultur beschränken und nur ausnahmsweise die geistige Kultur betreffen. Die Städte waren Zentren der Ausbreitung des Lateins; auf dem Lande konnte sich das Keltische länger halten.

3.2.2. Französische Ortsnamen keltischen Ursprungs

Wesentlich zahlreicher als die Keltismen im französischen Wortschatz sind die Ortsnamen keltischer bzw. gallischer Herkunft in Frankreich:

a) Toponyme, die aus keltischen Stammesnamen hervorgegangen sind: z.B. *(in) Remis > Reims, Parisiis > Paris* (der frühere Name von Paris war *Lutetia*); so erklären sich auch die folgenden Städtenamen: *Amiens, Angers, Bourges, Chartres, Limoges, Nantes, Poitiers, Rennes, Sens, Soissons, Tours, Vannes* u.a.

b) Toponyme, die auf Komposita mit keltischen Elementen zurückgehen: Komposita mit *dunum* ('oppidum', vgl. engl. *town*, dtsch. *Zaun*): z.B. *Lugdunum > Lyon, Virodunum > Verdun, Augustodunum > Autun*; mit *magus* ('Markt'): z.B. *Noviomagus > Noyon, Rotomagus > Rouen.*

c) Toponyme, gebildet mit dem keltischen Suffix -(*i*)*acum*, das an den (meist lateinischen) Eigennamen des Besitzers eines Landgutes o.ä. angefügt wurde: z.B. *Aurelius* → [*fundum*] *Aureliacum* → *Orly* (in einer der verschiedenen nordfranzösischen Lautentwicklungen) bzw. *Aurillac* (Südfrankreich); vgl. auch *Juilly/Juillac* (siehe auch dtsch. *Jülich*), *Savigny/Savignac* (siehe WARTBURG [6]1962: 24).

3.2.3. Phonische Fakten, die dem keltischen Substrat zugeschrieben werden

a) Sonorisierung (und weitere Abschwächung) der lat. stimmlosen intervokalischen Okklusive [p], [t], [k]. Diese lautliche Entwicklung wird mit der sogenannten keltischen Lenition (Konsonantenschwächung) in Zusammenhang gebracht. Dieser Lautwandel vollzog sich in der gesamten Westromania und zwar bis zu jeweils unterschiedlichen Stadien der Lautentwicklung in den einzelnen romanischen Sprachen, vgl. Kap. I.1.1.

Zur Erinnerung:
lat. -[p]- > -[b]- > -[v]-, z.B. lat. *ripa* > frz. *rive*;
lat. -[t]- > -[d]- > -[ð]- > Ø, z.B. lat. *pratum* > frz. *pré*;
lat. -[k]- (nicht vor [e] und [i]) entwickelte sich zu [g] und dann je nach dem folgenden Vokal unterschiedlich weiter, vgl. lat. *amica* über [a'mija] zu *amie* (Ver-

Superstrateinflüsse

schmelzung von [j] mit dem Haupttonvokal); lat. *securu* > afrz. *sëur* > nfrz. *sûr* (hier -[k]- > Ø).

b) Palatalisierung des lateinischen Konsonantennexus [kt] über [çt] zu [jt]. Auch dieser Lautwandel findet sich in der gesamten Westromania, wobei etwa im Kastilischen die Entwicklung noch eine Stufe weiter geht zu [tʃ] (lat. *nocte* > span. *noche*); z.B. lat. *lacte* > frz. *lait*, lat. *factu* > frz. *fait*, lat. *nocte* > frz. *nuit*, lat. *octo* > *huit*, lat. *lectu* über *[ljejt] > frz. *lit*.

c) Der Ursprung des Wandels von lat. [ū] zu [y] in der Galloromania - vgl. lat. *muru* > frz. *mur* [myr], lat. *maturu* > afrz. *mëur* > nfrz. *mûr*, lat. *fumare* > frz. *fumer* - ist ein unter den Romanisten vieldiskutiertes Thema. Seit Ascoli wird diese Lautentwicklung von einer großen Zahl von Sprachwissenschaftlern dem Einfluß des keltischen Substrats zugeschrieben. Als Gründe für die Stützung dieser These werden immer wieder die relativ gute Übereinstimmung der Verbreitung dieses Lautwandels mit dem Siedlungsgebiet der Kelten in der Romania und der Wandel von [ū] zu [i] in mittelalterlichen und modernen Varietäten des Keltischen, der eine Zwischenstufe [y] vorauszusetzen scheint, angeführt. Einwände gegen die Erklärung dieses Lautwandels durch die Substrattheorie gründen sich auf die Ungenauigkeit der geographischen Übereinstimmung der Verbreitung der Lautentwicklung mit der großen Ausdehnung der Kelten in Westeuropa (z.B. auf der Pyrenäenhalbinsel und in bestimmten Gebieten Frankreichs) sowie auf die Schwierigkeiten in der Chronologie dieses Lautwandels, denn [k] vor [y] hätte sich, genauso wie vor [i] und [e], schon früh palatalisieren müssen, was aber nicht eingetreten ist, vgl. lat. *cupa* > frz. *cuve*, lat. *culu* > frz. *cul*. In anderen Erklärungsversuchen wird diese Lautentwicklung als durch Umlautwirkung verursacht angesehen oder sie wird auf innerstrukturelle Faktoren zurückgeführt.

Aufgabe

Informieren Sie sich näher über die Hypothesen zur Erklärung dieses Lautwandels, etwa anhand von GEBHARDT, Karl (1968), "A propos du changement ū > ü. Mise au point des principales hypothèses", *Bulletin des Jeunes Romanistes* 15: 44-52.

IV.4. Superstrateinflüsse

4.1. Begriffsklärung

Für die Erklärung des Begriffs "Superstrat", nicht zuletzt in Abhebung zu "Substrat", verweisen wir auf unsere Ausführungen mit Schema in IV.3. und auf die dort angegebenen Werke von Tagliavini und von Kontzi.

Etappen der Geschichte der französischen Sprache

Gleichsam als Erinnerung und Wiederholung folgendes Zitat:
Man wird "von Superstrat dann sprechen, wenn ein später in ein Land eingerücktes Volk (meist Eroberer und also militärisch überlegen) allmählich die Sprache des ältern, im Lande verbliebenen (und meist kulturell überlegenen) Volkes annimmt, ihr aber zugleich gewisse neue Tendenzen verleiht." (WARTBURG, Walther von (1950), *Die Ausgliederung der romanischen Sprachräume*, Bern: 155 Fn. 1)

4.2. Einfluß des germanischen Superstrats auf die französische Sprache

Literaturhinweise

Alle Darstellungen der Geschichte der französischen Sprache gehen auf den germanischen Superstrateinfluß ein.
Die umfassendste Behandlung des germanischen Einflusses auf die romanischen Sprachen bietet das dreibändige Werk von GAMILLSCHEG, Ernst, *Romania Germanica. Sprach- und Siedlungsgeschichte der Germanen auf dem Boden des alten Römerreiches.* Hier: Band I (^{2}1970): *Zu den ältesten Berührungen zwischen Römern und Germanen. Die Franken*, Berlin; kritisch dazu PFISTER, Max, *ZRPh* 88 (1972): 175-193.
Vgl. ferner: PFISTER, Max (1973), "La répartition géographique des éléments franciques en gallo-roman", *RLiR* 37: 126-149. - Sehr kritisch zu sehen ist: GUINET, Louis (1982), *Les emprunts gallo-romans au germanique (du Ier à la fin du Ve siècle)*, Paris (ordnet auf der Grundlage der relativen Lautchronologie ca. 300 sonst den Franken zugeschriebene Superstratwörter als wesentlich frühere Übernahmen ins Latein ein; vgl. dazu M. PFISTER in *ZRPh* 103 (1987): 88-98).
Die Bände 15, 16 und 17 von WARTBURGs *FEW* sind den galloromanischen Wörtern germanischen Ursprungs gewidmet.

4.2.1. Historischer Hintergrund

Auch heute noch mit Gewinn zu lesen ist: WARTBURG, Walther von (^{2}1951), *Die Entstehung der romanischen Völker*, Tübingen.

Während der Epoche der Völkerwanderung (die in der Historiographie der romanischen Völker traditionellerweise als "les invasions barbares" bezeichnet wird) – die Völkerwanderung und die sich daran anschließenden germanischen Reichsgründungen auf dem Boden des Imperium Romanum werden oft als Hauptursache für den 'Untergang' des weströmischen Reiches (476 n. Chr.) angesehen – drangen eine Reihe germanischer Völkerschaften auf ihren Zügen von Ost nach West durch Europa auch in Gallien ein und siedelten sich dort an. Hier einige Anhaltspunkte zu den wichtigsten unter ihnen:

Die **Alemannen** fielen bereits um 275 n. Chr. in Gallien ein; sie setzten sich schließlich in Südwestdeutschland, im Elsaß und in der Nordschweiz fest. Ob-

Superstrateinflüsse

wohl sie keinen direkten sprachlichen Einfluß auf die Herausbildung des zukünftigen Französisch ausübten, spielten sie eine entscheidende Rolle beim Herauslösen der o.a. Territorien aus der Romania und bei ihrer Eingliederung in die Germania sowie bei der sprachlichen Abspaltung des Rätoromanischen vom Galloromanischen.

Die **Burgunder** gründeten zu Beginn des 5. Jhs. in der Gegend von Worms und Speyer ein Reich, das jedoch 436 von den Hunnen zerstört wurde (vgl. dazu das Nibelungenlied). Die die Katastrophe Überlebenden wurden in der heutigen Westschweiz und in Savoyen angesiedelt (also noch nicht in Burgund!) und begründeten dort ein neues Burgunderreich, das sich in der Folgezeit bis Lyon und nach Burgund ausdehnte. Auch hier ist kein direkter Einfluß auf die Entwicklung der französischen Sprache festzustellen (außer bei Ortsnamen). Nach der heute nicht mehr unbestrittenen These von W. von Wartburg hat die Präsenz der Burgunder zur Ausgliederung des Frankoprovenzalischen als einem der drei galloromanischen Dialektkomplexe neben dem Französischen und dem Okzitanischen entscheidend beigetragen.

Die **Westgoten**, dem Druck der Hunnen ausweichend, zogen von Dakien in langen Wanderungen über die Balkanhalbinsel nach Italien (410 Plünderung Roms) und setzten sich schließlich im südwestlichen Gallien (zunächst zwischen Loire und Garonne) fest, wo sie das Tolosanische Westgotenreich (418-507; mit der Hauptstadt Tolosa - Toulouse) gründeten. Sie konnten ihre Herrschaft zum Mittelmeer und auf die Pyrenäenhalbinsel ausdehnen. Nach der Niederlage gegen die Franken (507) verlagerten sie ihr Reich nach Spanien, wo das Westgotenreich (Hauptstadt: Toledo) bis zur Eroberung durch die Mauren (711) bestand. Ihr sprachlicher Einfluß beschränkt sich weitgehend auf Ortsnamen im südlichen Frankreich.

Die Ansiedlung der **Sachsen** entlang der Küste des Ärmelkanals und z.T. des Atlantiks war nur von kurzer Dauer (Abzug der Sachsen nach England gegen Mitte des 5. Jhs.).

Das für die Geschichte Frankreichs – ja des ganzen Okzidents – und für die Entwicklung der französischen Sprache am wichtigsten gewordene germanische Volk waren die **Franken** (sie werden dem Land – vor allem nördlich der Loire – sogar seinen neuen Namen: *Francia* > (*la*) *France*, *Frankreich* geben). Nach ersten Einfällen in das Römische Reich bereits gegen Mitte des 3. Jhs. stießen die Franken dann im 5. Jh. vom Rhein aus nach Gallien vor und brachten um 455 n.Chr. das Land bis zur Somme in ihre Gewalt. Unter Chlodwig (frz. *Clovis*) (481-511) wurde die fränkische Herrschaft beträchtlich erweitert und gestärkt. Er besiegte 486 bei Soissons Syagrius, den letzten römischen Statthalter, und dehnte sein Reich zunächst bis zur Seine, dann bis zur Loire aus. Weitere Siege, vor allem über die Westgoten (507 bei Vouillé), erlaubten die Einverleibung des westgotischen Aquitanien ins Frankenreich (nur Septimanien – d.h.der Landstrich zwischen Rhone und Garonne – verblieb den Westgoten). Chlodwigs Taufe und Übertritt zum katholischen Glauben besiegelten den Untergang des bei den Ostgermanen verbreiteten Arianismus und förderten die Assimilation der germanischen mit der romanischen Bevölkerung. Unter Chlodwigs Nachfolgern wurde zwischen 532 und 534 auch das Burgunderreich erobert und ins Frankenreich eingegliedert, 536 kam noch das Gebiet der Provence hinzu, so daß nunmehr fast ganz Gallien unter fränkischer Herrschaft stand. Die fränkische Besiedlung konzentrierte sich auf den Norden des fränkischen Reiches (insbesondere bis zur Seine, maximal bis zur Loire), was durch archäologische Funde, an der unterschiedlichen Verbreitung germanischer Ortsnamen und am beträchtlichen sprachlichen Einfluß auf das nördliche Galloromanisch gezeigt werden kann.

4.2.2. Der sprachliche Einfluß

In der sprachhistorischen Forschung herrscht meist – sieht man einmal von dem Romanisten Harri Meier und seiner Schule ab – relativ große Übereinstimmung in der Annahme eines prinzipiell germanischen Ursprungs für bestimmte sprachliche Elemente in den romanischen Sprachen. Hingegen bereitet die chronologische und dialektale Zuordnung des germanischen Einflusses auf die romanischen Sprachen – am häufigsten handelt es sich um Lehnwörter, denn Wortschatzelemente werden in der Situation des Sprachkontaktes bekanntlich am leichtesten entlehnt – der romanischen Sprachwissenschaft große Schwierigkeiten, denn die sprachhistorisch verwendbaren Zeugnisse aus den für die Herausbildung der romanischen Sprachen so wichtigen Jahrhunderten des frühen Mittelalters sind eher spärlich. Hinzu kommt eine Vielfalt von möglichen Entlehnungswegen, über die germanische Sprachfakten in eine bestimmte romanische Sprache gelangt sein können.

Im Hinblick auf das Französische stellt sich die Situation weniger komplex dar als etwa für das Italienische. Als wichtigste Transferwege für Lehngut germanischer Herkunft seien erwähnt:

a) Verschiedene germanische Wörter wurden schon früh, d.h. bereits vor der Völkerwanderungszeit, aufgrund von Kontakten zwischen Römern und Germanen – Handelsbeziehungen, germanische Soldaten und Sklaven in römischen Diensten – in die lateinische Sprache übernommen und dann mit dem gesprochenen Latein in den römischen Provinzen verbreitet. Hier haben wir einen Fall von Kulturadstrateinfluß vor uns. Es handelt sich hierbei um solche Germanismen, die in der Regel nicht nur in einer, sondern in mehreren romanischen Sprachen nachweisbar sind, also z.B.: germ. *saipôn (zu dtsch. Seife 'Art Schmierseife zum Blondfärben der Haare') > vlat. sapone > frz. savon, ital. sapone, span. jabón; germ. thahs 'Dachs' > vlat. taxo, taxonis > ital. tasso, span. tejón, afrz. taisson (nfrz. blaireau) – aber in verschiedenen romanischen Sprachen verbreitete Germanismen können auch später, d.h. erst in der Zeit der kulturellen Ausstrahlung des Karolingerreiches, als 'Wanderwörter' dorthin gelangt sein, vgl. ital. giardino, span. jardín, deren Anlaut sich nicht durch die einheimische Lautentwicklung, sondern nur aus dem palatalen Anlaut der altfranzösischen Form jardin – das Etymon hängt mit dtsch. Garten zusammen – erklären läßt. Ebenfalls als 'Wanderwörter' können folgende Germanismen angesehen werden: guerre, bois, blanc, frais (vgl. ROHLFS, Gerhard (1971), Romanische Sprachgeographie, München, Karten 50, 51, 53, 54).

b) Übernahmen als Superstrateinfluß aus dem Fränkischen (s. unter 4.2.2.1.) und in sehr begrenztem Maße aus der Sprache der Wikinger, die sich im 10. Jh. in der Normandie ansiedelten (Normannen).

Wenn wir den chronologischen Rahmen erweitern, treten noch weitere Entlehnungswege für germanisches Wortgut auf, z.B.:

c) Spätere sekundäre Übernahmen von Wörtern germanischer Herkunft durch Entlehnung aus einer anderen romanischen Sprache (Kulturadstrat), z.B. aus dem Italienischen, vgl. etwa banque, fiasque, loggia, salon. Solche Entlehnungen sind primär (d.h. im Sinne der "etimologia prossima") als Italianismen zu betrachten; nur der Sprachhistoriker erkennt ihre germanische Grundlage ("etimologia remota").

d) Entlehnungen (als Kulturadstrat) aus modernen germanischen Sprachen, beispielsweise – in geringem Maße – aus dem Deutschen, etwa trinquer, vasistas, nouille, ersatz, kitsch; aus dem Niederländischen, z.B. boulevard, corvette, digue, mannequin; sehr viel stärker aus dem Englischen bzw. dem Angloamerikanischen in neuerer Zeit, z.B. baby-sitter, best-seller, building, flash, gangster, jogging, puzzle. – Auf die Erscheinung der Rückwanderwörter (z.B. budget, tennis, tunnel) soll hier nur hingewiesen werden.

4.2.2.1. Fränkische Lehnwörter
In der neueren Literatur (z.B. bei M. Pfister) wird deren Zahl im Französischen mit 600 bis 700 angegeben (nach A. STEFENELLI 1981:114 finden sich davon 200-300 in der modernen Gemeinsprache). Nachstehend eine kleine Auswahl von frz.

Wörtern fränkischer Herkunft[12], nach Bezeichnungsbereichen geordnet:
a) Kriegswesen und Rittertum: *baron, maréchal, sénéchal, chambellan, héraut; fief; heaume, hache, épieu, dard, flèche, éperon, étrier, bannière, rang; garder, garnir, gagner, guetter, guider* (afrz. *guier*), *épier, marcher, blesser; riche* (zunächst 'mächtig').
b) Rechtswesen: *gage, ban, trêve; saisir, garantir, bannir.*
c) Handwerk: *maçon, faîte, salle, halle, loge, banc, cruche, hanap, malle; bâtir.*
d) Kleidung: *robe, gant, froc, poche, écharpe, feutre.*
e) Landwirtschaft: *blé, gerbe, regain, fourrage.*
f) Pflanzenwelt: *hêtre, houx, saule, osier, cresson, framboise, mousse* ('Moos'); *haie.*
g) Tierwelt: *héron, mésange, chouette, épervier, hanneton, frelon, étalon, hareng, esturgeon, écrevisse; troupeau.*
h) Farben: *(blanc), bleu, brun, gris, blond, fauve.*
i) Körperteile: *échine, flanc, hanche.*
j) Im Unterschied zu den keltischen bzw. gallischen Substratlexemen sind eine Reihe von fränkischen Superstratwörtern auch als Bezeichnungen aus dem Bereich der Affekte nachgewiesen: *hardi, orgueil, honte, haïr, haine, honnir.*

4.2.2.2. Personennamen

Obwohl die germanischen Eroberersprachen in Gallien weitestgehend aufgegeben wurden, wurden germanische Personennamen (Anthroponyme) zur Mode (Höhepunkt im 9. Jh.); viele haben bis heute überlebt. Hier eine kleine Auswahl: *Louis, Charles, Guillaume, Robert, Roland, Roger, Baudouin* (vgl. *Baldwin*), *Richard, Bernard, Thierry, Hugo* (afrz. *Hues – Huon*); *Bert(h)e, Alice.*

4.2.2.3. Ortsnamen

Aus der großen Zahl der Toponyme für kleinere Siedlungen, die auf galloromanischem Boden auf der Grundlage von fränkischen Personennamen entstanden, sollen hier nur zwei Bildungsmuster kurz angesprochen werden:

1° fränkischer Personenname + fränkisches Suffix *-ingas* (vgl. dtsch. *-ingen*), dessen Bedeutung mit 'Zugehörigkeit' angegeben wird: z.B. *Fulko* + *-ingas* > *Fouchanges*; viele solcher Toponyme finden sich z.B. in der Gegend von Metz.

---

12 Das germanische Etymon der französischen Lexeme – das ja ohnehin in den meisten Fällen erschlossen ist – wird hier nicht angegeben.

Superstrateinflüsse

2° fränkischer Personenname + *court* (< lat. *cohorte*) oder *ville* (< lat. *villa*) oder *villier(s)* (< lat. *villare*): z.B. *Boncourt* ('Hof des *Bodo*'), *Faronville* (zu *Faro*), *Badonvilliers* (zu *Baddo*).

4.2.2.4. Phonische Fakten

1° Nachdem der Laut [h] bereits im Latein der klassischen Zeit verstummt war, wird ein neues [h] durch den intensiven Sprachkontakt mit dem Fränkischen in die Sprache des nördlichen Gallien aufgenommen. Dieses [h] verstummt im Laufe der Geschichte der französischen Sprache (etwa bis zum 16./17. Jh.) wiederum – außer in einigen Randzonen – , dieses sog. "h aspiré" verhält sich jedoch bis heute anders als das sog. "h muet", denn es verhindert sowohl die Elision (z.B. *le hareng* vs. *l'homme*) als auch die "liaison" (z.B. *les | harengs* vs. *les[z]hommes*). Das "h aspiré" ist eines der Charakteristika fränkischer Superstratlexeme, Beispiele s. oben 4.2.2.1. – Durch Kontamination (Wortkreuzung) von lat. *altus* mit der germanischen Entsprechung (vgl. dtsch. *hoch*) erklärt sich der Anlaut mit "h aspiré" in frz. *haut* (*la hauteur* u.a.).

2° Der germanische bilabiale Frikativ [w] in Superstratwörtern, den das Galloromanische jener Zeit im Anlaut nicht kannte, wurde – außer in den nördlichen und östlichen Regionen – durch den systemkonformen Nexus [gw] substituiert (existent etwa in lat. *lingua*), z.B. fränk. **wardôn* > älteres Afrz. *guarder* (vgl. engl. *guard*). Noch in altfranzösischer Zeit wurde der Nexus [gw] zu [g] vereinfacht, daher im jüngeren Altfrz. *garder* (so auch im Nfrz.). Viele der heute im Französischen mit [g] vor [a], [e] und [i] anlautenden Wörter, darunter viele Verben, gehen auf ein germanisches Etymon mit anlautendem [w] zurück, z.B. *gagner, garantir, garer, garnir, guérir, guetter, guider, guise*.

3° Der Einfluß des Fränkischen auf die Diphthongierung im Französischen wird kontrovers diskutiert; am ehesten wird ein solcher auf vlt. é[, ó[und á[angenommen (vgl. IV.6.3.5.).

4.2.2.5. Wortbildungselemente

Die frz. Suffixe *-ard* (bis heute produktiv) und *-aud* sowie das Präfix *mé(s)-* (vgl. dtsch. *miß-*; evtl. mit Einmischung von lat. *minus*) sind germanischen Ursprungs, vgl. frz. *vieillard, couard, chauffard; ribaud, noiraud, salaud; méfait, mépris, mésalliance*.

4.2.2.6. Grammatisch-syntaktische Erscheinungen

Der germanische Superstrateinfluß auf grammatisch-syntaktische Phänomene des nördlichen Galloromanisch wird in der Forschung sehr kontrovers diskutiert. Während einige Romanisten dezidiert eine Einwirkung des Germanischen auf verschiedene solcher Erscheinungen des Frühromanischen in dieser Region vertreten, erklären andere dieselben Sprachfakten aus dem Lateinischen inhärenten

173

Entwicklungstendenzen und werten einen möglichen Einfluß des Germanischen höchstens als eine Verstärkung eines bereits sich im Gange befindlichen Sprachwandels. Es handelt sich um die Erklärung folgender Phänomene (in Auswahl), die das Nordfranzösische häufig in eine Sonderstellung zu anderen romanischen Sprachen bringen: Erhaltung des Zweikasussystems gerade im Altfranzösischen; Reduktion des dreistufigen lateinischen deiktischen Systems der Demonstrativa zu einem zweistufigen im Altfranzösischen (vgl. lat. *hic/ iste/ille* → afrz. *cist/cil*); die obligatorische Setzung des Subjektpersonalpronomens beim konjugierten Verb, wenn kein nominales Subjekt vorhanden (vgl. frz. *je chante* vs. span., ital. *canto*; dagegen *mon oncle chante*); häufige Voranstellung des attributiven Adjektivs im afrz. Nominalsyntagma (vgl. auch in Ortsnamen wie *Neuville, Francheville*, die vor allem im nördlichen Teil Frankreichs, also in den von den Franken am stärksten besiedelten Gegenden vorkommen, während das südliche Frankreich eher den Typ *Villeneuve, Villefranche* aufweist; Entwicklung des Indefinitpronomens *on* aus *homo* (bereits in den Straßburger Eiden belegt) in Parallele zum Germanischen (vgl. dtsch. *man*).

Aufgaben

1. Informieren Sie sich über weitere lexikalische Germanismen (fränkischer Herkunft) im Französischen, etwa anhand von KESSELRING, Wilhelm (1973): *Die französische Sprache im Mittelalter - von den Anfängen bis 1300-*, Tübingen: 155-167.

2. Welche germanischen Superstratlexeme gehören zum heutigen französischen Grundwortschatz? (vgl. WUNDERLI, Peter (1989): *Französische Lexikologie*, Tübingen: 41).

IV.5. Verschriftung und früheste Sprachdenkmäler des Französischen

Literaturhinweise

Zur Entstehung der französischen Sprache und zum Problem der Verschriftung:
HILTY, Gerold (1973), "Les origines de la langue littérature française. Un principe méthodologique et son application au Serments de Strasbourg", *VRom* 32: 254-271. LÜDTKE, Helmut (1964), "Zur Entstehung der romanischen Schriftsprachen", *VRom* 23: 3-21. WRIGHT, Roger (1982), *Late Latin and Early Romance (in Spain and Carolingian France)*, Liverpool. Span. Übers. 1989. Siehe auch BERSCHIN/FELIXBERGER/GOEBL (1978), *Französische Sprachgeschichte*, S. 178-189.

Verschriftung und früheste Sprachdenkmäler des Französischen

5.1. Das Problem der Verschriftung

Wie entsteht nun aus dem in gallischem Munde gebrauchten, also durch Substrat veränderten, Sprechlatein unter der Einwirkung des fränkischen Superstrats endlich Französisch? Bis wann hat man in Gallien Latein und ab wann hat man Französisch gesprochen? Beide Fragen sind in dieser Form nicht beantwortbar und eigentlich auch falsch gestellt. In Wirklichkeit gibt es eine Kontinuität der Sprechsprache, allerdings bei einer zwischen dem 5. und dem 8. Jh. wohl rapide fortschreitenden Entfernung vom ursprünglichen Muster des klassischen Lateins. Schon Jahrzehnte vor dem "offiziellen" Ende des Weströmischen Reiches (476 n. Chr.) war in Gallien das einst so blühende Schulwesen verödet und damit die Tradition der Schriftnorm weitgehend abgebrochen. Im fränkischen Merowingerreich waren die Kontakte mit Italien und Spanien spärlich geworden, die Provinzialisierung schritt voran. Insofern kann man davon ausgehen, daß die Umgangssprache immer "französischer" wurde, d.h. immer mehr partikuläre Züge annahm, die von der Zentrale Rom nicht mehr korrigiert wurden. Der Übergang vom Lateinischen zum Französischen ist aber nur eine Namensänderung politischer Art, der kein Sprachwechsel von einer Generation zur nächsten entsprach, sondern eine kontinuierliche Entwicklung[13].

Wie steht es aber mit der Entwicklung der Schriftsprache, des Lateins als Ausdrucksform amtlicher Schreiben und literarischer, z.B. historiographischer, Werke wie der *Historia Francorum* des Gregor von Tours? Zunächst war durch das Absinken des kulturellen Niveaus auch die lateinische Schriftform stark der Syntax und Lexik der gesprochenen Sprache angenähert, die Morphologie aus "klassischer" Sicht unsicher und fehlerhaft geworden. Insgesamt hat aber auch hier die Etikettierung "lateinisch" im Gegensatz zu "romanisch" der Forschung lange Zeit den Blick für eine adäquate Beurteilung des Lateins der vorkarolingischen Epoche versperrt und im Zusammenhang mit den frühesten Sprachdenkmälern viele Probleme entstehen lassen, die wir heute aus einem anderen Blickwinkel betrachten. Die Unterscheidung zwischen lebendig sich entwickelndem Vulgärlatein und erstarrtem "klassischen" Schriftlatein, die für die rö-

---

13 Im Fall des Griechischen ist z.B. der Name beibehalten worden, obwohl von der Sache her ein ähnlich großer Wandel vom Altgriechischen zum Neugriechischen stattgefunden hat. Im Griechischen hat es sogar bis in die jüngste Zeit die Diskrepanz zwischen der gesprochenen Volkssprache (Dimotikí) und der archaischen, am Altgriechischen ausgerichteten Schriftsprache (Katharévousa) gegeben, wie wir sie im Merowingerreich finden (siehe das folgende). Vgl. dazu DIETRICH, Wolf (1995), *Griechisch und Romanisch*, Münster, 34-75, 63-72.

mische Kaiserzeit so richtig und wichtig ist (siehe IV.2.), hatte lange Zeit unbewußt den Irrtum genährt, das Schriftlatein des 5.-8. Jhs. sei in *dem* Sinne ein dem klassischen Ideal zumindest angenähertes Latein, daß es auch klassisch ausgesprochen worden wäre. In Wirklichkeit, so wissen wir heute, wurde das geschriebene Latein romanisch, und das heißt je nach Gegend verschieden, ausgesprochen. LÜDTKE (1964), der sich auf frühere Arbeiten stützt, hat zunächst darauf aufmerksam gemacht, und in jüngerer Zeit hat WRIGHT (1982) diese These, wenn auch mit gewissen Einseitigkeiten, untermauert. Zwar bleiben im Detail noch viele Zweifel und Unsicherheiten, aber man muß im Prinzip davon ausgehen, daß zumindest die schriftlateinischen Wortformen, die auch in der gesprochenen Sprache existierten, in Frankreich französisch ausgesprochen wurden, also etwa *regem* und *regi* als [rei] und *ratione, rationi, rationem* als [rai'dzon] bzw. [rai'zon], *virginis, virgini, virginem* usw. als ['vjɛrdʒə].

Als gesichert darf danach gelten, daß die schriftliche Form, in die eine mündlich konzipierte Äußerung gebracht werden mußte, eine archaische Form eben dieser gesprochenen Sprache war. Schreiben lernen bedeutete, eine von der Sprechsprache stark abweichende Sprachform zu erlernen, in der – ähnlich wie in der heutigen englischen und französischen Orthographie – erstens ein stark ideographisches Moment (vgl. III.2.) gegeben war und zweitens eine "orthographe grammaticale" stattfand. So mußte der Schreiber, der [raj'zon] schreiben sollte, gelernt haben, dieses Wort in der Schriftform der lateinischen Morphologie anzupassen. Die traditionelle Schriftsprache wurde in lautlicher Hinsicht als von der gesprochenen Sprache nicht völlig verschieden empfunden, wohl allerdings ihre orthographische Form, die jedoch nur wenige Schriftkundige mehr oder weniger gut beherrschten, eine Tatsache, die das Gefühl für die Einheit der Sprache (Latein ≈ Romanisch) nicht störte. Die Notwendigkeit einer lautlich adäquaten Verschriftung der Volkssprache, einer Orthographiereform also, bestand offensichtlich noch nicht[14].

In der zweiten Hälfte des 8. Jhs. begann jedoch eine
> "durch die Hinwendung zur Antike charakterisierte [...] kulturelle [...] Erneuerungsbewegung, d(ie) **Karolingische [...] Renaissance**. Diese steht in engem

---

14 Vergleichbar ist die Lage in etwa mit den stark mundartlich geprägten Gegenden Deutschlands oder der Schweiz, wenn z.B. die dialektgefärbte Aussage eines Zeugen vor Gericht in die Hochsprache "übersetzt" wird, um traditionsgerecht geschrieben werden zu können. Umgekehrt kann auch ein Protokoll oder ein Zeitungstext regionalsprachlich, z.B. schwäbisch "gefärbt" gelesen werden. Eine stärkere oder schwächere Form von **Diglossie** (Zweisprachigkeit mit funktioneller Differenzierung) ist in jedem Fall gegeben.

Verschriftung und früheste Sprachdenkmäler des Französischen

Zusammenhang mit der schon bei Pippin beginnenden politischen Orientierung in Richtung Rom und Papsttum, die mit der Kaiserkrönung Karls besiegelt wurde."
(BERSCHIN/FELIXBERGER/ GOEBL (1978: 181); unsere Hervorhebung).

Der Angelsachse Alkuin aus York bemühte sich um eine Wiederherstellung klassisch lateinischer Sprachkenntnisse und vor allem um eine klassische Aussprache des Lateins. Iren und Angelsachsen hatten als Nichtromanen die klassische Aussprache notwendigerweise besser bewahrt, da Latein für sie immer eine ganz fremde Sprache gewesen war, die nicht der gesprochenen Sprache angepaßt wurde. Diese primär auf die Hebung des kläglichen Bildungsstandes der Geistlichen abzielenden Bestrebungen Karls des Großen durch Alkuin führten indirekt zu einem Bruch der sprachlichen Kontinuität zwischen der Volkssprache und der Sprache der Gelehrten und Kleriker, indem beide plötzlich lautlich auseinanderklafften. Gelesenes Latein in der Kirche und in den Gerichtsstuben war nun nicht mehr verständlich. Daher kommt es gerade in der Zeit um 800 zum Bewußtsein von der Verschiedenheit beider Sprachformen und zu den ersten Versuchen, eine neue Form der Verschriftung der Volkssprache zu finden. Zunächst wird dies im **Konzil von Tours** (813) zum ersten Mal offiziell zur Kenntnis genommen, nämlich in der Anweisung an die Priester, die Predigten künftig in der Volkssprache zu halten. In Absatz 17 der Konzilsbeschlüsse heißt es:

Et ut easdem omelias quisque aperte transferre studeat in rusticam Romanam linguam aut Thiotiscam, quo facilius cuncti possint intellegere quae dicuntur.

In dieser Zeit entstehen dann die ersten sprachlichen Zeugnisse der Volkssprache, vorerst einige, in denen die Volkssprache nur indirekt durch die Erklärung unverstandener lateinischer Ausdrücke hindurchscheint (Glossen), dann ganze Texte auf Französisch. In den übrigen romanischen Sprachen, in denen die lautliche Entwicklung nicht zu so einem großen Abstand zwischen volkstümlicher und gelehrter Lautung geführt hatte wie in Frankreich, lassen die ersten Sprachzeugnisse noch mehr als ein Jahrhundert, z.T. wesentlich länger auf sich warten.

5.2. Die Glossen

Literaturhinweise

DIEZ, Friedrich (1865), *Altromanische Glossare*, Bonn. KLEIN, Hans-Wilhelm (1968), *Die Reichenauer Glossen*, I, *Einleitung, Text, vollständiger Index und Konkordanzen*, hrsg. unter Mitarbeit von André Labhardt, München. RAUPACH, Manfred (1972), *Die Reichenauer Glossen*, II, *Entstehung und Aufbau*, München. TITZ, Karel (1923), *Glossy Kasselské (résumé franç.)*, Prag.

Etappen der Geschichte der französischen Sprache

Im Gegensatz zu (alphabetisch geordneten) Wörterbüchern sind Glossare Worterklärungen zu einem bestimmten Text. Die Interpretamente sind in lateinisch-romanischen Glossaren meistens "Übersetzungen" einer nicht verstandenen hochsprachlichen, älteren Form durch die Angabe eines volkssprachlichen Synonyms. Leider sind durchweg weder der Autor noch die Abfassungszeit bzw. der Abfassungsort bekannt, deren Bestimmung auch bei den hier behandelten **Reichenauer** und **Kasseler Glossen** nicht völlig gelungen ist.

Die Reichenauer Glossen stellen eine zweiteilige Sammlung von insgesamt 4877 Glossen dar, deren überwiegender Teil (3152 Glossen) dem Text der Bibel folgt. Sie wurden 1863 im Kloster Reichenau entdeckt, stammen aber wohl aus dem Kloster Corbie (Picardie) und sind dort wahrscheinlich Anfang des 9. Jhs. entstanden. Sie spiegeln noch die merowingische Schreibtradition wider, indem viele der Interpretamente ganz lateinisch aussehen, sicher aber französisch gelesen werden müssen:

pulcra: bella (Die Ersetzung ist schon besprochen worden, siehe IV.2.2.2.; frz. *belle*)

quaeso: preco (statt kl.-lat. *precor*; vgl. afrz. *pri*, nfrz. *je prie*)

adferam: adportam (vgl. frz. *apporter*) – *transgredere: ultra alare* (vgl. frz. *aller*)

iacere: iactare (vgl. frz. *jeter*) – *minatur: manatiat* (vgl. frz. (*il*) *menace*)

flare: suflare (vgl. frz. *souffler*) – *semel: una vice* (vgl. frz. *une fois*)

ictus: colpus (vgl. frz. *coup*) – *forum: mercatum* (vgl. frz. *marché*)

oves: berbices (vgl. frz. *brebis*) – *pallium: drappum* (keltisch, vgl. frz. *drap*).

Interessant sind auch die germanischen Superstratelemente, die dort zum ersten Mal erscheinen:

pignus: wadius (vgl. frz. *gage*) – *cementarii: mationes* (vgl. frz. *maçons*)

non pepercit: non sparniavit (vgl. frz. (il) *n'épargna* (pas)).

Die Kasseler Glossen, schon Mitte des 17. Jhs. in der Benediktinerabtei zu Fulda gefunden, werden seither in der Landesbibliothek Kassel aufbewahrt. Es handelt sich um ein "romanisch"-althochdeutsches (bairisches) Glossar (254 Glossen) aus dem 8. bzw. 9. Jh. Wegen der vielfachen Verwechslung stimmhafter und stimmloser Laute im romanischen Teil dürfte der Verfasser wohl kein Romane gewesen sein. Einige Glossen sind traditionell lateinisch orthographiert, andere schon romanisch:

mantun: chinni (≈ *menton: Kinn*) – *ordigas: zaehun* (≈ *orteils: Zehen*)

cavallum : hros (≈ *cheval: Roß*) – *puticla : flasca* (≈ *bouteille: Flasche*) *fidelli: chalpir* (≈ *veaux: Kälber*) – *uuanz: irhiner* (≈ *gants* (< German.): ahd. *irh* 'feines (Bocks-)Leder').

5.3. Die Straßburger Eide

Literaturhinweise

a) Textsammlungen:

AVALLE, D'Arco Silvio (1966), *Alle origini della letteratura francese. I giuramenti di Strasburgo e la sequenza di Santa Eulalia*, Torino. AVALLE, D'Arco Silvio (^{2}1970), *Latino «Circa Romançum» e «Rustica Romana Lingua». Testi del VII, VIII e IX secolo*, Padova. HENRY, Albert (^{7}1994), *Chrestomathie de la littérature en ancien français*, Tübingen/Basel. KOSCHWITZ, Eduard (^{6}1964), *Les plus anciens monuments de la langue française. II. Textes critiques et glossaire*. München.

b) Zu den Straßburger Eiden und zur Eulaliasequenz:

BECKER, Siegfried (1972), *Untersuchungen zur Redaktion der Straßburger Eide*, Bern/Frankfurt/M. HILTY, Gerold (1973), "Les Serments de Strasbourg", *TraLiLi* 11: 511-524.; ders. (1978), "Les serments de Strasbourg et la séquence de Sainte Eulalie", *VRom* 37: 126-150.

Den ältesten französischen Text stellen die sog. Straßburger Eide dar, die am 14. Februar 842 zwischen den Enkeln Karls des Großen, nämlich Karl dem Kahlen (*Charles le Chauve*), der über das französische Westreich herrschte, und Ludwig dem Deutschen, der König über das deutsche Ostreich war, geleistet wurden und beide im Kampf gegen ihren übergeordneten Bruder Lothar, der seit 817 Mitkaiser war, stärken sollten. Die Eidesformeln finden sich französisch und deutsch in dem lateinisch geschriebenen Geschichtswerk des karolingischen Historikers Nithard. Die Schreibung entspricht noch teilweise der merowingischen Tradition der latinisierenden Schreibung und hat deshalb zahlreiche Kommentare hervorgerufen. Der erste Teil des Textes lautet in diplomatischer Umschrift, d.h. nach Auflösung der Abkürzungen, und mit modernen, schon interpretierenden Satzzeichen:

> Pro Deo amur et pro christian poblo et nostro commun salvament, d'ist di in avant, in quant Deus savir et podir me dunet, si salvarai eo cist meon fradre Karlo et in aiudha et in cadhuna cosa, si cum om per dreit son fradra salvar dift, in o quid il me altresi fazet et ab Ludher nul plaid nunquam prindrai, qui, meon vol, cist meon fradre in damno sit.

Lange Zeit wurde gerätselt, inwieweit dies überhaupt Französisch sei. Freilich enthält der Text formelhafte Latinismen (z.B. *in damno sit*). Aufgrund unserer heutigen Kenntnisse können wir aber sagen, daß er nicht der kl.-lat. Aussprache gemäß gelesen werden darf, sondern daß die frz. Lautung nach bestimmten Prinzipien geschrieben wurde. So ist z.B. der Diphthong [ei] als <i> notiert worden, so daß *savir et podir* für späteres *saveir et po(d)eir* ('savoir et pouvoir') stehen, wobei <d> sicherlich schon den Reibelaut [ð] markiert, der kurz danach im Text mit <dh> wiedergegeben wird (*in aiudha et in cadhuna cosa*, d.h. wörtlich entsprechend *en aide et en chacune* [= *chaque*] *chose*). Der zentrale Vokal [ə], für den keine lateinische Schreibweise zur Verfügung stand, wurde in der merowingischen Tradition sowohl <a> als auch <e>, <o> oder <u> geschrieben, so daß *fradre* und *fradra* gleichlautend wie [freðrə] gelesen werden müssen. So erklärt sich auch, daß wie in Texten merowingischer Tradition kein bestimmter Artikel geschrieben wurde, obwohl er sicher seit der späteren Kaiserzeit fest im Vulgärlatein etabliert war: *Pro Deo amur et pro christian poblo* ... ist also etwa zu lesen *Por Dieu amor et por le chrestien puoble*...

Eine neufranzösische Übersetzung des zitierten ersten Teils der Eide könnte lauten:

> Pour l'amour de Dieu et pour le peuple chrétien et notre salut commun, à partir de ce jour, en tant que Dieu me donne le savoir et le pouvoir, je soutiendrai mon frère Charles que voici par mon aide et en toute chose, comme on doit soutenir son frère, selon l'équité, à condition qu'il m'en fasse autant, et avec Lothaire je ne prendrai jamais aucun arrangement qui, de ma volonté, soit au détriment de mon frère Charles que voici.

Zu den Problemen der möglichen dialektalen Zuordnung der Sprache der Eide in das Zentrum bzw. den Südwesten siehe HILTY (1978).

5.4. Die Eulaliasequenz

Um das Jahr 880, knapp vierzig Jahre nach den Straßburger Eiden, wird der erste literarische französische Text verfaßt, die Eulaliasequenz, ein religiöses Lied, das die spanische Märtyrerin Eulalia (3. Jh.) nach dem Vorbild des lat. Dichters Prudentius (4. Jh.) besingt. Die Handschrift, die aus dem Kloster St. Amand (Picardie) stammt, gelangte 1791 in die Bibliothek von Valenciennes, wo sie 1837 von Hoffmann von Fallersleben entdeckt wurde. In der Handschrift folgt auf die französische Sequenz (Liedform mit langgezogenen Modulationen des gregorianischen Halleluja) das althochdeutsche Ludwigslied, das eine Datierung auch des französischen Textes erlaubt. Hier ist die durch die karolingische Reform ausgelöste neue Schreibform der Volkssprache viel weiter entwickelt als in den Eiden. Die Latinisierungen sind marginal gegenüber den echt französischen Formen, die sogar eine sichere dialektale Zuordnung zum pikardisch-wallonischen Sprachgebiet erlauben. Von den 14 Doppelversen mit paarweiser Assonanz und einem Abschlußvers geben wir hier die ersten fünf:

> Buona pulcella fut Eulalia/ Bel auret corps, bellezour anima,
> Voldrent la veintre li Deo inimi/ Voldrent la faire diaule servir.
> Elle nont eskoltet les mals conselliers/ Qu'elle Deo raneiet chi maent sus en ciel,
> Ne por or ned argent ne paramenz/ Por manatce regiel ne preiement;
> Niule cose non la pouret omque pleier/ La polle sempre non amast lo Deo menestier.

> Ein gutes Mädchen war Eulalia/ Einen schönen Leib hatte sie, eine schönere Seele;
> Gottes Feinde wollten sie besiegen/ Wollten sie dem Teufel dienen lassen.
> Sie hört nicht auf die bösen Ratgeber,/ Sie solle Gott verleugnen, der droben im Himmel wohnt,
> weder für Gold noch Silber noch schöne Gewänder,/ Auf königliches Drohen noch Bitten;
> Nichts vermochte sie je zu beugen,/ Daß das Mädchen nicht immer Gottes Dienst liebte.

In den Formen *auret, pouret* ist das aus dem lat. Plusquamperfekt (vulgärlat. betont *hábuerat, pótuerat*) entstandene inaktuelle Präteritum (vgl. III.4.1.2.3.) erhalten, das schon seit dem *Rolandslied* (um 1140) im Französischen nicht mehr vorkommt. In *bellezour* ist ein synthetischer Komparativ (< *bellatiore) bewahrt, wie er in einigen Formen im Afrz. vorkam (vgl. IV.6.3.2.). Der bestimmte Artikel ist in *li Deo inimi, les mals conselliers* und *la polle* in uneingeschränkter Verwendung belegt. *Diaule* 'diable' erhält als "Unicum" im Afrz. keinen Artikel. Die Lautung *diaule* weist auf das pikardisch-wallonische Dialektgebiet.

Aufgabe

Informieren Sie sich bei HENRY (^{3}1965) und in den französischen Literaturgeschichten über weitere frühe altfranzösische Texte vor dem Rolandslied (ca. 1140), vor allem über die *Passion de Clermont* (kurz vor 1000) und die *Chanson de St. Léger* (Leodegarlied, 2. H. 10. Jh.). Zur *Chanson de St. Alexis* (ca. 1040) siehe IV.6.

Etappen der Geschichte der französischen Sprache

IV. 6. Die Epoche des Altfranzösischen

Literaturhinweise

Alle französischen Sprachgeschichten behandeln auch diese Epoche.
Einführungen und Darstellungen:
WOLF, Lothar/HUPKA, Werner (1981), *Altfranzösisch. Entstehung und Charakteristik: eine Einführung*, Darmstadt. KESSELRING, Wilhelm (1973), *Die französische Sprache im Mittelalter - von den Anfängen bis 1300 -*, Tübingen. ZINK, Gaston (1987), *L'ancien français: XIe - XIIIe siècle*, Paris. DEES, Anthonij (1980), *Atlas des formes et des constructions des chartes françaises du 13e siècle*, Tübingen. DEES, Anthonij (1987), *Atlas des formes linguistiques des textes littéraires de l'ancien français*, Tübingen.
An Texten orientiert:
ROHLFS, Gerhard ([3]1968), *Vom Vulgärlatein zum Altfranzösischen*, Tübingen. Älteres, zum Selbststudium gedachtes Werk: VORETZSCH, Karl ([9]1966), *Einführung in das Studium der altfranzösischen Sprache*, Tübingen. RAYNAUD DE LAGE, Guy (1970), *Manuel pratique d'ancien français*, Paris. BATANY, Jean (1972), *Français médiéval. Textes choisis, commentaires linguistiques, commentaires littéraires, chronologie phonétique*, Paris/Montréal. GROSSE, Ernst Ulrich ([3]1986), *Altfranzösischer Elementarkurs*, München.
Historische Phonetik und Phonologie (s. auch III.1.):
LA CHAUSSÉE, François de (1974), *Initiation à la phonétique historique de l'ancien français*, Paris. ZINK, Gaston ([2]1989), *Phonétique historique du français*, Paris. LABORDERIE, Noëlle (1994), *Précis de phonétique historique*, Paris.
Historische Grammatiken (s. auch III.3. und III.4.):
RHEINFELDER, Hans, *Altfranzösische Grammatik*, 1. Teil: *Lautlehre*, München [5]1975; 2. Teil: *Formenlehre*, München [2]1975. WAGNER, Robert-Léon (1974), *L'ancien français*, Paris. MOIGNET, Gérard ([2]1976), *Grammaire de l'ancien français. Morphologie - syntaxe*, Paris. INEICHEN, Gustav (1985), *Kleine altfranzösische Grammatik. Laut- und Formenlehre*, Berlin. LA CHAUSSÉE, François de (1977), *Initiation à la morphologie historique de l'ancien français*, Paris. ZINK, Gaston (1989), *Morphologie du français médiéval*, Paris. FOULET, Lucien ([3]1968), *Petite syntaxe de l'ancien français*, Paris. MÉNARD, Philippe (1973), *Syntaxe de l'ancien français*, Bordeaux.

Wörterbücher:
TOBLER, Adolf/LOMMATZSCH, Erhard (1915-), *Altfranzösisches Wörterbuch*, Berlin, dann Wiesbaden (bisher Bände 1-11, bis Buchstabe *v*-). GODEFROY, Frédéric (1880-1902, Nachdrucke 1937-1938, 1961), *Dictionnaire de l'ancienne langue française et de tous ses dialectes du IXe au XVe siècle*, 10 Bände, Paris. ROTHWELL, William et al. (1977 - 1992), *Anglo-Norman Dictionary*, 7 Faszikel, London. BALDINGER, Kurt (1974 -), *Dictionnaire étymologique de l'ancien français* (= *DEAF*), Québec/Tübingen/ Paris (bisher erschienen 8 Faszikel, Buchstabe *g*-).

Die Epoche des Altfranzösischen

Für den Hausgebrauch:
GREIMAS, Algirdas Julien (1968, 1992), *Dictionnaire de l'ancien français jusqu'au milieu du XIVe siècle*, Paris. FOERSTER, Wendelin (^{5}1973), *Wörterbuch zu Kristian von Troyes' sämtlichen Werken*, Tübingen.

6.1.1. Aus dem regional unterschiedlich intensiv romanisierten Gallien haben sich drei große romanische Sprachräume herausgebildet, und zwar der nordfranzösische Sprachraum der "langue d'oïl"[15], der südfranzösische der "langue d'oc" (Okzitanisch) und ein südostfranzösischer mit dem Frankoprovenzalischen[16]. Da die französische Sprache eine Weiterentwicklung der alten langue d'oïl darstellt, gehen wir im folgenden nur auf diese ein.

6.1.2. Wenn wir nun einen Blick auf das "Altfranzösische" werfen wollen, müssen wir zunächst einige Ausführungen zur Epocheneinteilung der Geschichte der französischen Sprache machen[17]. Üblicherweise findet man folgende Periodisierung in den Darstellungen:

1° Die Epoche der Entstehung der französischen Sprache:
d.h. die Zeit von der Romanisierung Galliens bis zum Auftauchen der ersten schriftlichen Zeugnisse des Französischen im 9. Jh. (s. IV.5.).
2° Die Epoche des **Altfranzösischen**:
vom 9. Jh. bis ca. 1350.
3° Die Epoche des **Mittelfranzösischen** (s. IV.7.):
von ca. 1350 bis ca. 1500 oder bis ca. 1600. Dieser unterschiedlich angegebene Endpunkt hängt mit der Einschätzung des Französischen des 16. Jhs. zusammen. Manche Autoren rechnen dieses noch zum Mittelfranzösischen, andere betrachten es als bereits zum Neufranzösischen gehörend und wieder andere werten es als eine eigene Epoche ("Französisch der Renaissance" oder "Frühneufranzösisch").
4° Die Epoche des **Neufranzösischen**:
beginnend mit dem 17. Jh. reicht diese Epoche bis zur Gegenwart. Mögliche

---

15 Diese und die folgende Benennung geht letztlich auf Dante Alighieri (*De vulgari eloquentia*, ca. 1304-1307) zurück, der die ihm bekannten romanischen Sprachen nach den – im Lateinischen überhaupt nicht existierenden – Bejahungspartikeln unterschied (afrz. *oïl* [> nfrz. *oui*] materiell aus lat. *hoc illi* ; aokzit. *oc* materiell aus lat. *hoc*).

16 Vgl. zur Ausgliederungsfrage – mit jeweils unterschiedlichen Erklärungen – WARTBURG, Walther von (1950), *Die Ausgliederung der romanischen Sprachräume*, Bern, und SCHMITT, Christian (1974), *Die Sprachlandschaften der Galloromania*, Bern/Frankfurt a.M.

17 Vgl. dazu stellvertretend: ECKERT, Gabriele (1990) in *LRL* V,1: 816-829.

Unterteilungen dieser Epoche sind (z.B. nach MÜLLER 1975: 36-37): das "klassische Französisch" (17. und 18. Jh. bis zur Französischen Revolution), das "moderne Französisch" (von ca. 1789 bis heute bzw. bis zum Ende des Zweiten Weltkrieges, wenn man das "Gegenwartsfranzösisch" (seit 1945) noch besonders herausheben möchte).

6.2. Wenden wir uns nun dem Altfranzösischen zu.

6.2.1.. Als **externe** Kriterien zur Bestimmung des Beginns der altfranzösischen Epoche wird zum einen das Zeugnis des Konzils von Tours (813) zum Bewußtsein der Sprecher, "daß sie die gesprochene Volkssprache[18] (d.h. das Französische) [nunmehr, Verf.] als eigenständige, vom Lateinischen unterschiedene Sprache auffassen" (ECKERT 1990: 817), gewertet, zum andern das Auftreten der ersten Texte, der frühesten Sprachdenkmäler des Französischen, ab 842 (s. IV.5.). Da es sich bei den "Straßburger Eiden" um einen der lateinischen Juristensprache noch stark verhafteten Text handelt, sehen bestimmte Autoren den Beginn der eigentlichen altfranzösischen Texttradition erst mit der "Eulaliasequenz" (um 880) als dem ersten unbestreitbar französischsprachigen Text gegeben. Zuweilen wird die Epoche vor dem Rolandslied (ca. 1080) als Frühaltfranzösisch der des "klassischen Altfranzösisch" (12. und 13. Jh.) gegenübergestellt. Als **interne** Kriterien der Periodisierung werden innersprachliche Entwicklungen herangezogen. In den frühesten Texten tauchen zum ersten Mal greifbar die großen sprachlichen Veränderungen im phonischen, grammatischen und lexikalischen Bereich auf, die das Altfranzösische vom Latein bzw. Vulgärlatein unterscheiden oder die es im Unterschied zum Schriftlatein mit dem Vulgärlatein gemeinsam hat (s. unten). Zu den Kriterien für die Abgrenzung zwischen Alt- und Mittelfranzösisch, s. IV.7.

6.2.2. Was einem des Neufranzösischen Kundigen beim Betrachten eines altfranzösischen Textes als erstes auffällt, ist der tiefgreifende Unterschied zwischen diesen beiden Sprachstufen derselben historischen Sprache, ja "un lecteur moderne considère que la *Chanson de Roland* est rédigée dans une langue étrangère" (WAGNER 1974: 26). Schon dieses Urteil weist darauf hin, daß sich die französische Sprache in den elfeinhalb Jahrhunderten ihrer durch Texte belegbaren Existenz – besonders im Vergleich mit der Entwicklung des Italienischen, aber auch des Spanischen – sehr stark verändert hat (s. unten).

Es ist sehr wichtig sich klarzumachen, daß das Altfranzösische keine einheitliche Sprache ist, sondern daß es starke Differenzierungen insbesondere in räumlicher und in zeitlicher Hinsicht aufweist. Die Epoche von ca. 842 - ca. 1350 umfaßt 5

---

18 Die "rustica romana lingua" (so in den Konzilsakten genannt).

Die Epoche des Altfranzösischen

Jahrhunderte, so daß wir hier sicherlich mit sprachlichen Veränderungen rechnen müssen; "l"ancien français' est une étiquette qui coiffe en réalité *plus d'un état de langue*" (WAGNER 1974: 28). Genau so wichtig, wenn nicht sogar noch wichtiger: Die altfranzösischen Texte sind nicht in einer einheitlichen Schriftsprache überliefert, sondern weisen mehr oder weniger starke regionale sprachliche Züge auf. Die reiche altfranzösische Literatur ist uns nicht in Originalhandschriften der Autoren – diese bleiben, zumindest für die ältere Epoche, meist unbekannt – überliefert, sondern sie ist in räumlich und zeitlich gestaffelten Abschriften auf uns gekommen. So wissen wir sehr oft nicht, in welcher Region der langue d'oïl ein bestimmtes Werk entstanden ist und damit einhergehend, welche sprachlichen Züge des Textes dem Verfasser bzw. der Ursprungsregion und welche dem Herkunftsgebiet des oder der Kopisten zuzuschreiben sind. Dies zeigt sich auch in der oft beträchtlichen graphischen Variation innerhalb desselben Textes. In der neueren Forschung wird deshalb nicht mehr davon gesprochen, daß bestimmte altfranzösische Texte in diesem oder jenem Dialekt geschrieben sind, sondern man ist der Auffassung, daß sie in sogenannten **Scriptae** (Terminus von L. Remacle; vgl. auch die entsprechenden Arbeiten z.B. von C. Th. Gossen, H. Goebl) abgefaßt sind: dies sind 'Schriftsprachen' (Graphietraditionen) mit regionalen **und** überregionalen Dialektmerkmalen[19]. Die Scriptae sind somit keineswegs mit den gesprochenen Dialekten der betreffenden Regionen – die wir im übrigen nicht kennen – identisch[20].

Für die Überlieferung der altfranzösischen Literatur wurden insbesondere folgende Scriptae wichtig: zeitlich zuerst die **wallonische** (vgl. Eulaliasequenz, Jonasfragment), später die **normannische** Scripta (so verfaßte der normannische Kleriker Wace in der 2. Hälfte des 12. Jhs. den "Roman de Brut" (= "Geste des Bretons") und den "Roman de Rou" (= "Geste des Normanz"); bekannt auch Bérouls "Tristan") und von dieser Scripta abgeleitet die **anglonormannische**[21] (z.B. das anonyme Alexiuslied, das anonyme Rolandslied in der Oxforder Handschrift, die Werke der Marie de France (2. Hälfte des 12. Jhs.; in Frankreich geboren, lebte in

---

19 Einen knappen Überblick über die Dialektzonen des Altfranzösischen und ihre sprachlichen Besonderheiten findet man in der Sprachgeschichte von WARTBURG ([6]1962: 83-93).
20 "Or, bien loin d'être du dialect écrit, les scriptae sont plutôt un mélange hybride d'éléments supra-régionaux (qu'on pourrait déjà appeler 'français') et régionaux" (GOEBL, Hans (1979), "Verba volant, scripta manent. Quelques remarques à propos de la scripta normande", in *RLiR* 43: 344-399, 355.
21 Unter "Anglonormannisch" versteht man die Varietät des Normannischen, die sich in England nach der Eroberung durch die Normannen (ab 1066) etabliert hat.

England): z.B. ihre Verserzählungen, die "Lais"). Sehr wichtig ist die **pikardische** Scripta (sehr reiche Texttradition: chansons de geste, fabliaux, le Roman de Renart, die anonyme chante-fable "Aucassin et Nicolete", Theaterstücke von Jean Bodel und Adam de La Halle), die **champagnische** Scripta (die höfischen Romane – z.B. "Lancelot", "Yvain", "Perceval" – von Chrétien de Troyes (ca. 1140 - ca. 1190), die Chroniken von Villehardouin und von Joinville) und zeitlich als letzte die **franzische**[22], d.h. die der Ile-de-France mit Paris (siehe Karte S. 33).

6.2.3. Für die Mehrzahl der sich mit der Geschichte des Französischen befassenden Sprachhistoriker besteht kein Zweifel daran, daß als Grundlage für die sich später durchsetzende französische Schrift- und Literatursprache[23] die Sprache der Ile-de-France mit Paris als Zentrum in Frage kommt. Aber wie paßt dazu die Tatsache, daß uns keine Texte in franzischer Scripta vor dem 13. Jh. überliefert sind, wie dies M. Pfister[24] nachgewiesen hat?[25] Dies kann bedeuten, daß in den frühen Jahrhunderten der altfranzösischen Epoche die franzische Scripta weniger wichtig war als die anderen Scriptae. Hinzu kommt jedoch die Beobachtung, daß in den erwähnten nichtfranzischen Scriptae der Anteil der franzischen Formen an den überregionalen sprachlichen Formen auffällig hoch ist. Wie läßt sich dieses Faktum erklären?

M. Delbouille geht von einer späten dialektalen Differenzierung des nordfranzösi-

---

22 "Le terme *francien* a été créé en 1889 par le philologue Gaston Paris et remplace celui de *dialecte de l'Ile-de-France*.[...] Le terme de *francien* qualifie [...] ce que les philologues appellent une *scripta*." (REY 1992: 841) Hermann Suchier hatte *francisch* bereits 1888 in seinem Beitrag zu Gröbers *Grundriss der romanischen Philologie* gebraucht, den G. Paris kannte (vgl. seine Kurzanzeige in *Romania* 17 (1888): 635-636). Es handelt sich also um einen Fachterminus, der von Philologen geprägt worden ist und nicht um eine traditionelle Bezeichnung wie z.B. *le picard, le normand* usw. In alten Texten wurde *françois* zwar in der Bedeutung 'France (d.h. die Ile-de-France) betreffend' verwendet, aber die umfassendere Bedeutung 'nordfranzösisch' existierte auch schon.

23 Schriftsprache und Literatursprache sind nicht identisch: Die Literatursprache gehört zwar zur Schriftsprache, aber die Schriftsprache umfaßt mehr als die Literatursprache, also z.B. auch die Urkundensprache. Die ersten in der langue d'oïl geschriebenen Urkunden, die wir kennen, stammen vom Ende des 12. Jhs. – vorher war die Urkundensprache ausschließlich das Latein.

24 PFISTER, Max (1973), "Die sprachliche Bedeutung von Paris und der Ile-de-France vor dem 13. Jahrhundert", *Vox Romanica* 32: 217-253.

25 Der Autor der *Vie de Saint Thomas Becket* (1174), Guernes/Garnier de Pont-Sainte-Maxence, stammt zwar aus dem Grenzgebiet zwischen Ile-de-France und Pikardie, aber der Text ist nur in einer anglonormannischen Handschrift überliefert. – Rutebeuf (2. Hälfte 13. Jh.) gilt als erster namentlich bekannter Autor aus Paris.

Die Epoche des Altfranzösischen

schen Sprachraumes aus und erklärt die "überregionalen" sprachlichen Charakteristika der Scriptae aus der 'prädialektalen' Einheit der langue d'oïl. C. Th. Gossen und G. Hilty setzen im Gegensatz zu Delbouille die dialektale Aufgliederung der langue d'oïl früh an, bereits in die Merowingerzeit, M. Pfister nennt das 6. Jh., Hilty formulierte sehr vorsichtig die Hypothese, daß die franzischen Formen durch die Ausstrahlung einer schon im 9. Jh. in der Ile-de-France nur mündlich existierenden epischen Literatur, die verlorenging, erklärt werden könnten. Gossen vertritt die Auffassung, daß sich die Schriftsprache von Paris und Umgebung bereits im 10. und 11. Jh. verbreitet habe. Zwei Gesichtspunkte müssen jedoch zunächst getrennt werden: die dialektale Differenzierung einerseits und die Stellung der Mundart der Ile-de-France innerhalb der Dialekte der langue d'oïl andererseits. Der sicher seit der Isolation der Regionen in der Merowingerzeit anzunehmenden Dialektausgliederung steht die Tatsache gegenüber, daß der Dialekt der Ile-de-France in den altfranzösischen Scriptae zwar stets präsent ist, sich aber als überregionale Schriftsprache erst im Verlaufe des 13. Jhs. durchsetzt.

6.2.4. Welche Faktoren werden – unabhängig von der Einschätzung der Chronologie – zur Erklärung des Aufstiegs "vom Franzischen zum Französischen" (so formuliert etwa bei BERSCHIN et al. 1978: 203, WOLF/HUPKA 1981: 29) und der Erringung des Vorrangs der Sprache von Paris, der gegen Ende des 12. Jhs. offen ausgesprochen wird, angeführt?

– die geographisch und verkehrstechnisch günstige Lage von Paris und der Ile-de-France und deren wirtschaftliche Auswirkungen;
– der Aufstieg von Paris, gefördert durch die Dynastie der Kapetinger (ab 987) und ganz besonders durch den mächtigen König Philippe Auguste (1180-1223; europäisch wichtiger Sieg 1214 bei Bouvines); er machte Paris zu seiner Residenz;
– die Abtei Saint-Denis (in der nördlichen Peripherie von Paris) als Grablege der französischen Könige, als Aufbewahrungsort der Reliquien des Nationalheiligen Dionysius (Saint Denis) und der oriflamme, des Banners des Königtums, "gab der benachbarten Stadt die ihr fehlenden Traditionen.[...] So wurde Paris für die mittelalterliche Welt der phantastische Mittelpunkt Frankreichs in der Vergangenheit und der vorbestimmte ideale Mittelpunkt für Gegenwart und Zukunft."[26]
– das kulturelle Ansehen, das Paris durch seine berühmte Universität (Sorbonne) gewann;
– sprachliche Gründe: WARTBURG ([6]1962: 89, 90) spricht vom Franzischen als von einem Dialekt, "[qui] a gardé une sorte de juste milieu [...] en évitant les particularités dialectales". BERSCHIN et al. (1978: 209) reden entsprechend von "einer Mittelstellung zwi-

---

26 OLSCHKI, Leonardo (1913), *Der ideale Mittelpunkt Frankreichs im Mittelalter in Wirklichkeit und Dichtung*, Heidelberg: 68, 69.

schen den Dialekten, die es [das Franzische] für eine überregionale Verkehrs- oder Literatursprache besonders geeignet machte." - Das hohe Prestige des Franzischen wird durch eine Reihe von Zeugnissen von Autoren der Zeit - letztes Viertel des 12. Jhs. (z.B. Garnier de Pont-Sainte-Maxence, Conon de Béthune, Aymon de Varennes) -, die in verschiedenen Sprachgeschichten kommentiert werden, deutlich gemacht.

Die Auffassungen über den Beginn der Ausstrahlung des Franzischen divergieren sehr stark, sie reichen vom 9. Jh. (G. Hilty) bis zum 12. Jh. (z.B. M. Pfister), ja bis zum 13. Jh., vgl. dazu PICOCHE/MARCHELLO-NIZIA 1989: 25, 26:

> La diffusion dans les provinces du français de Paris est, à partir de la fin du XIIIe s., un fait incontestable, principalement dû aux progrès du pouvoir royal et de la centralisation administrative. [...] En conclusion le 'bon français', le 'français standard', le 'parisien cultivé' d'aujourd'hui résulte des formes communes aux divers dialectes d'oïl anciennement majoritaires en région parisienne. Ce 'françois' n'a cessé d'étendre son influence sur les provinces à partir de la fin du XIIIe s. et parmi les divers usages vivants en région parisienne, cette diffusion a été restreinte à un certain sociolecte, celui des milieux cultivés et socialement dominants du monde judiciaire et de la cour.

Abweichende Auffassungen:
Gegen die Annahme von Scriptae spricht sich dezidiert A. Dees[27] aus; B. Cerquiglini[28] wendet sich gegen einen Ursprung des Französischen in der Sprache der Ile-de-France.

6.3.1. Textprobe mit Kommentar

Um nun einen ersten Eindruck vom Altfranzösischen zu vermitteln, geben wir nachstehend eine Textprobe aus dem frühen Altfranzösisch mit deutscher Übersetzung und mit kurzen Kommentaren zur Beschreibung dieses Sprachzustandes. Wir wählen den Beginn (Exordium) des Alexiusliedes ("La vie de Saint Alexis", um 1040)[29], des ersten großen Werkes (125 fünfzeilige Strophen, in zehnsilbigen Versen mit Assonanz) der französischen Literatur, wo der unbekannte Autor sich in den bekannten Eingangsversen als laudator temporis acti äußert:

---

27 Vgl. "Dialectes et scriptae à l'époque de l'ancien français", *RLiR* 49 (1985): 87-117.
28 *La naissance du français*, Paris 1991.
29 Wiedergegeben nach der kommentierten kritischen Ausgabe von STOREY, Christopher (1968), *La Vie de Saint Alexis*, Genève: 92. Für den Seminargebrauch praktisch ist die Ausgabe *Sankt Alexius* von Gerhard ROHLFS in der "Sammlung Romanischer Übungstexte" (Tübingen, Niemeyer). Die deutsche Übersetzung übernehmen wir aus: *Das Leben des heiligen Alexius. Aus dem Altfranzösischen übersetzt von Klaus Berns*, München 1968: 11.

Die Epoche des Altfranzösischen

Bons fut li secles al tens ancïenur,
Gut war die Welt zur Zeit der Alten,
Quer feit i ert e justise ed amur;
denn Treue war da und Gerechtigkeit und Liebe,
S'i ert creance, dunt or n'i at nul prut.
und Glaube war da, wovon es jetzt nicht genug[30] gibt;
Tut est müez, perdut ad sa colur:
sie ist ganz verändert, verloren hat sie ihre Farbe:
Ja mais n'iert tel cum fut as anceisurs.   5
niemals wird sie wieder so sein, wie sie bei den Alten war.

Al tens Noë ed al tens Abraham
Zur Zeit Noahs und zur Zeit Abrahams
Ed al David, qui Deus par amat tant,
und zu der Davids, den Gott so sehr liebte,
Bons fut li secles; ja mais n'ert si vailant.
war die Welt gut: niemals wird sie wieder so wertvoll sein;
Velz est e fraisles, tut s'en vat declinant:
alt ist sie und brüchig, immer mehr geht sie dem Ende zu,
Si'st ampairét, tut bien vait remanant.   10
und sie ist in Verfall geraten, alles Gute schwindet immer mehr.

6.3.2. Dem Anfänger fällt bereits zu Beginn von Vers 1 der Bezug von zwei Nominalformen mit Endungs-*s* auf eine Verbform im Singular auf: "bon*s* fut li secle*s*". Wir haben hier ein Beispiel der für das Altfranzösische (und das Altokzitanische) bekannten Zweikasusflexion des Nominalsystems vor uns. Der im Vulgärlatein begonnene und in der nichtdokumentierten Frühgeschichte der romanischen Sprachen fortgesetzte Abbau des lateinischen Kasussystems mit seinen morphologisch markierten sechs Kasus ist wohl die auffälligste Veränderung in der Entwicklung der Nominalmorphologie vom Latein zum Romanischen. Während in der Mehrzahl der romanischen Sprachen dieser Reduktionsprozeß bereits in der Zeit vor dem Auftauchen der ersten Texte zum Abschluß gekommen war, ist uns im Altfranzösischen eine vorletzte Etappe dieser Entwicklung erhalten, das sog. Zweikasussystem. In diesem funktionierte die Opposition zwischen Casus rectus (frz. "cas sujet"), hervorgegangen aus dem lateinischen Nominativ, und dem casus obliquus (frz. "cas régime"!), materiell entstanden aus dem lateinischen Akkusa-

---

30 Ziemlich frei übersetzt, denn *prut* bedeutet 'profit, avantage, abondance'.

Etappen der Geschichte der französischen Sprache

tiv. Zur Illustration ein einfaches Beispiel für eine maskuline Substantivklasse:

Nom. Sing. lat.	*murus*	>	casus rectus Sing. afrz.	*murs*
Akk. Sing.	*muru(m)*	>	casus obliq. Sing.	*mur*
Nom. Plur.	*muri*	>	casus rectus Plur.	*mur*
Akk. Plur.	*muros*	>	casus obliq. Plur.	*murs*

Der Rectus übernahm die Funktionen des lateinischen Nominativs (vgl. als Singular V. 1 und 8 *bons, li secles*, V. 4 *müez*, V. 7 *Deus*, V. 9 *velz, fraisles*) und des Vokativs, der Obliquus die des Akkusativs (z.B. im Plural nach der Präposition *a* (*à*) V. 5 *as anceisurs*), z.T. auch die des Genitivs (vgl. V. 6 u. 7 *al tens Noë, al tens Abraham, al David* < *ad illum David* (indeklinabel)) und des Dativs.

Für eine eindeutige Markierung der vier verschiedenen Funktionen des Systems reichten die beiden Endungen Null bzw. *-s* ohne Mithilfe der Determinanten und/ oder des Kontextes nicht aus. Bei den Feminina funktionierte das Zweikasussystem bis auf wenige Ausnahmen überhaupt nicht, denn es erlaubte nur eine Unterscheidung zwischen Singular und Plural, z.B. afrz. *porte/portes* (vgl. im Text nur Beispiele für Singularformen: V. 2 *feit, justise, amur*, V. 3 *creance* (< lat. *credentia*), V. 4 *colur*). So ist es nicht verwunderlich, daß dieses System noch in altfranzösischer Zeit, von West nach Ost fortschreitend, nach und nach aufgegeben wurde. In der Regel lebten die Formen des Obliquus weiter (überlebende Casus Recti sind nicht zahlreich, z.B. frz. *prêtre, traître, peintre, pâtre* (neben dem Obliquus *pasteur), fils, soeur*). Schon in der hier verwendeten anglonormannischen Handschrift des Alexiusliedes erweist sich das Zweikasussystem als nicht völlig konsequent realisiert, vgl. z.B. das Partizip Perfekt *ampairét* (= anglonormannische Form, entsprechend nfrz. *empiré*, < lat. **impeioratu*), das wegen seines Bezugs auf *secles*, wie im Falle von *velz* und *fraisles*, eine *s*-haltige Endung haben müßte.

Im Altfranzösischen haben sich eine Reihe von Formen alter Kasus erhalten, Genitive und Ablative, die sonst als Kasus generell untergegangen sind, so z.B. *geste Francour* (< lat. *gesta Francorum*) und in V. 1 *ancïenur* (< lat. *antianorum*). Besonders bemerkenswert ist hier die Tatsache, daß diese Form sogar im altfranzösischen Text als Genitiv funktioniert; vgl. dagegen nfrz. *la Chandeleur*, elliptisch aus *la fête chandeleur* (< *(dies) festa candeloru(m)* für klat. *candelarum*). Alte Ablative erhielten sich materiell z.B. in *comme/cum* (s. V. 5, anglonormannische Form) (< lat. *quomodo*), *car/quer* (s. V. 2) (< lat. *quare*), in der romanischen Adverbialbildung mit dem Suffix *-mente*, die auf den Ablativ von lat. *mens, mentis* (fem.) zurückgeht, vgl. z.B. lat. *clara mente* > nfrz. *clairement*.

Außer für die Substantive und die Adjektive galt die Zweikasusflexion auch für

Die Epoche des Altfranzösischen

die Artikel, die Demonstrativa und die Possessiva des Altfranzösischen (bei den Pronomina sind die Verhältnisse komplexer). Hier seien nur die Formen des bestimmten Artikels[31] angeführt:

Casus rectus Sing.:	mask. *li*	fem. *la*
Casus obliquus Sing.:	mask. *lo, le*	fem. *la*
Casus rectus Plural:	mask. *li*	fem. *les*
Casus obliquus Plural:	mask. *les*	fem. *les*

Im Text finden wir nur Beispiele für maskuline Artikelformen: für *li* (Rectus Sing.) in *li secles* und für die mit der Präposition *a* (< lat. *ad*) verschmolzenen Artikel *le*, nämlich *al*, dreimal in *al tens* ... (*tens* < lat. *tempus*, somit invariabel, da das -*s* schon durchgängig zum Singular gehört) und *les*, nämlich *as*, in *as anceisurs* (*as* wird in Anlehnung an den Singular *au* (< *al* vor Konsonant) im 13. Jh. zu *aus*, später mit der Graphie *aux*[32]).

Eine weitere wichtige Veränderung in der Grammatik der meisten romanischen Sprachen im Vergleich zum Latein ist die Reduzierung der Genera von drei auf zwei, nämlich die Eliminierung des Neutrums bei den Nomina. Die lateinischen Lexeme mit neutralem Genus, die nicht untergingen, verteilten sich zum größeren Teil auf das romanische Maskulinum, vgl. V. 1 *secles* (auch *siecle*[33]) (eine halbgelehrte Bildung < lat. *saeculum*) und *tens* (< lat. *tempus*; die spätere Graphie *temps* unter latinisierendem Einfluß). In geringerem Maße gingen sie über die Zwischenstufe des Plurals zum Femininum über, z.B. lat. *velum* > frz. *(le) voile*, *vela* > *(la) voile* mit Bedeutungsdifferenzierung.

6.3.3. Weitere Beispiele für den Sprachwandel im grammatischen Bereich vom Latein zum Altfranzösischen:

– Übergang vom synthetischen zum analytischen Verfahren bei der Bildung der Kompara-

---

31 Die Entstehung des Artikels in allen romanischen Sprachen und Dialekten ist wohl die spektakulärste Neuerung im System der Grammatik im Vergleich mit dem Schriftlatein, das keinen Artikel kannte. Hier entstand eine neue pars orationis (wohl durch griechische Vermittlung).

32 Die häufige Endung -*us* wurde im Altfranzösischen durch das Kürzungszeichen *x* wiedergegeben, z.B. *beax* für *beaus*. Als später der ursprüngliche Wert von *x* nicht mehr verstanden und *x* einfach als graphische Variante von *s* interpretiert wurde, wurde das *u* wieder in die Graphie eingeführt, also *beaux*.

33 Neben *secle* kommt in derselben Handschrift auch *siecle* (V. 623) vor; in V. 9 findet sich die Verbalform *vat*, eine Zeile später die Variante *vait*, und so an mehreren Stellen der Handschrift. Wir müssen in alt- und mittelfranzösischen Texten mit einem großen Variantenreichtum der Wortformen und der Graphien rechnen.

tionsstufen der Adjektive und Adverbien (z.B. lat. *fortior* → afrz. *plus fort*). Das Altfranzösische bewahrte jedoch eine Reihe synthetischer Steigerungsformen wie z.B. *graindre* (< lat. *grandior*), *pesmes* (< lat. *pessimus*); einige leben bis heute fort, z.B. *meilleur, pire; mieux, pis*.
- Umgestaltungen im System der Pronomina.
- Strukturelle Veränderungen im Verbalsystem:
  - Reduzierungen bei den unpersönlichen Modi: z.B. Aufgabe der Futurinfinitive, der Supina, des Gerundivums.
  - Innovationen: periphrastische Bildungen wie das "passé composé"(afrz. *a chanté* < lat. *habet cantatu*) (vgl. V. 4 *perdut ad*) und "passé antérieur", die aspektuellen Verbalperiphrasen (vgl. V. 9 *tut s'en vat declinant*, V. 10 *tut bien vait remanant*), der Konditional I (z.B. afrz. *chantereit* < lat. *cantare habebat*) und Konditional II.
- Partielle Veränderungen: vgl. III.4.1.3.
  - Veränderung der Funktion bestimmter Formen: der lat. Konjunktiv Plusquamperfekt (z.B. *cantavissem* > *chantasse*) wurde als Konjunktiv Imperfekt uminterpretiert, da der kl.-lat. Konjunktiv Imperfekt (vom Typ *cantarem*) wohl nur schriftsprachlich war.
  - Erhaltung (von Form und Funktion): z.B. Präsens Indikativ und Konjunktiv, Imperfekt Indikativ, Perfekt Indikativ (mit Einschränkung: die Aoristfunktion blieb diesem Tempus erhalten, nicht dagegen die Perfektfunktion), Imperativ Singular, Infinitiv Präsens Aktiv.

6.3.4. Im Text finden sich zwei alte synthetische Verbformen, die trotz der Gefahr der Homophonie bis ins Mittelfranzösische erhalten blieben:
lat. Imperfekt *erat* > afrz. *ieret, iert, ert* (V. 2, 3) und lat. Futur *erit* > afrz. *iert, ert* (V. 5, 8).
Kurzerklärungen für weitere Formen im Text:
V. 2, 3: *i*, später *y*: < lat. *ibi*;
V. 3, 8, 10: *s'*, *si* (in V. 8 mit anderer Bedeutung als in V. 3 und 10): beide < lat. *sic*;
V. 3: *dunt* (= anglonorm. Form; franzisch *dont*): < lat. *de unde*;
V. 3: *or* (Varianten: *ore, ores*): < lat. *hac hora*;
V. 3: *ne...nul* < lat. *non...nullu(m)*;
V. 3: *prut* [u] gehört in die frz. Wortfamilie *preux, prou, prouesse, prud'homme, prude*, die letztlich auf ein spätlat. *prode (est)* (zu *prodesse*) zurückgeht;
V. 4, 9, 10: *tut* (nfrz. *tout*): < spätlat. *tottu(m)* (= Variante von kl.-lat. *totum*).
V. 5, 8: *ja mais* (*ne*) < lat. *iam magis* (*non*);
V. 5: *tel* < lat. *tale(m)*;
V. 5: *anceisurs* < lat. *antecessores*:

Die Epoche des Altfranzösischen

V. 7: *qui Deus par amat tant*: *qui* steht für das Relativpronomen *cui*, welches etymologisch ein Dativ ist, dann aber auch als Genitiv und – wie V. 7 – als Akkusativ funktionierte. *Par*, in *par amat tant*, hat elativische Bedeutung und steigert *tant* (< lat. *tantu(m)*); es ist entstanden aus dem steigernden lat. Präfix *per-*, z.B. in *permagnus*, durch Tmesis (Abtrennung vom Basislexem);

V. 8: *vailant* (nfrz. *vaillant*): entspricht dem Partizip Präsens von *valeir/valoir* < lat. *valere*;

V. 9: *fraisles* (nfrz. *frêle*): < lat. *fragilis*; das unetymologische *-s-* stammt evtl. aus der phonetisch ähnlichen Form afrz. *graisles* < lat. *gracilis*;

V. 9: *en* < lat. *inde*;

V. 10: *remanant* ist "gérondif" zu *remaneir* ('rester, demeurer, cesser') < lat. *remanere*.

6.3.5. Abschließend noch einige Erklärungen zur historischen Phonetik:

Das Vulgärlatein hat in seiner Lautentwicklung, bis es uns als Altfranzösisch in den frühen Texten entgegentritt, einen tiefgreifenden Reduzierungsprozeß durchgemacht; in der Folgezeit gingen die lautlichen Veränderungen weiter, wenn auch in weniger akzeleriertem Rhythmus.

Zum **Vokalismus**: Die vulgärlateinischen Vokale veränderten sich unter dem Einfluß folgender Faktoren: 1° Akzentverhältnisse, 2° Silbenstruktur, 3° Beeinflussung durch den phonischen Kontext (z.B. Palatalisierung, Nasalierung, Velarisierung).

Einige wenige generelle Entwicklungslinien:
– Vokale in unbetonten Silben (Zwischentonvokale in freier Silbe, Auslautvokale) tendieren zum Verstummen: z.B. *bonitate* > *bonté*; *muru(m)* > *mur*, *colore(m)* > *colur* (vgl. V. 4, anglonorm. Form), vgl. nfrz. *couleur*; auslautendes *-a* bleibt zunächst in abgeschwächter Form als "*e* central" erhalten: *causa* > *chose*.
– Unter dem Hauptakzent verstummen die Vokale nie, unterliegen aber einem starken Wandel, vor allem in offener Silbe:
Als romanische Diphthongierung bezeichnet man den Wandel von (in vereinfachter Notation):

vlat. ɛ[[34] > afrz. ie, z.B. *pede* > *pie* (nfrz. *pied*);
vlat. ɔ[> afrz. uo > ue, z.B. *core* (für *corde*) > *cuer* (nfrz. *coeur*).
Französische Diphthongierung:
vlat. é[> afrz. ei > oi, z.B. *tela* > *teile* > *toile*;
vlat. ó[> afrz. ou > eu, z.B. *flore* > *flour* > *fleur*.

---

34 [zeigt offene Silbe an,] dagegen geschlossene Silbe.

Etappen der Geschichte der französischen Sprache

vlat. á[> afrz. e (wahrscheinlich über die Stufe ae oder ai), z.B. *mare > mer*.
Vlt. í bleibt erhalten, z.B. *filu > fil, scriptu > escrit*.
Vlt. ú wird, evtl. unter Substrateinfluß, zu [y], z.B. *cura > cure* [kyrə].

Zum **Konsonantismus**: Die vulgärlateinischen Konsonanten machten, unterschiedlich je nach ihrer Distribution im Wort (z.B. im Anlaut, vor- oder nachkonsonantisch, intervokalisch, im Auslaut), ebenfalls einen beträchtlichen Wandel bis zum Altfranzösischen (und danach) durch. Aus dem Germanischen kamen neu hinzu [w], vgl. *werra > [gwérra] > *guerre* [g], und [h] ("h aspiré"), vgl. *hapja > *(la) hache*.

Einige wenige generelle Entwicklungslinien:

– Im Anlaut bleiben die meisten Konsonanten unverändert erhalten, z.B. *force, laine, peser, rire, tenir* (aber z.B. Palatalisierung in *campu > champ, gaudia > joie; centum > cent, gelare > geler)*.

– Auch im Inlaut in nachkonsonantischer Position guter Erhaltungsgrad, z.B. *(via) rupta > rote* (nfrz. *route*), *debita > deb(i)ta > dete* (nfrz. *dette*) (aber z.B. Palatalisierung in *musca > mosche*, nfrz. *mouche*).

– Starke Veränderungen bis hin zum Schwund der Konsonanten in vorkonsonantischer und in intervokalischer Position, z.B. *labra > levre, rupta > rote, deb(i)ta > dete* (aber z.B *forte > fort*); *ripa > rive, vita > vie, securu > seur* (nfrz. *sûr*), (aber *ala > ele* (nfrz. *aile*), *(h)ora > oure > eure* (nfrz. *heure*).

– Im Lateinischen konnten nur einige wenige Konsonanten des Gesamtinventars im Auslaut erscheinen (hier eine Auswahl):
-[m] verstummte schon früh in lateinischer Zeit. -[k] verstummte im Vulgärlatein, z.B. *sic > si*. -[t] vor Vokal ging in der altfranzösischen Epoche unter, z.B. *amat > aimet > aime*; *amant > aiment* (*-nt* ist nur graphisch relevant, beachte aber die Liaison in der Inversion *aiment-ils*). -[s] "beginnt im 13. Jh. zu verstummen"[35]; es wird in der Graphie bis heute beibehalten; im Falle der Liaison tritt es als [z], vgl. z.B. *ils*[z]*organisent*, in Erscheinung.

– Komplexer sind die Verhältnisse bei den sekundär, d.h. erst im Französischen neu in den Auslaut tretenden Konsonanten. Z.B. tritt im Altfranzösischen bei den stimmhaften Konsonanten eine Auslautentsonorisierung ein, vgl. *cerv(u) > cerf*.

– Über den Lautwandel innerhalb der afrz. Epoche handelt in knapper Form: ZINK 1987: 21-26.

Zum Abschluß noch drei Einzelwortentwicklungen:

---

35 RHEINFELDER ³1963, I: 285.

Die Epoche des Mittelfranzösischen

– Ad V. 2: lat. *fide(m)* > *féde* > [féjðe] > [féjθ] (vgl. *feit*) > [féj] > [fój] *foi* > [fwé] > nfrz. [fwá].

– Ad V. 4: lat. *mūtātus* > [mutá:tos] > [mudá:dos] > [muðáeðos] > [myéts] (vgl. *müez*) > nfrz. [mɥé] (*mué*).

Unsicher ist, zu welchem Zeitpunkt vor dem Beginn der Textüberlieferung des Französischen, evtl. unter keltischem Substrateinfluß, vlat. [u] zu [y] wurde. Das Problem der graphischen Wiedergabe des für das Romanische neuen Lautes zeigt sich auch in unserem anglonormannischen Text, wo die Graphie *u* sowohl für [u] (vgl. z.B. die Assonanz in V. 1-5: ... *amur* : *prut* : *colur* ...) als auch für [y] (vgl. z.B. V. 4: *müez, perdut*) erscheint. – Das Verb *muer* hat, zugunsten von *changer*, seit dem 17. Jh. seine Grundbedeutung 'wechseln, (ver)ändern' aufgegeben und lebt nur noch in einigen Spezialbedeutungen im Französischen fort: 'sich mausern', 'das Geweih abwerfen', 'Stimmwechsel haben'.

– Ad V. 9: lat. *vĕtulus*, vlat. *veclus* > [vjeʎs] > [vjelts] (*velz/vielz*), dann durch Vokalisierung von l vor Konsonant > [vjeuts] > [vjœuts] > [vjø] nfrz. *vieux* (s. Fn. 32); nfrz. *vieil* < vlat. *veclu*; nfrz. *vieille* < vlat. *vecla*.

Aufgaben

1. Verschaffen Sie sich durch die Lektüre des betreffenden Teils einer Geschichte der französischen Literatur einen kurzen Überblick über die großen literarischen Genre der altfranzösischen Literatur wie z.b. die "chansons de geste", den "roman courtois" u.a.

2. Es könnte eine sehr anregende und aufschlußreiche Übung sein, wenn der Seminarleiter mit den Studierenden auf der Grundlage von IMBS, Paul (1989), "Abrégé d'histoire de la langue française", *TLPh* 27: 201-283, den Text von Psalm 138 in lateinischer, in verschiedenen altfranzösischen, frühneufranzösischen und neufranzösischen Fassungen in sprachlicher Hinsicht vergleichen und kommentieren würde.

IV. 7. Die Epoche des Mittelfranzösischen

Literaturhinweise

Alle französischen Sprachgeschichten behandeln auch diesen Zeitraum.
Darstellungen:
MARCHELLO-NIZIA, Christiane (1979), *Histoire de la langue française aux XIVe et XVe siècles*, Paris. ZINK, Gaston (1990), *Le moyen français (XIVe et XVe siècles)*, Paris. GUIRAUD, Pierre (1963), *Le moyen français*, Paris. RICKARD, Peter (1976), *Chrestomathie de*

la langue française au quinzième siècle, Cambridge (mit informativer Einleitung). MARTIN, Robert/WILMET, Marc (1980), *Syntaxe du moyen français*, Bordeaux.

Wörterbücher:

Das große altfranzösische Wörterbuch von GODEFROY umfaßt auch die mittelfranzösische Epoche, dasjenige von TOBLER/LOMMATZSCH hingegen reicht in der Regel nur bis 1400.

In einem Band: GREIMAS, Algirdas Julien/KEANE, Teresa Mary (1992), *Dictionnaire du moyen français – la Renaissance*, Paris.

Spezielle Fachzeitschrift: *Le Moyen Français*, Band 1 ff. (1977 ff.)

7.1. Wie wir bereits in IV.6. gesehen haben, wird der Beginn der Epoche des Mittelfranzösischen (der Terminus *le moyen français* wurde 1890 von Arsène Darmesteter[36] in die wissenschaftliche Diskussion eingeführt) ziemlich übereinstimmend auf ca. 1350 festgelegt, ihr Ende dagegen bestimmen die einzelnen Autoren unterschiedlich auf ca. 1500 oder ca. 1600. Als **externe** Kriterien zur Bestimmung des Beginns werden einerseits der Dynastiewechsel im französischen Königtum von den Kapetingern zu den Valois im Jahre 1328, andererseits der Anfang des Hundertjährigen Krieges (1339-1453) herangezogen. Legt man den Abschluß der Epoche auf das Ende des 15. Jhs. fest, dann wird auf die Besonderheiten des 16. Jhs. abgehoben (Renaissance, Humanismus, Emanzipation des Französischen vom Latein, Entstehung der ersten Grammatiken und Wörterbücher des Französischen, Erfolg des Buchdrucks u.a.). Nimmt man hingegen das Ende des 16. Jhs. als Schlußpunkt an, so beruft man sich z.B. auf den Einschnitt, den die zunehmenden Sprachnormierungsbestrebungen in der ersten Hälfte des 17. Jhs. markieren. Wir schließen uns hier der Zäsur um 1500 an. Der Hauptgrund für die Unterscheidung der altfranzösischen von der mittelfranzösischen Sprachepoche beruht einvernehmlich auf **sprachinternen Kriterien**, s. unten.

Die Epoche des Mittelfranzösischen wird u.a. durch folgende Faktoren charakterisiert:

– Auswirkungen des Hundertjährigen Krieges: z.B. drastischer Bevölkerungsrückgang, sehr kurze Lebenserwartung, Unterbrechung von kulturellen Traditionen mit negativen Folgen auch für das literarische Schaffen, d.h. weniger bedeutende literarische Werke im Vergleich zur klassischen altfranzösischen Epoche. Immerhin wirken in dieser Zeit Autoren wie Christine de Pizan (1365-1430), Charles d'Orléans (1394-1465), François Villon (1431/32 - nach 1463), der Chronist Jean Froissart (ca. 1337 - ca. 1410) und der Geschichtsschreiber Philippe de Commynes (1447-1511). Wichtig ist auch für diese Epoche gegenüber der

---

36 Nach ECKERT 1986: 5 (siehe Fn.38).

Die Epoche des Mittelfranzösischen

afrz. Zeit die Pflege der Prosa in französischer Sprache.
- Es erfolgte eine beträchtliche territoriale Expansion des Besitzes der französischen Krone (schon im 13. Jh., definitiv z.T. erst im 15. Jh.: Normandie, Maine, Anjou; Touraine, Poitou, Languedoc, Champagne): im 14. Jh.: Dauphiné; im 15. Jh.: Guyenne, Bourgogne, Picardie, Provence, Roussillon (definitiv erst 1659).
- Herausbildung eines Nationalbewußtseins ("nation de France") während des Hundertjährigen Krieges.
- Schon ab dem 13. Jh. wird die königliche Macht durch den Aufbau eines wirksamen zentralen Verwaltungsapparates auf Kosten der Kommunen und durch den Ausbau der königlichen Justiz wesentlich gestärkt.
- Als Folge davon ergibt sich seit dem 13. und verstärkt seit dem 14. Jh. ein zunehmender Gebrauch der "Vulgärsprache" vor allem in nichtkirchlichen Urkunden (zuerst in den Städten des nördlichen Sprachgebietes) zuungunsten des Lateins.

"Dans le Nord, les différences entre scriptas locales s'atténuent: le français commun apparaît." (MARCHELLO-NIZIA 1979: 26) Was hier als "français commun" bezeichnet wird, letztlich das Französische von Paris, verbreitet sich – sehr schematisch skizziert – im Königreich regional unterschiedlich rasch zunächst nur als Schriftsprache (bekannt als Ausnahme: Froissarts Sprache zeigt noch deutlich pikardische Züge) und für den mündlichen Gebrauch der Eliten; als gesprochene Sprache wird es sich, in den Städten früher als auf dem Lande, letztendlich erst im Laufe des 19. Jhs. nach der Einführung der allgemeinen Schulpflicht, der allgemeinen Wehrpflicht u.a. generell durchsetzen.
- Enge Kontakte werden seit dem 14. Jh. mit Italien über Gelehrte und über dynastische Verbindungen geknüpft. In Verbindung mit der italienischen Renaissance erwächst in Frankreich ein Interesse für die Antike, das sich in Aufträgen für Übersetzungen klassischer Autoren ins Französische niederschlägt: so übersetzen schon im 14. Jh. Pierre Bersuire Livius und Nicolas Oresme Aristoteles (aus dem Lateinischen); diese Übersetzungen zirkulieren zunächst in Handschriften, werden dann im 15. Jh. auch gedruckt. Im 15. Jh. werden Werke von Cicero, Sallust, Ovid, Cäsar, Vergil u.a. übersetzt.[37] Daneben gibt es auch Übersetzungen aus dem Italienischen. Die Vielzahl der Übersetzungen aus dem Latein bewirken eine beträchtliche Zunahme der Latinismen und Relatinisierungen (z.B. *beneiçon* wird durch *bénédiction* ersetzt, vgl. auch IV.8.) im französischen Wortschatz (GUIRAUD 1963: 50 spricht vom 14. (und vom 16.) Jh. als von "les

---

37 Vgl. dazu die Liste der wichtigsten Übersetzungen ins Französische, die im 15. Jh. von klassischen Werken angefertigt wurden, bei RICKARD 1976: 8.

Etappen der Geschichte der französischen Sprache

grandes périodes de création lexicale"), und sie führen auch zur Übernahme von lateinischen syntaktischen Konstruktionsmodellen (z.B. der absoluten Partizipialkonstruktion, der erweiterten Verwendung des accusativus cum infinitivo) ins Französische. – "Il n'est pas étonnant que les relations entre la France et l'Italie, fussent-elles commerciales, militaires, artistiques, intellectuelles ou culturelles, aient laissé leur empreinte sur le vocabulaire du français." (RICKARD 1976: 14) Einige Beispiele für Italianismen aus dieser Epoche: *citadelle, soldat, saccager, arsenal; banque, crédit, magasin; nouvelle* ("Novelle"); *courtisan, citadin*. Der Höhepunkt des italienischen Einflusses liegt jedoch erst im 16. Jh. (vgl. IV.8.).

Gegenüber der traditionellen Einschätzung des Mittelfranzösischen, wie sie im folgenden Zitat resümiert wird:

"Depuis le début de la linguistique moderne, on a refusé au moyen français une personnalité propre, une identité spécifique. Enserré entre l'ancien français et le français moderne il était considéré comme une époque de transition et par là chaotique, plein de contradictions et d'incohérences: c'était soit de l'ancien français décadent, soit du français moderne 'sous-développé'." (WUNDERLI, Peter (Hrsg.) (1982), "Préface", in: *Du mot au texte. Actes du IIIème Colloque International sur le Moyen Français*, Tübingen: 7)

betont die neuere Forschung dessen Eigenständigkeit.

7.2. Da es nicht möglich ist, hier auch nur einen Überblick über die Veränderungen zwischen dem Alt- und dem Mittelfranzösischen auf allen sprachlichen Ebenen zu geben, beschränken wir uns im folgenden auf die Darlegung der Fakten des Sprachwandels, die sich aus sprachtypologischer Sicht (im Sinne E. Coserius) als relevant erweisen.[38]

Wir erinnern uns, daß Coseriu (vgl. III.7.) den romanischen Sprachtypus wie folgt bestimmt hat:

"Innere, paradigmatische materielle Bestimmungen für gleichfalls innere, nicht-relationelle Funktionen und äußere, syntagmatische materielle Bestimmungen für gleichfalls äußere, relationelle Funktionen."

---

38 Wir stützen uns hierfür insbesondere auf ECKERT, Gabriele (1986), *Sprachtypus und Geschichte. Untersuchungen zum typologischen Wandel des Französischen*, Tübingen, und ECKERT, Gabriele (1988), "Periodisierung des Französischen unter dem Aspekt der typologischen Entwicklung", in: ALBRECHT, Jörn et al. (Hrsg.) (1988), *Energeia und Ergon. Sprachliche Variation – Sprachgeschichte – Sprachtypologie. Studia in honorem Eugenio Coseriu*, Tübingen, III: 103-119. G. Eckert hat in ihren Veröffentlichungen den typologischen Ansatz von E. Coseriu ausgearbeitet und auf die Geschichte der französischen Sprache überzeugend angewendet.

Die Epoche des Mittelfranzösischen

Das Altfranzösische folgte weitgehend dem gemeinromanischen Sprachtyp, das Mittelfranzösische hingegen machte einen typologischen Wandel durch, indem in der mittelfranzösischen Epoche (bis hin zum Neufranzösischen) der Unterschied zwischen relationellen und nicht-relationellen Funktionen aufgegeben wurde und, was die Verfahren betrifft, eine Reduktion der paradigmatischen Verfahren bei gleichzeitigem Ausbau der syntagmatischen Verfahren stattfand. "Als 'allgemeine Art von Verfahren', d.h. als typologisches 'Prinzip', funktioniert nun die externe, äußere Bestimmung, d.h. Determinierung außerhalb der betreffenden Einheit." (ECKERT 1988: 108)

Viele der sprachlichen Veränderungen, die das Mittelfranzösische gegenüber dem Altfranzösischen charakterisieren, lassen sich als Abbau von Paradigmatik bei gleichzeitigem Ausbau der Syntagmatik interpretieren:
– Die Aufgabe der Zweikasusflexion der Nomina, deren ehemalige Funktionen zum einen durch Präpositionen (z.B. *de* und *à*), zum andern durch die (relative) Fixierung der Wortfolge im Satz (zur Unterscheidung von Subjekt und direktem Objekt) übernommen werden, wird in den Sprachgeschichten als das vielleicht wichtigste interne Kriterium zur Abgrenzung des Mittelfranzösischen vom Altfranzösischen angeführt. Dieser Sprachwandel bedeutet typologisch einfach das Nachvollziehen einer Entwicklung, die andere romanische Sprachen schon in ihrer vorliterarischen Phase vollzogen haben.
– Durch das Verstummen des auslautenden -*s* wird der Plural vom phonischen Code her gesehen nicht mehr paradigmatisch, d.h. am Nomen selber markiert, sondern syntagmatisch, d.h. durch Determinanten wie Artikel, Demonstrativum oder Possessivum. (Diese Reihenfolge der Entwicklung gibt die traditionelle Auffassung wieder)
– Die zunehmende Generalisierung des bestimmten und unbestimmten Artikels und die Entstehung des sog. Partitivartikels fallen ebenfalls in die mittelfranzösische Epoche.
– Bei der Kategorie "Genus" kann auch ein gewisser Abbau an paradigmatischer Bestimmung beobachtet werden; so bei den Adjektiven, wo durch das Verstummen des auslautenden -*e* Lexeme wie *cler/clere, naturel/naturelle* im phonischen Code einendig werden. Determinanten übernehmen häufig den Ausdruck des Genus beim Substantiv.
– "Bei der Kategorie 'Person' beim Verb gehen Abbau an paradigmatischen Verbendungen[39] und Ausbau der Subjektspronomen Hand in Hand. [...] Die Genera-

---

39 Betrifft in Wirklichkeit nur bestimmte Personenmorpheme.

lisierung des Subjektspronomens ist aber zur gleichen Zeit schon stark fortgeschritten: Ein direkt kausaler Zusammenhang zwischen Endungsverlust[40] und Ausdehnung des Subjektspronomens kann daher nicht behauptet werden. Vielmehr sind beide Phänomene vom Typus her 'motivierbar'." (ECKERT 1988: 111) Daher ist anzunehmen, daß zuerst der typologische Wandel eingetreten ist und erst danach der Verlust der Endungen.
- Die meisten der im Altfranzösischen existierenden synthetischen Steigerungsformen (z.B. *graignour, hautisme*) verschwinden zum Mittelfranzösischen hin und werden durch analytische Steigerungsformen (z.B. *plus grand*) ersetzt.
- Entstehung neuer Verbalperiphrasen[41] wie *venir de* + Infinitiv (gerade abgeschlossene Handlung), *aller* + Infinitiv (Futurperspektive im Bereich "Gegenwart") und der "temps surcomposés" (vom Typ *quand j'ai eu dîné*).
- Die unter italienischem Einfluß im 16. Jh. aufkommenden nicht-relationellen Superlative auf *-issime* (z.B. *grandissime*) konnten sich im Französischen nicht mehr etablieren, da die Unterscheidung "relationell"/"nicht-relationell" bereits aufgegeben war.
- Aus demselben Grund wurden die synthetischen Diminutivbildungen vom Typ *oiselet* zugunsten der analytischen Bildungen vom Typ *petit oiseau* abgelöst.

Aus typologischer Perspektive läßt sich erkennen, daß das Französische erst in dieser Epoche zu einer stark analytischen Sprache wird. (ECKERT 1990: 820).

Dieser Prozeß setzt sich zum Neufranzösischen, ja zum "français avancé" hin fort, so daß man die neueren Sprachstufen des Französischen in der Tat als exzentrisch im Konzert der Sprachen der 'Romania continua' einordnen muß. GUIRAUD (1963: 14) kommt zu folgendem Schluß:

[...], le moyen français n'est pas une étape intermédiaire entre l'ancien français et le français moderne, c'est la forme archaïque du français moderne, encore enracinée dans le système primitif.

ECKERT (1988: 114) spricht vom Mittelfranzösischen als von "'modernem', 'noch nicht kodifiziertem' Französisch mit Dominanz der 'systematischen' Bildungen"; letztere werden durch die Kodifizierung im 17./18. Jh. zum Teil beschnitten.

---

40 Siehe Fn.39.
41 Vgl. dazu DIETRICH, Wolf (1973), *Der periphrastische Verbalaspekt in den romanischen Sprachen*, Tübingen.

Die Epoche des Mittelfranzösischen

7.3. Textprobe mit Kommentar

Als kurze Illustration des Mittelfranzösischen möge eine Textprobe aus einem der letzten Gedichte François Villons ("L'Epitaphe Villon", auch "Ballade des Pendus", erste und letzte Strophe) dienen:

> Freres humains qui après nous vivez,
> N'ayez les cuers contre nous endurcis,
> Car, se pitié de nous povres avez,
> Dieu en aura plus tost de vous mercis.
> Vous nous voiez cy attachez cinq, six:
> Quant de la chair, que trop avons nourrie,
> Elle est pieça devorée et pourrie,
> Et nous, les os, devenons cendre et pouldre.
> De nostre mal personne ne s'en rie;
> Mais priez Dieu que tous nous vueille absouldre!
> . . . . . .
> . . . . . .
> Prince Jhesus, qui sur tous a maistrie,
> Garde qu'Enfer n'ait de nous seigneurie:
> A luy n'ayons que faire ne que souldre.
> Hommes, icy n'a point de mocquerie;
> Mais priez Dieu que tous nous vueille absouldre!

Einige wenige Bemerkungen zum Text[42]:
Insgesamt steht die Sprache dieses Textes dem Neufranzösischen schon sehr nahe, so daß es kaum Verständnisschwierigkeiten geben dürfte. Vom Neufranzösischen aus auffällig sind zunächst die von der modernen Schreibung noch abweichenden, z.T. konservativen Graphien: *tost, nostre, maistrie* (obwohl [s] vor Konsonant in der Regel schon verstummt war); *pouldre* (< *pulverem*), *absouldre* (< *absolvere*), *souldre* ("solder, régler", < *solvere*) (etymologische Schreibung, d.h. Wiedereinführung in die Graphie des vor Konsonant bereits früher vokalisierten [l]); *attachez* (= nfrz. *attachés*) (Graphie *z* [s] ist zu jener Zeit nach geschlossenem [e] noch üblich); *cy* (= nfrz. *ici*) neben *icy* (die 'gelehrte' Graphie *y* ist für auslautendes [i] sehr verbreitet). Die Schreibweise *povre* (< *pauper*) existiert seit dem Altfranzösischen; die heutige Graphie mit *au* wurde als etymologisierende Schreibung im 16. Jh. eingeführt.

---

42 Der Text wurde entnommen aus: LONGNON, Auguste ([4]1967), *François Villon. Œuvres*, Paris: 96-97. — Eine inhaltliche Interpretation des ganzen Gedichtes findet man z.B. in BROCKMEIER, Peter (1977), *François Villon*, Stuttgart: 40-42.

Etappen der Geschichte der französischen Sprache

- Das Zeitadverb *piéça* (innerfranzösisch gebildet aus *pièce a* ('il y a une pièce de temps', d.h. 'il y a longtemps') war bis zum 17. Jh. im Gebrauch (z.B. bei La Fontaine).
- *Quant de* existierte neben dem heute allein möglichen *quant à* mit gleicher Funktion.
- Die altfranzösische hypothetische Konjunktion *se* (s. Z. 3) wurde im Mittelfranzösischen teilweise bereits durch *si* abgelöst.
- Die Negation des Verbs konnte im Mittelfranzösischen, je nach dem sprachlichen Kontext, mit *ne* allein - s. Zeile 2 - oder mit dem diskontinuierlichen Morphem *ne* + (ursprüngliche Verstärkungs-)Partikel *pas, point, mie* usw. ausgedrückt werden. Vgl. auch *personne ne, ne... point de* im Text.
- Zu beachten auch der optative Konjunktiv noch ohne auslösendes *que* in "De nostre mal personne ne s'en rie", wobei *en* (< *inde*) *de nostre mal* pleonastisch wiederaufnimmt.
- Schließlich sei noch angemerkt, daß die Wortfolge in den Sätzen teilweise noch nicht der des Neufranzösischen entspricht, wobei jedoch auch die individuelle dichterische Freiheit im Umgang mit der Syntax in Rechnung zu stellen ist.

Aufgabe

Siehe Aufgabe 2. auf S. 57

IV.8. Das Französische des 16. Jahrhunderts

Literaturhinweise

Alle Darstellungen der französischen Sprachgeschichte behandeln diese Epoche, am ausführlichsten BRUNOT, Band 2.
Speziellere Literatur:
RICKARD, Peter (1968), *La langue française au seizième siècle. Etude suivie de textes*, Cambridge (Kommentierte Anthologie zu sprachwissenschaftlich interessanten Texten dieses Jahrhunderts mit einer sehr guten einleitenden Studie). FRAGONARD, Marie-Madeleine/KOTLER, Éliane (1994), *Introduction à la langue du XVIe siècle*, Paris. HUCHON, Mireille (1988), *Le français de la Renaissance*, Paris. WOLF, Lothar (Hrsg.) (1969), *Texte und Dokumente zur französischen Sprachgeschichte. 16. Jahrhundert*, Tübingen. GOUGENHEIM, Georges (^{2}1974), *Grammaire de la langue française du seizième siècle*, Paris. HUGUET, Edmond (1925-1967), *Dictionnaire de la langue française du seizième siècle*, 7 Bände, Paris. KESSELRING, Wilhelm (1981), *Dictionnaire chronologique du vocabulaire français. Le XVIe siècle*, Heidelberg.

Das Französische des 16. Jahrhunderts

Die nachstehenden Ausführungen vermitteln keine Beschreibung des Sprachzustandes (zuweilen "interne Sprachgeschichte" genannt) des Französischen im 16. Jahrhundert, sondern wollen einen Überblick über die äußere (externe) Sprachgeschichte des Französischen dieser Epoche geben. Es sollen daher die Bewegungen, Ereignisse und Kräfte, die von außen auf die Entwicklung der französischen Sprache des 16. Jhs. eingewirkt haben, besprochen werden.

In den Sprachgeschichten wird das Französische des 16. Jhs. von manchen Autoren noch zum Mittelfranzösischen, von anderen bereits zum Neufranzösischen gerechnet. Wir schließen uns einer vermittelnden Position an und betrachten es als "Frühneufranzösisch".

8.1. Historischer Hintergrund

Mit dem 16. Jh. beginnt – nach einer fast allgemein akzeptierten Auffassung in der abendländischen Geschichtsschreibung – die Epoche der Neuzeit. Diese Epochenabgrenzung zwischen Mittelalter und Neuzeit wird mit so bedeutsamen Faktoren wie Entdeckung und Eroberung der Neuen Welt, wie Humanismus und Renaissance, wie die Reformation begründet.

Auf Frankreich bezogen bedeutet dies konkret:

– Auch Frankreich nahm schon im 16. Jh. an den Entdeckungsfahrten und an der europäischen Expansion in die Neue Welt teil, wenn auch in wesentlich geringerem Maße als Spanien und Portugal. Giovanni da Verrazzano – in französischen Diensten – fuhr 1524 als erster Europäer der Ostküste Nordamerikas von Florida bis Neufundland entlang. Jacques Cartier unternahm zwischen 1534 und 1542 mehrere Entdeckungsfahrten nach (dem heutigen) Kanada und erkundete den St.-Lorenz-Strom. Diese Unternehmungen führten jedoch noch zu keinen bleibenden Eroberungen oder Ansiedlungen in Amerika.

– Durch die Italienfeldzüge der französischen Könige Karl VIII., Ludwig XII. und Franz I. ab 1494 – die zunächst als Kriege zur Durchsetzung von Erbansprüchen auf italienische Territorien geführt wurden, bald aber zu einer Auseinandersetzung mit dem Hause Habsburg um die Hegemonie in Westeuropa ausgeweitet wurden und erst unter Heinrich II. mit dem Frieden von Le Cateau-Cambrésis (1559; Verzicht auf die Ansprüche in Italien) beendet wurden – traten die Franzosen in engen Kontakt zu der hochentwickelten italienischen Kultur und damit gleichzeitig zu Humanismus und Renaissance. Seit dem 14. Jh. und verstärkt seit dem 15. Jh. hatte sich in Italien eine Bewegung herausgebildet, der Humanismus,

Etappen der Geschichte der französischen Sprache

der unter Berufung auf das Erbe der griechischen und römischen Antike dem Menschen die Fähigkeit zuspricht, sich aus eigener Kraft zu bilden und zu vervollkommnen, sich selber zur Richtschnur seines Handelns zu machen. Diese Bewegung, ursprünglich rein philologisch ausgerichtet und mit den Namen Francesco Petrarca, Giovanni Boccaccio, Coluccio Salutati, Leonardo Bruni, Lorenzo Valla und vielen anderen verbunden, breitet sich in ganz Europa aus und ergreift alle Lebensbereiche, so daß man von einer >Renaissance< (>Wiedergeburt<) der Wissenschaften und Künste sprechen kann (Frank-Rutger Hausmann[43]).

Humanismus und Renaissance wurden alsbald von Italien nach Frankreich importiert. Als bedeutende französische Humanisten des 16. Jhs. seien u.a. angeführt: Guillaume Budé, Lefèvre d'Etaples, Robert und Henri Estienne, aber auch Rabelais und die Dichter der Pléiade. So bedeutende italienische Künstler wie Leonardo da Vinci und Benvenuto Cellini vermittelten die Kunst der Renaissance nach Frankreich. Franz I., der als Inbegriff des Renaissancekönigs gilt, stiftete 1530 auf Vorschlag von G. Budé - als Gegenstück zur traditionalistischen Pariser Universität - in humanistischem Geist Lektorate ("lecteurs royaux") für Griechisch, Hebräisch, Mathematik, wenig später auch für Latein, die dann zum "Collège royal", dem Vorläufer des heutigen "Collège de France", zusammengefaßt wurden.

– Die Reformation (frz. *la Réforme*) konnte sich in Frankreich – nach einer aktiven Frühphase – doch nicht in einem mit Deutschland auch nur vergleichbaren Maße durchsetzen. Stand die Reformation in Frankreich am Anfang unter dem Einfluß der Lehre Luthers, so änderte sich dies bald mit dem Aufstieg von Jean Calvin (1509-1564) zum Führer des französischen Protestantismus. Genf wurde das Zentrum des Calvinismus. Ab 1534 (mit der "Affaire des placards") wandte sich das frz. Königtum gegen die Protestanten; der religiöse Konflikt im Lande führte schließlich zu den blutigen Religionskriegen ab 1562, aus denen die berüchtigte Bartholomäusnacht (*la Saint-Barthélemy*) von 1572 herausragt, in der auf Anstiftung der Königinmutter Katharina von Medici (*Catherine de Médicis*) Tausende von Hugenotten ermordet wurden. Erst Heinrich von Navarra, von Hause aus selbst Protestant, als König Heinrich IV. von Frankreich zum Katholizismus übergetreten, gelang es, durch das Edikt von Nantes (1598) den Religionskriegen ein Ende zu setzen und den Protestanten eine bedingte Religionsfreiheit zuzusichern – Ludwig XIV. wird dieses Edikt 1685 wieder aufheben und den Exodus der Hugenotten einleiten.

---

43 In: GRIMM, Jürgen (Hrsg.) (^{3}1994), *Französische Literaturgeschichte*, Stuttgart: 100.

Das Französische des 16. Jahrhunderts

8.2. Äußere Einwirkungen auf die Sprachentwicklung

8.2.1. Auswirkungen des Humanismus

Angesichts des aufblühenden Humanismus in Frankreich sollte man einen Vorteil für das Latein in der Konkurrenzsituation zum Französischen erwarten. Die Hinwendung der Humanisten "ad fontes", d.h. zu den besten Quellen der großen lateinischen Autoren, offenbarte jedoch den tiefen Graben, der sich zwischen dem klassischen Latein und dem Schullatein des ausgehenden Mittelalters aufgetan hatte. Die Folge wird von BRUNOT[44] so beschrieben:

> [...] les efforts que firent les cicéroniens pour restituer la langue latine dans sa pureté antique, contribuèrent à l'abolir comme langue vivante. Elle n'avait pu se maintenir dans l'usage quotidien qu'à condition de se plier aux besoins quotidiens [...]. [...] La vraie langue des Romains, [...], ne pouvait pas, sans de véritables tours de force, traduire la pensée du XVIe siècle.

So paradox sich dies auf den ersten Blick ausnehmen mag, die Renaissance des klassischen Lateins im 16. Jh. trug dazu bei, das Latein letztendlich in die Situation einer toten Sprache zu überführen.

Der Einfluß des Humanismus auf die französische Sprache schlägt sich sehr augenfällig in der Bereicherung des Wortschatzes durch zahlreiche Latinismen und Gräzismen (nunmehr auch öfters in direkter Entlehnung aus dem Altgriechischen und nicht mehr nur durch Vermittlung über das Latein) nieder. Die Übernahme von Latinismen durch gelehrte Vermittlung ("Buchwörter") in den Wortschatz des Französischen läßt sich seit den frühesten Texten belegen und erfolgte, mit unterschiedlicher Intensität, über alle Jahrhunderte hinweg. Das 16. Jh. ist jedoch die Epoche, "welche im Laufe der Geschichte der frz. Sprache mit 30 % des Gesamtvolumens die meisten Erstbelege für *mots savants* liefert"[45]. Die zahlreichen damals entstehenden Übersetzungen antiker Werke ins Französische (vgl. auch IV.7., Fn. 37) trugen beträchtlich zur Wortschatzbereicherung bei.

Beispiele für Latinismen[3]:

classique (Erstbeleg[46]: 1548), *concret* (1508-1517), *dépravation* (1532), *désuétude* (1596), *divaguer* (1534), *érosion* (1541), *exceller* (1544), *fébrile* (1503), *imper-*

---

44 *Histoire de la langue française des origines à nos jours*, tome II: *Le XVIe siècle*, Paris 1967 (Neudruck): 2-3.
45 Nach WOLF, Heinz Jürgen (^{2}1991), *Französische Sprachgeschichte*, Heidelberg/Wiesbaden: 102.
46 Erstbelege jeweils datiert nach REY, Alain (Hrsg.) (1992), *Dictionnaire historique de la langue française*, Paris.

méable (1546), *indélébile* (1528), *secteur* (1542), *semestre* (um 1596 als Subst.), *véhicule* (1551).

Beispiele für Gräzismen:
- direkt aus dem Griechischen: *athée* (1547 als Subst.), *homologue* (1585), *hygiène* (1575), *phénomène* (1554), *syndrome* (1547);
- über das Lateinische: *apostrophe* (als graphisches Zeichen, 1514; als rhetorischer Terminus, 1516), *apothéose* (1581), *axiome* (1547), *épithète* (1517), *hypothèse* (1539).

Hinzu kommt noch, was man mit "Relatinisierung" des französischen Wortschatzes bezeichnet. Es handelt sich hierbei um die schon aus altfranzösischer Zeit bekannte "Umbildung bzw. Ersatz von erbwörtlichen oder halbgelehrten Lexemen durch eine dem jeweiligen lateinischen Grundwort näherstehende gelehrte Form" (STEFENELLI 1981: 161), wie z.B. *entrerompre* → *interrompre*, *(e)spere* → *sphère*, *ochaison* → *occasion*.

8.2.2. Italienischer Einfluß

Bis in die erste Hälfte des 20. Jhs. war das Italienische diejenige unter den lebenden Sprachen, die den Wortschatz des Französischen zahlenmäßig am stärksten beeinflußt hatte; zwischenzeitlich ist das Englische die wichtigste Spendersprache für das Französische geworden. Der Einfluß des Italienischen auf das Französische, der schon im ausgehenden Mittelalter beträchtlich war, erreichte im 16. Jh. seinen Höhepunkt; allein für dieses Jahrhundert konnten 462 neue Italianismen im französischen Wortschatz nachgewiesen werden[47]. Verständlich wird die Aufnahme der zahlreichen Entlehnungen durch eine "Italomanie", die im Frankreich des 16. Jhs. durch die Kulturimporte (dazu gehört auch eine reiche Übersetzertätigkeit aus dem Italienischen) im Gefolge der kriegerischen Unternehmungen der französischen Könige in Italien entstand, verstärkt noch durch die Heirat Heinrichs II. mit Katharina von Medici, deren Hofhaltung und deren Politik ab der Jahrhundertmitte, insbesondere nach 1560, schließlich die Gegenreaktion auf den übertriebenen "Italienboom" (WUNDERLI[48]) in Frankreich auslöste. Auf die "Italomanie" folgte eine "Italophobie" (Th. E. Hope), deren wichtigster Wortführer Henri Estienne war. Bei den Erstbelegen der Italianismen läßt sich in der Tat nach

---

47 Nach HOPE, Thomas E. (1971), *Lexical Borrowing in the Romance Languages. A Critical Study of Italianisms in French and Gallicisms in Italian from 1100 to 1900*, 2 volumes, Oxford. Diese Studie darf – trotz einiger Einwände eines Rezensenten – als das zur Zeit gültige Standardwerk betrachtet werden.
48 WUNDERLI, Peter (1989), *Französische Lexikologie*, Tübingen: 52.

1560 ein deutlicher Rückgang gegenüber der Regierungszeit Heinrichs II. feststellen (vgl. HOPE 1971 I: 231 ff.).

Nachstehend eine kleine Auswahl an Italianismen aus dem 16. Jh., nach Bezeichnungsbereichen geordnet:
- Kriegswesen: *bataillon, cavalerie, escorte, sentinelle, casemate, corridor, colonel, caporal, canonnade, attaquer*;
- Seefahrt: *frégate, gondole, escale, remorquer; boussole, bourrasque, fanal*;
- Architektur: *architecte, architecture, appartement, arcade, balcon, balustrade, belvédère, corniche, façade, stuc*;
- Musik: *cantilène, madrigal, concert, contrebasse, duo, fugue, intermède, sérénade, trombone*;
- Literatur: *sonnet, tercet*;
- Kunst: *arabesque, buste, cadre, esquisse, estampe, figurine, postiche, relief*;
- Hofleben: *carnaval, masque, mascarade, travestir, ballet, bouffon, courtiser, courtisane, festin, caprice, politesse*;
- Geschäftsleben: *bilan, escompte, faillite, risque*;
- Nahrung: *artichaut, cervelas, marron, saucisson, semoule, vermicelle*;
- Häufige Verben: *manquer, réussir, briller*;
- Adjektive: *altier, balourd, brave, brusque, burlesque, fruste, grotesque, ingambe, jovial, leste, pédantesque*;
- Suffixe bzw. Endungen: *-esque* (wie in *burlesque, grotesque*); *-issime* (z.B. *excellentissime, grandissime*).

8.2.3. Auswirkungen der Reformation

Die reformatorischen Bewegungen setzten bei der Verbreitung ihrer Ideen auf die Volkssprache, während die katholische Kirche und die Sorbonne in theologischen Fragen auf dem Gebrauch des Lateins beharrten. So übersetzte Jacques Lefèvre d'Etaples trotz Verbotes der Sorbonne zunächst das Neue Testament (1523), dann die ganze Bibel ins Französische (Antwerpen 1530). Auf der Grundlage der Antwerpener Ausgabe fertigte ein Vetter von Jean Calvin, Pierre Robert, genannt Olivétan, eine neue Bibelübersetzung für die Protestanten an, die erstmals 1535 in Neuchâtel und dann in von Calvin durchgesehener Neuauflage (NT: 1543; AT+NT: 1546)[49] in Genf erschien. Calvin hatte 1536 in Basel sein dogmatisches Hauptwerk *Christianae religionis institutio* zunächst in Latein veröffentlicht; 5 Jahre später ließ er, um auch den Laien aller Konfessionen einen leichteren Zu-

---

49 Nach CHAMBERS, Bettye Thomas (1983), *Bibliography of French Bibles. Fifteenth- and Sixteenth-Century French-Language Editions of the Scriptures*, Genève.

gang zu seiner Schrift zu ermöglichen, eine französische Übersetzung mit dem Titel: *L'Institution de la religion chrestienne* (Genf 1541) folgen, die "ein Markstein auf dem Weg der neufranzösischen Prosa wird" (Frank-Rutger Hausmann[50]). Der im 15. Jh. erfundene Buchdruck mit beweglichen, gegossenen Metallettern wurde zum Vehikel von unschätzbarem Wert für die Verbreitung der Ideen des Humanismus und der Reformation. Da die protestantischen Schriften hauptsächlich in französischer Sprache verfaßt waren, sahen sich die katholischen Theologen, um gegen diese zu opponieren, genötigt, im Verlaufe des Jahrhunderts immer öfter auch auf Französisch zu schreiben. So hat die Reformation zur Verbreitung der französischen Sprache auf einem Gebiet beigetragen, das bis dahin dem Latein vorbehalten war.

8.2.4. Staatliche Einflußnahme (Sprachpolitik)

Im Zuge der territorialen Expansion und der Durchsetzung der Zentralgewalt des französischen Königtums in Frankreich versuchten die Könige seit 1490 immer wieder, durch Erlasse das Französische als einzige offizielle Sprache im Königreich zu institutionalisieren. Diese sprachpolitischen Maßnahmen gipfelten in der 1539 von Franz I. erlassenen und sehr wirksam gewordenen "Ordonnance de Villers-Cotterêts", in deren Artikan 110 und 111 folgendes angeordnet wird:

(110) Et afin qu'il n'y ait cause de douter sur l'intelligence desdits arrêts, nous voulons et ordonnons qu'ils soient faits et écrits si clairement, qu'il n'y ait ni puisse avoir aucune ambiguité ou incertitude ne lieu à demander interprétation.

(111) Et pour ce que telles choses sont souvent advenues sur l'intelligence des mots latins contenus esdits arrests, nous voulons d'oresnavant que tous arrests, ensemble toutes autres procédures, soient de nos cours souveraines et autres subalternes et inférieures, soient de registres, enquestes, contrats, commissions, sentences, testaments, et autres quelconques, actes et exploicts de justice, ou qui en dépendent, soient prononcés, enregistrés et délivrés aux parties *en langage maternel françois et non autrement."*
(WOLF 1969: 52, unsere Hervorhebung)

Die explizite Absicht dieser "ordonnance" war die Ersetzung des Lateins durch das Französische in Rechts- und Verwaltungstexten – was auch erreicht wurde. Andererseits zielte dieser Erlaß auch auf die Ablösung der Regionalsprachen (z.B. des Okzitanischen) aus dem offiziellen Schriftgebrauch zugunsten der Verwendung des Französischen.

---

50 In GRIMM (Hrsg.) ³1994: 103.

Das Französische des 16. Jahrhunderts

Seit dieser Zeit ist die staatliche Intervention in Sprachfragen eine Konstante der französischen Politik in der Monarchie über die Große Revolution bis in unsere Tage (vgl. die Loi Toubon, 1994) geblieben.

8.2.5. Einwirkung von literarischer Seite auf die Sprache

Wir beschränken uns hier weitgehend auf einige Bemerkungen zu dem in dieser Hinsicht bekanntesten Text, nämlich *La Deffence et illustration de la langue françoyse* von Joachim du Bellay (Paris 1549). Dieses Manifest (stark abhängig von Sperone Speronis *Dialogo delle lingue*, Venedig 1542) aus der Dichtergruppe der Pléiade will den Gebrauch des Französischen in der Dichtung gegenüber dem der klassischen Sprachen (Latein, Griechisch) 'verteidigen' und zugleich zu seinem Gebrauch in Dichtung und Wissenschaft anspornen. Damit das Französische mit den antiken Sprachen konkurrieren kann, muß man diese Sprache 'illustrer', d.h. "[lui] donn[er] lustre & clarté"[51]. Dies kann dadurch bewirkt werden, daß man sie bereichert ("amplification & ornement de notre Langue", *Deffence*: 85), insbesondere ihren Wortschatz. Du Bellay empfiehlt dem französischen Dichter "qu'il ne craigne point d'*inventer, adopter & composer* à l'immitation des Grecz quelques motz Francoys, comme Ciceron se vante d'avoir fait en sa Langue" (*Deffence*: 137, unsere Hervorhebung). Als Verfahren zur lexikalischen Bereicherung schlägt er vor: die Bildung von Neologismen (jedoch "avecques modestie toutesfois, analogie & jugement de l'oreille", S. 140), die Verwendung von Archaismen (unter der Bedingung eines "moderé usaige de telz vocables", S. 143) und von Wörtern aus Fachwortschätzen (vgl. *Deffence*: Kap. II, 11). Pierre de Ronsard, das Haupt der Pléiade, empfiehlt noch weitere Verfahren: Entlehnungen aus den Dialekten Frankreichs, Bildung von Komposita nach lateinischem und vor allem griechischem Modell sowie Wortbildung durch Suffigierung ('par provignement'; Ronsard gebrauchte selbst gerne Diminutiva).

Die angeführten Verfahren zur Bereicherung des Wortschatzes der französischen Sprache des 16. Jhs. sollten von den puristischen Sprachmeistern des 17. Jhs. wieder ausgemerzt werden (vgl. IV.9.2.2.).

8.2.6. Erweiterung der Domänen des Gebrauchs des Französischen

Obwohl es im 16. Jh. eine reiche neulateinische Dichtung in Frankreich gab, war die Rolle des Französischen als Literatursprache, insbesondere nach dem Manifest der Pléiade, unbestritten. Zur Durchsetzung des Französischen als Sprache des

---

51 Kritische Ausgabe der *Deffence...* von Henri CHAMARD, Paris 1948: XI (Préambule du Quintil Horatian).

Etappen der Geschichte der französischen Sprache

Rechts- und Verwaltungswesens und zu seiner Rolle im religiösen Bereich: s. oben. Die Sprache des Universitätsunterrichts blieb das Latein – mit einigen Ausnahmen am "Collège Royal". Aber das Französische eroberte sich eine Reihe von Nischen als "Wissenschaftssprache", so in Veröffentlichungen auf "Gebieten mit praktischen Bezügen"[52] wie Chirurgie (z.b. Jean Canappe, Ambroise Paré), Mathematik (z.b. Jacques Peletier du Mans, Etienne Forcadel), Astronomie, Astrologie (z.b. Pontus de Tyard), Geographie (z.b. André Thévet), Dialektik (z.b. Pierre de La Ramée), Poetik (z.b. Thomas Sébillet), Geschichte (z.b. Claude Fauchet, Etienne Pasquier). Andere Domänen wie etwa die Schulmedizin, die Philosophie und weitgehend die katholische Theologie blieben dem Latein vorbehalten. Die **Emanzipation** des Französischen zeigt sich sehr anschaulich in dem Prozeß der allmählichen Ablösung des Lateins als Wissenschaftssprache durch die "Volkssprachen", hier: das Französische, ein Prozeß, der sich in den nachfolgenden Jahrhunderten noch beschleunigen wird.

8.3. Beginn der wissenschaftlichen Beschäftigung mit der französischen Sprache

Literaturangabe

Vgl. hierzu insb. RICKARD (1968: 26-52).

Wenn man dem Französischen einen dem Lateinischen gleichwertigen oder gar überlegenen Rang zuerkennt, dann verlangt diese Einschätzung auch die Erarbeitung einer Beschreibung der französischen Sprache. Bis zum 16. Jh. gab es nur Anleitungen zur praktischen Erlernung dieser Sprache für Ausländer. Das neue Sprachbewußtsein verlangte nach einer Grammatik des Französischen; die Volkssprache mußte, wie die klassischen Sprachen, in Regeln gefaßt werden (können). Die Grammatikographie des Französischen begann also im 16. Jh. Das Beschreibungsmodell stellten jedoch weitestgehend die Kategorien der lateinischen Grammatik dar, so daß die Grammatiker beispielsweise in große Schwierigkeiten kamen, wenn sie die Artikel des Französischen behandelten, da es bekanntlich für diese pars orationis im Lateinischen kein Analogon gibt.

Hier einige wichtige Grammatiken des Französischen des 16. Jhs.:
1530: Jehan Palsgrave, *Lesclarcissement de la langue francoyse*, London (trotz französischen Titels in englischer Sprache verfaßt).
1531: Jacques Dubois (Sylvius), *In linguam gallicam isagωge*, Paris.

---

52 HAUSMANN in GRIMM [3]1994: 104.

1550: Louis Meigret, *Le Trętté de la grammęre françoęze*, Paris.
1557: Robert Estienne, *Traicte de la grãmaire francoise*, s.l.
1562: Pierre de la Ramee (Ramus), *Gramere*, Paris (1572: 2. Aufl.).

Auch die Probleme der Orthographie des Französischen bzw. des Verhältnisses von Phonie zu Graphie wurden im 16. Jh. intensiv diskutiert. In dieser Debatte stießen sehr unterschiedliche Bestrebungen aufeinander: die uneinheitliche Graphietradition aus dem 15. Jh., die Auffassungen der Humanisten (häufig identisch mit den Buchdruckern; vgl. die Familie Estienne) und der Literaten (z.B. Ronsard), die Interessen der Vertreter der Praxis, d.h. des Buchdrucks (z.B. Robert und Henri Estienne), und die Bestrebungen der Orthographiereformer (z.B. Louis Meigret, Jacques Peletier du Mans, Pierre de la Ramée).

Die Reformer, die die Graphie der Phonie angleichen wollten, konnten sich letztlich nicht durchsetzen; die Graphie blieb traditionell, d.h. etymologisierend. Aus all diesen Diskussionen wurden schließlich folgende Neuerungen in die zukünftige Graphie des Französischen übernommen:
die Cédille, der accent aigu, der Apostroph, das Trema sowie die Differenzierung zwischen *u* und *v* und zwischen *i* und *j*.

Schließlich liegt auch der Beginn der französischen Lexikographie im 16. Jh. Robert Estienne veröffentlichte 1531 (1536 in 2. Auflage) sein *Dictionarium seu latinae linguae thesaurus*, in dem er viele lateinische Wörter in französischer Sprache erklärt. Das umgekehrte Verfahren schlug Estienne ein, als er 1540 (und weitere Auflagen) sein *Dictionaire francoislatin* publizierte. Hier werden die französischen Einträge auf Lateinisch erklärt. Der bekannte *Thresor de la langue françoyse, tant ancienne que moderne* von Jean Nicot, erschienen 1606, stellt eine Erweiterung der 4. Auflage von Estiennes Wörterbuch dar. Der eigentliche Typ des einsprachigen Wörterbuchs des Französischen entstand erst Ende des 17. Jhs. (vgl. dazu IV.9.3.).

Anregung

Der Seminarleiter könnte mit den Studierenden eine der aus Anthologien bekannten Textpassagen von Rabelais und/oder Montaigne lesen und kommentieren.

IV.9. Das Französische im 17. und 18. Jahrhundert

Angesichts der mit den Jahrhunderten zur Neuzeit hin immer stärkeren Differenzierung der Entwicklungsstränge kann der umfangreiche Stoff im Rahmen dieser

Einführung nur in den grundsätzlichen Linien skizziert werden, wobei die Schwerpunktsetzung verständlicherweise teilweise subjektiv ist. Mit dem 17. Jahrhundert beginnt die Entwicklung des Neufranzösischen. Durch die "formation de la langue classique" (Brunot) wird eine hochsprachliche Ausdrucksform geschaffen, die nicht nur Grundlage der großen klassischen Literatur des 17. Jhs. wird, sondern vor allem im 18. Jh. für "universal" gehalten und zur beherrschenden Kultursprache Europas wird. Zwar wird die klassische Sprache in ihrer strengen Form ab etwa 1820 durch die Romantik "aufgelockert", aber sie bleibt bis heute die Basis des *bon usage,* der gepflegten Rede- und Schreibweise der Franzosen. In unserer Darstellung werden wir daher vor allem die Herausbildung des klassischen Französisch im Auge haben.

Literaturhinweise

Alle Darstellungen der französischen Sprachgeschichte behandeln diese Epoche, am ausführlichsten BRUNOT, Bände 3-5 (zum 17. Jh.), 6-8 (zum 18. Jh.).

Speziellere Literatur zum 17. Jahrhundert:

BRUNOT, Ferdinand (1891), *La doctrine de Malherbe d'après son Commentaire sur Desportes*, Paris. LAUSBERG, Heinrich (1950), "Malherbe's Stellung in der Geschichte der französischen Schriftsprache", *RF* 62: 172-200. GRIMM, Jürgen (^{3}1994),"Das 'klassische' Jahrhundert", in: ders. (Hrsg.), *Französische Literaturgeschichte*, Stuttgart, 136-180. OTT, Karl-August (1947), *Die Sprachhaltung des 17. Jahrhunderts in den "Remarques sur la langue françoise" von Cl. F. de Vaugelas",* Diss. Heidelberg. RICKARD, Peter (1992), *The French Language in the Seventeenth Century. Contemporary opinion in France.* Cambridge. SPILLEBOUT, Gabriel (1985), *Grammaire de la langue française du XVIIe siècle*, Paris. STREICHER, Jeanne (Hrsg.) (1936), *Commentaires sur les Remarques de Vaugelas par La Mothe Le Vayer, Scipion Dupleix, Ménage, Bouhours, Conrart, Chapelain, Patru, Thomas Corneille, Cassagne, Andry de Boisregard et l'Académie Française*, 2 Bde., Paris. STROSETZKI, Christoph (1978), *Konversation: Ein Kapitel gesellschaftlicher und literarischer Pragmatik im Frankreich des 17. Jahrhunderts*, Frankfurt a. M./Bern/Las Vegas. WEINRICH, Harald (1960), "Vaugelas und die Lehre vom guten Sprachgebrauch", *ZRPh* 76: 1-33; ders. (1961), "Die *clarté* der französischen Sprache und die Klarheit der Franzosen", *ZRPh* 77: 528-544. WOLF, Lothar (1972), *Texte und Dokumente zur französischen Sprachgeschichte. 17. Jahrhundert.* Tübingen.

Zum 18. Jh.: SEGUIN, Jean-Pierre (1972), *La langue française au XVIIIe siècle*, Paris/Bruxelles/Montréal.

9.1. Historischer und gesellschaftlicher Hintergrund

9.1.1. Die innere politische Entwicklung Frankreichs ist im 17. Jh. durch die Errichtung und Vervollkommnung der absolutistischen Monarchie gekennzeichnet.

Das Französische im 17. und 18. Jahrhundert

Sie beginnt unter Heinrich IV. (*Henri IV*), der das durch die Religionskriege der zweiten Hälfte des 16. Jhs. zerrüttete Land durch Reorganisation der politischen Ordnung und merkantilistische Belebung der Wirtschaft und Förderung von Akkerbau, Gewerbe und Seehandel zu einigen und aufzurichten suchte. Nach außen hin unterstützte der König die Kolonisierung der "Nouvelle France" in Nordamerika (1608 Gründung von Québec durch Champlain, 1642 von Montréal durch Maisonneuve, unter Richelieu). Nach der Ermordung Heinrich IV. 1610 setzte sein Nachfolger, Ludwig XIII. (*Louis XIII*, 1610-1643), das Werk fort, wobei von 1624 an die Richtung vor allem von seinem Ersten Minister, dem Kardinal Richelieu (*Cardinal de Richelieu*, 1585-1642), bestimmt wurde. Die Partikulargewalt des Adels einerseits und der Hugenotten andererseits wurde immer wieder zurückgedrängt, bis zuletzt der Widerstand des Adels gegen die absolutistische Herrschaft durch das Scheitern der *Fronde* 1653/54 endgültig gebrochen wurde. Dies geschah unter Kardinal Mazarin, der 1643 für den erst fünfjährigen König Ludwig XIV. (*Louis XIV*) die Regentschaft übernommen hatte. Mazarin stärkte die französische Hegemonie in Europa nicht nur durch geschicktes Taktieren bei der Beendigung des Dreißigjährigen Krieges (Gewinn der österreichischen Gebiete im Elsaß für Frankreich) und durch den Abschluß des Rheinbundes, 1658, sondern auch durch den Pyrenäenfrieden mit Spanien (1659), der die habsburgische Umklammerung Frankreichs aufhob.

Nach dessen Tod (1661) übernahm Ludwig XIV. selbst die Regierung und führte die absolute Monarchie zur Vollendung. Die weitere Einigung des Landes durch die geschickte Bindung der Kräfte des Adels, die Pracht der Hofhaltung, die Förderung der Wirtschaft, der Ausbau der amerikanischen Kolonien durch Erkundung des gesamten Gebietes zwischen den Großen Seen und dem Flußgebiet des Mississippi bis zu dessen Mündung (zuerst durch Jolliet und Marquette, dann durch La Salle), der Aufbau einer großen Militärmacht, aber auch die außerordentliche Förderung von Wissenschaft und Kunst sind die äußeren Kennzeichen der Regentschaft bis etwa 1680. Die Bedeutung des *Grand Siècle* beruht neben der politischen absoluten Herrschaft auch im geistesgeschichtlichen Bereich auf der Disziplinierung "barocker", von der Linie der Einfachheit, Klarheit und Regelhaftigkeit abschweifender Kräfte (etwa des Preziösentums) durch den Rationalismus (Descartes) und die literarischen Werke der großen klassischen Autoren, die die neue, anerzogene Form des sprachlichen Ausdrucks, des *bon usage*, für die Zeitgenossen und die Folgezeit dokumentiert haben.

9.1.2. Was das klassische Französisch des 17. Jhs. als Neufranzösisch von der Sprache des 16. Jhs. unterscheidet, ist nicht so sehr eine innere Entwicklung im Bereich der Laute und der grammatischen Kategorien, sondern eine veränderte

Haltung gegenüber der Sprachverwendung in der gepflegten Konversation und der Literatur, also tatsächlich eine Erscheinung der äußeren Sprachgeschichte. Kam es den Poeten des 16. Jhs. vor allem darauf an, die Sprache im Sinne des Humanismus zu bereichern, d.h. im Überschwang der Renaissance durchaus Gelehrsamkeit und pralle Volkstümlichkeit zu paaren, so bilden nun *clarté* und *pureté* die Richtschnur für die vorbildliche Sprache. Der gute Geschmack, Anstand (*bienséance*) und Moral geben zunächst den Ton an. Während die Sprachdiskussionen des 16. Jhs. sich vorwiegend den Problemen der Gleichrangigkeit des Französischen mit den antiken Sprachen und dem Italienischen sowie gelehrten Fragestellungen bezüglich der Herkunft der Nationalsprache gewidmet hatten (vgl. IV.8.2.5.), gilt nun – als Konsequenz aus der Stellung des Einzelnen in der absoluten Monarchie – das Ideal der *honnêteté*. Der *honnête homme* zeichnet sich durch seine Soziabilität aus, eckt gesellschaftlich weder durch Eigenbrötelei (*misanthropie!*) noch durch Herausstellung besonderer beruflicher Fähigkeiten, etwa durch das Zeigen von Gelehrsamkeit oder die Kenntnis fachspezifischer Terminologien (*pédantisme!*) an. Er bewegt sich, sei er Adliger oder Bürger, möglichst ohne Beruf als Broterwerb, in der Welt der Salons, wo in der Anwesenheit von Damen Konversation über allgemein interessierende Dinge, Fragen des Geschmacks, besonders in der Kunst und Literatur, und alltägliche Vorkommnisse, z.B. Entwicklungen am Hofe usw. getrieben wird.

Da die Salons im allgemeinen von Damen der höheren Gesellschaft geleitet werden, ist die Beachtung der *bienséance* ein erstes Gebot. Für die Entwicklung des sprachlichen Geschmacks, vor allem der Wortwahl, der Syntax und der grammatischen Reinheit ist die Tatsache ausschlaggebend, daß die Frauen im allgemeinen keine höhere Bildung besaßen, also gelehrte lateinische und griechische Ausdrücke nicht unbedingt verstehen konnten und ebenso durch eine latinisierende Syntax hätten in Verlegenheit gebracht werden können. Gerade dies wäre aber dem *honnête homme* als Mangel an Takt, als unsoziales Verhalten ausgelegt worden. Der gesellschaftliche Zwang verlangte also geradezu eine Anpassung der Sprachverwendung an die Gebote der Klarheit und Verständlichkeit. Erst um die Mitte des Jahrhunderts wird mit dem Einfluß Descartes' auch das Argument der Rationalität in der Diskussion um den guten Sprachgebrauch üblich.

9.2. Die Bedeutung von François de Malherbe

9.2.1. Die zuvor gemachten Ausführungen sollen das Wirken des Dichters François de Malherbe erklären helfen. Allzu häufig werden mit seinen Anregungen Schlagwörter wie **Purismus** und **Fixierung** der französischen Sprache durch Re-

Das Französische im 17. und 18. Jahrhundert

geln verbunden, die manchmal nur negativ als Verarmung im Wortschatz und Einschränkung der grammatischen Lebendigkeit der Sprache aufgefaßt worden sind. Zwar haben schon die Zeitgenossen z.T. den Verlust des Reichtums der Sprache des 16. Jhs. beklagt, aber im Verlauf des späteren 17. Jhs. ist die neue Sprachhaltung immer selbstverständlicher geworden und zunächst durchaus als Bereicherung der Ausdrucksfähigkeit, nämlich durch die Schulung zum klaren Denken, akzeptiert worden. Auch ein anderes übliches Mißverständnis sei gleich zu Beginn ausgeräumt: Die Erneuerung der Sprachhaltung im 17. Jh. ist kein Werk von Linguisten! Keiner der namhaften Autoren, die in diesem Zusammenhang genannt werden, war ein Grammatiker oder Sprachgelehrter, mit der Ausnahme von Gilles Ménage (*Observations sur la langue françoise*, 1672). Malherbe, Vaugelas und die meisten anderen waren *hommes de lettres*, keine Wissenschaftler. Gerade die berufliche Ausbildung und Tätigkeit spielte für die *honnêtes gens* im Zusammenhang mit den Fragen des sprachlichen Geschmacks keine entscheidende Rolle.

François de Malherbe (1555-1628) wurde im Jahre 1605 als offizieller Hofdichter bei Heinrich IV. eingeführt. Da er seine sprachkritische Tätigkeit wohl unmittelbar danach aufnahm, gilt dieses Jahr üblicherweise als Beginn der sprachlichen Entwicklung im 17. Jahrhundert. Malherbe hat kein Werk zur Sprache verfaßt, sondern seine Kritik am Sprachgebrauch des 16. Jhs. dadurch zum Ausdruck gebracht, daß er in einem Exemplar der Gedichte seines Amtsvorgängers Desportes, der der Tradition der Pléiade verhaftet gewesen war, Randnotizen anbrachte. Dieses kursierte dann im Kreis seiner Freunde und wurde dort diskutiert, wobei Malherbe nach Aussage der Zeitgenossen seine Ansichten nachdrücklich vertrat. Dabei bezog er sich zunächst ausschließlich auf den Sprachgebrauch, der in der *haute poésie* zu gelten habe, und wollte auch Fragen des Versbaus regeln; erst später wurde ein Großteil seiner Ansichten, die offensichtlich keiner privaten Laune, sondern allgemeinen Bedürfnissen der Zeit entsprachen, in seinem Sinne auch auf die Konversation in den Salons und die Prosaliteratur übertragen. Seit etwa 1610 änderten Autoren ihre eigenen Werke nach dem Geschmack der "nouvelle Ecole" ab, Herausgeber überarbeiteten ältere Werke vor der Drucklegung.

9.2.2. Zahlreiche "Regelungen" betreffen zunächst poetische Lizenzen, die Malherbe im älteren Sprachgebrauch kritisiert. Die Fixierung galt aber in den meisten Fällen auch schon in der Prosa des 16. Jhs.; sie wird nun für die Folgezeit kodifiziert. Dazu gehören z.B. syntagmatische Normen wie der grundsätzliche Gebrauch eines *déterminant* vor dem Substantiv, also des bestimmten Artikels beim Substantiv, auch wenn dieses ein Abstraktum ist (*Fureur guide leur entreprise* → *la fureur guide ...*), bzw. des unbestimmten Artikels, wenn Individualisierung gemeint ist ("*si chaud désir m'aiguillonne et presse* → *si un chaud désir...*"; Begründung von uns). Dichterische Freiheiten, wie die Auslassung des *pronom personnel conjoint* vor dem Verb oder der Partikel *pas* zur Vervollständigung der Negation *ne...pas*, die aus verstechnischen Gründen geduldet worden waren, sind nun auch in der Dichtung nicht mehr zugelassen ("*et si n'avez pitié...* → *et si vous n'avez pas pitié...*"). Im Sprachsystem wird damit die prädeterminierte Personenmarkierung fast ausnahmslos durchgeführt.

Im Wortschatz werden Wörter proskribiert, die der Klarheit und Verständlichkeit nicht dienlich sind (vgl. BRUNOT ²1966, IV: 95-261). Dazu gehören Archaismen, wie z.b. *ardre* für *brûler*, *ja* für *déjà*, *moult* für *beaucoup*, *ains* für *mais* oder *plutôt*, die dann trotz mancher Widerstände letztlich ganz aus dem Sprachgebrauch verschwinden; außerdem Neologismen, worunter in Frankreich ausschließlich Wortbildungsprodukte und Konversionen (etwa das angeprangerte *le vif de la flamme*) verstanden werden. Neben dichterischen Komposita wie *porte-laine* 'wolletragend' handelt es sich vor allem um ungewöhnliche Ableitungen *marbrin* ← *marbre*, *angoisseux* ← *angoisse*, vor allem aber werden Diminutive, deren Gebrauch Ronsard noch besonders empfohlen hatte (vgl. "*ma maistresse est toute angelette/Toute ma rose nouvelette*"), zunehmend abgelehnt und im Neufranzösischen bis heute als lebendige Bildungsweise – anders als in den übrigen romanischen Sprachen – weitgehend aufgegeben. Problematisch wegen möglicher Unverständlichkeit sind Latinismen, Gräzismen und Dialektalismen, wie z.B. *fier* in der Bedeutung 'joyeux', das dem Sprachgebrauch der Normandie entspreche. Als unpoetisch und in der gehobenen Konversation unpassend werden technische Fachausdrücke betrachtet, wie z.B. *caler* 'herablassen (Masten)', 'eintauchen (Schiffe)', das der Seemannssprache angehöre, *ulcère* (Medizinersprache), oder *idéal*, nach Malherbe ein "mot d'école" (Philosophie), vor allem aber auch die "unanständigen" und zu realistischen Wörter ("mots sales et bas"), die unangenehme Assoziationen hervorrufen könnten, wie etwa *cadavre, charogne, poitrine* ("terme de boucherie") oder dem medizinischen Bereich zugehörige Lexeme wie *jus, onguents, herbes, saignée* und populäre Redewendungen und bildhafte Ausdrücke wie *des tonneaux d'amertume, avoir l'amour en bouche, mettre bon ordre* oder *hurler* mit Bezug auf Menschen ("langage du peuple"). Wichtig für die strenge logische Zucht, der sich damals ein Sprecher zu unterwerfen hatte, der sich nicht lächerlich machen wollte, ist die Vermeidung unmöglicher Verbindungen, wie etwa in den von Malherbe kritisierten Ausdrücken des Typs "*privés d'inconstance*" oder von Oxymora wie "*innocemment coupable*".

Für die weitere sprachlich-stilistische Entwicklung wegweisend sind die Bemerkungen Malherbes und seiner Nachfolger, insbesondere von Vaugelas, zu dem, was Brunot den "travail sémantique" nennt, die Synonymendifferenzierung. Schon Malherbe betont, daß z.B. *complainte* nicht ganz dasselbe bedeute wie *plainte*, *herbage* von *herbe* inhaltlich verschieden sei und *simple* von *unique*, *assidu* von *continu* und *different* von *contraire* zu unterscheiden sei. Hier tritt eine Aufmerksamkeit auf semantische Feinheiten zutage, die die bis heute andauernde französische Schulung der Sprachteilhaber zu gedanklicher Genauigkeit und sprachlicher Klarheit als einer der Grundlagen französischer Zivilisation begründet (siehe auch WEINRICH 1961).

9.3. Die Académie française, Vaugelas und andere Sprachbeobachter

9.3.1. Im Sinne der absolutistischen Staatsräson wollte Richelieu ein staatliches Instrument der Sprachlenkung schaffen und die bis dahin privaten Zirkel, in denen man über Fragen des sprachlichen Geschmacks diskutierte, zu einer Institution machen, deren Autorität dem wachsenden Gewicht der Zentralmacht entsprechen sollte. Nur mit Mühe gelang es ihm jedoch in den Jahren 1625/1626, den Kreis der Gleichgesinnten um Conrart, darunter Boisrobert und Chapelain, zu überreden, sich für die gewünschten offiziellen Aufgaben bereitzufinden. Nach dem Vorbild der bereits in Italien bestehenden Akademien, vor allem der *Accademia della Crusca* (seit 1583 in Florenz, 1612 erste Wörterbuchausgabe), wurde so nach langen Vorarbeiten 1635 die *Académie française* gegründet. Ihre Aufgaben sollten nach den Vorstellungen von Chapelain die Herausgabe eines Wörterbuchs, einer Grammatik, einer Rhetorik und einer Poetik sein. In der Anfangszeit gingen die Arbeiten am Wörterbuch sehr schleppend voran, so daß die erste Ausgabe erst 1694 erscheinen konnte[53].

Nachdem 1636 Corneilles *Cid* erschienen war, trat die Akademie jedoch zunächst 1638 auf Druck Richelieus mit den im wesentlichen von Chapelain verfaßten *Sentiments de l'Académie sur la tragi-comédie du Cid* an die Öffentlichkeit, um in der inzwischen entstandenen "Querelle du Cid" einen offiziellen Standpunkt zu Fragen des guten Geschmacks und der Schicklichkeit zu vertreten. Diese Funktion übt die Académie auch im weiteren Verlauf aus: Alle bedeutenden Schriftsteller lassen ihre Werke von der Académie oder einzelnen ihrer Vertreter prüfen und arbeiten sie gemäß der Vorschläge um. Zum klassischen Sprachgebrauch gehört die Unterwerfung unter die öffentliche Kontrolle, um sprachliche Extravaganzen

---

53 Eine Grammatik der Académie française wurde erst 1932 veröffentlicht, blieb jedoch aufgrund mangelnder Qualität ohne Echo; die letzten beiden ursprünglichen Projekte wurden dagegen bis heute von der Akademie nicht in Angriff genommen. Die Arbeit am Wörterbuch blieb immer die zentrale Aufgabe der Académie.

und Abweichungen in Fragen des Geschmacks zu vermeiden. Diese Einbindung der *gens de lettres* in den Geschmack der guten Gesellschaft hält bis in die Romantik (vgl. Victor Hugos *Préface de Cromwell*, 1827) an.

9.3.2. Einer der eifrigsten Mitarbeiter der Académie française war seit ihrem Beginn Claude Favre de Vaugelas (1585-1650) gewesen. Seine *Remarques sur la langue françoise* von 1647 stellen eine ungegliederte Sammlung von Beobachtungen zum mündlichen Sprachgebrauch am Hofe dar, zu Aussprache, Syntax, Wortwahl und Bedeutungsdifferenzierung. Seine Richtschnur ist der *bon usage* einer gesellschaftlichen Elite, der "façon de parler de la plus saine partie de la Cour, conformément à la façon d'escrire de la plus saine partie des Autheurs du temps". Alles andere ist "mauvais usage". Als langjähriger Beobachter der Gewohnheiten bei Hofe bezeugt Vaugelas den Sprachgebrauch, sei er nun "usage déclaré" oder "usage douteux", er schreibt aber nicht von sich aus eine Norm vor. Obwohl Vaugelas die Grundprinzipien, die den *bon usage* bestimmen, für unveränderlich hält, wird in zahlreichen *Observations, Remarques, Réflexions* bzw. *Doutes sur la langue françoise* in den folgenden Jahrzehnten Sprachwandel in der Norm festgestellt, die Wichtigkeit der Beobachtung eines *bon usage* aber im allgemeinen akzeptiert (siehe die Werke u.a. von Ménage, 1672, Bouhours, 1674, Patru, 1674, Thomas Corneille, 1687, Boisregard, 1689). Im Jahre 1704 gibt die Akademie ihre *Observations ... sur les Remarques de M. de Vaugelas* heraus und dokumentiert damit deren fortdauernde Bedeutung (Neuausgabe der Kommentare bis 1704 durch STREICHER (1936)).

9.3.4. In den letzten Jahrzehnten des Jahrhunderts erscheinen die ersten selbständigen einsprachigen Wörterbücher des Französischen. Noch vor der Ausgabe des Akademiewörterbuchs 1694 publiziert Pierre Richelet 1680 seinen *Dictionnaire francois* [sic] im Sinne der *honnêtes gens*. Antoine Furetière, Mitarbeiter am Wörterbuch der Akademie, wurde als Konkurrent bekämpft, als er ab 1684 das Privileg zur Veröffentlichung seines *Dictionnaire universel, contenant generalement tous les mots françois tant vieux que modernes ...* erhielt, der dann 1690 erschien. Es ist ein ausgesprochen antipuristisches Wörterbuch, während das Wörterbuch der Akademie dies mehr dem Anspruch nach als in der Realität war.

9.4. Die französische Sprache im 18. Jahrhundert

9.4.1. In den Jahrzehnten nach 1680, besonders seit der *Révocation de l'Edit de Nantes* (1685), hatte der *Roi Soleil* von seinem Glanz verloren und machte sich eine geistige Enge bemerkbar, die zur Auswanderung eines großen Teils der intel-

Das Französische im 17. und 18. Jahrhundert

lektuellen Elite in die protestantischen Niederlande und andere europäische Länder führte. Das Interesse des Königs an der französischen Behauptung in den nordamerikanischen Besitzungen war geschwunden. Im Frieden von Utrecht, der 1713 den Spanischen Erbfolgekrieg beendete, trat Frankreich die Acadie sowie die Provinzen Maine und Vermont nebst dem übrigen gänzlich englisch besiedelten Neuengland an England ab. Auch Ludwig XV. hatte in seiner langen Regentschaft (1715, faktisch 1723-1774) nie die französischen Besitzungen in Nordamerika (*Nouvelle France*, d.h. Kanada bis zu den Großen Seen, und *Louisiana*, d.h. das Gebiet zwischen den Großen Seen und der Mississippi-Mündung) wirksam gegen die englischen Ansprüche verteidigt. Trotz der Gründung von Nouvelle Orléans 1718 war das riesige Gebiet von Frankreich aus nicht zu sichern. Die Gebiete westlich des Mississippi wurden 1762 Spanien überlassen, und 1763 mußte Frankreich im Frieden von Paris (Abschluß des Siebenjährigen Krieges) das östliche Louisiana und Kanada an England abtreten.

Schon bald nach 1680 zieht Fénelon eine im ganzen negative Bilanz der Sprachentwicklung, die seiner Meinung nach zu einer Verarmung der Ausdrucksfähigkeit des Französischen geführt hat. Gegen Ende des *Grand Siècle*, das nach allgemeiner Auffassung 1715 mit dem Tod Ludwigs XIV. endet, wiederholt er in seiner *Lettre à l'Académie* (1714) noch einmal seine Klagen und zeigt damit ein neues, mehr dem individuellen Empfinden verhaftetes Denken (vgl. GRIMM ³1994: 178).

So läßt sich die Weiterentwicklung und Bewahrung des *bon usage* im 18. Jh. im wesentlichen dahingehend zusammenfassen, daß die Grundlagen beibehalten werden, der Individualität aber ein größerer Spielraum zuerkannt wird und vor allem durch die zunehmende Anerkennung der Naturwissenschaften, die Rolle der Philosophie in den Diskussionen der Aufklärung und das größere Gewicht des Bürgertums der Fachwortschatz das Stigma der "mots bas" verliert, indem technisches Vokabular auch als literaturfähig betrachtet wird (vgl. Buffon, *Histoire naturelle*, 36 Bde., 1749-1789).

9.4.2. Im Hinblick auf die Sprachdiskussionen verlagert sich die Argumentation von den Fragen des Geschmacks auf die sprachphilosophischen Erörterungen des Verhältnisses von Denken und Sprechen und der Rolle der Sprache in der Erkenntnistheorie. Auf die Theorie der Universalgrammatik, wie sie in Frankreich seit der *Grammaire générale et raisonnée* (*Grammaire de Port-Royal*, 1660) vertreten und durch Beauzée weiterentwickelt (Rationalismus) bzw. durch Condillac modifiziert worden ist (Sensualismus), kann hier nicht näher eingegangen werden. Sie beruht auf der Annahme, daß die Sprache ein mehr oder minder genaues Abbild logischer Operationen sei und die grammatischen Kategorien wie die Satzfunktionen (Prädikat, Subjekt, Objekt, Umstandsbestimmungen usw.) dem

Aufbau der Gedanken bei der gedanklichen Erfassung und der Versprachlichung der Erfahrungen folgten und daher übereinzelsprachlich, d.h. universal, begründet seien.

In vulgarisierter Form diente sie der Ideologie der *universalité de la langue française*, d.h. der Begründung, aufgrund welcher Qualitäten gerade das Französische die seinerzeit beherrschende Sprache der internationalen Beziehungen in Europa war. Die diesbezügliche Preisfrage der Preußischen Akademie gewann Antoine Rivarol 1784 mit seinem *Discours sur l'universalité de la langue françoise*, indem er die weitgehend feste Stellung der Satzglieder im Französischen (Subjekt – Prädikat – Objekt) wieder aufgriff und als ein Hauptargument anführte; diese Abfolge entsprach nach der Universalgrammatik des Rationalismus genau den Denkprozessen ("Von wem oder was ist die Rede? Was wird darüber ausgesagt? In Bezug auf wen oder was?"), während die häufige Inversion im Deutschen oder Spanischen angeblich eine unvollkommene Versprachlichung der Gedanken zeige. Die abweichende Erkenntnis des Sensualismus, daß vernünftiges Denken auch in anderer Reihenfolge ablaufen kann, vermochte sich hier zunächst noch nicht durchzusetzen. Auch die große *Encyclopédie* Diderots und d'Alemberts (35 Bde., 1751-1780, erweiterte Neuausgabe 166 Bde., 1782-1832) ermöglicht mit ihren zahlreichen Artikeln zur Grammatik und Sprache eine Popularisierung der philosophischen Diskussionen des 18. Jhs.

Aufgaben

1. Lesen und kommentieren Sie mit dem Seminarleiter einige der *Remarques* Vaugelas' und vergleichen Sie seine Beobachtungen mit dem heutigen Sprachgebrauch.

2. Informieren Sie sich über die Argumente der Gegner der "Sprachreinigung" bei BRUNOT (^{2}1966), Bd. 3 und STREICHER (1936).

3. Lesen und kommentieren Sie die *Préface* zum Akademiewörterbuch von 1694.

IV.10. Die Auswirkungen der Französischen Revolution auf das Französische

Literaturhinweise

Die bereits genannten französischen Sprachgeschichten, vor allem BRUNOT (^{2}1966 ff., Bd. 9-11). Aus der neueren, stark angewachsenen Literatur sei hervorgehoben RENZI, Lorenzo

Die Auswirkungen der Französischen Revolution auf das Französische

(1981), *La politica linguistica della Rivoluzione francese. Studi sulle origini e la natura del Giacobinismo linguistico*. Napoli. SCHLIEBEN-LANGE, Brigitte (1981), "Die Französische Revolution und die Sprache", *Zeitschrift für Literaturwissenschaft und Linguistik* 11, Heft 41: 90-123; dies. (1985), "Die Wörterbücher in der Französischen Revolution (1789-1804)", in: Reichardt, Rolf/Schmitt, Eberhard (Hrsg.), *Handbuch politisch-sozialer Grundbegriffe in Frankreich 1680-1820*, München, Heft 1/2: 149-189. BUSSE, Winfried/TRABANT, Jürgen (1986) (Hrsg.), *Les idéologues. Sémiotique, théories et politiques linguistiques pendant la Révolution française*, Amsterdam/ Philadelphia. TRABANT, Jürgen (1981), "Die Sprache der Freiheit und ihre Feinde", *Zeitschrift für Literaturwissenschaft und Linguistik* 11, Heft 41: 70-89.

10.1. Die Haltung, die die Elite der *honnêtes gens* im 17. Jh. zur Einbindung in gesellschaftliche Regeln (Respektierung des anderen durch die Vermeidung sprachlicher Normabweichungen, Bemühen um syntaktische Klarheit und lexikalische Verständlichkeit) geführt hatte, wird in der Französischen Revolution grundsätzlich beibehalten, nur wird sie von einer vorwiegend adligen Minorität auf das breite Bürgertum, den Dritten Stand, übertragen. Dies wird während der Revolutionsjahre und danach in der Zeit der Restauration zwar durchaus unterschiedlich empfunden, indem die Gegner der Revolution die Veränderung der Syntax und den Verlust der alten Klarheit des Französischen beklagen, andere hingegen lediglich die auffällige Zunahme der *néologismes* schon im 18.Jh. und verstärkt in der Revolutionsepoche feststellen (vgl. SCHLIEBEN-LANGE 1981: 104). Die Entwicklung der Syntax in dieser Zeit ist aber noch gar nicht wirklich untersucht worden.

Das Hauptinteresse der Führer der Revolution gilt in sprachlichen Dingen nicht anders als in der gesamten Politik der propagandistischen Durchsetzung der Ideen der Revolution und hier vor allem der nationalen Einigung. Man spricht in diesem Zusammenhang vom *jacobinisme linguistique* (Jakobinertum in sprachlichen Fragen). Die nationale Einheit war zum einen dadurch bedroht, daß manche Regionen den Idealen der Revolution ferner standen als andere, und zwar wuchs im Süden des Landes mit seiner okzitanischen Tradition mit dem Grad der geographischen Entfernung häufig auch der politische Widerstand gegenüber Paris. Damit einher ging die mangelnde sprachliche Einheit der Nation. Sehr bald wurde offenkundig, daß in der Mehrzahl der Provinzen die in französischer Schriftsprache abgefaßten Proklamationen der Revolutionsführer bei der Verlesung vor dem auf den Plätzen versammelten Volk nicht verstanden wurden, die Dialekte und Regionalsprachen also noch unerwartet weit verbreitet waren.

Zur Sprachpolitik der Führer der Revolution gehörte daher zunächst eine

Bestandsaufnahme über die sprachlichen Verhältnisse in Frankreich, sodann die Bekämpfung vor allem der Regionalsprachen Bretonisch, Baskisch, Deutsch und Italienisch, z.T. auch der Dialekte. Zum einen entwickelte sich zunächst eine reiche Übersetzungstätigkeit vom Französischen in die "Patois" und die Regionalsprachen, die jedoch aus praktischen Gründen bald wieder aufgegeben wurde.

Zum anderen nahm im August 1790 der Abbé Henri Grégoire, Mitglied der Nationalversammlung, eine Erhebung bei allen Geistlichen des Landes zum Verhältnis von Dialekt und Hochsprache vor. Am 16. *prairial II* (4.6.1794) legte Grégoire der Nationalversammlung seine Ergebnisse unter dem Titel "Sur la nécessité et les moyens d'anéantir les patois et d'universaliser l'usage de la langue française" vor. Besondere Eigenständigkeit zeigten die Pikardie im Norden, der gesamte okzitanische Raum und Randgebiete wie die Bretagne. Sah Grégoire den Kern allen Übels in den inneren sprachlichen Verhältnissen, so fand Bertrand Barère in seinem "Rapport du comité de salut public sur les idiomes" vom 8. *pluviôse II* (27.1.1794) in den Sprechern der Regionalsprachen die Feinde der Revolution, die zur Sache der Freiheit zu bekehren oder zu bekämpfen seien (siehe TRABANT 1981). Das Bretonische und Baskische bedeuten für ihn Rückständigkeit und Separatismus, das Deutsche und Italienische aber stehen für die Feinde der Republik im Ausland. Der polemische Kernsatz der Rede vor dem Konvent lautet:

Le fédéralisme et la superstition parlent bas-breton; l'émigration et la haine de la République parlent allemand; la contre-révolution parle italien, et le fanatisme parle le basque (zitiert nach TRABANT 1981: 71).

10.2. Bereits 1790 hatte Talleyrand eine Verbesserung der Lage durch die Einführung der allgemeinen Schulpflicht empfohlen. Doch gelang es nicht, in kurzer Zeit ausreichend Grundschullehrer (*instituteurs*) im Französischen auszubilden und in die Provinz zu schicken, wo sie die bisherigen dialekt- bzw. regionalsprachigen Lehrer mit nur unzureichenden Kenntnissen in der Hochsprache ersetzen und die Gesamtzahl der *instituteurs* erhöhen sollten. Die Regionalsprachen, darunter vor allem das Okzitanische, und die Dialekte des Nordens, die noch lebendig waren, überlebten bis zur Einführung der allgemeinen Schulpflicht 1880 recht gut, und die Tatsache, daß auch die Revolution sie nicht ausgelöscht hatte, war im 19. Jh. häufig genug Anlaß, sie besonders zu pflegen.

Wirkungsvoller erfolgte die Verbreitung der *langue nationale* durch die allgemeine Wehrpflicht (*levée en masse*), die 1793 beschlossen wurde. Sie zwang die Soldaten aus den verschiedensten Regionen, miteinander Französisch zu sprechen und zu verstehen. Nicht eingehen können wir dem Charakter einer "Einführung" entsprechend auf die Entwicklung der Sprachwissenschaft in der Revolutionszeit, etwa auf die Arbeiten eines Grammatikers wie François Urbain Domergue oder auf die Sprachtheorie der "Ideologen", obwohl gerade zu diesem Bereich in neuerer Zeit verstärkt gearbeitet wurde (siehe u.a. BUSSE/TRABANT 1986).

10.3. An inneren Veränderungen brachte die Aufwertung des Dritten Standes (*Tiers Etat*) die Akzeptanz von Lautungen, die bis dahin als volkstümlich bzw. vulgär gegolten und in den *bon usage* keinen Eingang gefunden hatten. Die Lautung [wɑ] für [wɛ] (z.B. in *moi, toi, loi, roi, voix, étroit, je crois*), die schon seit dem 16. Jh. für die unteren Bevölkerungsschichten von Paris belegt ist, wird erst nach der Revolution allgemein anerkannt; ebenso der auch schon früher dokumentierte Wandel von palatalem, sog. "moulliertem" *l*, also [ʎ], wie in *fille, bouteille, soleil* ([fiʎ], [butɛʎ], [solɛʎ]), zu [j] ([fij], [butɛj], [solɛj]).

Gut untersucht sind die zahlreichen neuen lexikalischen Elemente der Revolutionszeit sowie die semantischen Umdeutungen, die viele Wörter in der politischen Diskussion erfuhren (*liberté, gauche, droite*), z.T. aber auch schon in den Kampfschriften der Aufklärer erfahren hatten (z.B. *fanatisme* für 'cléricalisme' oder einfach 'foi') und nun in die neu entstehenden Wörterbücher eingingen (siehe SCHLIEBEN-LANGE 1985). Die Neuerungen der Revolution zeichnen sich einerseits durch eine starke Anleihe im Griechisch–Lateinischen aus (*kilomètre, mètre, centimètre, millimètre, litre, gramme; fructidor, pluviôse, névôse* usw. als Monatsnamen des Revolutionskalenders, *primidi, duodi* usw. als Wochentagsnamen), andererseits durch eine überaus reiche Annahme von Ableitungen *(anti-démocratique, contre-révolutionnaire, ultra-patriote, républicide, liberticide, guillotinable, lèse-révolution, robespierrisme, robespierriste* usw., siehe von WARTBURG [10]1970: 214 f.).

Aufgaben

1. Informieren Sie sich über die "luttes lexicographiques", d.h. über die im Hinblick auf die politische Terminologie parteiischen Wörterbücher der Revolutionszeit bei SCHLIEBEN-LANGE 1985.

2. Untersuchen Sie die Sprache eines Schriftstellers wie Louis-Sébastien Mercier hinsichtlich der *néologie*, z.B. in seiner Beschreibung des Lebens in Paris (*Le nouveau Paris*, 1799/1800).

IV.11. Zum heutigen Französisch

Die folgenden theoretischen Ausführungen bereiten den deskriptiven Teil vor, der sich exemplarisch auf das zeitgenössische Französisch oder, wie B. Müller es

Etappen der Geschichte der französischen Sprache

bezeichnet, das "Gegenwartsfranzösisch", d.h. das Französische der zweiten Hälfte des 20. Jhs., bezieht.

Literaturhinweise

Alle neueren Geschichten der französischen Sprache behandeln auch diesen Zeitraum mit. Sehr zu empfehlen: MÜLLER, Bodo (1975), *Das Französische der Gegenwart: Varietäten, Strukturen, Tendenzen*, Heidelberg (in erweiterter Form als frz. Übersetzung: *Le français d'aujourd'hui*, Paris 1985). DÉSIRAT, Claude/HORDÉ, Tristan (1976), *La langue française au XXe siècle*, Paris. KESSELRING, Wilhelm (1970), *Die französische Sprache im 20. Jahrhundert. Charakteristika - Tendenzen - Probleme*, Tübingen. Eine Aufsatzsammlung: HAUSMANN, Franz Josef (Hrsg.) (1983), *Die französische Sprache von heute*, Darmstadt.

11.1. Allgemeine Aspekte

Jede 'historische Sprache' - so auch das Französische - ist als synchrone Technik der Rede niemals völlig homogen, sondern sie weist stets interne **Varietäten** auf. Sie stellt somit nicht ein monolithisches System, sondern ein 'Diasystem' dar, d.h. "eine mehr oder weniger komplexe Gesamtheit von 'Dialekten', 'Niveaus' und 'Sprachstilen'"[54], das von der Varietätenlinguistik[55] untersucht wird. Nachfolgend sollen die drei "grundlegenden Typen mehr oder weniger tiefgreifender interner Unterschiede" (COSERIU 1988a: 280) kurz kommentiert und ihre Relevanz für das heutige Französisch knapp aufgezeigt werden.

1° 'Diatopische' Unterschiede sind Unterschiede im geographischen Raum. Umgekehrt sind "Einheiten, die an einem einzigen Punkt im Raum betrachtet werden bzw. die (praktisch) keine räumlich bedingten Unterschiede aufweisen, [...] *syntopische* Einheiten oder *Dialekte* (dieser Ausdruck kann auf alle Arten regionaler Varietäten innerhalb der historischen Sprache verwendet werden, auch auf die der Hochsprache)" (COSERIU 1988a: 283).

In der Diatopik des Französischen unterscheidet z.B. MÜLLER (1975: 107 ff.; 1985: 134 ff.; dort ausführliche Information) "zwei große übereinander gelagerte Schichten": A) die Schicht der "langue commune, langue générale, langue nationale, langue officielle", d.h. "le français" [le français tout court, d. Verf.] als Ebene 1 und B) die Schicht der "Regiolekte" mit folgender Stratifizierung: die "français régionaux" als Ebene 2, die französischen Dialekte mit der Untergruppe

---

54 COSERIU, Eugenio (1988a), *Einführung in die Allgemeine Sprachwissenschaft*, Tübingen: 283.

55 Bestimmte Vertreter der Varietätenlinguistik verstehen diese als eine Gegenbewegung zu der (von ihnen fälschlich zu dogmatisch interpretierten) Systemlinguistik.

der "parlers locaux (du type d'oïl)" (unprofessionell und abwertend manchmal als "patois" bezeichnet) als Ebene 3a und schließlich die nichtfranzösischen "langues ethniques" oder "langues minoritaires"[56] (z.B. das Bretonische, das Elsässische) als Ebene 3b, die in Wirklichkeit zu anderen Sprachsystemen und somit nicht zur 'historischen Sprache' Französisch gehören, die aber, da sie bestimmte Varietäten des français régional oder die Gemeinsprache beeinflußten oder noch beeinflussen, von B. Müller hier mit aufgenommen werden.

"Als *français régional* wird eine regionale Varietät bezeichnet, die in einer bestimmten Gegend als *langue véhiculaire*, als Verkehrssprache, gesprochen, aber nicht nur dort verstanden wird. Es ist ein Französisch 'mit Akzent', [...]." (PRÜSSMANN-ZEMPER in *LRL* V,1: 831) "Die meisten *français régionaux* sind durch die Ausbreitung der Gemeinsprache über die Dialektzonen und die Gebiete nichtfranzösischer *langues ethniques* entstanden." Sie stellen eine "regionale Zwischenebene" (MÜLLER 1975: 117) zwischen Gemeinsprache und Dialekten dar. Regionale Besonderheiten lassen sich auf allen Ebenen, auf der phonischen, der grammatischen und der lexikalischen feststellen; vgl. etwa die bekannten phonetischen Besonderheiten des "français régional du Midi" (z.B. die typische Aussprache der Nasalvokale) und die spezifischen Numeralia *septante, nonante* für standardfrz. *soixante-dix, quatre-vingt-dix* in Belgien und in der Suisse romande (dort auch *huitante* für *quatre-vingts*).

– Ein "Dialekt" kann definiert werden als "eine Sprache, die einer historischen Sprache als deren räumliche Varietät untergeordnet ist."[57] Neben dieser arealen Einschränkung unterscheidet die "Prestigebarriere" (MÜLLER 1975: 109) die Dialekte – und noch mehr die "parlers locaux" (aber auch die "français régionaux") – von der Gemeinsprache. Unter dem Druck der Umstände des modernen Lebens (z.B. Massenmedien) weichen die französischen Dialekte immer mehr vor dem "français commun" und z.T. auch vor den "français régionaux" zurück; im Zentrum Nordfrankreichs existieren die Dialekte nicht mehr, am ehesten noch in Randzonen.

Vgl. als knappe Darstellung: GUIRAUD, Pierre (1968), *Patois et dialectes français*, Paris.

2° 'Diastratische' Unterschiede sind Unterschiede zwischen den verschiedenen soziokulturellen Schichten einer Sprachgemeinschaft. Umgekehrt sind "Einheiten,

---

56 Sie werden zuweilen auch "langues régionales" genannt.
57 COSERIU, Eugenio (1988 [1981]), "Die Begriffe 'Dialekt', 'Niveau' und 'Sprachstil' und der eigentliche Sinn der Dialektologie", in: ALBRECHT, Jörn et al. (Hrsg.), *Energeia und Ergon* [...], Tübingen, Bd. 1: 15-43, 24.

die in einer einzigen soziokulturellen Schicht betrachtet werden oder die in dieser Hinsicht (praktisch) keine Unterschiede aufweisen, [...] *synstratische* Einheiten oder *Sprachniveaus* (die sog. 'Soziolekte' oder 'soziale Dialekte')" (COSERIU 1988a: 283).
Während "die diatopische Vielfalt des Französischen" die "*horizontale* Ausfächerung der Sprache im Raum" widerspiegelt, stellen die diastratischen Unterschiede die "Varianz in der *Vertikalen*" dar, d.h. "die unterscheidbaren Register der *soziologischen Gruppen*, die die (Sprach-)Gemeinschaft ausmachen." (MÜLLER 1975: 135) Daß Kategorien wie "Sprache der gehobenen Schicht", "Sprache der Mittelschicht" u.a. zu den soziokulturellen Unterschieden gehören, ist unbestritten. Hingegen wird die Zuordnung der "Gruppensprachen", z.B. biologisch differenziert in Sprache der Männer und Sprache der Frauen, nach Generationen differenziert in Sprache der Erwachsenen, der Jugendlichen und der Kinder, der Berufsgruppen (Fachsprachen, frz. *langues techniques, langues de spécialités*), unterschiedlich gesehen (bei Coseriu zu den Sprachstilen gerechnet, bei Müller zu den diastratischen Unterschieden).

3° 'Diaphasische' Unterschiede sind solche zwischen den verschiedenen Arten der Ausdrucksweise oder "stilistische Verschiedenheit je nach den Typen von Situationen des Sprechens"[58]. Umgekehrt sind "Einheiten der Ausdrucksweise ohne diaphasische Unterschiede [...] *symphasische* Einheiten oder *Sprachstile* (z.B. familiärer, epischer, lyrischer, allgemein literarischer Stil, usw.)" (COSERIU 1988a: 283).

In der Fachliteratur und in den Wörterbüchern werden gängig folgende Stilregister hierarchisch von oben nach unten unterschieden (nach MÜLLER 1985: 226):
– français cultivé (auch fr. soigné, choisi, soutenu, tenu)
– Ebene der (präskriptiven) Norm
– français courant (auch fr. usuel, commun)
– français familier
– français populaire
– français vulgaire (auch fr. argotique).
In der Praxis ist es zuweilen schwierig, bestimmte Sprachfakten einem Stilregister präzise zuzuordnen.
Diese kurzen Ausführungen können nur andeutungsweise eine Vorstellung vermitteln von der Komplexität des Diasystems der französischen Sprache, um so mehr als die Beziehungen zwischen diesen internen Variationsfaktoren vielfältig sind.

---

58 COSERIU, Eugenio (1988b), *Sprachkompetenz*, Tübingen: 141.

Aufgabe

Arbeiten Sie die bei MÜLLER (1975: 183-215 oder 1985: 225-262) dargestellte reiche Exemplifizierung der o.a. Stilregister durch.

11.2. Phonischer Bereich

Literaturangaben
Vgl. die Angaben zu ROTHE (^{2}1978) und WALTER (1976) bzw. (1977) in Kap. III.1. MARTINET, André (1969), *Le français sans fard*, Paris. MARTINET, André/WALTER, Henriette (1973), *Dictionnaire de la prononciation française dans son usage réel*, Paris.

Wie bereits in Kap. III.1.4. angedeutet, ist das phonologische System des Gegenwartsfranzösisch vor allem im vokalischen Bereich durch die hochgradig instabilen Oppositionen /a/ – /ɑ/, /ɛ/ – /ɛ:/, /ẽ/ – /œ̃/ und im konsonantischen Bereich durch die immer wieder diskutierte Integration des Phonems /ŋ/ gekennzeichnet. Auch in rein phonetischer Hinsicht sind Beobachtungen zur Annäherung von [ə] an /œ/ gemacht worden (vgl. MARTINET 1969: 191-208). Aktuelle Untersuchungen existieren nicht, alle Aussagen beziehen sich im wesentlichen auf Erhebungen (WALTER 1976) Ende der sechziger und zu Beginn der siebziger Jahre. Die Oppositionen zwischen /a/ und /ɑ/ bzw. /ɛ/ und /ɛ:/ hängen historisch miteinander zusammen. Sie sind die Reste einer **Quantitätenopposition**, die bis ins 18. Jh. für alle Vokale bestand und als Phänomen der Ersatzdehnung z.B. eine feminine Form [ʒɔli:] *jolie* von maskulinem [ʒɔli] *joli* unterschied (vgl. MARTINET 1969: 44). Im 20. Jh. hat sich die Quantitätenopposition nur für /ɛ/ – /ɛ:/ gehalten und ist auch da als isolierte Opposition gefährdet, während sich die Quantitätsunterschiede bei /a/ – /a:/ in zwei verschiedene Qualitäten gewandelt haben, nämlich in ein sehr offenes /æ/ gegenüber /ɑ/ in der populären Pariser Aussprache vor dem Ersten Weltkrieg und in die Opposition /a/ – /ɑ/ in der Zeit zwischen den beiden Weltkriegen (vgl. MARTINET 1969: 44).

Heute wird die Opposition nur noch von der älteren Generation gemacht, während sich bei den Jüngeren vorwiegend eine kombinatorische Verteilung ergibt, indem die velare Variante z.B. in offener Position in einsilbigen Wörtern wie *bas, pas, tas* erscheint, das palatale Allophon dagegen hauptsächlich in gedeckter Stellung, wie in *patte, cravate, promenade, banal* usw. Es ist immer wieder darauf hingewiesen worden, daß die Opposition nur eine geringe phonologische Belastung (*rendement fonctionnel faible*) hatte, d.h. nur in wenigen Fällen bedeutungsdifferenzierend wirken konnte (vgl. die entsprechenden Wortpaare bei ROTHE ^{2}1978: 64, wie etwa *tache – tâche, patte – pâte, chasse – châsse, rat – ras*, die wegen großer semantischer Diversität kaum im gleichen Kontext vorkommen und so kaum zu Mißverständnissen führen dürften). In räumlicher Hinsicht wird nach den Beobachtungen von Henriette Walter (1976: 55) die Opposition vor allem von den aus der Provinz zugezogenen Parisern nicht beachtet, während die "Parisiens de Paris" sie eher bewahren.

Die Opposition /ɛ/ – /ɛ:/, die nach ROTHE (^{2}1978: 109) nur noch eine "virtuelle Opposition" ist, d.h. zur Vermeidung von Mißverständnissen gemacht werden kann, aber nicht durchgehend gemacht wird, ist nach WALTER (1976: 122) deutlich weniger stabil als die voraufgehend beschriebene. Auch hier führt die Aufgabe der Opposition kaum zu einer *homonymie gênante*, wie die Minimalpaare zeigen: /mɛtr/ – /mɛ:tr/ *mettre – maître*, /fɛt/ – /fɛ:t/ *faite* 'Part. Perf. von *faire*' – *fête* 'Fest', /tɛt/ – /tɛ:t/ *tette* 'Zitze' – *tête* 'Kopf'. Die schon im 19. Jh. in den unteren Pariser Volksschichten festgestellte Aufgabe der Opposition /ɛ̃/ – /œ̃/ zugunsten eines einzigen Phonems mit einer Realisierung ohne Lippenrundung gilt heute nicht mehr als *populaire*, sondern als normal. Nur noch in Provinzen mit der Bewahrung traditioneller Aussprachegewohnheiten, wie in der Touraine oder in Kanada, tritt auch der gerundete palatale Velar auf. Das insgesamt seltene Vorkommen des Phonems /œ̃/ im Wortschatz (vgl. WALTER 1976: 327) zeigt eine geringe phonologische Belastung der Opposition (*brin – brun, empreinte – (il/elle) emprunte*). Auch in diesem Fall sind es nach den Beobachtungen von Henriette Walter (ebendort: 328 ff.) wiederum eher die Älteren, die die Opposition machen, als die Jüngeren.

Der vorwiegend in der aus dem Englischen stammenden Endung *-ing* (*parking, camping, living*[*-room*]*, chewing-gum*) vorkommende velare Nasal [ŋ] wurde in den erwähnten Untersuchungen (WALTER 1976: 401-406) von einer deutlichen Mehrheit der Sprecher realisiert. Er ist stark positionsbeschränkt und daher auch von untergeordneter phonologischer Relevanz.

Aufgaben

1. Informieren Sie sich über die tatsächliche Realisierung von /a/ als [a] bzw. [ɑ] in STRAKA (1990: 14, siehe III.1.) und in MARTINET/WALTER 1973.

2. Orientieren Sie sich über das Funktionieren der Opposition /e/ – /ɛ/ im Auslaut im heutigen Französisch (*épée – épais, je chanterai – je chanterais*) anhand von STRAKA 1990: 11 f. und WALTER 1976: 138-182.

Zum heutigen Französisch

11.3. Grammatischer Bereich

Literaturhinweise

KOCH, Peter/OESTERREICHER, Wulf (1990), *Gesprochene Sprache in der Romania: Französisch, Italienisch, Spanisch*, Tübingen. KRASSIN, Gudrun (1994), *Neuere Entwicklungen in der französischen Grammatik und Grammatikforschung*, Tübingen. SÖLL, Ludwig (³1985), *Gesprochenes und geschriebenes Französisch*, bearbeitet von Franz Josef Hausmann, Berlin (1. Auflage – von Söll allein – 1974).

In diesem Unterkapitel beschränken wir uns auf die knappe Darstellung einiger Unterschiede in der Grammatik des gesprochenen und des geschriebenen Französisch, die in der heutigen Sprache besonders auffällig sind. Die Unterscheidung "gesprochene"/"geschriebene Sprache" darf nicht mit der zwischen "code phonique bzw. oral" und "code graphique bzw. scriptural" (vgl. III.2.) verwechselt werden - letztere betrifft die in unterschiedlichen Medien realisierbare Übermittlung von Sprache. Der Unterscheidung zwischen "gesprochen" und "geschrieben" bzw. zwischen "Mündlichkeit" und "Schriftlichkeit" liegt nicht das Kriterium der "Realisation", sondern das der "Konzeption" (L. Söll) zugrunde.

KOCH/OESTERREICHER (1990), die diese Fragestellung als ein Problem der sprachlichen Varietät behandeln, arbeiten mit einem "Nähe/Distanz-Kontinuum", das sie als die zentrale Varietätendimension betrachten. Die Autoren besprechen in ihrem Buch u.a. sowohl "universale Merkmale des gesprochenen Französisch [Nähesprache]" (z.B. Gliederungssignale, Kontaktsignale, Korrektursignale, Abtönungspartikel, Segmentierungserscheinungen) als auch "einzelsprachliche Merkmale des gesprochenen Französisch" (Beispiele s.u.).

Die bei SÖLL (³1985) und insbesondere bei KRASSIN (1994) besprochenen sprachlichen Erscheinungen aus der Grammatik des heutigen Französisch, die in der gesprochenen und in der geschriebenen Sprache unterschiedlich realisiert werden und daher auch zweistufig beschrieben werden müssen, betreffen folgende Bereiche:
– Formen der Negation des Verbs
– Bildung der direkten Frage (s.u. in Aufgabe 1° den Buchtitel von Behnstedt)
– Konkurrenz zwischen futur simple (Typ: *je chanterai*) und futur périphrastique
  (Typ: *je vais chanter*)
– die indikativischen Vergangenheitstempora (passé simple, passé composé) und
  die formes surcomposées (vom Typ *quand j'ai eu fini*)
– *on* anstelle von *nous*
– Gebrauch der Relativpronomina (z.B. polyfunktionales *que*)
– Gebrauch von *ça* und *cela*

- Verwendung des subjonctif als Modus im allgemeinen und Schwinden des imparfait und des plus-que-parfait du subjonctif im besonderen
- Accord des participe passé
- *de* oder *des* vor dem pluralisierten Syntagma "Adjektiv + Substantiv" (z.B. *des jeunes pilotes* vs. *de jeunes pilotes*)
- Gebrauch des Passivs
- Satzsegmentierung durch Dislokation oder Präsentativa
- Gliederungssignale (z.B. *eh bien* als Eröffnungssignal im Dialog)
- Abtönungspartikel (z.B. *cherchez donc un peu!*)

Gehen wir kurz auf zwei dieser Bereiche ein.

1° Formen der Negation des Verbs
Die Negation des Verbs im heutigen Französisch ist ein besonders interessantes Thema u.a. dadurch, daß im selben Sprachzustand, wenn auch nicht in derselben 'funktionellen Sprache' (E. Coseriu), verschiedene historische Entwicklungsstufen kopräsent funktionieren. Als generelle Regel kann formuliert werden, daß im geschriebenen Französisch das konjugierte Verb obligatorisch mit dem Morphem *ne ... pas* (Morphem mit diskontinuierlichem signifiant) – oder mit einer anderen Partikel als *pas* – negiert wird, z.B. *elle n'aime pas/point Zola*. Im gesprochenen Französisch hingegen existiert neben der Möglichkeit der Negation mit *ne ... pas* die sehr ausgeprägte 'Tendenz', das erste Element *ne*, das historisch der ursprüngliche und einzige Träger der Negation (< lat. *non*) war, immer häufiger wegzulassen, z.B. *j'aime pas ça*, und somit den Ausdruck der Negation ganz auf das im Altfranzösischen zunächst nur als verstärkende Partikel eingeführte *pas* zu verlagern. Besonders bemerkenswert ist, daß die früheste Sprachstufe heute noch in besonderen Fällen erhalten ist, und zwar im gehobenen Sprachstil in der Negation mit einfachem *ne* von Verben wie *pouvoir, savoir, oser, cesser*, vgl. z.B. *je ne saurais vous le dire; il ne cesse de pleuvoir*[59] ist eleganter als *il ne cesse pas de pleuvoir*. Es ist wichtig zu betonen, daß die Negation ohne *ne* heute nicht einfach als ein Charakteristikum für das français familier oder gar für das français populaire zu betrachten ist, sondern für das Französische in seiner gesprochenen Varietät schlechthin. Festzuhalten bleibt allemal, daß sich die Negation ohne *ne* im gesprochenen Französisch nicht vollständig durchgesetzt hat; "*ne* ist für nichtprivates Sprechen verfügbar." (SÖLL [3]1985: 119) In den letzten Jahren wurden die

---

59 Mit den erwähnten Fällen darf das sog. "*ne* explétif", vgl. *je crains qu'il* ne *vienne* oder *avant qu'il* ne *fasse nuit, il faut rentrer les fauteuils*, nicht verwechselt werden, denn dieses *ne* hat keinerlei negierende Funktion. *Je crains qu'il ne vienne* bedeutet "ich fürchte, daß er kommt"; wenn ich sagen will "ich fürchte, daß er *nicht* kommt", so muß auf Französisch gesagt werden *je crains qu'il ne vienne pas*.

Bedingungen, unter denen *ne* nicht in der Negation erscheint, von verschiedenen Forschern untersucht. Folgende Faktoren begünstigen die Realisierung der eingliedrigen Negation:
- Außersprachliche Faktoren:
  - jugendliches Alter der Sprecher
  - städtische Herkunft
  - geringerer Bildungsgrad und geringeres Sozialprestige des Berufs
  - informelle Gesprächssituation
- Sprachliche Faktoren:
  - höhere Sprechgeschwindigkeit
  - ein- und zweisilbige Verben, v.a. *avoir* und *être*
  - hochfrequente Verbindungen, z.B. *c'est pas, j(e) sais pas, i(l) faut pas, j'ai pas, i(l) y a pas.*

Substantivische Subjekte, Relativsätze v.a. mit *qui*, Vermeidung eines Hiats u.a. sind sprachliche Faktoren, die hingegen die zweigliedrige Negation favorisieren. Zur Erklärung der Entwicklung vom zweigliedrigen zum eingliedrigen Negationsmorphem werden Faktoren wie die phonische Schwäche von *ne*, vor allem in der elidierten Form *n'*, die günstige Position von *pas* am Ende des mot phonétique u.a. angeführt.

Bereits diese knappen und unvollständigen Ausführungen können einen Eindruck von der Vielschichtigkeit dieses Sprachwandels vermitteln.

2° *on* anstelle von *nous*

Die Polyvalenz des Pronomens *on* ist eine bekannte Tatsache; Jacques CELLARD[60] spricht von *on* als von einem Pronomen mit 'Chamäleon'-Eigenschaften. Nach Charles MULLER[61] werden im heutigen Französisch drei Arten von Verwendungen ("emplois") von *on* unterschieden:
- die Verwendung als Indefinitpronomen;
- der "stilistische" Gebrauch;
- der "persönliche" Gebrauch (andere Autoren, wie z.B. Söll und Hausmann, sprechen sogar von einem "grammatikalisierten" Gebrauch).

Da die beiden ersten Verwendungsarten von *on* unbestreitbar seit dem Mittelalter belegt sind, wenden wir uns hier ausschließlich der dritten zu, die von verschiedenen Forschern (z.B. L. Söll, F. J. Hausmann) als junges Phänomen (Evolutionsthese) und als für das heutige Französisch charakteristisch eingestuft wird - dar-

---

60 In *Le Monde* 28.2.1972.
61 In "Sur les emplois personnels de l'indéfini *on*", *RLiR* 34 (1970), 48-55.

über soll allerdings nicht vergessen werden, daß dieser dritte Gebrauch von anderen Forschern (z.B. H. Meier, K. Hunnius) als seit alter Zeit etabliert angesehen wird (Kontinuitätsthese).

Wie sieht nun dieser "persönliche Gebrauch" von *on* aus?
Es gibt im Französischen eine Sprachschicht, in der die erste Person Plural nicht mehr *nous chantons*, sondern *on chante* lautet, mit betontem Subjektspronomen *nous [,] on chante* und nicht mehr *nous, nous chantons*. (SÖLL ³1985: 135) Die "Sprachschicht", in der diese Ersetzung erfolgt, wird man am adäquatesten mit der gesprochenen Varietät des heutigen Französisch gleichsetzen, "wenn darunter die spontane Sprechweise aller oder der Mehrheit der Franzosen, unabhängig von ihrem sozialen Status, verstanden wird". (SÖLL ³1985: 137)

Es muß jedoch sofort präzisiert werden, daß diese Ersetzung nicht eine abgeschlossene Entwicklung darstellt und daß es sich bei diesem persönlichen Gebrauch von *on* für *nous* nur um dessen Ersetzung in der Funktion des unbetonten Subjektpronomens, z.B. in *nous partons* durch *on part*, handelt. *On* kann nicht betont hervorgehoben werden (wenn Hervorhebung gewünscht wird, muß man, vgl. oben, wie folgt verfahren: zunächst das betonte Personalpronomen *nous* und dann *on*: *nous, on chante*), und *on* kann deshalb auch nicht mit Präpositionen konstruiert werden. Die syntaktische Disponibilität von *on* ist also auf die Subjektposition (ohne "mise en relief") eingeschränkt. Entstanden ist dieser "persönliche" Gebrauch von *on* anstelle von *nous* über den "stilistischen" Gebrauch, in dem *on* prinzipiell für alle grammatischen Personen eintreten kann, so auch für die 1. Person Plural. Diese Verwendung wird dann im gesprochenen Französisch konventionalisiert.

Um welche der drei Verwendungsarten von *on* es sich in einer gegebenen Äußerung handelt, kann der Hörer meist nur mit Hilfe des Kontextes und/oder der Situation entschlüsseln, vgl. z.B. "Mais le loyer?" – "On le paye." – "Qui?" – "Nous."[62]; in R. Queneaus *Zazie dans le métro* fragt Zazie einmal bei ihrem Gesprächspartner nach einer Frage mit *on* zwecks Disambiguierung zurück: *Qui ça "on"?* Graphische Pluralmarkierungen wie in "On est contents" oder in "Vite, patron, on est pressés de rentrer chez nous"[63] könnten zwar als Indiz für eine "Grammatikalisierung" gewertet werden, haben im phonischen Code jedoch keine Auswirkung.

---

62 Aus WANDRUSZKA 1969: 274 (s. Aufgabe 2.).
63 Beispiel von J. Cellard, siehe Fn. 60.

Zur Erklärung dieser sich im gesprochenen Französisch heute vollziehenden Veränderung werden Faktoren wie Sprachökonomie (morphologische Vereinfachung und Vereinheitlichung des Verbalparadigmas), Verstärkung der Prädetermination (da die Personenmarkierung jetzt ausschließlich durch das Pronomen erfolgt) u.a. angeführt. Die fortschreitende Ersetzung von *nous* durch *on* im heutigen gesprochenen Französisch wird z.B. von W. Dietrich nicht als Sprachwandel auf Systemebene, sondern nur als eine Veränderung auf der Ebene der Norm (E. Coseriu) interpretiert.
Ausführlichere Darstellung in KRASSIN 1994: 107-117.

Aufgaben

1. Orientieren Sie sich über die unterschiedlichen Konstruktionen der totalen und der partiellen Frage im geschriebenen und im gesprochenen Französisch, etwa anhand von BEHNSTEDT, Peter (1973), *Viens-tu? Est-ce que tu viens? Tu viens? – Formen und Strukturen des direkten Fragesatzes im Französischen*, Tübingen.

2. Informieren Sie sich über den segmentierten Satz mit "reprise pronominale", etwa anhand von WANDRUSZKA, Mario (1969), *Sprachen – vergleichbar und unvergleichlich*, München: Kap. 30 (im multilateralen Sprachvergleich); neu und sehr detailliert: HONNIGFORT, Eva (1993), *Der segmentierte Satz. Syntaktische und pragmatische Untersuchungen zum gesprochenen Französisch der Gegenwart*, Münster.

11.4. Lexikalischer Bereich

Der Wortschatz des heutigen Französisch weist nach Auskunft der einschlägigen Literatur eine Reihe von generellen auffälligen Zügen auf, die hier nur aufgelistet werden können:
– zahlreiche Neubildungen auf der Grundlage der Wortbildungsmechanismen (Suffix- und Präfixbildungen, Komposita), vgl. III.5.
– gelehrte Bildungen (Latinismen: z.B. *carpiculteur, insectifuge, rupteur*; Gräzismen: z.B. *cosmonaute, isotopie, gérontologie*)
– Abkürzungen (z.B. *auto, super; bus, car; écolo, dactylo, proprio, prof, fac, manif*) und Sigelbildungen (z.B. *RPR, SNCF, TGV, sida, TVA, ECU*)
– Aufnahme von Fachtermini aus Wissenschaft und Technik in die Gemeinsprache (z.B. *réaction en chaîne, (les) coordonnées* 'Adresse', *atomiser, démarrer*)
– Aufstieg von Substandardwortschatz in höhere Sprachregister (z.B. *marrant, rigolo, tordant; bûcher, bosser, turbiner*)

- Aufnahme von Regionalwortschatz in die Gemeinsprache (z.B. *(le) rescapé, (le) cagibi, (le) pastis, (la) pétanque, resquiller, (se) bagarrer, (le) fada*)
- Aufnahme von Entlehnungen aus modernen Sprachen, insbesondere aus dem Englischen. Auf dieses Thema soll im folgenden etwas näher eingegangen werden.

Daß die heutige französische Sprache eine in Frankreich als stark eingestufte Beeinflussung durch das Englische erfährt, ist eine bekannte und vielkommentierte Tatsache.

Literaturhinweise

MACKENZIE, Fraser (1939), *Les relations de l'Angleterre et de la France d'après le vocabulaire. I. Les infiltrations de la langue et de l'esprit anglais. Anglicismes français*, Paris. BEINKE, Christiane (1990), *Der Mythos* franglais. *Zur Frage der Akzeptanz von Angloamerikanismen im zeitgenössischen Französisch* – [...], Frankfurt/Bern/New York/Paris. PERGNIER, Maurice (1989), *Les anglicismes. Danger ou enrichissement pour la langue française?*, Paris. HAGÈGE, Claude (1987), *Le français et les siècles*, Paris. SPENCE, Nicol C. W., "Le problème du 'franglais'", in: SPENCE, Nicol C. W. (1976), *Le français contemporain. Etudes et discussions*, München: 75-103. SPENCE, Nicol C. W.(1989), "Qu'est-ce qu'un anglicisme?", in: *RLiR* 53: 323-334.

Anglizismenwörterbücher: HÖFLER, Manfred (1982), *Dictionnaire des anglicismes*, Paris. REY-DEBOVE, Josette/GAGNON, Gilberte (1988), *Dictionnaire des anglicismes – les mots anglais et américains en français*, Paris.

Der Einfluß der englischen auf die französische Sprache zeigt sich – wie bei Lehnbeziehungen nicht anders zu erwarten – in erster Linie im Wortschatz. Die Übernahme englischen Wortgutes ins Französische ist nicht eine Besonderheit des 20. Jhs., sondern sie setzt bereits im Mittelalter zaghaft ein und verstärkt sich dann ab der zweiten Hälfte des 17. Jhs. (Hinrichtung des englischen Königs Karl I., Révocation de l'Edit de Nantes, Übersetzungen englischer Werke). Im 18. Jh. erreicht die "Anglomanie" einen ersten Höhepunkt (vgl. die Rolle Voltaires und Montesquieus, Beginn der Industrialisierung). Nach einer kurzen Unterbrechung der Kontakte durch Napoleons Kontinentalsperre setzt sich der Strom der Lehnwörter aus dem Englischen ins Französische im 19. Jh. fort (Wortschatz der englischen Kultur und Gesellschaft, der Technik, der Wissenschaften, der Mode, des Sports).

Im 20. Jh. entsteht eine teilweise neue Lage dadurch, daß der Einfluß des Englischen auf das Französische nicht mehr vorwiegend aus England, sondern seit 1945 viel stärker aus den Vereinigten Staaten von Amerika (USA) kommt. Die

Veränderung der sprachlichen Situation vom 18. zum 20. Jh. wird von einem Linguisten wie folgt umschrieben: "de l'anglomanie au franglais"[64].

Um den Terminus *franglais* (Wortkreuzung von *fran[çais]* mit *[an]glais*), geprägt 1955 von A. Rigaud, "terme désignant par dérision l'ensemble des néologismes d'origine anglaise introduits dans la langue française" (*GLLF*), hat sich im Gefolge der Veröffentlichung von ETIEMBLES provozierender Schrift *Parlez-vous franglais?*[65] (Paris 1964 u.ö.) in der Öffentlichkeit Frankreichs der Streit um die massive Präsenz von Anglizismen bzw. Angloamerikanismen in der französischen Sprache entzündet. Der ideologisch-puristisch fundierte Widerstand gegen den mächtigen zivilisatorischen und sprachlichen Einfluß der USA auf Frankreich und auf die französische Sprache kam einerseits von exponierten Einzelpersonen, so z.B. von Etiemble, andererseits von halboffiziellen und offiziellen, d.h. staatlichen Instanzen. Deren Reaktion reichte von der Gründung von Kommissionen und Organisationen, die über die Reinerhaltung der französischen Sprache wachen sollen, bis hin zu gesetzgeberischen Maßnahmen (loi Bas - Lauriol, loi Toubon) zur Ermöglichung gerichtlicher Verfolgung der Verwendung (z.B. in Arbeitsverträgen, Garantien, Gebrauchsanweisungen) von Lehnwörtern (gemeint sind Anglizismen), wenn französische Entsprechungen existieren. Inzwischen existiert ein von der "Délégation générale à la langue française" herausgegebenes *Dictionnaire des termes officiels de la langue française* (Paris 1994), in dem die von den ministeriellen Terminologiekommissionen erarbeiteten französischen Äquivalente für englische Fachtermini offiziell verordnet werden (bisher erfolgreich z.B. *logiciel* für *software*, *matériel* für *hardware*, *ordinateur* für *computer*).

Welches sind nun die Bereiche des heutigen französischen Wortschatzes, in denen die Lehnwörter aus dem Englischen besonders zahlreich auftreten? (Bisherige Untersuchungen haben, je nach Vorgehensweise und Materialbasis, einen Anglizismenanteil von 0,6 bis 2,5 %[66] am heutigen französischen Wortschatz errechnet, was zeigt, daß sich dieser, außer vielleicht in sehr speziellen Fachtexten, doch sehr in Grenzen hält.)

---

64 CHAURAND, Jacques (1977), *Introduction à l'histoire du vocabulaire français*, Paris: 155.
65 Durch Etiembles Buchtitel ist der Terminus *franglais* allgemein bekannt geworden; anstelle von *franglais* verwendet Etiemble polemisch auch den Terminus *sabir atlantic* [sic]. Seltener wird *framéricain* gebraucht.
66 Nach BEINKE 1990: 72-74.

- Wissenschaft und Technik (v.a. in den Fachsprachen): *chip* (*puce, microplaquette, pastille*[67]), *teleprocessing* (*télétraitement*), *water resistent* (*hydrorésistant*); *afterburner* (*post-combustion*), *airbag* (*sac, coussin gonflable*), *scanning* (*balayage*)

- Wirtschaft: *boom, broker* (*courtier*), *holding, home banking* (*banque à domicile*), *joint venture* (*coentreprise*), *leasing* (*location avec option d'achat*), *marketing* (*mercatique*)

- Medien und Werbung: *baffle* (*enceinte acoustique*), *best-seller, flash-back* (*retour en arrière*), *label* (*étiquette*), *sponsoring* (*parrainage*), *spot* (*message publicitaire*), *walkman* (*baladeur*), *zapper*

- Unterhaltungs- und Freizeitindustrie: *disc-jockey* (*animateur*), *drive-in cinema* (*ciné-parc*), *gag, hit-parade* (*palmarès*), *show, strip-tease*

- Tourismus: *charter, duty free shop* (*boutique hors taxes*), *fast-food* (*restauration rapide*), *traveller's check* (*chèque-voyage*)

- Sport: *coach* (*entraîneur*), *jogging, mountain bike* (*vélo tout terrain - V.T.T.*), *rafting, surf, tie-break* (*jeu décisif*)

- Drogen: *flipper, se shooter, faire un trip*.

Hinzuweisen ist auch auf das Faktum, daß zahlreiche Anglizismen/Angloamerikanismen im Französischen sog. "Rückwanderwörter" sind, d.h. es handelt sich um lexikalische Elemente, die in früherer Zeit aus dem Französischen ins Englische übernommen worden waren und die dann später mit veränderter Bedeutung ins Französische zurückentlehnt wurden, vgl. z.B. afrz. *chalengier* (< lat. *calumniare*) → engl. *challenge*, von dort 1915 → nfrz. *challenger* (gebräuchlicher als das Verb sind *le challenge* und *le challenge(u)r*).

Neben den zahlreichen Lehnwörtern soll auch – etwas vereinfachend – der Typ der "Lehnübersetzung" aus dem Englischen erwähnt werden: z.B. engl. *high fidelity* → frz. *haute fidélité, flying saucer* → *soucoupe volante, pocket-book* → *livre de poche*.

Neben den echten Anglizismen existieren im Französischen auch Pseudoanglizismen; dies sind "des inventions 'made in France', formées avec des mots d'appa-

---

67 Die in Klammern angegebenen französischen Äquivalente wurden dem *Dictionnaire des termes officiels* entnommen.

rence anglaise mais qui n'existent pas sous cette forme, ou avec le même sens, en anglais"[68], z.B. *le smoking, le lifting, le parking, le bronzing.*

Der Einfluß des Englischen auf das Französische beschränkt sich nicht auf das Lexikalische, er wirkt ebenfalls – wenn auch in wesentlich geringerem Maße – auf den phonischen (Übernahme von /ŋ/ als Phonem (?)) und den grammatisch-syntaktischen (z.b. angebliche Tendenz zur Voranstellung des attributiven Adjektivs in der Journalistensprache) Bereich ein.

Aufgaben

1. Arbeiten Sie die knappe und übersichtliche Darstellung der sprachlichen Beziehungen zwischen Englisch und Französisch in der Einleitung zu WALTER/WALTER (1991: 90-104) durch (dieses Wörterbuch enthält mehr als 2500 Anglizismen).

2. Orientieren Sie sich über die Anpassungsmechanismen, die bei der Übernahme der englischen Lehnwörter ins Französische wirksam werden, etwa nach PERGNIER 1989: 30-60.

---

68 WALTER, Henriette/WALTER, Gérard (1991), *Dictionnaire des mots d'origine étrangère*, Paris: 100.

Register

Sind einem Begriff mehrere Seitenzahlen zugeordnet, so verweisen die kursiv gesetzten Seitenzahlen auf die Stellen, an denen der Begriff definiert bzw. erklärt wird.

Académie française 212, *217 f.*
Adstrat 119, 124, *163*, 171
Affix (*affixe*) *97*, 133
Affrikate (*affriquée*) *65*, 68, 74, 79
Agens (*agent*) *93*
Akzent (phon./graphisch) *68 f.*, 193, 225
Alemannen 168
Algerien 30
Allegroform *67*
Allomorph (*allomorphe*) *83f.*, 86, 100
Allomorphie *84*, 103
Allophon (*allophone*) *70-73*, 83, 227
altfranzösisch 71, 76, 88, 95, 128, 139, 155, 171, 173 f., 181 f., *183 f.*, 185-196, 199-202, 206, 230
alveolar *63*, 74 f.
Alveolen (Zahndamm) *63 f.*
analytisch 53 f., 96, *133 ff.*, 154, 191, 200
Andorra 23, 26
Anglizismus 235 ff.
Anlaut *71 f.*, 75, 171, 173, 194
Antonymie *114*
Antonymwörterbuch 129
API-Transkription *65*
apikodental *63*, 74
appellativ *41*
Appendix Probi *158*, 160
Apposition *93*
Äquivalenzwörterbuch *127*
arbiträr *45*
Archaismus 51, 130, 209, 216
Archiphonem *71 f.*
Arealnorm *20*
Artikel 41, 60, 75, 92, 112, 134, 149, 155, 180, 191, 199, 210, 215
Artikelsystem 49, 52
Artikulationsart *63*, 65, 74
Artikulationskanal 65, 67
Artikulationsorgan *63*, 65
Artikulationsort *63*, 65
Artikulationsstelle *63*, 65
Asteriskus (*) 119, 152
Attribut 92, *93 f.*, 105, 136, 174, 237

Augmentativ 103 f., 136 f.
Ausdruck 40, *43*, 45-47, 68, 83 f., 93, 96, 106, 139, 147, 149, 154 f., 157, 159, 162, 175, 199, 212 f., 215, 219, 224, 226, 230
Auslaut *71 f.*, 75, 194, 228
Auslautverhärtung *71*
Basislexem *96 f.*, 99 f., 103 f., 107, 193
Baskisch (*le basque*, bask. *euskera*) *36*, 69, 133, 222
Bedeutung, lexikalische 42, 49
Bedeutung *42 ff.*, 48, 53, 57 ff., 62, 69 ff., 82 f., 85-92, 97 f., 100-106, *109 f.*, 112 ff., 118, 122, 151, 156 f., 172, 186, 192 f., 195, 216, 218, 236
Bedeutungsbeziehung 49
bedeutungstragend *41 f.*, 82, 87
bedeutungsunterscheidend *70*, 82
Bedeutungswandel 53, 86, 110, *122*
Belgien 25, 30, 225
Betonung, Akzentuierung (*accent*) 48, *68 f.*, 80, 84, 152, 211
Bezeichnung 16, 34, 42 f., *44*, 46, 56, 63, 78, 101 f., 105 f., 110 ff., 114 f., 119, 125, 147 f., 157, 165 f., 172, 186, 207
bilabial *63*, 71, 74, 173
Bretonisch (*le breton*) 36, 143, 222
Brücke(nsprache) 16
Burgunder 169 f.
chaîne parlée 52, 69, 83
Casus obliquus (*cas régime*) *189 - 191*
Casus rectus (*cas sujet*) 154, *189 - 191*
christliches Latein 158 ff.
chuintante 65
Code, graphischer 19, *78 ff.*, 87, 229
Code, phonischer 19, *78 ff.*, 87, 130, 199, 229, 232
Code, skripturaler 229
Code (Jakobson) 41
consonnes allongeantes 48
Corpus 51
Dauer 46, *68*

239

Definitionswörterbuch 128
Deixis 89
Demonstrativum 149, 155, 174, 191, 199
dental 63, 69, 74
Derivat, Derivation 96, *97 f.*, 103, 113
Derivationsmorphem 83, 98
Determinans *98 f.*, 107
Determinant 52, 75, 92, 98, 155, 190, 199
Determinatum 98 f.
diachron 50-52, 71 f., 75 f., 85, 91, 100 f., 108, 111, 116, 118, 128, 147
Diachronie 38, *49* ff., 58, 61, 103
Dialekt 16, 18, 26 f., 30, 32-36, 55 f. 59, 62, 93, 123, 139, 147, 161, 165, 169 f., 180 f., 185-188, 191, 209, 216, 221 f., 224, *225* f.
Dialektologie 55, 121, 225
Dialektwörterbuch 128
Dialektzone 185, 225
diaphasisch 49, 72, 147 f., *226*
diastratisch 49, 72, 131, 147 f., *225 f.*
Diathese *94*, 105
diatopisch 49, 72, 139, 147, 160, *224*, 226
Dichotomie *47*, 49 ff., 57
Differenzwörterbuch 128
Diglossie 32, 176
Diminutiv 100, 102-*104*, 108, 136 f., 158, 200, 209, 216
Diphthong (*diphtongue*) 19, *67*, 74, 153
Diphthong, fallender (*diphtongue descendante*) 67
Diphthong, steigender (*diphtongue ascendante*) 67
Diphthongierung 77, 153, 173, 193
distinktiv *69* f., 74, 78, 129
distinktiver Zug 70
Distribution 48, *71*, 81 f., 194
dorsal-alveolar 63, 74
dorsal-palatal 63, 74
Dorsum (Zungenrücken) 64
Dreikonsonantengesetz *72* f.
Druckakzent (exspiratorischer Akzent, *accent d'intensité*) 68
Dubletten 122, *123*
Edikt von Nantes (*Edit de Nantes*) 204
Eigenname 42, 166
Elativ 193
Elision *75*, 173
Elsässisch (*l'alsacien*) 35, 225
Emanzipation 196, *210*

Empfänger 40 f., 59, 93
Encyclopédie 220
Entsonorisierung 71, 194
enzyklopädisches Wissen 47
enzyklopädisches Lexikon 126
Epiglottis (Kehlkopfdeckel) 64
ethnographisch 56
Etymologie 81, *118* f., 122, 126, 139
Etymon 118 ff., 171 ff.
Eulaliasequenz 179 f., 184 f.
expressiv 41, 156, 158
Fixierung 106, 199, *214* f.,
Flämisch (*le flamand*) 25 f., 35 f.
flektierende Sprache *133*
Flexionsmorphem *83*, 97
Fragenkatalog (*questionnaire*) 55
franglais 234, *235*
Franken 168 ff., 174
fränkisch 124, 163, 170-175
Frankoprovenzalisch (*le francoprovençal*) 16, 17, 20, 26, 34, 139, 169, 183
Französisch Guyana 28
Französisch Polynesien 30
Frequenzwörterbuch 130
Frikativ (Engelaut, Reibelaut, *fricative*) *65*, 70, 74, 77, 173
Funktion 28, 30, *40 f.*, 46 ff., 52, 57, 60, 69 f., 79, 81-85, 87-94, 96 f., 99-105, 107 f., 112, 131, 137, 154 f., 190, 192, 198 f., 202, 217, 230, 232
Funktionalität 62, 101
funktionell 19, 47, 60, 69, 80, 91, 100, 103, 113, 122, 133, 154 f., 176, 230
Futuna 29
Futur 85 f., 90, 92, 112, 149, 156, 192, 200, 229
Gallia Narbonensis *140*, 144
Gallien 18, 139-143, 145, 148, 150, 155, 158-165, 168 ff., 172 f., 175, 183
Galloromania 20, 140, 164, 167, 183
Gaskognisch 16 f., 34, 142
Gemeinsprache, überregionale 165, 171, 225, 233 f.,
Genealogie 119 f.
germanisch 25, 32, 35, 75, 80, 90, 119, 142 f., 168-174, 178, 194
Germanismus 124, 171, 174
gerundeter Vokal 65
Gesamtwörterbuch 129
Geschichte, interne *139*
Geschichte, externe *139*

240

geschlossener Vokal 66 f., 76, 77
gespreizter Vokal 65
Gliederung, sprachliche 140
Glossar 177, *178*
Glosse *177*, 178
Glossen, Kasseler 178
Glossen, Reichenauer 178
Glottis (Stimmritze) 63 f., 75˙
Graduierbarkeit 114
graffiti 159
Grammatik, historische 50, 55, *88*, 108, 139, 182
Grammatik 44, 50, 54 f., 59, 71, 84, *87*, 94 f., 97, 99, 103, 112, 134, 139, 143, 146, 148, 159, 164, 191, 196, 210, 217, 220, 229
Grammatikalisierung 232
Graphem *78*-81
Graphem(at)ik *78*
Graphie 62, *78*-81
Gräzismus 123, 124, 156, 158, 205 f., 216, 233
Griechen 141, 164
Griechisch 38, 92, 119 f., 124, 133, 140, 145, 155 f., 158 f., 163 f., 175, 191, 204 ff., 209, 214, 223
Großbritannien 26, 36
Guadeloupe 28
h aspiré 75, 173,194
Háček 73
Haiti 28
Halbkonsonant 67
Halbvokal 67, 73
Hauptton 167
Hiat (*hiatus*) 67, 75, 80, 153, 231
Hispanismus 124
Hochsprache 152 f., 157, 176, 222, 224
Homograph 117
Homonym, homonym 81, 117 f.
homonymie gênante 228
Homonymie *117*, 118
Homophon, homophon 81, *117 f.*, *154*
Humanismus 196, 203-*205*, 208, 214
Hundertjähriger Krieg 196 f.
hybride Bildung 185
Hyperonymie *114*
Hyponym 114
Hyponymie *113* f.
Iberer 141, 164
Iberoromania 18 ff.
Imperfekt 46, 84, 86, 91, 112 192

Implikation 113
Implosion 65
implosiv 65
indogermanisch/-europäisch 15, 32, 34, 36, 53 f., 84, 119, 141, 164
Infigierung 97
Infix 97
Inhalt 40, *43* ff, 47, 83 f., 87, 97 ff., 103, 110 f., 113-116
Inhaltsrelation *113* f., 129
Inklusion *113*
Inkompatibilität *114*
Inlaut *71*, 194
Innovation 148, 192
Intensität 68
Interferenz 143
Interfix 97
Interpretament 178
intervokalisch 18, 166, 194
Intonation 61, *68*
Inversion *52*, 194, 220
Italien 18, 20, 23 f., 26, 32, 56, 140 f., 146 f., 149 f., 162, 164, 169, 175, 197, 203 f., 206, 217
Italienisch (*l'italien*) 16 ff., 23, 26, 35, 65, 74, 125, 146 f., 170 f., 184, 197 f., 200, 206, 222
Italianismus 124, 171, 198, 206 f.
Kanada 27 f., 203, 219, 228
Karolingische Renaissance *176*
Kastilisch 167
Kasus 57 f., 134 f., 137, 147 ff., 151, 154 ff., 189 f.
Katalanisch 16-20, 23, 26, 34
Kelten 141, 164, 167
Keltische Sprache 32, 36, 119, 142 ff., 162, 164-167, 172, 195
Keltismus 124, 165 f.
Kiefernwinkel 63
Klassifikation, geographische 21
Klassifikation, historisch-genealogische 21
Klassifikation 16, 21 f.
Ko-Hyponym 114
Kodifizierung 200
Kollektivum 103, 153
Kommunikation 40, 46, 49, 78, 139
Kommunikationsmodell 41
Kommutation (*commutation*) 70
Komoren 29
Komplementarität *114*

241

Komposition	96 f., *98 f.*, 101 f., 105 f., 113	lexikalisch	17, 25, 42, 47, 49, 53-56, 75, 82, 84 ff., 96 f., 99 f., 105 f., 110, 112, 115 ff., 123, 125 f., 131 f., 150, 174, 184, 209, 221, 223, 225, 233, 236 f.
Kompositum	56, *96*, 98, 105 ff.		
Konjugationsklasse	157		
Konsonantensystem	49	Lexikalisierung	*100* f., 105, 108, 137
Kontaktmedium	41	Lexikographie	109, *125* f., 131, 211
Kontext	41, 46, 70, 72, 79, 90 f., 156, 190, 193, 202, 228, 232	Lexikologie	71, 83 *108*f., 117 f., 125 f., 139, 174, 206
kontradiktorischer Gegensatz	114	Lexikon	82, 99, 108 f., 148
konträrer Gegensatz	114	Ligurer, ligurisch	140 f., 164
Konvention, konventionell	15, 45, 73	linear	45, 52
Konversion	98, *114*, 216	Linguistik, allgemeine	*39*, 43, 47, 58, 60
Konzil von Tours	177	Linguistik, strukturalistische	52
Kopula	94	Lippen	63 ff.
Korsisch (*le corse*)	18, 35	Lippenstellung	64, 67
Kreolsprache	17, 25, 30, 55	Liquid	*65*
Kulturadstrat	124, 163, 171	Louisiana	27 f., 219
labial	69	Luftröhre	64
labiodental	63, 71, 74	Luxemburg	26
langage	45, *53*, 61, 216	Madagaskar	28 f.
langue (Sprache)	15, 28, 31 f., 37, 43, *45*, 47, 53, 57 f., 128, 133	Marokko	30
		Martinique	28
langue d'oc	16, 34, 183	Mauritius	29
langue d'oïl	164, 183, 185 ff.	Mayotte	29
Larynx (Kehlkopf)	64	Merkmal	22, 69 ff., 76, 134, 229
Latein, Lateinisch	15, 22, 38, 50, 54, 57, 76, 79 f., 85 f., 89-92, 95, 100, 102, 108, 119 ff., 133, 136, 143 f., 146-152, 155 f., 158 f., 162-168, 170, 173-180, 184, 189 ff., 194-197, 204-211, 214, 223	merkmalhaft	69 f.
		Metalexikographie	125
		Metasprache	41
		Minderheitensprachen (*langues minoritaires*)	32, 34, 37, 59, 93
Lateral	*65*, 74, 79	Minimalpaar	70, 74, 76, 228
Latinismus	123 f., 152, 179, 197, 205, 216, 233	Miquelon	27
		Mittelalter	53, 146, 165, 167, 170, 174, 187, 203, 205 f., 231, 234
Laut	*41*, 63, 66 f., 70, 75, 173	mittelfranzösisch	86, 95, 183 f., 191 f., 195 f., 198-203
Laut, silbentragender (Sonant)	67		
Laut, stimmhafter	*63*, 178	Monaco	26, 141, 144
Laut, stimmloser	*63*, 66, 178	Monem	42, *83*
Lautbild	42	Monophthong (*monophtongue*)	76
Lautkette	*66*, 68	Morphem (*morphème*)	42, *82*-86, 93, 96-99, 104 f., 107, 109, 199, 202, 230 f.
Lautung	45, 56, 71, 117, 177, 180 f., 223		
Lautwandel	49, 53, 77, 166 f., 194	Morphologie	48, *82*-85, 87, 96 f., 139, 175 f.
Lehnübersetzung	236		
Lehnwort	120	Morphosyntax	87
Lenition	166	Mundartengruppe (Dialektgruppe)	16
Lentoform	*67*	Mundartforschung	56
Lexem	*42*, 70, 81, 93, 96-100, 105, 109, *112* ff., 116 f., 120, 122, 131, 149, 156 f., 165 f., 172, 191, 199, 206, 216	Mundhöhle	64
		Nachricht	41
		nasal	52, 64, 77
lexematisch	113, 134	Nasal (*consonne nasale*)	62, 65, 74, 79, 86, 228
Lexik	97, 108, 137, 175		

242

Nasalvokal 64, *73*, 79, 86, 225
Nasenhöhle 62, 64
Nationalsprache 25 f., 30, 32, 59, 93, 128, 139, 214
Negation 104, 202, 216, 229 ff.
Neologismus 130, 209, 216
Neuenglandstaaten 27
Neufranzösisch 19, 74, 77, 95, 100, 136 f., 139, *183* f., 199-203, 212 f., 216
Neukaledonien 29 f.
Neurolinguistik 59
Neutralisierung/Neutralisation (*neutralisation*) *71* f.
Nexus 167, 173
nomen agentis 105
nomen instrumenti 106
nomen loci 106
Nominalsyntagma 93, 174
Norm 45, *47* ff., 51, 58 f., 62, 71, 74, 83 f., 88, 90, 100 ff., 105, 118, 133, 146, 150, 175, 215, 218, 221, 226, 233
Nouveau Brunswick 27
Nullmorphem (*morphème zéro*) *84*, 96, 104, 107
Objekt (complément d'objet) 75, *93* f., 136, 199, 219
offen 47 f., *63*, 66 f., 73, 76 f., 112, 193, 227
Öffnungsgrad (*degré d'ouverture*) *63* ff., 73, 77
Okklusiv (*occlusive*) 65, 71, 74, 77, 166
Okzitanisch (*l'occitan*) 16 ff., 23, 34, 48, 54, 56, 71, 141 f., 169, 183, 189, 208, 222
on – nous 229, 231 f.
Onomasiologie 110 f., 121
Onomatopoetika (*onomatopées*) 45
Ontario 27
Opposition 47 f., 53, 57 f., *69*-76, 78, 91, 104, 115, 151, 155, 189, 227 f.
oral 64, 73, 77, 78, 229
Ordonnance de Villers-Cotterêts 208
Organon-Modell *40*
Orthographie *78* f., 81 f., 153, 176, 211
Ostromania 17 ff., 21
palatal *63*, 65, 67, 70, 73 f., 77, 79, 171, 223, 227 f.
Palatalisierung 167, 193 f.
Palatum (harter Gaumen) 63, 65, 67
Paradigma 48, *53*, 75, 84, 115, 233
Paradigmatik *52 f.*, 92, 113, 137, 198 f.

Parasyntheticum *98*, 103
parole (Rede) 43, *45*, 47, 57 f., 62, 158
Patiens (*le patient*) *93*
pejorativ 104
Periphrase 86
periphrastisch 83, 85 f., 91 f., *134*, 137, 149, 155 f., *192*, 200
Pharynx (Rachen) 64
phatisch *41*
Phon (*son/phone*) *61*, 70, 77 f.
Phonem (*phonème*) 62, *70*-81, 84, 227 f.
Phonem(at)ik 61, 70, 78
Phonemdistribution *71*
Phonetik (*phonétique*) 48, 53 f., *61*-63, 65 f., 68, 73, 75-78, 139, 193
Phonetik, akustische (*phonétique acoustique*) *62*, 66
Phonetik, artikulatorische (*phonétique articulatoire*) *61 f.*, 67
Phonetik, auditive (*phonétique auditive*) *62*
Phonologie (*phonologie*) 58, 61, *62*, 69-72, 75-78, 82 ff., 96, 139
phonologische Belastung (*rendement phonologique*) *74* f., 227 f.
phonologisch relevant 71, 76
Plosiv (Verschlußlaut, *plosive*) *65*
poetisch *41*
Polarität 114
Polysemie 117, *118*
Portugiesisch 16 ff., 20, 23, 36
Postdorsum (hinterer Zungenrücken) 64
Prädikat (*prédicat/verbe*) 52, *93* f., 219 f.
Prädikatsnomen (*attribut*) *94*
prädorsal 63, 74 f.
Präfigierung 97, 99, 102 f.
Präfix *97* ff., 101, 103 ff., 173, 193
Prager Schule 40 f., 57, 60, 69
Pragmalinguistik *60*, *93*
Präsentativ 155, 230
produktiv 101, 104 f., 107, 173
Prosodem (*prosodème*) *68*
Provincia 140
Provincia Gallia Narbonensis 140, 142, 144
Provincia Gallia Transalpina 140 f.
Psycholinguistik *59*
Purismus 214
Qualität 22, 68, 71, 73, 76, 82, 103, 105, 107, 227
Quantität 22, 68, 76, 227

Register

Quantitätenkollaps	76, 153 f.
Québec	27, 213
Rede (parole)	45 ff., 49, 51 ff., 58 f., 62, 68 f., 71, 85, 88-91, 93, 98, 118, 146, 224
Redeakt	45, 47, 88
Redebedeutung	46, 58, 88, 90, 118
Redefunktion	47
redundant	83 f.
Referent	43
Reformation (*Réforme*)	203 f., 207f.
Reibelaut (Frikativ, *fricative*)	65 ff., 70, 74, 173, 180
Reimwörterbuch	130
Rekonstruktion	54
Rektion	94
Rekurrenz	112
Relatinisierung	197, 206
Relation	42, 82, 106 f., 112
Renaissance	53, 139, 147 f., 183, 196 f., 203, 214
Réunion (La)	28 f.
Rheinfränkischer Dialekt (*le lorrain germanique*)	35
Richtungsopposition	115
Romania nova	24
Romania submersa	24
Romanisierung	36, 139-146, 183
Sachkultur	56
Sachlexikon	126
Sachsen	169
Saint Pierre	27
Sanskrit	53, 133
Satz (*proposition*)	41, 87, 92-95, 137
Satzbauplan	93
Satzfunktion, Satzteil	93 f., 154, 219
Satzgefüge	94
Satzglied (*phrase*)	41, 220
Schallfülle(grad)	66, 68
Schallgipfel	66
Schnalzlaut	61
Schwarzafrika (*Afrique noire/ subsaharienne*)	30 f.
Schweiz	23 f., 26, 55 f., 142, 168 f., 176
Semantem	82, 112
Semantik (Bedeutungslehre)	43, 59, 70, 109, 110, 113, 115 f., 118, 121, 131
Semantik, diachrone	118
Semantik, strukturelle	70, 109, 113, 115
semantisch	58 f., 91, 101, 104, 110, 113, 115 f., 129 f., 157, 217, 223, 228
Semasiologie	110 f., 121
Semiologie (Semiotik)	42, 110
semiotisches Dreieck	43
Sender	40 f., 59, 93
Seychellen	29
Sibilant	65
Sigel	233
Signal	40, 42, 229 f.
signifiant	43 ff., 82-85, 110 f., 116 ff., 122, 137, 230
signifié	43 ff., 58, 82 f., 110 f., 117 f., 122
Silbe	48, 66-69, 72, 75, 77, 152, 193
Silbe, freie/offene	48, 66, 77, 193, 227
Silbe, gedeckte/geschlossene	48, 66, 72, 193
Silbengipfel	67
Sinn	44 f., 59
Sonant	67
Sonorisierung	18, 166
Soziolinguistik	59
Spanisch	16-20, 23, 26, 28, 65, 67, 74, 80, 125, 184, 220
Speiseröhre	64
Spektrograph	66
Spezialwörterbuch	129
Sprachatlas	56
Sprachbedeutung	46
Sprachbewußtsein/Sprecherbewußtsein	51, 69, 100, 177, 184, 210
Sprachdenkmal	174 f., 184
Sprachfunktion	47
Sprachgemeinschaft	27, 39, 45, 61, 112, 225
Sprachgeographie	20, 55 f., 59, 121, 171
Sprachgeschichte	55, 57, 60, 88, 121, 123, 125, 137, 139, 174, 203, 214
Sprachkontakt	162, 170, 173
Sprachlexikon	126
Sprachphilosophie	53
Sprachpolitik	208, 201
Sprachregister	51, 233
Sprachstile	224, 226, 230
Sprachtypologie	22, 132, 133, 137
Sprachwandel	50, 52 f., 152, 174, 191, 198 f., 218, 231, 233
Sprechapparat	62, 64
Sprechlatein	76, 175
Staatssprache (offizielle Sprache)	24-29, 31 f., 208
Stammallomorphie	103

Register

Stilregister	126, 226 f.	System, phonologisches	50, 72, 227
stimmhaft	63, 66, 71 f., 178, 194	Systembedeutung	88
Stimmlippen	62 ff.	teleologisch	52
stimmlos	63, 65 f., 71 f., 166, 178	Tempussystem	88, 91 f., 156
Stoiker	118	Text	41, 44, 55, 59, 79, 84, 90, 93, 112, 130, 140, 148, 150, 152 f., 158 f., 177-181, 184 ff., 188-195, 198, 201 f., 205, 209
Straßburger Eide (*serments de Strasbourg*)	174, *179* f., 184		
Stratifikation	124		
Struktur	57, 59, 95, 113, 115, 233	Textcorpus	51
Strukturalismus	39, 59 f.	Textlinguistik	47, 59, 93
Strukturalismus, Kopenhagener	43, 58	Tonakzent (musikalischer Akzent, *accent tonal/musical*)	68
Strukturalismus, nordamerikanischer	51		
Strukturalismus, Prager	40 f., 57, 60, 69	Tonhöhe	62, 68
Strukturformel	105	Toponymie	164
Subjekt (*sujet*)	52, 75, *93*, 134, 136, 174, 199, 219 f., 231 f.	Transkription	65, 68, 71, 73
		Tunesien	30
Substanz	61 f.	Typologie	22, 54, *132* f., 136 ff.
Substitution	70	Umlaut	167
Substrat	119, 124, 160, *161-164*, 166 f., 172, 175, 194 f.	Umstandsbestimmung (*complément circonstanciel*)	93 f., 105, 219
Subsystem	49, 116	Uvula (Zäpfchen)	63 f.
Suffix	52, 66, 85, *97*-108, 130 f., 136, 166, 172 f., 190, 207, 233	Valenz	94 f.
		valeur	44, 57 f.
Suisse Romande	26, 34, 225	Variante (*variante*)	62, *70*, 83, 191 f., 227
Superstrat	119, 124, 161 ff., 167, *168*, 169, 171 ff., 175, 178	Variante, freie	*70* f.
		Variante, kombinatorische	*70*
Superstrateinflüsse	167 f.	Variation, sprachliche	137, 147
suprasegmental	*68*, 84	Varietäten	26, 28, 32, 35, *49*, 131, 167, 185, 224 f., 229 f., 232
Symbol	40		
Symptom	40	Varietätenlinguistik	49, 224
synchron	48, 50 ff., 57 ff., 71 f., 75, 78, 99 ff., 108, 116 f., 125, 128, 163, 224	Velar	63, 67, 70, 73 f., 76, 227 f.
		Velum (weicher Gaumen)	63 f.
Synchronie	49-52, 58, 62, 72, 99, 103, 108, 128	Verbalperiphrase	192, 200
		Verkehrssprache	17, 26, 28, 30, 142, 225
Synkope	153	verlorene Romania	24
Synonym	113, 126, 157, 178, 217	Vermittlung	163, 191, 205
Synonymie	*113*	Verschlußlaute	18, *65* f., 68
Synonymwörterbuch	129	Verschriftung	78 f., 139, 174, *175* ff.
Syntagma (*syntagme*)	*41*, 92, 98, 154, 158, 174, 230	Vetus Latina	*160*
		Vibrant (*vibrante*)	*65* f., 74
Syntagmatik	*52*, 92, 199	Vokaldreieck	73
Syntax	59, 87, *92*-96, 137, 139, 148, 151, 159, 162, 175, 202, 214, 218, 221	Vokalsystem/Vokalismus	49 f., 52, 61, 72 f., 76, 193
		Völkerwanderungszeit	168, 170
Syntax, strukturelle	61	Vulgarismus	159
synthetisch	86, 96, 133 ff., 149, 154, 156, 181, 191 f., 200	Vulgärlatein	15, 54 f., 76, 79, 86, 91, 123 f., 139, 145, *146*-160, 164 f., 175, 180, 184, 189, 193 f.
synthetische Form	149		
System	44 ff., *47*, 48-53, 58 f., 62, 65, 71-74, 76, 80, 88 f., 91, 100 f., 103, 107, 133, 135, 138, 155, 173 f., 190 ff., 216, 224 f., 227, 233	Vulgata	*160*
		Wallis (*Valais*)	26
		Wallis (Insel)	29

245

Register

Werkzeug (órganon)	40
Westgoten	169 f.
Westromania	17 ff., 21, 166
Wort	41 f., 96 f., 99 ff., 104 f., 112, 134, 176, 194
Wort, gelehrtes	99 f., 122 f., 148, 158, 163, 177, 201, 205 f., 214, 233
Wort, halbgelehrtes	191, 206
Wortart	94, 98, 103 f., 109, 115 f., 126
Wortbildung	83, *96*-102, 104 f., 107 ff., 113, 123, 139, 209
Wortbildungslehre	96, 103, 108
Wortbildungsverfahren	96, *97*, 99, 101, 103, 105, 108, 116, 136
Wörter und Sachen	56 f., 121
Wörterbuch (Lexikon, *dictionnaire*)	59, 109, 113, 120, 124-132, 178, 182 f., 196, 211, 217 f., 220, 223, 226, 234, 237
Wörterbuch, begrifflich geordnetes	130
Wörterbuch, diachrones	128
Wörterbuch, einsprachiges	126
Wörterbuch, etymologisches	131 f.
Wörterbuch, fachsprachliches	128 f.
Wörterbuch, gemeinsprachliches	128
Wörterbuch, regionalsprachliches	128
Wörterbuch, rückläufiges	130
Wörterbuch, standardsprachliches	128
Wörterbuch, synchrones	128
Wörterbuch, zwei- oder mehrsprachiges	126
Wortfamilie	100, *116* f., 123, 132, 137 f., 192
Wortfeld	109, *115* f., 121
Wortgeschichte	118, 120, *121* f.
Wortschatz	49, 82, 97, 100, 108, 112 f., 115 f., 121-125, 130, 139 f., 156, 162, 164 ff., 197, 205 f., 209, 215 f., 228, 233 ff.
Zähne	63 f., 75
Zeichen, diakritisches	67, 80
Zeichen, sprachliches	*41*-47, 50, 58, 62, 68, 70, 82, 96
Zeichensystem	42, 45
Zielsprache	127 f.
Zunge	62-65, 67, 75, 122
Zungenrücken, Dorsum	63 f., 67, 75
Zungenspitze, Apex	63 f., 75
Zungenstellung	63

EDUARDO BLASCO FERRER

Linguistik für Romanisten

Grundbegriffe im Zusammenhang

1955, ca. 250 Seiten, DIN A 5, kartoniert,
ISBN 3 503 03715 5

¶ Dieses Handbuch ist in erster Linie für Studierende der Romanistik gedacht, die sich mit Grundbegriffen vertraut machen möchten. Es präsentiert die Terminologie des Faches nicht in alphabetischer Reihenfolge, sondern in der zusammenhängenden Darstellung lingiustischer Theorien.

Das Buch gibt einen Überblick über die historische Entwicklung in den letzten 150 Jahren und damit über Ursprung und Bedeutung der aktuellen Begrifflichkeit. Vor diesem Hintergrund beschreibt es, mit reichem Beispielmaterial, die Forschungsrichtungen und Disziplinen der aktuellen Linguistik wie Dialektologie, Ethnolinguistik, Gesprächsanalyse etc.

Das Schlußkapitel stellt das Studienfach Romanistik übersichtlich vor und bietet solide Informationen über die wichtigsten Arbeitsmittel, die für das Studium der - großen und kleinen - romanischen Sprachen relevant sind.

Am Ende eines jeden Paragraphen findet der Leser bibliographische Hinweise zum weiterführenden Studium des jeweiligen Gegenstandes. Das Sachregister enthält in alphabetischer Reihenfolge alle behandelten Begriffe, so daß sich das Buch bequem als Nachschlagewerk nutzen läßt.

ERICH SCHMIDT VERLAG
Berlin Bielefeld München